Rechtsfolgen fehlgeschlagener Absprachen im deutschen und englischen Strafverfahren

Europäische Hochschulschriften

Publications Universitaires Européennes
European University Studies

Reihe II
Rechtswissenschaft

Série II Series II
Droit
Law

Bd./Vol. 3055

PETER LANG
Frankfurt am Main · Berlin · Bern · Bruxelles · New York · Oxford · Wien

Patrick M. Bömeke

Rechtsfolgen fehlgeschlagener Absprachen im deutschen und englischen Strafverfahren

Eine rechtsvergleichende Untersuchung der Folgeprobleme strafprozessualer Verständigung

PETER LANG
Europäischer Verlag der Wissenschaften

Die Deutsche Bibliothek - CIP-Einheitsaufnahme

Bömeke, Patrick M.:

Rechtsfolgen fehlgeschlagener Absprachen im deutschen und englischen Strafverfahren : eine rechtsvergleichende Untersuchung der Folgeprobleme strafprozessualer Verständigung / Patrick M. Bömeke. - Frankfurt am Main ; Berlin ; Bern ; Bruxelles ; New York ; Oxford ; Wien : Lang, 2001
(Europäische Hochschulschriften : Reihe 2, Rechtswissenschaft ; Bd. 3055)
Zugl.: Passau, Univ., Diss., 2000
ISBN 3-631-37256-6

D 739
ISSN 0531-7312
ISBN 3-631-37256-6

Meinen Eltern

Vorwort

Die vorliegende Arbeit wurde im Sommersemester 2000 von der Juristischen Fakultät der Universität Passau als Dissertation angenommen. Sie wurde durch ein Graduiertenstipendium des Deutschen Akademischen Austauschdienstes gefördert. Rechtsprechung und Literatur konnten bis Mai dieses Jahres berücksichtigt werden.

Mein Dank gilt zunächst Herrn Prof. *Dr. Werner Beulke*, auf dessen Anregung die Arbeit zurückgeht. Ohne den von ihm gewährten großzügigen Freiraum bei der inhaltlichen Ausgestaltung und Schwerpunktsetzung hätte sie nicht entstehen können. Herrn Prof. *Dr. Bernhard Haffke* danke ich für die zügige Erstellung des Zweitgutachtens.

Für ihre Geduld und ihre ermutigenden Worte, sowie für die eifrige Hilfe bei der Korrektur bin ich Frau *Olivia Bögershausen* zu großem Dank verpflichtet.

Ich widme diese Arbeit meinen Eltern, die mich in den langen Jahren der Ausbildung stets unermüdlich und liebevoll unterstützt haben. Für ihren Rückhalt bin ich zutiefst dankbar.

Passau, im September 2000 Patrick M. Bömeke

Inhaltsverzeichnis

Abkürzungsverzeichnis

a.A.	anderer Ansicht
a.a.O.	am angeführten Ort
Abschn.	Abschnitt
AC	Appeal Cases
A-G	Attorney-General
AllER	All England Law Reports
ALR	Australian Law Reports
AnwBl	Anwaltsblatt
ARSP	Archiv für Rechts- und Sozialphilosophie
Art.	Artikel
Aufl.	Auflage
BGHR	BGH-Rechtsprechung-Strafsachen; hrsg. von den Richtern des Bundesgerichtshofes
BJCrim	British Journal of Criminology
BMJ	Bundesministerium der Justiz
BRAK	Bundesrechtsanwaltskammer
BVerfG	Bundesverfassungsgericht
bzgl.	bezüglich
BVerfGE	Entscheidungen des Bundesverfassungerichtes
CD	Entscheidungen der Europäischen Menschenrechtskommission
CJ	Chief Justice
CJPO	Criminal Justice and Public Order Act 1994
col	column
CPI	Criminal Procedure and Investigations Act 1996
CPS	Crown Prosecution Service
CrAppR	Criminal Appeal Reports
CrAppR (S)	Criminal Appeal Reports (Sentencing)
CrimLR	The Criminal Law Review
ders.	derselbe
dies.	dieselbe(n)

Diss.	Dissertation
DPP	Director of Public Prosecutions
DRB	Deutscher Richterbund
DRiZ	Deutsche Richterzeitung
EGGVG	Einführungsgesetz zum Gerichtsverfassungsgesetz
Einl.	Einleitung
EKMR	Europäische Kommission für Menschenrechte
EMRK	Europäische Menschenrechtskonvention
f.	folgend
ff.	folgende
FN	Fußnote
GA	Goldthammer's Archiv für Strafrecht
GG	Grundgesetz
GVG	Gerichtsverfassungsgesetz
h.M.	herrschende Meinung
HMSO	Her Majesty's Stationery Office
HORS	Home Office Research Study
Hrsg.	Herausgeber
i.E.	im Ergebnis
i.R.d.	im Rahmen des/der
i.S.	im Sinne
i.S.d.	im Sinne des/der
i.S.v.	im Sinne von
insb.	insbesondere
IsLR	Israel Law Review
J	Justice
JA	Juristische Arbeitsblätter für Ausbildung und Examen
Jhd.	Jahrhundert
JR	Juristische Rundschau
JuS	Juristische Schulung
JZ	Juristenzeitung
KB	King's Bench

KJ	Kritische Justiz
KrimJ	Kriminologisches Journal
LG	Landgericht
LJ	Lord Justice
m. Anm.	mit Anmerkung
m. umfangr. N.	mit umfangreichen Nachweisen
m.E.	mit Einschränkungen
m.w.N.	mit weiteren Nachweisen
MDR	Monatsschrift für Deutsches Recht
MLR	The Modern Law Review
NJ	Neue Justiz
NJW	Neue Juristische Wochenschrift
NLJ	New Law Journal
NLJR	New Law Journal Reports
NStZ	Neue Zeitschrift für Strafrecht
OLG	Oberlandesgericht
PACE	Police and Criminal Evidence Act 1984
para.	paragraph
pFV	Positive Forderungsverletzung
QB	Queen's Bench
QC	Queen's Counsel
R.	Regina
RCCJ	Royal Commission on Criminal Justice
Rep.	Reprint
RG	Reichsgericht
RGSt	Entscheidungen des Reichsgerichtes in Strafsachen
Rspr.	Rechtsprechung
Rz.	Randzeichen
S.	Section
s.	siehe
s.u.	siehe unten
st. Rspr.	ständige Rechtsprechung

StA	Staatsanwaltschaft
StGB	Strafgesetzbuch
StPO	Strafprozeßordnung
StraFo	Strafverteidiger Forum
StV	Strafverteidiger
u.a.	unter anderem, und andere
u.U.	unter Umständen
Univ.	Universität
Urt. v.	Urteil vom
v.	versus, von/vom
v.a.	vor allem
Verf.	Verfasser
vgl.	vergleiche
vs.	versus
wistra	Zeitschrift für Wirtschaft, Steuer, Strafrecht
WLR	Weekly Law Reports
z.B.	zum Beispiel
z.T.	zum Teil
ZRP	Zeitschrift für Rechtspolitik
ZStW	Zeitschrift für die gesamte Strafrechtswissenschaft

Verzeichnis der abgekürzt zitierten Literatur

AK-*Bearbeiter*	Reihe Alternativkommentar, Kommentar zur Strafprozeßordnung, hrsg. v. *Wassermann*
Blackstone's Criminal Practice	*Blackstone's* Criminal Practice, hrsg. v. *Murphy*
Emmins, Criminal Procedure	*Emmins* on Criminal Procedure, 7. Aufl., bearbeitet v. *Sprack*
Emmins, Sentencing	*Emmins* on Sentencing, 2. Aufl., bearbeitet v. *Wasik*
FA-StrafR-*Bearbeiter*	Handbuch des Fachanwalts für Strafrecht, hrsg. v. *Bockemühl*
FS Baumann	Festschrift für Jürgen Baumann zum 70. Geburtstag, hrsg. v. *Arzt* u.a.
FS Hanack	Festschrift für Ernst-Walter Hanack zum 70. Geburtstag, hrsg. v. *Ebert*
FS Kaiser	Festschrift für Günther Kaiser zum 70. Geburtstag, hrsg. v. *Albrecht* u.a.
FS Krause	Festschrift für Friedrich-Wilhelm Krause zum 70. Geburtstag, hrsg. v. *Schlüchter* u.a.
FS Lüke	Festschrift für Gerhard Lüke zum 70. Geburtstag, hrsg. v. *Prütting* u.a.
FS Pfeiffer	Festschrift für Gerd Pfeiffer zum Abschied aus dem Amt als Präsident des Bundesgerichtshofes, hrsg. v. *Gamm* u.a.
FS Rebmann	Festschrift für Kurt Rebmann zum 65. Geburtstag, hrsg. v. *Eynich* u.a.
FS Salger	Festschrift für Hanskarl Salger zum Abschied aus dem Amt des Vizepräsidenten des Bundesgerichtshofes, hrsg. v. *Eser* u.a.
FS Spendel	Festschrift für Günter Spendel zum 70. Geburtstag, hrsg. v. *Seebode*
FS Triffterer	Festschrift für Otto Triffterer zum 65. Geburtstag, hrsg. v. *Schmoller*
FS Tröndle	Festschrift für Herbert Tröndle zum 70. Geburtstag, hrsg. v. *Jescheck* u.a.
FS Wassermann	Festschrift für Rudolf Wassermann zum 60. Geburtstag, hrsg. v. *Breda*

HK-*Bearbeiter*	Heidelberger Kommentar zur Strafprozeßordnung, 2. Aufl., hrsg. v. *Lemke* u.a.
KK-*Bearbeiter*	Karlsruher Kommentar zur Strafprozeßordnung, 4. Aufl., hrsg. v. *Pfeiffer*
Kleinknecht/Meyer-Goßner	Strafprozeßordnung, Gerichtsverfassungsgesetz, Nebengesetze und ergänzende Bestimmungen, 44. Aufl., bearbeitet v. *Meyer-Goßner*
KMR-*Bearbeiter*	Loseblattkommentar zur Strafprozeßordnung, begründet v. *Kleinknecht/Müller/Reitberger*, hrsg. v. *Heintschel-Heinegg/Stöckel*
LR-*Bearbeiter*	Löwe/Rosenberg, Die Strafprozeßordnung und das Gerichtsverfassungsgesetz mit Nebengesetzen, 25. Aufl., hrsg. v. *Rieß*
Sch/Sch-*Bearbeiter*	Schönke/Schröder, Strafgesetzbuch, 25. Aufl., hrsg. v. *Lenckner* u.a.
Schünemann, Gutachten	Absprachen im Strafverfahren? Grundlagen, Gegenstände und Grenzen; Gutachten B für den 58. Deutschen Juristentag, v. *Schünemann*
SK-*Bearbeiter*	Systematischer Kommentar zur Strafprozeßordnung und zum Gerichtsverfassungsgesetz, 5. Aufl., hrsg. v. *Rudolphi* u.a.
Triberg-Symposium	Absprachen im Strafprozeß - Ein Handel mit Gerechtigkeit?, hrsg. v. Ministerium für Justiz, Bundes- und Europaangelegenheiten Baden-Württemberg

1. Teil: Gegenstand, Ziel und Gang der Untersuchung

A. Einleitung

Über die Zulässigkeit von Absprachen im Strafprozeß wird seit Jahren erbittert gestritten[1]. Erschöpfende gesetzliche Regelungen fehlen und sind für die nähere Zukunft auch nicht zu erwarten[2]. Jedoch gehören Absprachen zwischen den Strafverfolgungsorganen und dem Beschuldigten über die Art und Weise der Verfahrensgestaltung und auch über die Verfahrensbeendigung zum deutschen wie englischen Justizalltag[3]. Die Praxis hat die Absprache - wenn auch *praeter* und z.T. *contra legem* - zu einem eigenen Rechtsinstitut ausgebaut[4], von dem sie - trotz der von der Rechtswissenschaft vorgebrachten Bedenken - regen Gebrauch macht[5]. Der „Virus 'Verständigung'" hat sich, wie *Schlothauer* es treffend ausdrückt, „in epidemischer Form ausgebreitet"[6].

Die Frage der Vereinbarkeit von Absprachen mit dem geltenden deutschen Strafprozeßrecht, insbesondere mit den das Strafverfahren bestimmenden Prozeßmaximen, ist denn auch bereits Gegenstand zahlreicher Untersuchungen ge-

---

[1]Zum Stand der Verbitterung vgl. *Dahs/Widmaier/Böttcher*, NStZ 1993, 375; *Schünemann*, StV 1993, 657; ironisch: *Volk*, FS Salger, 411, welcher der Debatte „biblische Züge mit altgriechischem Touch" zuspricht; siehe auch die weiteren Nachweise bei LR-*Rieß*, Einl. Abschnitt G, Rz. 58; die Schärfe der Debatte in England wird gut illustriert durch die Reaktionen auf die von *Baldwin/McConville* durchgeführte Untersuchung zu *plea bargaining* Praktiken in England, zusammengefaßt in *Baldwin/McConville*, British Journal of Law and Society 1978, 228 ff.

[2]In Teilbereichen hat der Gesetzgeber die Grundlagen für konsensuale Elemente im Strafverfahren normiert, vgl. insbesondere §§ 153 ff., 154 II, 303, 411 III, 266 I StPO; ein vom BMJ 1991 vorgestellter Diskussionsentwurf wurde jedoch nicht weiter verfolgt, weil weder Bundesregierung noch Bundesrat initiativ werden wollten; vgl. *Siolek*, DRiZ 1993, 422, 427; *Koch*, ZRP 1990, 249, 251.

[3]Vgl. hierzu unten 3. Teil, sowie die empirischen Untersuchungen in Deutschland und England: *Hassemer/Hippler*, StV 1986, 306 ff.; *Lüdemann/Bußmann*, KrimJ 1989, 54 ff.; *Schünemann*, Gutachten, B 168 ff.; *Siolek*, Verständigung in der Hauptverhandlung; *Baldwin/McConville*, Negotiated Justice: pressures to plead guilty; *Bottoms/McClean*, Defendants in the Criminal Process; *Hedderman/Moxon*, Magistrates' Court or Crown Court?, HORS 125 (1992), 24.

[4]*Beulke*, Strafprozeßrecht, Rz. 394; a.A. *Schmidt-Hieber*, DRiZ 1990, 321, 322, der davor warnt von einem eigenen „Rechtsinstitut" zu sprechen, weil dieser Begriff impliziere, daß die Absprachepraxis neben oder gar über der Strafprozeßordnung und dem dort geregelten Verfahren stehe.

[5]Nach *Dahs*, Handbuch des Strafverteidigers, Rz. 146 gehören „Absprachen mit den Organen der Strafrechtspflege zum allgemeinen 'Inventar' der Verteidigung".

[6]*Schlothauer*, Vorbereitung der Hauptverhandlung, Rz. 141.

wesen[7] und auch an allgemeinen rechtsvergleichenden Hinweisen mangelt es im Schrifttum nicht[8]. Im folgenden wird daher auch nicht primär von diesen grundlegenden Fragen die Rede sein, vielmehr soll auf der Basis des Befundes, daß Absprachen in Deutschland und England zur Verfahrenswirklichkeit gehören, untersucht werden, wie mit Mitteln des geltenden Strafprozeßrechts den Problemfällen der Absprachepraxis, den sogenannten fehlgeschlagenen Absprachen, zu begegnen ist[9]. Allerdings ist hierzu zunächst zu fragen, inwieweit der jetzt von der Rechtsprechung, insbesondere in BGHSt 43, 195, aufgestellte Rahmen für zulässige Absprachen vor dem Hintergrund des geltenden Strafprozeßrechts trägt[10], da die Zulässigkeit einer Absprache wesentliche Folgen für die Rechtsfolgen bei ihrem Fehlschlagen hat. Es kann hierbei jedoch nicht mehr um eine Fundamentalkritik der Absprachenpraxis gehen, da sowohl die Rechtspraxis als auch die wissenschaftliche Diskussion diese Ebene der Auseinandersetzung bereits hinter sich gelassen haben[11]. Vielmehr ist es geboten, die nunmehr wohl irreversible Praxis der Absprachen, in der Form, in der sie vom BGH gebilligt wird, durch eine jedenfalls nicht verständigungsfeindliche Auslegung des geltenden Rechts, insbe-

---

[7]Siehe insb. die Dissertationen von *Rönnau*, Die Absprache im Strafprozeß; *Gerlach*, Absprachen im Strafverfahren - Ein Beitrag zu den Rechtsfolgen fehlgeschlagener Absprachen im Strafverfahren; *Siolek*, Verständigung in der Hauptverhandlung; *Janke*, Verständigung und Absprachen im Strafverfahren, *Bussmann*, Die Entdeckung der Informalität; *Gutterer*, Zur verbindlichen Zusage des Gerichts in der Hauptverhandlung, eine bestimmte Verurteilung nach Geständnis des Angeklagten auszusprechen; *Kremer*, Absprachen zwischen Gericht und Verfahrensbeteiligten im Strafprozeß; *Tscherwinka*, Absprachen im Strafprozeß; *Braun*, Die Absprache im deutschen Strafverfahren; *Steinhögl*, Der strafprozessuale Deal; umfassender *Sinner*, Der Vertragsgedanke im Strafprozeß; vgl. auch *Friehe*, Der Verzicht auf Entschädigung für Strafverfolgungsmaßnahmen; sowie die Monographien aus den 80er Jahren von *Schmidt-Hieber*, Verständigung im Strafverfahren; *Dencker/Hamm*, Der Vergleich im Strafprozeß, *Schünemann*, Gutachten; kein Autor kommt ohne den Hinweis auf die Flut der Publikationen aus und mancher ersehnt förmlich das Ende der Diskussion, vgl. *Herzog*, StV 1999, 455; siehe auch den Titel des Beitrags von *Kintzi*, FS Hanack, 177: Verständigung im Strafverfahren. Steht die Diskussion vor dem Abschluß?

[8]Insb. *Dielmann*, GA 1981, 558 ff.; *Schumann*, Der Handel mit Gerechtigkeit; *Weigend*, Absprachen in ausländischen Strafverfahren; zuletzt *Sinner*, Der Vertragsgedanke im Strafprozeßrecht, 210 ff.; *Bogner*, Absprachen im deutschen und italienischen Strafprozeßrecht; aber auch die anderen Autoren in FN 7.

[9]Hierzu siehe bisher v.a. *Gerlach*, Absprachen im Strafverfahren.

[10]Vgl. unten 5. Teil.

[11]So auch schon *Weigend*, Absprachen in ausländischen Strafverfahren, 2; kennzeichnend hierfür ist, daß nunmehr auch Publikationen zu Spezialproblemen der Absprachepraxis erscheinen, vgl. nur *Herzog*, StV 1999, 455, zur Frage der Richterablehnung wegen Vorbefassung bei Absprache mit einem Mitangeklagten; *Kaetzler*, wistra 1999, 253 zur Hinweispflicht auf geplante Bewährungsauflagen bei Absprachen; *Sinner*, ZRP 2000, 67 zu gebührenrechtlichen Fragen.

sondere auch der Prozeßmaximen und des Strafzumessungsrechts dogmatisch zu stützen. Auch sind die z.T. dürren Begründungen des BGH zu ergänzen. Wo es allerdings zu Friktionen mit zwingendem Recht kommt, die auch im Wege der Gesetzesauslegung nicht behebbar sind, sind diese klar zu benennen. Auch bei der Analyse des englischen Rechts soll nicht primär von der grundlegenden Kritik an *plea bargains* die Rede sein, vielmehr gilt es auch hier vor allem, den Bereich des für zulässig Erachteten zu markieren. Ausgehend von dem derart umrissenen Legalbereich kann dann geklärt werden, wie das englische Recht mit fehlgeschlagenen Absprachen umgeht.

Dieses Vorgehen mag sich dem Einwand ausgesetzt sehen, es schließe vom Sein auf das Sollen[12], doch bedarf die Erörterung des Problems der fehlgeschlagenen Absprachen eines Fundaments, von dem aus die Möglichkeiten der Mißbrauchskontrolle und der Behebung von Leistungsstörungen zu entwickeln sind. Zwar sind Fälle fehlgeschlagener Absprachen (bisher) eher selten, sie kommen aber vor und zeigen dann deutlich, wie gefährlich und problematisch Absprachen sich für die Beteiligten entwickeln können[13]. Gerade wegen der typischen „Vorleistungspflicht" des Angeklagten sind die Schadensfolgen bei Fehlschlagen einer Absprache nur schwer beherrschbar[14].

B. Gegenstand, Ziel und Gang der Untersuchung

I. Klärung des Begriffs „fehlgeschlagene Absprache"

Wiederholt ist in der Diskussion um Kooperation im Strafverfahren auf die präjudizielle Wirkung der verwendeten Begriffe hingewiesen worden[15]. Um eine verfrühte Bewertung des Phänomens zu vermeiden, werden im folgenden die Be-

---

[12] So *Schünemann*, Gutachten, B 109; *ders.*, a.a.O., B 78 warnt in diesem Zusammenhang sogar vor der Gefahr eines „wissenschaftlichen Schmierentheaters"; mögen seine Warnungen auch 1990, zu einer Zeit, als die Entwicklung der Regeln für Absprachen noch stark im Fluß war, gerade auch vor dem Hintergrund einiger Beiträge von Praktikern ihre Berechtigung gehabt haben, so gilt es heute doch vielmehr, die verfestigte Absprachepraxis auf der nachrangigen Ebene der Mißbrauchskontrolle einer Analyse zu unterwerfen.

[13] *Nestler-Tremel*, DRiZ 1988, 288, 295; *Eschelbach*, JA 1999, 694, 695; LR-*Rieß*, Einl. Abschn. G, Rz. 71 meint, daß „Vereinbarungen wohl (noch) stärker der Gefahr des Mißbrauchs ausgesetzt" seien, als die nach dem „normalen Programm der StPO" ablaufenden Prozesse.

[14] *Kintzi*, FS Hanack, 184, behauptet sogar: „Der Schaden ist zwar begrenzbar, aber kaum völlig behebbar."

[15] Siehe hierzu nur: *Dencker/Hamm*, Der Vergleich im Strafprozeß, 36 ff.; *Rönnau*, Die Absprache im Strafprozeß, 22 ff.; *Gerlach*, Absprachen im Strafverfahren, 29 ff.

griffe „Absprache“ und „Verständigung“ verwendet, die sich als neutrale Bezeichnungen durchgesetzt haben. Der Begriff „Deal“, der insbesondere von Praktikern verwendet wird, wird ebenfalls benutzt. Er soll allerdings die rechtlich fragwürdigeren Praktiken der konsensualen Verfahrenserledigung bezeichnen. Die Begriffe Absprache und Verständigung werden im folgenden auch zur Kennzeichnung konsensualer Verfahrenserledigung im englischen Recht benutzt. Die außerdem verwendeten Bezeichnungen *sentence bargain*, *charge bargain* und *fact bargain* beschreiben bestimmte Phänotypen der Absprachepraxis.

Den Gegenstand der Untersuchung bilden ausschließlich die direkt oder indirekt verfahrensbeendigenden Absprachen. Hierunter fallen Urteilsabsprachen[16], d.h. Abreden über die Rechtsfolgen, die am Ende der Hauptverhandlung verhängt werden sollen und solche Absprachen, die durch Begrenzung des Verfahrensumfangs das Urteil mittelbar beeinflussen oder durch anderweitige Sanktionierung eine Hauptverhandlung gänzlich entbehrlich machen. Ausgeklammert wird damit der große, aber i.E. unproblematische Bereich der Konsensfindung über Verfahrensfragen[17].

Die an solchen verfahrensbeendigenden Absprachen beteiligten Verfahrenssubjekte erhoffen sich Verbesserungen der jeweils eigenen Position. Auf Seiten des Beschuldigten steht dabei die Erwartung einer geringeren Strafe oder einer (Teil)einstellung, auf Seiten der Justiz die Aussicht auf Arbeitsersparnis und „Revisionsfestigkeit“ der Entscheidung im Vordergrund. Fehlgeschlagen oder gescheitert sind Absprachen dann, wenn diese Erwartungen, die eine der beteiligten „Parteien“ in die Abmachung gesetzt hat, enttäuscht werden.

Mit dem Begriff „gescheiterte“ oder „fehlgeschlagene Absprachen“ werden also Situationen bezeichnet, in denen verfahrensbeendende Absprachen nicht zu den von den Beteiligten avisierten und erhofften Ergebnissen führen. Hierzu gehören auch die Fälle, in denen Dritte versuchen, die Vereinbarung anzugreifen oder sich ungewollte Nebenfolgen, insbesondere persönliche Strafbarkeit, für die Beteiligten ergeben.

---

[16] *Weigend*, JZ 1990,774

[17] Solche rein verfahrensbezogenen Absprachen unterliegen nach ganz überwiegender Ansicht nicht den gegen Urteilsabsprachen vorgebrachten Bedenken, vgl. etwa SK-*Schlüchter*, vor §213, Rz. 27; *Baumann*, NStZ 1987, 157, 160; *LR-Rieß*, Einl. Abschn. G, Rz. 60 weist allerdings zutreffend darauf hin, daß auch bei Absprachen zum Verfahrensergebnis z.T. Fragen des Verfahrensablaufes mit abgesprochen werden.

II. Ziel der Untersuchung

Die Absprache wird gekennzeichnet durch das Erbringen bestimmter Leistungen im Vertrauen auf eine adäquate Gegenleistung. Die Beteiligten handeln nicht altruistisch, vielmehr erfolgt die Leistungserbringung im Sinne eines „*do ut des*“[18]. Diese finale Verknüpfung der Leistungen ist auch unabhängig von der Frage der rechtlichen Verbindlichkeit der Absprachen. Es liegt daher nahe, die gescheiterten Absprachen als „Leistungsstörungen[19]“ zu begreifen und die prozessualen Regelungen zu ihrer Lösung als „Leistungsstörungsrecht“ zu bezeichnen. Das Leistungsstörungsrecht der Absprachen muß sich allerdings der Institute und Regelungen bedienen, die das Strafprozeßrecht bereithält. Hierbei soll auch die Frage der Mißbrauchskontrolle behandelt werden, da es auch hier zu Problemen der Rückabwicklung und Schadensbegrenzung kommt. Dieses so verstandene Leistungsstörungsrecht gilt es im folgenden zu entwickeln.

III. Gang der Untersuchung

Nach einigen Bemerkungen zu den paradigmatischen Unterschieden zwischen deutschem und englischem Strafprozeß soll zunächst die Rechtswirklichkeit in Deutschland und England dargestellt werden. Das Absprachewesen ist in beiden Ländern ein „Kind der Praxis[20]“ und es ist daher wichtig festzustellen, wie und in welchem Umfang diese Praxis zu Absprachen greift. Außerdem ist zu klären, wie es zu dem Siegeszug der Absprachen in zwei so unterschiedlichen Systemen kommen konnte. Darauf soll untersucht werden, welche Art von Absprachen Rechtsprechung und Literatur *de lege lata* für zulässig halten und welche Reform- und Kodifizierungsvorschläge in der Diskussion sind oder waren. Schließlich werden dann im Hauptteil der Arbeit die Reaktionsmöglichkeiten bei Fehlschlagen der Absprache analysiert und verglichen. Es wird zu untersuchen sein, wie das Leistungsrisiko unter den Beteiligten verteilt wird, welcher Schutz den Verfahrensbeteiligten in beiden Systemen gewährt wird und ob das Rechtsmittelrecht Möglichkeiten zur Mißbrauchskontrolle bereithält.

---

[18] *Beulke/Satzger*, JuS 1998, 1072, KK-*Pfeiffer*, Einl., Rz. 29a; *Fezer*, Strafprozeßrecht, 293, Rz. 7.

[19] *Dencker/Hamm*, Der Vergleich im Strafprozeß, 35, 99, 105.

[20] *Dahs*, Handbuch des Strafverteidigers, Rz. 463.

2. Teil: Grundlegendes zum Systemvergleich

Um die folgenden Ausführungen zum englischen Recht[21] richtig einordnen zu können, gilt es, die Untersuchung schon jetzt in den Zusammenhang der jeweiligen Rechtssysteme zu stellen, um nicht unbedachte Vergleiche zu ziehen[22]. Zwischen dem *adversarial model* des *common law* Strafverfahrens und dem kontinentaleuropäischen System bestehen grundsätzliche Unterschiede, die Einfluß auf die Zulässigkeit von Absprachen haben. Auch sind die Unterschiede in den Ansätzen der Prozeßrechtswissenschaft zu würdigen.

Das *plea bargaining* im amerikanischen Strafprozeß ist bereits Gegenstand eingehender Untersuchungen auch in Deutschland gewesen[23]. Die in diesen Untersuchungen gewonnenen Erkenntnisse über grundlegende Unterschiede zwischen dem Strafprozeß des *common law* und dem des kontinentaleuropäischen Rechtskreises können z.T. auf das englische Recht übertragen werden. Sie sind aber um englische Spezifika zu ergänzen. Nur wenn die grundlegenden Unterschiede zwischen den Prozeßrechtssystemen gleichsam schablonenhaft gegeneinandergestellt worden sind, kann geklärt werden, ob es - jedenfalls im Bereich der Absprachen - Anzeichen für eine Konvergenz oder für (partiell) einseitige Übernahmen zwischen den Prozeßmodellen gibt[24].

---

[21]Die Ausführungen zum „englischen Recht" beziehen sich immer auch auf die Rechtslage in Wales, da zwischen diesem Landesteil und England eine Rechtsunion besteht. Die übrigen Teile des Vereinigten Königreichs und andere der britischen Krone unterstehende Territorien haben hingegen eigenständige Rechtsordnungen, die sich von dem in England und Wales geltenden Recht z.T. fundamental unterscheiden.

[22]Vgl. *Jung*, FS Lüke, 334, der vor unbedachten *„legal transplants"* in der Prozeßrechtsvergleichung warnt; noch weitergehend *Müller*, Jahrbuch für Neue Politische Ökonomie, 15. Band, 127, der anmerkt, daß eine Übertragung des amerikanischen *plea bargaining* in das deutsche Recht wegen der unterschiedlichen Methoden die „Wahrheitsfindung zu organisieren...rechtsvergleichend naiv wäre"; siehe auch *Goldstein*, IsLR 1997, 169, 170, der feststellt: *„There is little doubt that when 'borrowing' occurs across national and systemic lines, the risk is great that stereotypes will be imported - and with them a failure to appreciate the distinctive relation of the borrowed practice to the premises of the system in which it has evolved and the living context in which it has taken its form"*.

[23]Insb. *Schumann*, Der Handel mit Gerechtigkeit; *Weigend*, Absprachen in ausländischen Strafverfahren.

[24]*Weigend*, NStZ 1999, 57, 63; *Rönnau*, wistra 1998, 49, 53, stellt fest, „daß auch die vom 4. Strafsenat in bestimmten Grenzen für zulässig erklärte Absprachenpraxis vor dem Hintergrund eines anderen - nämlich US-amerikanischen - Prozeßmodells stattfindet".

A. Pragmatismus vs. Dogmatik

Der Methodik der englischen Strafprozeßrechtswissenschaft liegt ein nüchterner Pragmatismus zu Grunde. Die Prüfung der Vereinbarkeit von Normen und Rechtsinstituten mit Grundprinzipien des Strafverfahrens oder übergeordnetem Verfassungsrecht ist die Ausnahme[25]. Ausgangspunkt der meisten Analysen ist die pragmatische Frage, ob das Prozeßrecht ermöglicht, die Schuldigen zu verurteilen, Unschuldige vor Verurteilung zu schützen und dabei möglichst resourcenschonend zu verfahren[26]. Dieser Pragmatismus liegt in der Methodik des *common law*. Wo keine große Kodifikation eines Rechtsgebietes existiert, sondern das Recht in der Praxis geschaffen und weiterentwickelt wird, hat es ausgefeilte Dogmatik schwer; allerdings verhindert dieser Pragmatismus auch wissenschaftliche *„l'art pour l'art"*[27]. Diese kasuistische und pragmatische Herangehensweise gilt es bei der Untersuchung der englischen Antworten auf das Problem der fehlgeschlagenen Absprachen zu würdigen. Eine Prüfung am Maßstab abstrakter Prinzipien ist im englischen Recht nicht angelegt und soll denn auch hier nicht versucht werden.

B. Die Rollen der Prozeßbeteiligten

Das Prozeßrecht des *common law* Rechtskreises wird oft als „adversarisch" oder „kontradiktorisch" bezeichnet. Für den Strafprozeß kontinentaler Prägung verwenden die englischen Juristen hingegen den Begriff „inquisitorisch"[28]. Der wesentliche Unterschied ist die jeweils andere Rollenverteilung der Prozeßbetei-

---

[25] Siehe vor allem *Ashworth*, The Criminal Process - An Evaluative Study, 25 ff.

[26] Dies wird gut illustriert durch die Aufgabenstellung der *Royal Commission on Criminal Justice*, deren *„terms of reference"* lauteten: *„...to examine the effectiveness of the criminal justice system in England and Wales in securing the conviction of those guilty of criminal offences and the acquittal of those who are innocent, having regard to the efficient use of resources"*; vgl. *Zander*, Cases and Materials, 105.

[27] Solche zu entlarven ist eine wichtige Funktion der Rechtsvergleichung, siehe *Eser*, FS Kaiser, 1516; der rechtswissenschaftliche Diskurs ist auch deshalb in England von anderer (nicht minderer!) Qualität, weil deutlich weniger monographische Untersuchungen erscheinen; insbesondere die geringe Zahl von Dissertationen, das gänzliche Fehlen von Habilitationsschriften und die Zurückhaltung bei der Erstellung von Festschriften tragen zur Pragmatisierung der rechtswissenschaftlichen Diskussion nicht unerheblich bei.

[28] *Damaska*, University of Pennsylvania Law Review 1973 (121), 506; *Zander*, Cases and Materials, 283 ff.; *Langbein*, University of Chicago Law Review 1985 (52), 230; eine Annährung des deutschen Strafprozesses an das anglo-amerikanische Prozeßmodell auch hinsichtlich der Rollenverteilung der Prozeßbeteiligten behauptet *Klug*, ZRP 1999, 288, 290 ff.

ligten. Während in Deutschland das Verfahren primär vom Gericht be- und vorangetrieben wird, wird das adversarische Verfahren durch die dominante Rolle der „Parteien“ gekennzeichnet. Es obliegt Anklage und Verteidigung, Zeugen zu benennen und zu vernehmen und es liegt in der Hand des Angeklagten, über die Durchführung der Hauptverhandlung durch Abgabe eines *plea of guilty* zu verfügen. Wegen dieser, dem deutschen Zivilprozeß ähnlichen Stellung von Anklage und Angeklagtem ist es gerechtfertigt, sie als Parteien zu bezeichnen.

Dem Richter hingegen weist das englische Recht eine sehr zurückgenommene Rolle zu[29]. Er ist nur Schiedsrichter über den Streit der Parteien und Garant eines fairen Verfahrens. Im Geschworenenverfahren im *Crown Court* entscheidet er auch nicht über die Schuld, sondern setzt lediglich das Strafmaß fest, was seine Distanz zum Kampf der Parteien in der Beweisaufnahme noch verstärkt. Die Strafzumessung liegt allerdings zur Gänze bei ihm. Anklage und Verteidigung tragen zwar die für die Strafbemessung relevanten Tatsachen zusammen, sie äußern sich aber nicht direkt zum Strafmaß. So gibt es insbesondere keine Strafmaßempfehlung durch den Anklagevertreter[30]. Die überragende Bedeutung, die der Neutralität und Passivität des Richters zukommt, schlägt sich auch in der Bewertung seiner Beteiligung an Absprachen nieder. Verhandlungen mit dem Richter steht das englische Recht eher feindselig gegenüber[31]. Vereinbarungen zwischen den Parteien des Prozesses fügen sich hingegen besser in das Gefüge des englischen Strafprozesses ein. Im Vergleich hierzu nimmt der Richter in Deutschland eine weitaus dominierendere Stellung ein[32]. Er führt die Beweisaufnahme durch und entscheidet an deren Ende selbst über die Schuldfrage oder nimmt zumindest an der Entscheidung teil. Er kann mit Staatsanwalt und Verteidiger frei sprechen und kann sogar die Absprache initiieren[33]. Auch ist es das Gericht, welches die Gegenleistung der Strafminderung für ein Geständnis verspricht.

Common law Juristen ist diese aktive Beteiligung des Richters fremd. Die Beteiligung des distanzierten „*umpire*“ an Aushandlungsprozessen - insbesondere in Kombination mit seiner Beweiswürdigungskompetenz - erscheint ihnen „höchst

---

[29] *Jung*, FS Lüke, 325.

[30] Dies ist ein entscheidender Unterschied zum amerikanischen Strafprozeß. Dort spricht der Anklagevertreter eine Strafmaßempfehlung aus, was zusätzliche Verhandlungsmasse für Absprachen schafft, vgl. *Weigend*, Absprachen in ausländischen Verfahrensordnungen, 41 ff.

[31] Siehe die grundlegende Entscheidung *Turner* (1970) 54 CrAppR 361 und unten 5. Teil, B, I, 2.

[32] *Damaska*, StV 1988, 398 ff., 399.

[33] So kann das Gericht z.B. in der Hauptverhandlung anregen, nach § 153 a StPO einzustellen oder das Verfahren durch Strafbefehl zu beenden.

bedenklich“[34]. Dieses unterschiedliche Rollenverständnis hat auch Konsequenzen für die Behandlung fehlgeschlagener Absprachen, da nach englischem Verständnis die Willensentschließungsfreiheit des Angeklagten besonders stark gefährdet ist, wenn der Richter seine neutrale Rolle verläßt und „in die Arena“ zu den Parteien hinabsteigt[35].

C. Legalitätsprinzip vs. Ermessensentscheidung über Anklage

Auch die Dichotomie von Legalitätsprinzip und Opportunitätsprinzip gilt es zu beachten. Die Einräumung einer Ermessensentscheidung über die Anklageerhebung ist neben dem Ermessen bei der Strafzumessung das Haupteinfallstor für Absprachen[36]. Es eröffnet der Anklagebehörde und dem Gericht den Zugang zu mehr „Verhandlungsmasse“, dem Prozeßumfang. Dem englischen Recht ist das Legalitätsprinzip fremd. Der Grundsatz der Ermessensentscheidung über die Anklageerhebung wurde von Lord *Shawcross*, einem Attorney-General der 50er Jahre, pointiert so zusammengefaßt: „*It has never been the rule in this country, I hope it will never be, that suspected criminal offences must automatically be the subject of prosecution*“[37].

Das deutsche Strafprozeßrecht wird hingegen im Grundsatz vom Legalitätsprinzip beherrscht[38]; jedoch wird Opportunitätserwägungen immer weiterer Raum eingeräumt[39]. Diese im Grundsatz unterschiedliche Weichenstellung muß ebenfalls immer berücksichtigt werden. Auch hier wird aber zu fragen sein, ob die theoretisch scharfe Unterscheidung nicht von der Praxis überholt worden ist.

---

[34] *Damaska*, StV 1988, 398 ff., 398; vgl. auch *Herrmann*, in: *Jung* (Hrsg.), Der Strafprozeß im Spiegel ausländischer Verfahrensordnungen, 151 (FN 63), der diese Aussage zu kritisieren scheint.

[35] *Turner* (1970) 54 CrAppR 361.

[36] *Weigend*, Absprachen in ausländischen Verfahrensordnungen, 9 ff.

[37] Dieses Zitat findet sich in der Verfahrenssatzung des *Crown Prosecution Service*, *Code for Crown Prosecutors*, Art. 6.1; näher hierzu unten 5. Teil, B, II.

[38] Vgl. §§ 152 II, 170 I StPO.

[39] Vgl. §§ 153 ff. StPO; *Döhring*, Ist das Strafverfahren vom Legalitätsprinzip beherrscht?, 135 ff.; *Goldstein*, IsLR 1997, 159; zutreffend weist *Eser*, ZStW 104 (1992), 361, 370 darauf hin, daß die „übliche Rede“ von Einschränkungen des Legalitätsprinzips durch das „Opportunitäts*prinzip*“ nicht ganz korrekt ist. §§ 153 ff StPO implementieren nicht das Opportunitätsprinzip, sondern sie schränken das eigentlich geltende Legalitätsprinzip - wenn auch in großem Umfang - ein.

D. Strafzumessung als Ermessensentscheidung: das Einfallstor für Absprachen

Das Versprechen einer geringeren Strafe für den Fall der Kooperation des Angeklagten steht im Zentrum der Absprachepraxis. Es ist daher entscheidend, daß dem Gericht bei der Strafzumessung ein Ermessensspielraum eingeräumt wird, innerhalb dessen es das Strafmaß rechtsfehlerfrei und damit revisionssicher festsetzen kann. Der Gesetzgeber spielt in England bei der Strafzumessung im allgemeinen eine recht begrenzte Rolle[40]. Das englische Recht kennt keine Mindeststrafen und der Gesetzgeber beschränkt sich auf die Normierung der Höchststrafen und Sanktionsarten sowie die Begrenzung der Strafgewalt der Untergerichte. Unterhalb der vorgegebenen Höchststrafen steht den Gerichten ein weiter Ermessenspielraum zu[41]. Dieser Spielraum ermöglicht es, kooperativen Angeklagten beim Strafmaß entgegenzukommen. Die Rechtsprechung in Deutschland ist zwar in stärkerer Weise an Mindeststrafen gebunden, jedoch vertritt der BGH in ständiger Rechsprechung, daß dem Richter innerhalb der gesetzlichen Grenzen ein Spielraum bei der Strafzumessung zukommt.[42]. Staatliches Strafen wird mithin in beiden Ländern nicht als mathematischer Vorgang gewertet, der nur ein richtiges Ergebnis kennt[43]. Für englische Juristen ist der Vorgang der Strafzumessung eine „*subjective exercise*“[44]. Die Grundvoraussetzung für Absprachen, ein Spielraum bei der Bemessung der Strafe, ist mithin in beiden Ländern garantiert.

Die Höhe der Strafe richtet sich im englischen Recht nach der „Schwere der Straftat“[45]. Diese Formulierung wird verstanden als Ausdruck des Grundsatzes der Proportionalität zwischen Schuld und Strafe[46]. Auch in Deutschland ist die Schuld des Täters die Grundlage der Strafzumessung, § 46 I S.1 StGB. Schuldangemessenes Strafen ist somit in beiden Systemen das Ziel. Die Unterschreitung der schuldangemessenen Strafhöhe durch Absprachen stellt daher in Deutschland wie in England eine Systemwidrigkeit dar. Allerdings ist zu fragen, wie die stärkeren Verfügungsmöglichkeiten über den Prozeßumfang im englischen Recht die Frage der schuldangemessenen Strafe beeinflussen.

---

[40] *Ashworth*, ZStW 1994, 605.

[41] *Ashworth*, ZStW 1994, 605.

[42] *Neumann*, FS Spendel, 436 ff.; *Kremer*, Absprachen zwischen Gericht und Verfahrensbeteiligten im Strafprozeß, 182; *Tröndle/Fischer*, § 46, Rz. 12; SK-*Horn*, § 46, Rz. 8.

[43] *Zschockelt*, FS Salger, 435.

[44] *Buffrey* (1992) 14 CrAppR (S) 511.

[45] Vgl. *Criminal Justice Act 1991*; *Ashworth*, ZStW 1994, 605, 608.

[46] *Ashworth*, ZStW 1994, 605, 609.

E. Plea vs. Geständnis

Der Vergleich von Absprachen, die ein *guilty plea* respektive ein Geständnis zum Inhalt haben, ist nicht unproblematisch. In der Diskussion um Absprachen ist immer wieder auf das amerikanische *plea bargaining* verwiesen worden, wobei Geständnis und *plea* als Entsprechungen behandelt wurden[47]. Insbesondere *Dielmann*, *Cramer* und *Damaska* haben aber früh auf die grundlegenden Unterschiede zwischen diesen beiden Instituten hingewiesen und dargelegt, daß man *plea* und Geständnis vor dem Hintregrund der unterschiedlichen strafprozessualen Systeme sehen müsse[48]. Das *guilty plea* ist im Gegensatz zum Geständnis des deutschen Rechts kein Beweismittel. Es ist eher mit dem im deutschen Zivilrecht vorkommenden Schuldanerkenntnis zu vergleichen[49]. Mit einem *plea of guilty* verfügt der Angeklagte über sein Recht auf ein Verfahren und erkennt den staatlichen Strafanspruch an[50]. Mit dem *plea of guilty* entfällt die Notwendigkeit des Schuldnachweises durch den Staat und der Prozeß mündet direkt in die Strafzumessung. Im Gegensatz dazu hat ein Geständnis keine unmittelbare verfahrenserledigende Wirkung, der Schuldspruch wird durch das Geständnis nicht ersetzt, sondern lediglich erleichtert[51]. Allerdings ist zu fragen, inwieweit die Verbreitung von Absprachen in Deutschland zu einer Annäherung von *plea* und Geständnis *in praxi* geführt hat. Einige Stimmen in der Literatur argumentieren, daß die dogmatische Unterscheidung nicht mehr von der Rechtswirklichkeit getragen werde und die Praxis das Geständnis wie ein *plea of guilty* behandele[52].

F. Prozessuale Wahrheit und Gerechtigkeit vs. materielle Wahrheit und Gerechtigkeit?

Es wird oft vom Gegensatz zwischen der materiellen Gerechtigkeit des kontinentaleuropäischen Prozesses und der prozessualen Gerechtigkeit des *common*

---

[47]Vgl. *Cramer*, FS Rebmann, 154.

[48]*Dielmann*, GA 1981, 558; *Cramer*, FS Rebmann, 154 ff.; *Damaska*, StV 1988, 398 ff., 398.

[49]*Damaska*, StV 1988, 398 ff., 398.

[50]Vgl. *Kremer*, Absprachen zwischen Gericht und Verfahrensbeteiligten im Strafprozeß, 57.

[51]*Herrmann*, in: *Jung* (Hrsg.), Der Strafprozeß im Spiegel ausländischer Verfahrensordnungen, 151; schon *Löwe*, Die Strafprozeßordnung für das Deutsche Reich, 5. Aufl., § 153, Anm. 4 a stellte fest, daß der Richter sich nicht mit der Erklärung des Beschuldigten, daß er die Tat begangen habe, beruhigen dürfe, sondern daß er die Wahrheit dieser Erklärung prüfen und den Beschuldigten eventuell trotz des Schuldbekenntnisses freisprechen müsse.

[52]*Schünemann*, StV 1993, 657, 658; *Weigend*, NStZ 1999, 57, 61; *Stamp*, Die Wahrheit im Strafverfahren, 150.

law Prozesses gesprochen[53]. So wird behauptet, die materielle Wahrheit sei der „für den deutschen Strafprozeß schlechthin fundamentale Grundsatz"[54]. Das Konzept einer rein formellen oder prozessualen Wahrheit sei dem deutschen Strafprozeßrecht hingegen fremd. Da die Wahrheit aber im Rechtstaat nicht um jeden Preis erforscht werden darf[55], läßt sich *in praxi* doch nur eine in gewisser Hinsicht formelle, d.h. eine durch zulässige prozessuale Mittel festgestellte Wahrheit ermitteln. Die Charakteristika der Wahrheitsfindung im Strafprozeß führen dazu, daß die Ermittlung der materiellen Wahrheit im Sinne der ganzen oder absoluten Wahrheit, z.T. verboten[56] und meist unmöglich ist[57] und oft wohl, wie die Absprachepraxis zeigt, auch nicht mit ganzer Kraft angestrebt wird[58]. Am Ende einer Hauptverhandlung steht somit die Feststellung einer prozessualen Wahrheit. Diesen Einschränkungen zum Trotz bleibt das deutsche Strafprozeßrecht im Grundsatz der Erforschung der materiellen Wahrheit verpflichtet. § 244 II StPO macht dem Richter die Erforschung der Wahrheit ausdrücklich zur Pflicht. Erforscht werden kann aber nur die materielle Wahrheit. Jedoch gilt § 244 II StPO mit den angedeuteten prozessualen und erkenntnistheoretischen Beschränkungen.

In England ermöglicht es das *guilty plea* hingegen, die Phase der Wahrheitsfindung gänzlich zu überspringen und sofort zur Strafzumessung zu kommen. Dies wird als Ausdruck eines auf eine lediglich formelle Wahrheit gestützten Systems verstanden. Die Möglichkeit des *guilty plea* liegt in der Anerkennung der Eigenverantwortlichkeit des Angeklagten begründet. Es ist somit Ausdruck der Verfügungsmacht des Angeklagten. Die Übereinstimmung von *plea* und Wirklichkeit ist aber auf der Ebene der Strafzumessung durchaus von Relevanz. Für die Tatsachenangaben im Urteil gilt auch in England das Postulat der materiellen Wahrheit zumindest in seiner negativen Form. Es dürfen sich keine Anhaltspunkte für Widersprüche zur Wirklichkeit finden[59]. Allerdings begnügt sich der englische

---

[53]*Cramer*, FS Rebmann, 156; siehe vor allem auch *Schlüchter*, FS Spendel, 737 ff.; *Volk*, FS Salger, 411 ff.

[54]*Schünemann*, StV 1993, 657, 658.

[55]Siehe hierzu z.B.: BGHSt 14, 358, 365; BGHSt 31, 304, 309; *Schlüchter*, FS Spendel, 738.

[56]Es sei hier an die zahlreichen Beweis- und Beweisverwertungsverbote erinnert, die der Ermittlung der „wahren" Sachlage entgegenstehen.

[57]Wahrheit als perfekte „*adaequatio rei et intellectus*" verschließt sich den menschlichen Erkenntnismöglichkeiten. Gefordert werden kann mithin nur eine möglichst genaue Annäherung an die „ganze Wahrheit".

[58]*Stamp*, Die Wahrheit im Strafprozeß, 151 ff.; *Kunen*, How Can You Defend Those People?, 189 faßt dies in dem einprägsamen *bonmot* zusammen: „*truth, like basketball, is a team sport*".

[59]Siehe hierzu die Ausführungen zum *fact bargaining*, unten 5. Teil, B, II und 7. Teil, E, II.

Strafprozeß insofern mit einer formellen Wahrheit, als er die gesamte Beweisaufnahme, auch hinsichtlich der Strafzumessung, in die Hände der Parteien legt[60].

G. Unterschiedliche Einstellung zur Revisibilität von Urteilen

Für die Frage nach den Rechtsfolgen fehlgeschlagener Urteile ist auch die unterschiedliche Grundeinstellung zur Revisibilität von richterlichen Entscheidungen von Bedeutung. Die Bedeutung von Rechtsmittelgerichten in *common law* Ländern unterscheidet sich grundlegend von der in kontinentaleuropäischen Systemen. *Damaska* hat herausgearbeitet, daß das *common law* vom Grundsatz der einstufigen Entscheidung ausgeht, wogegen die hierarchischen kontinentalen Systeme die Kontrolle der erstinstanzlichen Entscheidung durch ein Rechtsmittelgericht weit weniger als Ausnahme begreifen[61]. Das englische Strafprozeßrecht kannte bis 1848 kein Rechtsmittel gegen einen Schuldspruch durch Geschworene[62]. Bis 1907 konnte dann nur der Richter in der Tatsacheninstanz, wenn er das Urteil der Geschworenen für falsch hielt, eine Überprüfung in höherer Instanz anstrengen. Erst mit der Einrichtung des *Court of Criminal Appeal* im Jahr 1907 wurde dem Angeklagten ermöglicht, selbst Rechtsmittel einzulegen.

Das Recht des Angeklagten, die erstinstanzliche Entscheidung überprüfen zu lassen, wird jedoch durch die Notwendigkeit begrenzt, „*leave to appeal*" zu bekommen. Der Angeklagte wendet sich dazu an den *Court of Appeal*. Dort entscheidet ein Einzelrichter des *High Court* über den Antrag. Es findet keine Anhörung statt, sondern der Richter entscheidet allein aufgrund der ihm vorgelegten Akten. Wird der Antrag abgelehnt, kann der Angeklagte ihn erneut stellen, wobei dann drei Richter zur Entscheidung berufen sind. Diese mühsame Prozedur verdeutlicht die Ausnahmenatur der Rechtsmittelinstanz.

Die Anklage hat keine Möglichkeit, nach einem Freispruch zu versuchen, in zweiter Instanz eine Verurteilung zu erreichen[63]. Versuche, eine solche Form der

---

[60]Hierin ähnelt er dem deutschen Zivilprozeß.

[61]*Damaska*, The Faces of Justice and State Authority, 58 ff.

[62]Hierzu, sowie allgemein zum *appeal*, siehe *Zander*, Cases and Materials, 481 ff.

[63]Es gibt allerdings seit 1972 die Möglichkeit des *appeal* durch den *Attorney-General* „*on a point of law*". Dieses Rechtsinstitut dient aber nur der „abstrakten" Klärung von Rechtsfragen, auf den Ausgang des den Gegenstand der Vorlage bildenden Prozeßes hat es keinen Einfluß, vgl. *Attorney-General's Reference (No 1 of 1975)* (1975) 3 WLR 11, 13.

Revision einzuführen, scheiterten wiederholt. Das englische Recht hält mithin eine hierarchische Kontrolle von *Freisprüchen* für nicht notwendig[64].

In Deutschland wird meist versucht, Absprachen durch beidseitigen Rechtsmittelverzicht gegen revisionsgerichtliche Kontrolle abzusichern. Dem englischen Recht ist das Rechtsinstitut des Rechtsmittelverzichts jedoch unbekannt. Dies folgt aus der Möglichkeit des *guilty plea*: durch ein Schuldanerkenntnis verzichtet der Angeklagte auf die ganze Hauptverhandlung, *a maiore ad minus* dann auch im Grundsatz auf das Rechtsmittel[65]. Eine gesonderte Erklärung wird nicht abgegeben. Allerdings schließt ein *plea of guilty* die Revision des Urteils nicht absolut aus. In einigen Fallgruppen gibt der *Court of Appeal* auch in Fällen mit *guilty plea* „*leave*"[66]. Das Problem der Anfechtung einer Rechtsmittelverzichtserklärung stellt sich mithin in England nicht. Allerdings wird zu prüfen sein, in welchen Fällen der *Court of Appeal* bereit ist, eine Revision trotz Vorliegen eines *guilty plea* zuzulassen.

---

[64]*Ashworth*, The Criminal Process, 32 weist auf die Verbindungen zu den Regeln über den Strafklageverbrauch hin, eine Revision durch die Anklagebehörde, sei „*tantamount to placing the defendant in double jeopardy*".

[65]*Damaska*, StV 1988, 398 ff., 398.

[66]Hierzu näher unter 7. Teil, B, II.

3. Teil: Typen, Gegenstände und Häufigkeit von Absprachen: Rechtstatsächliches

A. Deutschland

Absprachen zum Verfahrensergebnis können in zwei Grundtypen eingeteilt werden: echte Urteilsabsprachen über die Rechtsfolgen, welche am Ende der Hauptverhandlung verhängt werden sollen und Absprachen im Rahmen der §§ 153 ff. StPO und des Strafbefehlsverfahrens über den Umfang des Prozeßgegenstandes[67] und/oder die Vermeidung einer Hauptverhandlung[68].

I. Urteilsabsprachen

Echte Urteilsabsprachen werden zwischen den Verfahrensbeteiligten in der Hauptverhandlung ausgehandelt. Solche Absprachen haben typischerweise den Austausch eines Geständnisses gegen eine mildere Bestrafung zum Inhalt. Der Motor dieses Absprachetyps ist die strafmildernde Wirkung des Geständnisses[69]. Läßt der Angeklagte Verständigungsbereitschaft erkennen, so wird das absprachegeneigte Gericht seinerseits erkennen lassen, „in welchem Rahmen" sich die Strafe bewegen wird. Diese Strafmaßprognose macht der Angeklagte dann zu seiner Entscheidungsgrundlage. Wie präzise diese Prognose ausfallen darf, wird noch zu behandeln sein.

Es ist insbesondere diese Form der Absprache, die zu den z.T. erbitterten Zerwürfnissen zwischen Prozeßrechtswissenschaft und -praxis geführt hat. Unbestritten ist der ausgehandelte Tausch Geständnis gegen Strafmilderung gesetzlich nicht vorgesehen[70]. Die Praxis hat mithin ein Institut geschaffen, welches zumindest *extra legem* steht. Die gegen Urteilsabsprachen vorgebrachten Bedenken sind zahlreich, können aber hier zunächst auf zwei Hauptgruppen reduziert werden: Urteilsabsprachen führen zu einem problematischen Druck auf den Angeklagten, ein Geständnis abzulegen, um in den Genuß der Strafmilderung zu kommen[71] und sie berühren - und verletzen möglicherweise - beinahe alle Verfah-

---

[67]*Küpper/Bode*, Jura 1999, 351, 352.

[68]FA-StrafR-*Satzger*, Teil H, Kapitel 3, Rz. 5.

[69]Nach *Schünemann*, FS Baumann, 368, ist es dieses verfahrensabkürzende Geständnis, welches „die von den Urteilsabsprachen geschaffene prozessuale Welt im Innersten zusammenhält".

[70]KK-*Pfeiffer*, Einl., Rz. 29 a; SK-*Rudolphi*, Vorb. § 151, Rz. 67.

[71]*Schünemann*, Gutachten, B 93; *Rönnau*, Die Absprache im Strafprozeß, 180 ff.; *Weigend*, JZ 1990, 774, 778

rensmaximen des deutschen Strafverfahrens[72]. Auf die zahlreichen Einwände gegen die Urteilsabsprache wird bei der Darstellung der Zulässigkeit von Absprachen *de lege lata* zurückzukommen sein. Hier gilt es nur festzuhalten, daß sich der Kern der umstrittenen Urteilsabsprachepraxis auf die einfache Formel Geständnis gegen Strafmilderung bringen läßt.

II. Absprachen im Bereich der §§ 153 ff. StPO

Zu Absprachen über den Prozeßumfang und über die Vermeidung einer Hauptverhandlung kommt es durch die partielle Ablösung des Legalitätsprinzips durch die §§ 153 ff. StPO, sowie durch Möglichkeit des summarischen Strafbefehlsverfahrens. Mithin besteht für solche Abreden ein gesetzlicher Ansatzpunkt, was ihre Legitimierung m.E. erleichtert[73]. Solche Absprachen werden häufig schon im Vorverfahren, aber auch noch während der Hauptverhandlung, getroffen. *Tscherwinka* hat zutreffend darauf hingewiesen, daß Absprachen im Vorverfahren in der Literatur weitaus weniger problematisiert werden, als Absprachen in der Hauptverhandlung[74]. Dies mag - wie bereits angedeutet - daran liegen, daß die Beteiligten sich hier auf eher sicherem Terrain bewegen und sich gesetzlich normierter Instrumentarien bedienen können. Das englische Recht zeigt aber, daß gerade das Vorverfahren ein Ort ist, an dem die konsensuale Verfahrenserledigung mittels der englischen Form der Prozeßumfangsabsprache, des *charge bargains*, blüht und gedeiht[75]. Es ist daher unbedingt geboten, Verständigungen auch schon in diesem Stadium in die Untersuchung einzubeziehen.

Durch die Einstellungsmöglichkeiten der §§ 153 ff. StPO und das Strafbefehlsverfahren sind der StA vielfältige Möglichkeiten zu verfahrenserledigenden Absprachen an die Hand gegeben worden. Der Anwendungsbereich für solche Absprachen ist so vielfältig, wie Ermittlungsverfahren und Strafprozesse vielfältig sind[76]. Die gesetzlichen Regelungen lassen allerdings eine gewisse Systematisierung zu. *Einstellungen ohne belastende Maßnahmen* werden vor allem als Ge-

---

[72]Dieser Aspekt ist in allen Monographien zum Thema Absprachen im Strafprozeß ausgiebig behandelt worden, siehe zuletzt *Braun*, Die Absprache im deutschen Strafverfahren, 39 ff.

[73]*Koch*, ZRP 1990, 249, 250; *Hamm*, ZRP 1990, 337, 338, geht so weit zu behaupten, daß die „Einigung der Beteiligten...auf die Anwendung der §§ 153 ff. StPO mit dem Thema 'abgesprochene Urteile' überhaupt nichts zu tun" habe. Behandelt man das Thema aber unter dem Blickwinkel „Konsens vs. '*due process*'", so muß man gerade auch Absprachen über den Prozeßumfang „zum Thema" zählen.

[74]*Tscherwinka*, Absprachen im Strafprozeß, 19; speziell zu diesem Thema bisher v.a. *Landau*, DRiZ 1995, 132.

[75]Siehe dazu unten 3. Teil, B, I.

[76]*Landau*, DRiZ 1995, 132, 133.

genleistung für Kooperation in Verfahren wegen weiterer Taten angeboten werden, in denen es dann noch zu einer (möglicherweise durch Geständnis erheblich verkürzten) Hauptverhandlung kommt. Die Möglichkeit der *Einstellung unter Auflagen* eröffnet hingegen ein Feld für verfahrensbeendigende Absprachen ohne jede Hauptverhandlung.

Einstellungen nach §§ 154, 154 a StPO wegen des Übergewichts anderer Straftaten, kommen *qua definitione* nur für „Verbunddeals" in Betracht. Hier wird häufig die (Teil-)Einstellung die staatliche Gegenleistung für ein verfahrensabkürzendes Geständnis im Hauptverfahren wegen der anderen, schwereren Taten sein. Auch die Einstellung wegen Geringfügigkeit der Straftat nach § 153 StPO mag auf diese Weise genutzt werden.

§ 153 a StPO hingegen ermöglicht Absprachen auch dann, wenn dem Angeklagten keine „Verhandlungsmasse" in Form weiterer gegen ihn erhobener Vorwürfe zur Verfügung steht. Sein Beitrag erschöpft sich dann in der Erfüllung der festgesetzten Auflagen und Weisungen. Eine Hauptverhandlung muß dann gar nicht mehr stattfinden. Mit § 153 a StPO ist der StA ein Instrument an die Hand gegeben worden, daß es ihr ermöglicht, auch Delikte der sogenannten „mittleren" Kriminalität ohne Hauptverhandlung zu erledigen[77].

Schließlich ist noch darauf hinzuweisen, daß auch die Erledigung eines Verfahrens mittels Strafbefehl den Gegenstand einer Absprache bilden kann. „Absprachesystematisch" steht die Verständigung im Strafbefehlsverfahren zwischen den echten Urteilsabsprachen und den Absprachen i.R.d. § 153 a StPO. Da aber die Motivation für Absprachen im Strafbefehlsverfahren, wie bei § 153 a StPO die Vermeidung einer öffentlichen Hauptverhandlung ist, sollen diese Absprachen im folgenden nicht bei der Urteilsabsprache, sondern zusammen mit den Absprachen i.R.d. §§ 153 ff. StPO dargestellt werden.

III. Verbreitung von Absprachen

Generell gilt, daß es in Deutschland nur wenig empirische Forschung zur Rechtswirklichkeit der Strafverfahrenspraxis gibt[78]. Jedoch wurden zum Problem der strafprozessualen Absprachen zwischen 1986 und 1993 vier empirische Studien veröffentlicht[79]. Die Studien geben Auskunft über die Häufigkeit von Absprachen und über die Deliktstypen, in denen es zu Aushandlungsprozessen

[77]*Beulke*, Strafprozeßrecht, Rz. 337; *Meyer-Goßner*, NJW 1993, 498, 499.

[78]So auch *Küpper/Bode*, Jura 1999, 351, 355.

[79]*Hassemer/Hippler*, StV 1986, 360 ff; *Lüdemann/Bussmann*, KrimJ 1989, 54 ff; *dies.*, Klassenjustiz oder Verfahrensökonomie?; *Schünemann*, Gutachten, B 168 ff; *Siolek*, Verständigung in der Hauptverhandlung.

kommt. So kommt *Schünemann* zu dem Ergebnis, daß es in etwa 20-30 % aller Strafverfahren zu verfahrenserledigenden Absprachen komme[80]. In Wirtschaftsstrafverfahren liege der Anteil sogar bei bis zu 80 %[81]. *Siolek* stellt bei seiner auf Wirtschaftsstrafsachen beschränkten Studie noch einen Anteil von 50 % aller erstinstanzlichen Verfahren fest[82]; Praktiker nehmen an, daß es nach „vorsichtigen Schätzungen“ in 30-40 % aller Fälle zumindest zum Versuch einer „vergleichsweisen Erledigung“ des Verfahrens komme[83].

Wenn diese Zahlen auch an sich schon hoch erscheinen, so gilt es zudem zu bedenken, daß das empirische Material für die Studien ausnahmslos aus den 80er Jahren stammt, mithin aus einer Zeit, in der Absprachen von der höchstrichterlichen Rechtsprechung noch nicht ausdrücklich als zulässig anerkannt waren und die bisweilen geäußerten *obiter dicta* jedenfalls sehr zurückhaltend und vorsichtig ausfielen[84]. Es liegt nahe zu vermuten, daß die Akzeptanz und damit die Verbreitung von Absprachen zu dem Verfahrensergebnis nach dem grundlegenden Urteil des vierten Strafsenats vom 28.08.1997[85] zugenommen hat. Diese Vermutung findet eine Stütze in der großen Zahl obergerichtlicher Urteile zu absprachebezogenen Problemen, die auf diese Grundsatzentscheidung folgten[86]. Auch scheint der Satz von *Dencker*, man vergleiche sich „vor (und mit) der Wirtschaftsstrafkammer, nicht aber vor der Schwurgerichtskammer[87] nicht mehr uneingeschränkt zu gelten. So hatte der fünfte Strafsenat in seinem Urteil vom 21.04.1999 zur Frage der Zulässigkeit eines Rechtsmittelverzichts Stellung zu nehmen, der auf eine (fehlgeschlagene) Absprache in einem Mordprozeß hin abgegeben worden

---

[80] *Schünemann*, Gutachten, B 18.

[81] *Schünemann*, Gutachten, B 18.

[82] *Siolek*, Verständigung in der Hauptverhandlung, 33 ff.

[83] *Dahs*, NStZ 1988, 153.

[84] Vgl. die Übersicht bei *Zschockelt*, NStZ 1991, 305.

[85] BGHSt 43, 195 = NJW 1998, 68 = JA 1998, 98 m. Anm. *Satzger* = JuS 1998, 373 m. Anm. *Martin* = JR 1998, 245 m. Anm. *Kintzi*.

[86] BGH, Urt. v. 12.03.98, StV 1999, 408; BGH, Urt. v. 10.6.98, NStZ 1999, 92 = StV 1999, 410; BGH, Urt. v. 01.07.98, StV 1999, 407; BGH, Urt. v. 04.08.98, StV 1999, 407; BGH, Urt. v. 12.01.99, NStZ 1999, 364 = StV 1999, 411; BGH, Urt. v. 21.04.99, NJW 1999, 2449 = StV 1999, 412; BGH, Urt. v. 19.10.99, StV 2000, 4 m. Anm. *Weigend*, StV 2000, 63 = wistra 2000, 65 = NStZ 2000, 96 m. Anm. *Rieß*; OLG Stuttgart, Urt. v. 26.11.97, NJW 1999, 375; OLG Köln, Urt. v. 16.01.98, NJW 1999, 373.

[87] *Dencker*, in: *Dencker/Hamm*, Der Vergleich im Strafprozeß, 12; schon *Dencker* hat aber ebenda festgestellt, daß es auch bei Gewalt- oder politischen Verbrechen zu Absprachen komme, lediglich die Häufigkeit von Absprachen sei „sektoral unterschiedlich“.

war[88] und Grundlage einer anderen Entscheidung war eine Absprache in einem Prozeß wegen fortgesetzten sexuellen Mißbrauchs einer Schutzbefohlenen[89]. Einschränkungen auf bestimmte absprachegeeignete Deliktstypen sucht man in den Richtlinien der neueren Rechtsprechung denn auch vergeblich[90]. Dies zeigt die Anpassungsfähigkeit des Instruments der Absprache. Von einem „Notbehelf" in sonst nicht verhandelbaren Wirtschaftsstrafsachen hat es sich zu einem generell verfügbaren Rechtsinstitut gewandelt[91]. Allerdings werden die empirischen Befunde, die eine Konzentration von Absprachen im Bereich von Wirtschafts-, Betäubungsmittel- und Steuerstrafverfahren nahelegen[92], auch weiterhin gewisse Geltung beanspruchen dürfen, da in diesen Verfahrensarten die Notwendigkeit für verfahrensverkürzende Verständigungen am größten ist[93]. Zudem scheint es aber nunmehr auch in Verfahren, in denen Sexualdelikte angeklagt werden, vermehrt zu Absprachen zu kommen. Hierbei treibt die Verfahrensbeteiligten die Möglichkeit an, den Opfern die Qual einer Aussage in der Hauptverhandlung zu ersparen. Eine exklusive Beschränkung auf diese Deliktsgruppen gibt es jedoch nicht (mehr)[94].

---

[88]BGH, NJW 1999, 2449 = StV 1999, 412; allerdings fand in diesem Verfahren Jugendstrafrecht Anwendung, was die Absprachewilligkeit der Beteiligten befördert haben mag; vgl hierzu *Braun*, Die Absprache im deutschen Strafverfahren, 10.

[89]BGH, NStZ 1999, 92 = StV 1999, 410; vgl. auch BGH, NStZ 1997, 561 für ein Verfahren gegen einen Krankengymnasten wegen sexueller Nötigung, Vergewaltigung, u.a., zum Nachteil von hochgradig geistig, teilweise auch körperlich behinderten Patientinnen.

[90]*Hassemer/Hippler*, StV 1986, 360, 363 hatten noch angenommen, Absprachen seien bei Gewaltverbrechen „ausgeschlossen"; *Lemke*, NJ 1998, 42 meint, der BGH werde zu überlegen haben, „ob die von ihm gezogenen Grenzen nicht doch unterschiedlich gewichtet werden müssen, und zwar je nach Kriminalitätsform".

[91]Die vor allem von *Schmidt-Hieber* vorgetragenen Bedenken, Absprachen seien ein „Privileg der Wohlstandskriminellen" und die Absprachepraxis vermittle den Eindruck sie „weiche vor sozialer Macht zurück", verlieren vor dem Hintergrund dieser Entwicklung an Bedeutung; vgl. *Schmidt-Hieber*, DRiZ 1990, 321, 323ff; *ders.*, NJW 1990, 1884.

[92]Hierzu vor allem *Bussmann*, Die Entdeckung der Informalität, 21 ff.; *Bussmann/Lüdemann*, Klassenjustiz oder Verfahrensökonomie?, 45f; *Schmidt-Hieber*, NJW 1990, 1884 ff.

[93]Der Vorsitzende Richter einer Wirtschaftsstrafkammer am Landgericht Stuttgart *Schäfer* bermerkte zu der Notwendigkeit von Absprachen im Angesicht der hohen Arbeitsbelastung seiner Kammer: „ich gestehe, wenn wir in unserer Kammer nicht so verfahren würden, könnten wir den Laden zumachen", in: Triberg-Symposium, 135.

[94]Nur beiläufig soll darauf hingewiesen werden, daß im Schrifttum teilweise auch auf regionale Unterschiede in der Absprachehäufigkeit hingewiesen wurde. Als Schwerpunkte der „Absprachegeographie" wurden dabei Koblenz, Darmstadt, Frankfurt, Köln, Mainz und Berlin ausgemacht, vgl. *Schünemann*, Triberg-Symposium, 77 f.; *ders.*, Gutachten, B 18. Die vom BGH entschiedenen Fälle gescheiterter Absprachen unterstützen diesen Befund jedoch nicht. Beinahe sämtliche Regionen Westdeutschlands sind dort vertreten. Auch in England

B. England

Die große Mehrzahl der Strafverfahren in England endet mit einem Schuldanerkenntnis. Landesweit geben 65 % der Angeklagten vor dem *Crown Court* ein *guilty plea* ab, im summarischen Verfahren vor den *magistrates' courts* sind es sogar mehr als 90 %[95]. Die englische Strafprozeßrechtspraxis kennt drei Absprachetypen, bei denen die Leistung des Angeklagten in der Abgabe eines *guilty plea* besteht[96]. Abreden über Art und Anzahl der angeklagten Delikte (*charge bargains*), solche über die Darstellung der strafmaßrelevanten Tatsachen durch den Anklagevertreter (*fact bargains*) und Absprachen über die Höhe der zu verhängenden Strafe (*sentence bargains*). Diese Grundformen können einzeln oder in Kombination miteinander auftreten.

I. Charge bargains

Dem englischen Strafprozeßrecht ist das Legalitätsprinzip fremd. Die Ermittlungsbehörden sind nicht gezwungen, alle Straftaten zu verfolgen und in allen Fällen dringenden Tatverdachts anzuklagen. Vielmehr steht ihnen hinsichtlich dieser Entscheidungen ein Ermessenspielraum zu. Ermessenentscheidungen werden diesbezüglich sowohl von der Polizei als auch nachfolgend vom *Crown Prosecution Service* (*CPS*) getroffen. Dieser wurde auf Empfehlung der *Philips Royal Commission on Criminal Procedure*[97] 1985 ins Leben gerufen. Ihm obliegt seitdem, unter Aufsicht des *Director of Public Prosecutions* (*DPP*), die gerichtliche Verfolgung von Straftaten[98]. Der *CPS* entscheidet nicht nur darüber, ob Anklage erhoben wird, sondern er hat auch die Befugnis, ein Verfahren nach

---

gibt es große regionale Unterschiede in der Häufigkeit von *guilty pleas*, vgl. *Ashworth*, The Criminal Process, 269.

[95] *Ashworth*, The Criminal Process, 269; die Varianz ist jedoch hoch. Während sich vor dem Crown Court in London nur 49% schuldig bekennen, sind es im North Eastern Circuit 77%. Worauf diese lokalen Unterschiede beruhen und ob aus ihnen auf „Hochburgen der Absprachegeographie“ zu schließen ist, ist unklar. *Ashworth* vermutet, daß die geringere Zahl von Anwälten und Richtern außerhalb Londons den Beteiligten genauere Prognosen über den wahrscheinlichen Ausgang des Verfahrens und damit eine gezieltere Beratung zur *guilty plea* ermögliche.

[96] Diese Typen sind keine formal getrennten Rechtsinstitute, jedoch hat sich die Unterscheidung eingebürgert und wird allgemein akzeptiert, vgl. *Ashworth*, The Criminal Process, 271 ff.; *Wasik/Gibbons/Redmayne*, Criminal Justice, 375; *Beulke/Satzger*, JuS 1997, 1072, 1073; *Weigend*, Absprachen in ausländischen Verfahrensordnungen, 87 ff.

[97] *Report of the Royal Commission on Criminal Procedure* (1982).

[98] Gesetzliche Grundlage ist der *Crown Prosecution Act 1985*.

Anklageerhebung einzustellen[99]. Der *Crown Prosecution Act* selbst schweigt zu den Kriterien für die Ermessenentscheidungen. Der *CPS* hat sich jedoch selbst eine Verfahrenssatzung, den *Code for Crown Prosecutors*, gegeben, der einen zweistufigen Ermessenstest niederlegt. Anklage soll demnach erhoben werden, wenn aufgrund der vorliegenden Beweise eine realistische Aussicht auf Verurteilung[100] und ein öffentliches Interesse an der Anklage besteht[101]. Dieser sog. „*public interest test*“ ist das Einfallstor für *charge bargains*[102].

Zwei verschiedene Varianten von *charge bargains* sind zu unterscheiden. Hat der *CPS* mehrere Delikte angeklagt, so können einige dieser Anklagepunkte im Gegenzug für ein Schuldanerkenntnis hinsichtlich der anderen eingestellt werden. Alternativ - aber auch in Kombination mit dieser Variante - kann sich der Angeklagte zu einem bisher nicht angeklagten - minder schweren - Delikt schuldig bekennen. Akzeptiert der Ankläger dieses „*guilty plea to a lesser charge*“, stellt er das Verfahren im Hinblick auf die ursprünglich angeklagten Delikte ein. Solche Absprachen sind sowohl vor, als auch nach Beginn der Hauptverhandlung möglich. *Charge bargains* sind die verbreitetste Art der Absprache[103]. Obwohl es keine präzisen Statistiken über die Praxis des *CPS* gibt, läßt sich ihre Häufigkeit mittelbar durch andere Untersuchungen quantifizieren.

Vier empirische Studien haben sich mit *charge bargains* in Verfahren vor dem *Crown Court* befaßt. In einer von *McCabe* und *Purves* 1972 durchgeführten Untersuchung gaben 64 von 112 (57,2 %) Angeklagten, die schuldig plädierten, ihr Schuldanerkenntnis nur zu einem Teil der angeklagten Punkte ab[104]. In der Befragung durch *Baldwin* und *McConville* waren es elf von 121 (9,1 %)[105], bei *Bottoms* und *McClean* drei von 68 (4,4 %)[106]. In der jüngsten Untersuchung durch *Hedderman* und *Moxon* gaben 51 % der Beschuldigten, die erst im Laufe des

---

[99] S. 23 Crown Prosecution Act 1985.

[100] *Code for Crown Prosecutors*, Art. 5.1: „*Crown Prosecutors must be satisfied that there is enough evidence to provide a 'realistic prospect of conviction' against each defendant on each charge*“.

[101] *Code for Crown Prosecutors*, Art. 6.2: „*The public interest must be considered in each case where there is enough evidence to provide a realistic prospect of conviction*“.

[102] Inwieweit dieser Ermessenentscheidung Grenzen gesetzt sind, wird unten 5. Teil, B, II erörtert.

[103] So schon *Heberling*, in: *Baldwin/Bottomley*, Criminal Justice: Selected Readings, 95.

[104] *McCabe/Purves*, By-Passing the Jury, 9; vgl. auch *Purves*, CrimLR 1971, 470.

[105] *Baldwin/McConville*, Negotiated Justice, chapter 2.

[106] *Bottoms/McClean*, Defendants in the Criminal Process, 126 f.

Verfahrens beschlossen, schuldig zu plädieren an, sie hätten dies in Erwartung einer Reduktion der Anklage getan[107].

Auch in den *magistrates' courts* kommt es zu *charge bargains*. Die Untersuchungen von *Baldwin*[108] und *Mulcahy*[109] haben gezeigt, daß dieses Instrument zum Standardrepertoire der Anwälte auch vor diesen Gerichten gehört.

Neben dem Auswahlermessen des *CPS* und der Polizei ist es vor allem die Struktur des materiellen Strafrechts, die zu *charge bargains* führt. Insbesondere bei Straftaten gegen die körperliche Unversehrtheit ist eine klare Stufenfolge verschieden schwerer Delikte erkennbar, die zu Absprachen über ein Schuldanerkenntnis bzgl. des nächst milderen Tatbestandes regelrecht einlädt[110]. Auch bei Straftaten gegen die sexuelle Selbstbestimmung scheint oft von der Anklage wegen Vergewaltigung (*rape*) abgesehen zu werden, wenn sich der Angeklagte der sexuellen Nötigung (*indecent assault*) schuldig bekennt. Ähnliche für *charge bargains* genutzte abgestufte Straftatbestände sind Einbruchsdiebstahl (*burglary*), Diebstahl (*theft*) und Hehlerei/Begünstigung (*handling stolen goods*), sowie schließlich auch Mord (*murder*) und Totschlag (*manslaughter*)[111]. Gerade in den Fällen der abgestuften Körperverletzungsdelikte dient *charge bargaining* mithin nicht der Bewältigung rechtlich oder tatsächlich komplexer Verfahren, sondern ist vielmehr ein Mittel der massenweisen Erledigung einfacher und mittlerer Kriminalität[112].

Die Problematik dieses Absprachetypus ist offensichtlich. Das Aushandeln des Anklageumfangs kann dazu führen, daß die Verurteilung nicht angemessen die Schwere der Tat ausdrückt. Aus Mord wird Totschlag, aus versuchtem Totschlag schwere Körperverletzung, aus Vergewaltigung sexuelle Nötigung, etc. Obwohl das englische Strafprozeßrecht seit langer Zeit der Anklage ein Ermessen in der Wahl der Anklagepunkte einräumt, haben englische Gerichte in der Vergangenheit nicht gezögert, diese Ermessenentscheidungen zu überprüfen. Bis in die Mitte der 80er Jahre verlangten die Gerichte, daß die angeklagten Delikte mit den

---

[107] *Hedderman/Moxon*, Magistrates' Court or Crown Court?, HORS 125 (1992), 24.

[108] *Baldwin*, Pre-Trial Justice.

[109] *Mulcahy*, BJCrim 1994, 411.

[110] Vgl. *Wasik/Gibbons/Redmayne*, Criminal Justice, 375 f.; der *Offences Against the Person Act 1861* kennt drei Körperverletzungstatbestände: *wounding with with intent to couse grievous bodily harm* (S. 18, Höchststrafe: lebenslänglich), *inflicting grievous bodily harm without intent* (S. 20, Höchststrafe: fünf Jahre); *assault occasioning actual bodily harm* (S. 47, Höchststrafe: fünf Jahre), schließlich existiert noch das *common law* Delikt *assault*, welches ein im summarischen Verfahren zu verfolgendes Vergehen ist.

[111] *Ashworth*, The Criminal Process, 272.

[112] *Nelle-Rublack*, Der modernisierte Strafprozeß, 121.

ermittelten Tatsachen korrespondieren[113]. Die neuere Rechtsprechung ist deutlich zurückhaltender in der Überprüfung des Anklageermessens. Die Gerichte betonen nun stärker die Vorteile von *charge bargains* und die potentiellen Gefahren richterlicher „Einmischung“ in Entscheidungen der Anklagebehörden[114].

II. Fact bargains

CPS und Verteidigung können sich auch über die der Anklage zu Grunde liegenden Tatsachen verständigen. Der Anklagevertreter verspricht in diesem Fall, daß er als Gegenleistung für ein Schuldanerkenntnis die für die Strafzumessung relevanten Tatsachen milder darstellen werde. Diese Form der Absprache wird durch die weitgehend passive Rolle des Richters im englischen Strafprozeß ermöglicht. Der Richter nimmt nicht aktiv an der „Suche nach der Wahrheit“ teil, sondern er muß sich auf die von den Parteien präsentierten Tatsachen verlassen[115]. Auch die Gefahren dieses Absprachetypus sind offensichtlich. Das Schuldanerkenntnis wird nicht von den ermittelten Tatsachen getragen, sondern von einer entschärften Version des Tathergangs. Dem Gericht wird vorgegaukelt, daß die Tat weniger gravierend war. Zum einen wird dadurch die öffentliche Funktion des Strafverfahrens als Ort der Wahrheitsfindung unterminiert[116], zum anderen ist diese Form des *bargaining* ein besonders harter Schlag in die Gesichter der Opfer von Verbrechen[117]. Insbesondere für die Opfer von Gewaltverbrechen ist es unerträglich, wenn das ihnen zugefügte Unrecht und die von ihnen erlebte Bedrohung und Angst heruntergespielt, relativiert und verheimlicht werden. Englische Gerichte stehen denn auch *fact bargains* feindlich gegenüber. Ein Richter darf nicht auf der Basis von Tatsachen verurteilen, die er für falsch, lückenhaft oder unzureichend erachtet[118] und der Ankläger ist verpflichtet, dem Gericht alle relevanten Tatsachen zu offenbaren[119].

Zur Häufigkeit von *fact bargains* gibt es keine empirischen Studien. Auch Rechtsprechung und Wissenschaft schweigen weitgehend zu dieser Form der Absprache. Dies mag mit der relativ offensichtlichen Unzulässigkeit dieses Absprachetypus zusammenhängen. Andererseits ist es auch besonders einfach, *fact*

---

[113] *Coe* (1969) 53 CrAppR 66.

[114] *Herbert* (1991) 94 CrAppR 230; *Grafton* (1992) QB 101.

[115] Vgl. *Zander*, Cases and Materials, 283.

[116] *Goldstein*, IsLR 1997, 173.

[117] Zur Position der Opfer im enlischen Strafverfahren siehe z.B. *Spencer*, IsLR 1997, 286.

[118] *Beswick* (1996) 1 CrAppR (S) 343.

[119] Art. 2.2 des *Code for Crown Prosecutors*.

bargains gegen gerichtliche Kontrolle zu immunisieren. Da das Gericht nicht eigenständig Beweis erhebt, sondern sich auf den Vortrag der Parteien stützt, fällt die - jedenfalls partielle - Einigung auf eine Sachverhaltsschilderung dem erkennenden Gericht und den Geschworenen nicht leicht auf[120]. Zwar gibt es keine Anhaltspunkte für die Annahme, daß der *CPS* je völlig frei konstruierte Tathergänge dem Gericht unterzuschieben versucht, jedoch liegt es nahe zu vermuten, daß *charge bargains* zumindest durch das gezielte Weglassen bestimmter Tatsachen flankiert und dadurch „passender" gemacht werden. Zuverlässig lassen sich aber keine Aussagen über Häufigkeit und Ausgestaltung von *fact bargains* treffen.

III. Sentence bargains

Die problematischste und umstrittenste Form der strafprozessualen Absprache ist das *sentence bargain*. In diesen Fällen versucht die Verteidigung den Richter zu einer Strafmaßprognose zu bewegen. Der Motor für diesen Absprachetypus ist die strafmildernde Wirkung eines Schuldanerkenntnisses, der sog. *sentence discount*. S. 48 (1) des *Criminal Justice and Public Order Act 1994* (CJPO) bestimmt, daß einem Schuldanerkenntnis solch strafmildernde Wirkung zukommt. Diese Norm kodifiziert die englische Rechtsprechung zum „*sentence discount*". Der Angeklagte kann bei Abgabe eines frühen Schuldanerkenntnisses mit einer Reduktion der Strafe um bis zu einem Drittel rechnen. S. 48 CJPO macht diesen Strafnachlaß unabhängig von den Beweggründen des Angeklagten. Reue oder Einsicht sind demnach nicht erforderlich, um in den Genuß der geringeren Strafe zu kommen[121].

Die Strafrahmen im englischen Recht sind traditionell weit gesteckt[122]. Der Angeklagte kann daher nicht mit genügender Genauigkeit prognostizieren, mit welcher Strafe er im Falle einer Verurteilung nach streitigem Verfahren zu rechnen hat. Da der Anklagevertreter keine Strafmaßempfehlung ausspricht, bleibt als Verhandlungspartner für *sentence bargains* nur der Richter. Eben diese Beteiligung des *Richters* an Absprachen wird jedoch von den englischen Obergerichten und von vielen Stimmen in der Literatur als systemwidrig und unzulässig abge-

---

[120] *Ashworth*, The Criminal Process, 276 berichtet denn auch nur von einem Fall, in dem das *Opfer* einer Vergewaltigung sich nach dem Abschluß des Verfahrens gegenüber der Presse über die unzutreffende Darstellung der Tatsachen durch den Anklagevertreter beschwerte. Auf Nachfrage beim *CPS* sei ihr dargelegt worden, daß diese Sachverhaltsdarstellung zwischen Anklage und Verteidigung als Gegenleistung für ein *guilty plea* ausgehandelt worden sei.

[121] Näher zu S. 48 CJPO unten 5. Teil, B, I, 1.

[122] *Ashworth*, ZStW 1994, 605.

lehnt. Die strikt unparteiliche Rolle des Richters als Garant eines fairen Prozesses sei durch solche Vereinnahmung gefährdet, die Freiheit der Willensentschließung des Angeklagten bedroht. An dieser Linie der grundsätzlichen Ablehnung von *sentence bargains* hält der Court of Appeal seit seiner Entscheidung im Fall *Turner* aus dem Jahr 1970 in ständiger Rechtsprechung fest[123]. Doch sind Gespräche mit dem Richter über Straferwartung und *plea* auch außerhalb der Hauptverhandlung nicht gänzlich unzulässig, der Verteidiger soll im Grundsatz freien Zugang zum Richter haben. Dieses Spannungsverhältnis zwischen „*sentence discount*", strikter Neutralität des Richters, Entschließungsfreiheit des Angeklagten und dem „*free access principle*" gibt den Rahmen für die Lösung des Problems fehlgeschlagener Absprachen vor.

Wie häufig es zu *sentence bargains* kommt, ist nur schwer mit Präzision zu sagen. Die im Grundsatz sehr kritische Einstellung des *Court of Appeal* diesen Absprachen gegenüber drängt die Absprachebeteiligten zur Verheimlichung ihres Tuns. So werden *sentence bargains* meist in der vertraulichen Atmosphäre des Richterzimmers vereinbart und diskret vor der Öffentlichkeit geheim gehalten. Die *Crown Court Study* von *Zander* und *Henderson*, welche die große Affinität der Praxis zu *sentence bargains* offenbarte[124], sowie die immer wieder vor den *Court of Appeal* kommenden Fälle gescheiterter Absprachen[125] legen jedoch den Schluß nahe, daß es in einer Vielzahl von Fällen zu Gesprächen zwischen Verteidigung, Anklage und Richter über *plea* und Strafmaß kommt[126].

---

[123] Siehe nur *Turner* (1970) 54 CrAppR 361; *Curran*, CrimLR 1991, 79; näher unten 5. Teil, B, I, 2.

[124] In der von *Zander* und *Henderson* durchgeführeten Umfrage antworteten auf die Frage: „*Do you think that Turner should be reformed to permit full and realistic discussion between counsel and the judge about plea and especially sentence?*" 88 % der verteidigenden *Barrister*, 86 % der Anklagevertreter und 67 % der Richter mit „ja", *Zander/Henderson*, Crown Court Study, 145.

[125] In zwei Fällen aus dem Jahr 1990 beklagt der *Court of Appeal*, die unnötige Häufigkeit außergerichtlicher Gespräche von Anwälten mit dem Richter. So sagt *Lord Lane CJ* in der Entscheidung *Pitman* (1991) 1 AllER 468: „*No amount of criticism, no number of warnings, and no amount of exhortation seems to be able to prevent that happening*"; vgl. auch *Smith* (1990) CrimLR 1990, 354: „*The Court found it disturbing that despite frequent observations by the Court discouraging unnecessary visits to the judge's room, they appeared to continue up and down the country*".

[126] Siehe hierzu auch die Ausführungen zur Entwicklung des *plea bargaining* unten 4. Teil, B.

C. Zwischenergebnis

Absprachen zum Verfahrensergebnis sind mithin in Deutschland und England wesentlicher Teil der Rechtspraxis. Die in Deutschland vor allem umstrittene Urteilsabsprache findet im *sentence bargain* ihr - ebenfalls hochumstrittenes - englisches Äquivalent. Dieser Absprachetypus läßt sich auf den Kern Kooperation durch Geständnis oder *guilty plea* gegen sichere und vorhersehbare Strafmilderung reduzieren. Er steht im Zentrum der wissenschaftlichen und öffentlichen Diskussion um Absprachen im Strafverfahren, da ihm - mehr als den anderen Verständigungstypen - die Aura des „Handels mit Gerechtigkeit“ anhaftet.

In praxi noch bedeutender sind allerdings die Möglichkeiten der verfahrensbeendenden Absprachen i.R.d. §§ 153 ff. StPO und des Strafbefehlsverfahrens durch StA und Gericht in Deutschland, bzw. i.R.d. Anklageermessens durch die englischen Anklagebehörden. Während in England das Auswahlermessen der Krone den ausdrücklichen Regelfall bildet, stellen die §§ 153 ff., 407 ff. StPO Ausnahmeregelungen vom grundsätzlich geltenden Legalitätsprinzip dar. Dieses Regel - Ausnahme Verhältnis wurde zunächst auch durch die Begrenzung der deutschen Normen auf Fälle der leichten Kriminalität verdeutlicht. Mit der Ausdehnung der Einstellungsmöglichkeiten aus Opportunitätsgründen in den Bereich der mittleren Kriminalität ist diese klare Trennung jedoch zunehmend verwischt worden. Innerhalb des gesetzlichen Rahmens stehen der StA sogar Einstellungsmöglichkeiten - und damit „Verhandlungspositionen“ - zur Verfügung, die das englische Recht nicht kennt. Insbesondere § 153 a StPO, aber auch das Strafbefehlsverfahren finden im englischen Recht keine Entsprechung. Es gibt dort keine Möglichkeit, durch abgesprochene Einstellung eine Hauptverhandlung gänzlich zu vermeiden, ohne dadurch zugleich auch *in toto* auf Sanktionen zu verzichten. Allerdings macht das abgesprochene *guilty plea* zumindest die Beweisaufnahme und Schuldfeststellung in der Hauptverhandlung hinfällig. Dadurch entfällt der den Angeklagten primär belastende Teil des Verfahrens, doch muß der Angeklagte immerhin noch das Strafzumessungsverfahren über sich ergehen lassen.

Autochton englisch ist das *fact bargaining*, denn die Möglichkeit, Absprachen über den Tatsachenvortrag zu treffen, besteht nur, wenn die Beweiserhebung Anklage und Verteidigung obliegt. Nur dann ist es möglich, die Wahrheit vor dem Gericht verborgen zu halten. In Deutschland schiebt der Amtsermittlungsgrundsatz solchen Deals einen Riegel vor.

Absprachen im Bereich der §§ 153 ff., 407 ff. StPO im deutschen sowie *charge bargains* im englischen Recht, sind „Massenerledigungsverfahren“ zur schnellen und effizienten Erledigung eher einfach gelagerter Fälle. Entsprechend häufig wird von diesen Absprachemöglichkeiten Gebrauch gemacht.

Urteilsabsprachen indes dienen in Deutschland bisher v. a. der Bewältigung rechtlich oder tatsächlich komplexer Verfahren, in denen die Verkürzung der sonst langwierigen (Wirtschaftsstrafsachen) oder belastenden (Sexualdelikte) Beweisaufnahme angestrebt wird. In welchen Deliktsbereichen es hingegen hauptsächlich zu *sentence* und *fact bargains* kommt, läßt sich, da sie wegen ihrer prinzipiellen Unzulässigkeit meist nicht an die Öffentlichkeit kommen, nicht sicher feststellen[127]. Es scheint primär von der Absprachewilligkeit des jeweiligen Richters und nicht von der Art des Delikts abzuhängen, ob es zu einer Strafmaßindikation kommt.

---

[127]Die vom *Court of Appeal* entschiedenen Fälle betrafen verschiedenste Delikte: Vergewaltigung [*Coward* (1979) 70 CrAppR 70]; Diebstahl: [*Bird* (1978) CrimLR 1978, 237; *Inns* (1974) 60 CrAppR 231; *Keily* (1990) CrimLR 1990, 204; *Llewellyn* (1978) 67, CrAppR 149; *Turner* (1970) 2 QB 321]; Hehlerei: [*Atkinson* (1978) CrimLR 1978, 238]; Bigamie: [*Howell* (1978) CrimLR 1978, 239]; Betrug: [*Davis* (1979) CrimLR 1979, 327]; Sexueller Mißbrauch: [*Eccles* (1978) CrimLR 1978, 757; *Grice* (1977) 66 CrAppR 167]; Brandstiftung: [*Grimshaw* (1980) 2 CrAppR (S) 226]; Betäubungsmitteldelikte: [*Herbert* (1991) 94 CrAppR 230; *Quartey* (1975) CrimLR 1975, 592]; Fahrlässige Tötung im Straßenverkehr: [*Pitman* (1991) 1 AllER 467]; Körperverletzung: [*Ryan* (1978) CrimLR 1978, 306; *Smith* (1990) CrimLR 1990, 354]; Raub: [*Winterflood* (1979) CrimLR 1979, 263].

4. Teil: Die Historische Entwicklung der Absprachepraxis und ihre Ursachen

A. Deutschland

Über die historische Entwicklung der Absprachepraxis in Deutschland ist nur wenig bekannt. Die erste Monographie zum amerikanischen *plea bargaining* in deutscher Sprache erschien erst 1977[128], die erste kurze Darstellung der deutschen Praxis gar erst 1982[129]. Seitdem hat sich die Literatur zwar keine Atempause vom Streit um den „Vergleich im Strafprozeß" mehr gegönnt, doch wo die historischen Ursprünge des Aushandelns von Urteilen liegen, bleibt ungeklärt. *Schumann* gibt an, daß er bereits bei Befragungen Ende der 60er Jahre, auf Aushandlungsprozesse auch in Deutschland gestoßen sei[130]. Die Angaben der Befragten zur Häufigkeit von Gesprächen zwischen den Verfahrensbeteiligten vor der Hauptverhandlung reichten von „kommt vor" bis „häufig". Genauere empirische Daten oder auch nur verläßliche anekdotische Quellen zur Absprachepraxis vor Beginn der 80er Jahre gibt es jedoch nicht. Anders als im englischen Recht läßt sich die Zunahme von mittels eines Geständnisses beendeten Strafverfahren nicht statistisch verfolgen: *guilty plea*-Statistiken existieren nicht. Festzuhalten bleibt aber, daß Verständigungsprozesse auch schon - zumindest vereinzelt - im Strafverfahren der 60er Jahre zu beobachten waren, die Phase ihrer stärkeren Ausbreitung aber wohl eher Mitte der 70er Jahre begann. Hierfür spricht auch ein im Jahr 1960 erschienener Aufsatz von *Grünwald*, in dem die Forderung erhoben wurde, man müsse bestimmten Praktiken *mancher* Gerichte entgegentreten, die den bösen Schein erweckten, man würde Geständnis und Strafmilderung als Tauschobjekte behandeln[131]. Die Tatsache, daß die Verständigungsbereitschaft bei Richtern über 50 Jahren deutlich abnimmt[132], deutet indes an, daß es die Generation der ab den 70er Jahren eingestellten Richter ist, die mit der Absprachepraxis großgeworden ist.

---

[128] *Schumann*, Der Handel mit Gerechtigkeit - Funktionsprobleme der Strafjustiz und ihre Lösungen - am Beispiel des amerikanischen plea bargaining.

[129] *Deal*, StV 1982, 545 ff.; es ist kurz anzumerken, daß sich hinter diesem Pseudonym der Strafverteidiger *Weider* verborgen hatte, der sich später auch wiederholt unter eigenem Namen an der Diskussion um das Phänomen „Absprachen im Strafprozeß" beteiligt hat.

[130] *Schumann*, Der Handel mit Gerechtigkeit - Funktionsprobleme der Strafjustiz und ihre Lösungen - am Beispiel des amerikanischen plea bargaining, 208 f.

[131] *Grünwald*, NJW 1960, 1941 ff.; siehe auch *Janke*, Verständigung und Absprachen im Strafverfahren, 13 ff.

[132] *Schünemann*, Absprachen im Strafverfahren, B 18.

Wichtiger als die genaue historische Entwicklung der konsensualen Verfahrenserledigung im Strafprozeß nachzuvollziehen, ist es aber, ihre Ursachen zu benennen und die Motive der an Absprachen beteiligten Verfahrenssubjekte offenzulegen. Diese sind vielfältig und von sehr unterschiedlicher Legitimationskraft. Auch die bisher von der empirischen Forschung herausgearbeiteten Ursachen für Absprachen lassen sich aber in zwei grundsätzliche Gruppen einteilen: Zum einen fügen sich verfahrensbeendigende Absprachen in einen generellen Trend hin zu informellen und konsensorientierten Methoden der Konfliktlösung ein[133], zum anderen werden sie als Reaktion auf eine erhöhte Arbeitsbelastung der Justiz verstanden[134]. Diese erhöhte Arbeitsbelastung wird nicht allein durch steigende Kriminalität und eine Erhöhung der Fallzahlen ausgelöst[135], mehr noch hat sie ihre Hauptursachen in der prozeßverlängernden Wirkung von Änderungen des Prozeßrechts und des materiellen Strafrechts[136], sowie in dem Aufkommen neuer Verteidigungsstrategien[137], d.h. letzlich in der erhöhten Komplexität von Hauptverhandlungen. Eine Gewichtung der einzelnen Ursachen vorzunehmen ist jedoch kaum möglich[138].

B. England

Die Mehrzahl aller Strafverfahren endet in England, wie auch in den USA, mit einem Schuldanerkenntnis des Angeklagten[139]. Geschworenenverhandlungen sind

---

[133]Diesen Aspekt betonen besonders SK-*Wolter*, Vor § 151, Rz. 68; *Hanack*, StV 1987, 500; *Lüderssen*, StV 1990, 415 ff; siehe auch *LR-Rieß*, Einl. Abschn. G, Rz. 61; zu verweisen ist hier auch auf ähnliche Trends in anderen Rechtsgebieten; so gewinnt die Konfliktlösung mittels „Mediation" und anderer Methoden der sog. „Alternative Dispute Resolution" weltweit und in vielen Rechtsgebieten an Bedeutung; einen guten Überblick vermitteln *Palmer/Roberts*, Dispute Processes; für Deutschland vgl. nur *Mähler/Mähler*, Mediation, in: Beck'sches Rechtsanwaltshandbuch 1999/2000; *Breidenbach*, Mediation.

[134]Hierzu und zur Diskussion um die Ursachen insgesamt, vgl. *Kintzi*, JR 1990, 309, 313; *Hamm*, ZRP 1990, 337, 340 f.; *Schmidt-Hieber*, Verständigung im Strafverfahren, Rz. 14 ff; *Rönnau*, Die Absprache im Strafprozeß, 41 ff.; *Wolfslast*, NStZ 1990, 409, 410; *Braun*, AnwBl 2000, 222.

[135]*Siolek*, DRiZ 1993, 422, 426.

[136]Vgl. *Landau/Eschelbach*, NJW 1999, 321.

[137]Zur absprachefördernden Wirkung der „dysfunktionalen" Verwendung prozessualer Befugnisse durch den Angeklagten und seinen Verteidiger vgl. SK-*Schlüchter*, Vor § 213, Rz. 23 m.w.N.; *Hanack*, StV 1987, 500 f.; für das Ermittlungserfahren siehe *Landau*, DRiZ 1995, 132.

[138]So auch *Siolek*, DRiZ 1993, 422, 426; vgl. zuletzt die Übersicht bei *Braun*, AnwBl 2000, 222.

[139]In den *magistrates' courts* werden mehr als 90 % aller Verfahren durch *guilty plea* beendet, im *Crown Court* im Jahr 1996 landesweit 65 %, vgl. *Ashworth*, The Criminal Process, 268 f.

eher die seltene Ausnahme denn die Regel[140]. Der Trend zu immer mehr Verhandlungen mit *guilty plea* wird funktional als Reaktion auf wachsende Fallzahlen verstanden[141]. Ist diese Annahme richtig, so drängt sich der Schluß, daß Urteile nach einem abgesprochenen Schuldanerkenntnis nur zweitklassige - weil durch Resourcenknappheit erzwungene - Verfahren sind, unabhängig von anderen grundsätzlichen Bedenken, förmlich auf. Verstärkt wird dieser Eindruck durch das beinahe religiöse Verhältnis zum Recht auf *trial by jury*. Das aufwendige kontradiktorische Geschworenenverfahren mit umfangreicher Sachverhaltsermittlung und äußerst aktiv agierenden Anwälten beherrscht nicht nur das Bild der Allgemeinheit vom englischen Strafprozeß, sondern liegt auch großen Teilen der juristischen Fach- und Ausbildungsliteratur zu Grunde[142]. Mit der Rechtswirklichkeit in England hat all dies jedoch nur wenig gemein. Die überwältigende Mehrzahl aller Fälle wird von *magistrates' courts* in summarischen Verfahren ohne Geschworene erledigt[143]. Von den verbleibenden Verfahren endet wiederum der allergrößte Teil mit einem Schuldanerkenntnis des Angeklagten[144].

Die jüngere Forschung hat aufzuzeigen versucht, daß der unaufhaltsame Aufstieg der *guilty plea* zum Normalfall der prozessualen Erledigung von Fällen sich nicht als Niedergang des klassischen Geschworenenverfahrens darstellt, sondern im Gegenteil dessen Entwicklung erst ermöglicht hat[145]. Die vorherrschende funktionale Analyse der Entwicklung zu einem auf Schuldanerkenntnissen basierenden System werde durch die historischen Fakten nicht gestützt. *Feeley* hat in einer umfassenden Studie 3500 Fälle untersucht, die am *Central Criminal Court* in London, dem *Old Bailey*, verhandelt wurden. Der Untersuchungszeitraum umspannte 225 Jahre, von 1687 bis 1912. Die Statistik bestätigt den Trend weg vom Geschworenenprozeß; so wurden im Jahre 1830 mehr als 95 % der Urteile nach einem vollen Verfahren verhängt, sie trifft jedoch keine Aussage darüber wie diese Verfahren beschaffen waren. Die Auswertung von Prozeßprotokollen und zeitgenössischen Quellen aber zeigt, daß diese Geschworenenverhandlungen mit denjenigen heutiger Provenienz kaum etwas gemein hatten. So dauerte eine

---

[140]So kann *Ashworth*, The Criminal Process, 3 mit Recht behaupten: *„Speaking statistically, a trial of guilt is most unlikely, and a trial by jury in the Crown Court is highly unlikely.“*

[141]*Uglow*, Criminal Justice, 169.

[142]Siehe hierzu die Kritik von *Darbyshire*, CrimLR 1997, 627, 636 f. an *Zanders* Cases and Materials und anderen Werken; *Jackson*, ARSP-Beiheft Nr. 63, 79 ff.

[143]Etwa 97 % aller Strafsachen werden vor den *magistrates' courts* verhandelt, vgl. *Zander*, Cases and Materials, 12.

[144]Im *Crown Court* wurden im Jahr 1996 landesweit 65 % der Strafverfahren mittels eines *guilty plea* beendet, vgl. *Ashworth*, The Criminal Process, 268 f.

[145]*Feeley*, IsLR 1997, 183; hierzu auch *Zander*, NLJ 1998, 323.

durchschnittliche Verhandlung 1830 etwa acht Minuten[146], die Angeklagten waren nicht anwaltlich vertreten, Zeugen wurden von ihnen meist nicht befragt, Entlastungszeugen selten benannt. Echte Rechtfertigungs- oder Entschuldigungsgründe wurden selten vorgebracht, vielmehr konzentrierten sich die Einlassungen der Angeklagten und die Aussagen der wenigen Zeugen auf Strafzumessungskriterien[147]. Der Geschworenenprozeß des 19. Jahrhunderts ähnelte daher mehr dem heutigen Verfahren mit abgesprochenem Schuldanerkenntnis denn der modernen englischen Hauptverhandlung mit Geschworenen[148]. Insbesondere wurden Schuldfrage und Strafzumessungserwägungen in ähnlicher Weise vermischt wie heute in Fällen von Absprachen im Strafprozeß.

Seit dem 18. Jahrhundert begannen Anwälte im Strafprozeß aufzutreten. Sie entwickelten schrittweise den *adversarial process* heutiger Prägung, das Parteiverfahren des englischen Strafverfahrens. Verfahrens- und Beweisrecht wurden zunehmend verfeinert und elaboriert. Dieses kompliziertere Prozeßrecht wiederum führte zu vermehrter Beteiligung von Anwälten und schließlich zu ihrer Dominanz. Sobald aber die Anwälte ihre verfahrensbeherrschende Stellung erreicht hatten, begannen sie, Alternativen zum jetzt aufwendigen Geschworenenverfahren zu entwickeln[149]. Ironischerweise haben also die Entwicklung der modernen Hauptverhandlung und die zunehmenden Möglichkeiten ihre prozessualen Errungenschaften zu nutzen dazu geführt, daß die Hauptverhandlung statistisch immer mehr an den Rand gedrängt wurde.

Außerdem zeigen die von *Feeley* ausgewerteten Prozeßakten, daß es seit etwa 1835 das Phänomen der *plea of guilty to a lesser charge* gibt. Die Zahl der Angeklagten, die sich zu anderen als den ursprünglich angeklagten Delikten schuldig bekennen, ist seitdem stetig gestiegen. Es kann als sicher gelten, daß es in der Mehrzahl dieser Fälle zu *charge bargains* gekommen ist.

Zwar rechtfertigt demnach allein die Entwicklungsgeschichte noch keine Einstufung von *guilty plea* Verfahren als zweitklassig, denn das aufwendige Geschworenenverfahren war nie der Standard des Systems, doch liefert sie interessante Einblicke in die problematische Stellung der Anwälte in der Absprachenkultur. In dem Maße wie die Bedeutung der Anwälte für das Verfahren stieg, sank diejenige der Geschworenen. Um die nun komplexeren Hauptverhandlungen bewältigen zu können, wurde parallel ein Massenerledigungsverfahren für den Durchschnittsfall geschaffen. Für die Analyse der vorherrschenden *plea bargaining* Praktiken ist es wichtig, diese Entwicklung zu

---

[146] *Wontner*, Old Bailey Experience (1833), 59.

[147] *Feeley*, IsLR 1997, 183, 188.

[148] So auch *Zander*, NLJ 1998, 323.

[149] *Feeley*, IsLR 1997, 183, 192.

bedenken. Absprachen sind das Produkt der Anwaltskultur[150]. Dies hat wesentliche Implikationen für die Möglichkeit und die Notwendigkeit justizieller Kontrolle dieser Praktiken.

Obwohl daher die außergerichtlichen Absprachen beinahe so alt sind wie der moderne englische Strafprozeß selbst, sind sie in England nie mit der z.B. in den U.S.A. üblichen Offenheit betrieben worden[151]. Die Öffentlichkeit war im Unklaren darüber, ob und in welchem Umfang Absprachen stattfanden. So mußte *Thomas* 1969 konstatieren: „*It [plea bargaining] does form a part of our criminal administration at the present time. The exact scope and the effects of its current operation are not known*“[152]. Zu einer ersten wissenschaftlichen Auseinanderstzung mit dem Phänomen kam es erst in den 70er Jahren. Den Ausgangspunkt bildete im Jahr 1970 die grundlegende Entscheidung des *Court of Appeal* in der Sache *Turner*[153]. Drei empirische Studien legten darauffolgend offen, daß Absprachen einen festen Bestandteil des englischen Prozeßalltags bildeten[154]. Die sehr kritische Arbeit von *Baldwin* und *McConville* entfachte Entrüstungsstürme in der Anwaltschaft wie keine andere strafprozessuale Publikation zuvor[155]. Sie deckte die konspirativen Techniken der Anwälte auf und hinterfragte die Praxis des *plea*- und *charge bargaining* vor allem unter dem Aspekt der Gefahr, Unschuldige zu Schuldanerkenntnissen zu verleiten.

Rückblickend scheint es, als habe *Turner* für die Absprachepraxis eine entscheidende Zäsur dargestellt. Liest man diese und spätere Entscheidungen des *Court of Appeal*, so gewinnt man den Eindruck, daß Gespräche mit dem Richter über die zu erwartende Strafe für den Fall eines Schuldanerkenntnisses allgemein als absolut ungewöhnlich und offensichtlich rechtlich problematisch eingestuft wurden. Andere Berichte über die tatsächliche Praxis vor 1970 zeichnen jedoch

---

[150] Ähnlich schon *Weigend*, Absprachen in ausländischen Verfahrensordnungen, 86 (FN 347): „Doch auch in England dürfte das bloße Vorhandensein der Absprachemöglichkeit innerhalb der auch sozial kohärenten, solidarischen Gruppe der Juristen die eigentliche Ursache für die Praxis sein.“; vgl. *Thomas*, Journal of Criminal Law and Criminology 69 (1978), 170, 178.

[151] Diese Feststellung ist in deutschen Beiträgen zum Thema Absprachen in England beinahe schon zum Gemeinplatz erstarrt, sie ist aber nichts desto weniger völlig zutreffend, vgl. *Weigend*, Absprachen in ausländischen Verfahrensordnungen, 84 f.; *Kremer*, Absprachen zwischen Gericht und Verfahrensbeteiligten im Strafprozeß, 251; *Braun*, Die Absprache im deutschen Strafverfahren, 161.

[152] *Thomas*, CrimLR 1969, 69, 78.

[153] *Turner* (1970) 54 CrAppR 352; 2 QB 321.

[154] *McCabe/Purves*, By-Passing the Jury; *Bottoms/McClean*, Defendants in the Criminal Process; *Baldwin/McConville*, Negotiated Justice.

[155] Eine Zusammenfassung der z.T. ungehaltenen und aggressiven öffentlichen Reaktionen auf ihre Arbeit geben *Baldwin/McConville*, British Journal of Law and Society 1978, 228.

ein ganz anderes Bild[156]. So schreibt, in einem Artikel für die Mitgliederzeitung des *Bar Council*, ein praktizierender *Barrister*, *David Osborne*, im Jahre 1998:

> „*I venture to suggest that I am not alone in deploring the Court of Appeal's directions in the case of* Turner, *as long ago as 1970. For those too young to remember, that was the case which put the skids under the perfectly acceptable practice of seeking an indication on sentence from the judge in chambers in the event the defendant was minded to offer acceptable guilty pleas*"[157].

Vor 1970 war es wohl verbreitete Praxis, den Richter vertraulich um eine Urteilsprognose zu ersuchen[158]. Erst *Turner* und die auf diesen Fall folgenden Untersuchungen schufen daher ein Bewußtsein für die prinzipiellen Bedenken gegen diese Form von Absprachen. Die Mehrheit der Praktiker würde aber immer noch eine Rückkehr zur unregulierten, nur durch persönliches Vertrauen zwischen den professionellen Akteuren getragenen Absprachepraxis der „Vor-*Turner*-Ära" bevorzugen[159]. Das Vertrauen der Beteiligten in die regulative Kraft ihrer überkommenen Standesregeln und Verhaltensmuster wird auch von den immer wieder vor den *Court of Appeal* kommenden Fällen äußerst problematischer Absprachen nicht erschüttert[160]. Die mehr als 150 Jahre alte Praxis des „*wheeling and dealing*" läßt sich wohl nicht ohne weiteres beseitigen.

---

[156]Siehe v.a. *Osborne*, COUNSEL, December 1998, 26; *Morton*, NLJ 1985, 565.

[157]*Osborne*, COUNSEL, December 1998, 26.

[158]Vgl. auch die Aussage des *Director of Public Prosecution, Barbara Mills*, in: The Guardian v. 8. Juli 1992, daß *plea bargaining „behind the scenes"* zu ihrer Zeit als praktizierender *Barrister* existierte.

[159]*Zander/Henderson*, Crown Court Study, 145.

[160]Vgl. für das deutsche Recht für eine ähnliche Sicht insb. *Dahs*, NStZ 1988, 153; *Böttcher/Widmaier*, JR 1991, 353; *Böttcher/Dahs/Widmaier*, NStZ 1993, 375.

5. Teil: Die Zulässigkeit de lege lata

A. Die Rechtslage in Deutschland

I. Urteilsabsprachen

Um verläßliche Antworten auf die Frage nach den Rechtsfolgen fehlgeschlagener Absprachen zu finden, muß zunächst versucht werden aufzuzeigen, in welchem Rahmen verfahrensbeendigende Absprachen in Deutschland zulässig sind. Schwerpunkt der Darstellung muß hierbei die Rechtsprechung des BGH sein, der in seiner Entscheidung vom 28.08.1997[161] versucht hat, Eckpfeiler für die Praxis aufzustellen. Diese für die künftige Rechtsprechung und Praxis richtungsweisende Entscheidung bemüht sich um eine Harmonisierung der Absprachepraxis mit den leitenden Grundsätzen des Strafverfahrens und nimmt viele der von der Literatur vorgebrachten Bedenken auf[162]. Auf ihrer Grundlage ist denn auch die kritische rechtswissenschaftlich-dogmatische Einschätzung neu zu überdenken[163]. Darauf folgend sind dann in notwendiger Kürze die gegen Urteilsabsprachen vorgebrachten Bedenken darzustellen. Hierbei wird es primär darauf ankommen deutlich zu machen, in welchen Bereichen die Grundsätze in BGHSt 43, 195 hinter dem von der Literatur geforderten zurückbleiben.

1. Das Urteil vom 28.08.1997 - 4 StR 240/97 (LG Dortmund)

Ein zu einer Gesamtfreiheitsstrafe von 12 Jahren verurteilter Angeklagter rügte mit einer Strafmaßrevision, daß entgegen § 46 I 1 StGB nicht seine Schuld, sondern eine verfahrensbeendigende Absprache Grundlage für die Zumessung der Strafe gewesen sei. In den Urteilsgründen war u.a. ausgeführt worden: „Sowohl die Einzelstrafen, als auch die Gesamtstrafe sind dabei in dieser Höhe im übrigen in öffentlicher Verhandlung mit den Angekl., den Verteidigern und der StA bei gleichzeitiger Einstellung weiterer Anklagepunkte im Sinne einer verfahrensbeendigenden Absprache abgestimmt worden." Das Rechtsmittel hatte mit der Sachrüge Erfolg[164].

---

[161]BGHSt 43, 195 = NJW 1998, 86 = JA 1998, 98 m. Anm. *Satzger* = wistra 1997, 341 = JuS 1998, 373 (nur Leitsätze) m. Anm. *Martin*; JR 1998, 245 m. Anm. *Kintzi*.

[162]*Roxin*, Strafverfahrensrecht, § 15 A II 7.

[163]So auch *LR-Rieß*, Einl. Abschn. G, Rz. 64.

[164]BGHSt 43, 195.

Der vierte Strafsenat hält Absprachen, die ein Geständnis des Angeklagten und die zu verhängende Strafe zum Inhalt haben, für „nicht generell unzulässig"[165]. Das den Urteilsabsprachen zugrunde liegende Paradigma „Geständnis gegen Strafmilderung" verstößt mithin nicht schon *per se* gegen das geltende Strafprozeßrecht. Dies ergebe sich vor allem aus § 153 a StPO, wonach eine Einstellung mit Auflagen bei Zustimmung des Angeklagten und der Staatsanwaltschaft möglich sei, so daß insofern eine Vereinbarung vom Gesetzgeber vorausgesetzt werde. Jedoch sei jede Absprache an den „unverzichtbaren Prinzipien des Verfahrensrechts und des materiellen Strafrechts zu messen[166]". Obwohl für den zu entscheidenden Fall nicht unmittelbar relevant, benennt der Senat alle wesentlichen Prinzipien, die - seiner Meinung nach - geeignet sind, die Möglichkeit prozessualer Verständigung rechtlich zu begrenzen. Dem Urteil lassen sich „sieben Säulen der Weisheit" für die konsensuale Verfahrenserledigung entnehmen:

- Eine Absprache über den Schuldspruch ist „von vornherein" durch den *fair trial*-Grundsatz ausgeschlossen. Grundlage des Schuldspruchs muß immer der nach Überzeugung des Gerichts tatsächlich gegebene Sachverhalt sein. Insoweit gilt der Ermittlungsgrundsatz als eine der besonderen Ausprägungen des *fair trial*-Grundsatzes im Strafverfahren[167].

- Bei den Verhandlungen über die Absprache ist zudem die Willensentschließungsfreiheit des Angeklagten zu wahren. § 136 a StPO und der *nemo tenetur*-Grundsatz sind bei den Verständigungsgesprächen zu beachten. Der Senat weist darauf hin, daß das Inaussichtstellen einer Strafmilderung bei Geständigkeit nach ständiger Rechtsprechung zulässig sei[168].

- Nicht zulässig - und hierin liegt eine der wesentlichen Aussagen des Urteils - ist die Verknüpfung der Zusage einer Strafmilderung mit dem Versprechen eines Rechtsmittelverzichts durch den Angeklagten. Über die Rechtsfolgen bei Verstoß gegen dieses Verbot schweigt sich der Senat aber aus[169].

- Den *sub specie* § 169 GVG geäußerten Bedenken begegnet der BGH durch erhöhte Anforderungen an die Öffentlichkeit der Absprache. Zu-

---

[165]So auch schon BVerfG, NStZ 1987, 419 m. Anm. *Gallandi* = NJW 1987, 2682.

[166]BGHSt 43, 195, 203.

[167]BGHSt 43, 195, 204; vgl. auch BVerfG, NStZ 1987, 419 m. Anm. *Gallandi*; *Hanack*, StV 1987, 500.

[168]BGHSt 43, 195, 204; vgl. BGHSt 1, 387; BGHSt 20, 268.

[169]BGHSt 43, 195, 203 f.; vgl. aber nunmehr BGH, StV 2000, 4 und unten 7. Teil, A, II, 1.

nächst sind Absprachen nur in der Hauptverhandlung nach Beratung des ganzen Spruchkörpers zulässig. Vorgespräche außerhalb der Hauptverhandlung sind zwar (zunächst) zulässig, auch sie müssen dann aber in der Hauptverhandlung offengelegt werden. Außerdem sind alle Verfahrensbeteiligten in die Verständigungsgespräche mit einzubeziehen. Unzulässig ist insbesondere eine Absprache ohne Beteiligung des Angeklagten oder der Aussschluß der Schöffen. Schließlich ist das Ergebnis der Gespräche als wesentliche Förmlichkeit des Verfahrens nach § 273 StPO in das Protokoll über die Hauptverhandlung aufzunehmen[170].

- Der Unmittelbarkeitsgrundsatz darf nicht verletzt werden. §§ 260, 261 StPO verbieten es, feste Strafmaßzusagen gegen ein Geständnis zu tauschen. Die richterliche Entscheidungsfindung am Ende der Hauptverhandlung darf nicht vorweggenommen werden[171].
- Die allgemeinen Grundsätze der Strafzumessung, §§ 46 ff. StGB, sind zu beachten. Die Zusage einer bestimmten Strafhöhe verstößt gegen die materiell-rechtlichen Grundsätze der Strafzumessung, da in einem solchen Fall nicht die Schuld des Angeklagten, sondern die Absprache selbst das maßgebliche Strafzumessungskriterium ist. Unbedenklich ist hingegen, wenn das Gericht eine Strafobergrenze für den Fall der Ablegung eines glaubhaften Geständnisses angibt. Die letztlich verhängte Strafe muß allerdings schuldangemessen sein. Es ist aber im Grundsatz unbedenklich, wenn die unter Berücksichtigung des Geständnisses angegebene Strafmaßobergrenze der später im Urteil tatsächlich verhängten Strafe entspricht. Ein Geständnis kann auch dann zu einer Milderung der Strafe führen, wenn es nicht in erster Linie aus Schuldeinsicht und Reue, sondern aus verfahrenstaktischen Gründen im Rahmen einer Absprache abgelegt wird. Zwar ist das Geständnis als solches kein eigenständiger Strafmilderungsgrund, entscheidend ist vielmehr die Motivationslage. Da aber die innere Einstellung des Täters objektiv nur schwer meßbar ist, ist im Zweifel davon auszugehen, daß das Geständnis zumindest auch aus Schuldeinsicht und Reue abgelegt wurde. Zudem bekennt sich der Täter zu seiner Tat und fördert das Prozeßziel des Rechtsfriedens. Beruht das Geständnis allerdings auf „erdrückenden Beweisen", so ist eine Strafmilderung ausgeschlossen. In solchen Situationen wird es allerdings auch selten zu Absprachen kommen[172].

---

[170]BGHSt 43, 195, 205 f.; anders noch BGHSt 42, 46.

[171]BGHSt 43, 195, 206 f.

[172]BGHSt 43, 195, 208 ff.; vgl. BGHSt 42, 191.

- Gänzlich Neues bringt die Entscheidung zur Frage der Verbindlichkeit von Absprachen. Angesichts der Brisanz dieser Frage geraten die Ausführungen des Senats hierzu allerdings sehr kurz. Eine absolute und endgültige Bindung des Gerichts resultiert aus einer Absprache nicht. Aus dem Fairneßprinzip folgt aber nach Ansicht des Senats, daß - soweit die Absprache den oben dargestellten Zulässigkeitskriterien entspricht - von der Strafrahmenprognose nur abgewichen werden darf, wenn *schwerwiegende* neue Umstände bekannt werden. Will das Gericht von der Prognose abweichen, so muß es die Beteiligten gemäß §§ 265 I, II StPO darauf hinweisen[173].

Auch der erste Strafsenat hat nunmehr ausdrücklich klargestellt, daß das Gericht dem Angeklagten eine Strafmilderung für ein Geständnis in Aussicht stellen dürfe[174]. Darin läge nicht das Versprechen eines gesetzlich nicht vorgesehenen Vorteils. Die Entschließungsfreiheit des Angeklagten werde nicht beeinträchtigt.

Der zweite Strafsenat hat in seinem Urteil vom 10.06.1998 dann Stellung zu der Reichweite des Ermittlungsgrundsatzes und seines Verhältnisses zur freien richterlichen Beweiswürdigung genommen[175]. Auch für die Bewertung eines Geständnisses gilt danach der Grundsatz der freien richterlichen Beweiswürdigung. Wenn das Tatgericht von der Richtigkeit der Einlassung des Angeklagten überzeugt ist, kann es die Verurteilung auch allein auf das Geständnis stützen. Wann und unter welchen Umständen das Gericht diese Überzeugung gewinnen darf oder nicht, kann ihm nicht vorgeschrieben werden. Dies soll selbst dort gelten, wo in Frage steht, ob ein Geständnis seiner inhaltlichen Beschaffenheit nach für den Nachweis des Anklagevorwurfs genügt oder nicht. Die Freiheit der tatrichterlichen Würdigung stößt nach Ansicht des BGH allerdings dann auf Grenzen, wenn der Angeklagte nicht die Sachverhaltsannahmen der Anklage als richtig bestätigt, sondern sich nur, ohne den Sachverhalt einzuräumen, auf eine Stellungnahme beschränkt, die ein bloß prozessuales Anerkenntnis oder eine nur formale Unterwerfung darstellt. Enthält aber der Anklagesatz eine Tatschilderung, die konkret genug ist, um durch einfache Bejahung bestätigt werden zu können, so kann die Aussage des Angeklagten, „die Vorwürfe träfen in der erhobenen Form zu", ausreichende Grundlage einer Verurteilung sein.

Auch der Problemkreis des auf eine Absprache hin erklärten Rechtsmittelverzichts ist von anderen Strafsenaten aufgegriffen worden[176]. Auch diese

---

[173]BGHSt 43, 195, 210; grundlegend hierzu BGHSt 36, 210.

[174]BGH, StV 1999, 407.

[175]BGH, NStZ 1999, 92 = StV 1999, 410.

[176]BGH, NJW 1999, 2449 = StV 1999, 412; BGH, NStZ 1999, 364 = StV 1999, 411; siehe auch BGH, NJW 1997, 2691 = wistra 1997, 311 = NStZ 1997, 611; BGH, wistra 1997, 195

Entscheidungen gehen von der Unzulässigkeit einer Vereinbarung über die Erklärung eines Rechtsmittelverzichts *vor* Urteilsverkündung aus und folgen damit den Grundsätzen aus BGHSt 43, 195. Die eigentliche Relevanz dieser Entscheidungen liegt aber in ihren Ausführungen zur Wirksamkeit und möglichen Anfechtbarkeit „absprachegemäß" erklärter Rechtmittelverzichte. Unter diesem Gesichtspunkt sollen diese Entscheidungen allerdings näher erst unten ausgewertet werden, wenn von den Rechtsfolgen fehlgeschlagener Absprachen zu handeln sein wird.

BGHSt 43, 195 hat somit eine umrißhafte Verfahrensordnung für Absprachen aufgestellt, deren wesentliche Inhalte auch andere Strafsenate des BGH zu akzeptieren scheinen. Innerhalb der benannten Eckpfeiler sind damit nun auch Absprachen zum Verfahrensergebnis zulässig.

Die ältere Rechtsprechung soll hier nicht weiter dargestellt werden. Sowohl die Kammerentscheidung des Bundesverfassungsgerichts von 1987 als auch die ältere Rechtsprechung des Bundesgerichtshofes sind in ihren Aussagen einerseits zu allgemein, andererseits zu speziell, um Aufschluß über die Frage der generellen Zulässigkeit von Absprachen zu geben. Die häufig zitierte erste Entscheidung des Bundesverfassungsgerichts zur Abspracheproblematik[177] ist so allgemein gehalten, daß sie im Schrifttum sehr unterschiedlich und oft „im Sinne der Bestätigung der selbst vertretenen Position gedeutet[178]" worden ist. Ihr Erkenntniswert ist gering und sie besagt *sicher* wohl nur, daß sich aus dem Verfassungsrecht keine generelle Unzulässigkeit von Absprachen begründen läßt, allerdings die in BGHSt 43, 195 angesprochenen verfassungsrechlichen Grenzen zu beachten sind[179]. Auch aus der z.T. uneinheitlichen älteren Rechtsprechung des Bundesgerichtshofes[180] läßt sich für die Frage nach der Zulässigkeit von Absprachen *de lege lata* nicht viel konkretes gewinnen. Die Ausführungen zur Zulässigkeit waren durchgängig *obiter* und betrafen nur einzelne Aspekte. In anderer Hinsicht sind viele der älteren Entscheidungen hingegen für die hier zu behandelnde Frage zu speziell: Gegenstand der Revisionsentscheidungen sind immer fehlgeschlagene und gescheiterte Absprachen und die Möglichkeiten ihrer Behandlung auf der

---

= NStZ-RR 1997, 173; BGH, NJW 1995, 2568 = wistra 1995, 231; BGH, wistra 1992, 309; LG Kassel, StV 1987, 288 m. Anm. *Gallandi*.

[177]BVerfG, NStZ 1987, 419 m. Anm. *Gallandi* = NJW 1987, 2682.

[178]*LR-Rieß*, Einl. Abschn. G, Rz. 65.

[179]*Kleinknecht/Meyer-Goßner*, Einl., Rz. 119 c.

[180]Vgl. nur die Entscheidungen BGHSt 37, 99 = NStZ 1990, 502 = JR 1991, 116 m. Anm. *Böttcher* und BGHSt 37, 298 = NStZ 1991, 346 = StV 1991, 303 m. Anm. *Weider*, sowie hierzu die Urteilbesprechung von *Böttcher/Widmaier*, JR 1991, 353.

Revisionsebene[181]. Aus diesen pathologischen Fällen läßt sich aber für die Frage nach der grundsätzlichen Zulässigkeit ebenfalls nichts gewinnen. Auf diese Urteile wird aber noch zurückzukommen sein wenn es gilt, die Frage nach dem Leistungsstörungsrecht der Absprachen zu beantworten.

2. *Kritik an der durch den BGH sanktionierten Praxis*

Der BGH hat sich um die Harmonisierung der Absprachepraxis mit dem geltenden Recht bemüht. Er hatte hierbei auf dem schmalen Grat zwischen Prinzipienfestigkeit, welche für den Richter nicht „Luxus", sondern Gebot ist[182], und der seit langem bestehenden Praxis der Urteilsabsprachen zu balancieren. Obwohl auch Kritiker der Absprachepraxis das Urteil des vierten Strafsenats im Grundsatz begrüßen[183], sind drei Punkte auf besonderen Widerspruch in der Literatur gestoßen: die Ausführungen des Senats zur regelmäßigen Verbindlichkeit einer Strafmaßprognose und zum Öffentlichkeitsgrundsatz, sowie die entscheidende Bedeutung, die einem Geständnis des Angeklagten zugemessen wird. Auf diese zentralen Kritikpunkte soll nachfolgend eingegangen werden. Außerdem ist zu fragen, ob sich Absprachen mit der Unschuldsvermutung vereinbaren lassen. Der in der Diskussion um Absprachen oft evozierte *fair trial*-Grundsatz wird im folgenden noch nicht zu behandeln sein. Denn er eignet sich nicht zur Begründung der Zulässigkeit von Absprachen. Relevant ist der Grundsatz vielmehr ausschließlich im Bereich der fehlgeschlagenen Absprachen. Dort wird er dann auch zu prüfen sein.

Bei der Prüfung der Vereinbarkeit von Absprachen mit Verfahrensgrundsätzen sind jedoch zwei Dinge zu trennen: die Frage, ob verfahrensbeendigende Absprachen überhaupt zulässig sind, und die Rechtmäßigkeit der tatsächlich geübten Praxis der Urteilsabsprachen. Die Unvereinbarkeit bestimmter *in der Praxis* vorkommender Absprachekonstellationen mit den tragenden Grundprinzipien des

[181] So zur Frage der *Befangenheit* aufgrund von „Vergleichsgesprächen": BGHSt 37, 99; BGHSt 37, 298; BGHSt 42, 191; BGH, wistra 1995, 222; zur Frage der *Verwertbarkeit von Geständnissen*: BGHSt 38, 102; BGHSt 42, 191; BGH, NStZ 1997, 561; zum Problemkreis des *Rechtsmittelverzichts*: BGH, wistra 1992, 309; BGH, NJW 1995, 2568 = wistra 1995, 231; BGH, wistra 1997, 195 = NStZ-RR 1997, 173; BGH, NJW 1997, 2691 = wistra 1997, 311 = NStZ 1997, 611; zum *Öffentlichkeitsgebot* und Verstößen gegen das *fair-trial Prinzip*: BGHSt 38, 102 = NStZ 1992, 139; BGHSt 36, 210 = NStZ 1989, 438; BGHSt 37, 10 = NStZ 1990, 399 = JR 1991, 256 m. Anm. *Weigend*.

[182] Nach Art. 20 GG ist die Rechtsprechung „an Gesetz und Recht gebunden".

[183] *Kintzi*, JR 1998, 249 spricht von „punktgenau(em)" Ansprechen der Zweifelsfragen; *Rönnau*, wistra 1998, 49 hält das Urteil für die „ausführlichste und am sorgfältigsten begründete Entscheidung" des BGH ; *Satzger*, JA 1998, 98 attestiert dem BGH eine „vertiefte Auseinandersetzung" mit der Problematik.

Strafprozeßrechts steht außer Frage. Daher ging es bei der Diskussion um die Zulässigkeit von Absprachen im Strafverfahren auch nie primär um Rechtsfragen, sondern um die Verfahrenswirklichkeit[184]. Daß es also im praktischen Strafprozeß häufig zu Verletzungen der vom BGH benannten Ge- und Verbote kommt, steht außer Zweifel. Diese Erkenntnis bildete sogar gleichsam den Ausgangspunkt der so erbittert geführten Diskussion um die Absprachen[185]. Daß z.B. die Beschränkung der Absprachepraxis auf bestimmte Delikts- und Tätertypen zu einer „Privilegierung des Wohlstandskriminellen"[186] führen kann (und geführt hat) und damit den Gleichbehandlungsgrundsatz verletzt, ist evident, für die Frage nach der prinzipiellen Zulässigkeit von Absprachen ist damit aber nichts gewonnen.

Der Erkenntniswert der Prozeßmaximen sollte auch nicht überschätzt werden. Sie sind auslegungsfähig[187], gelten nicht absolut[188] und ihre Grenzen sind oft unscharf[189]. Letztlich eignen sie sich nur zur Demarkation eines klar unzulässigen Bereiches[190]. Wenn der Legalbereich für Absprachen aber derart umrissen ist und mittels einer konsistenten revisionsgerichtlichen Rechtsprechung kontrolliert wird, wird es der Praxis auch leichter fallen, rechtswidrige Absprachen zu vermeiden und Verständigungen über das Verfahrensergebnis offenzulegen. Ob die Richtlinien des BGH dies leisten, wird im folgenden zu prüfen sein.

Doch bleibt hier zunächst eines festzuhalten: die rechtspolitische Entscheidung für Absprachen auch über das Verfahrensergebnis ist gefallen; durch „Wegsehen" des Gesetzgebers. Die Praxis hat sich unter den wachsamen Augen von Legisla-

---

[184]*Schmidt-Hieber*, DRiZ 1990, 321, 322; *Dahs*, NStZ 1988, 153, 159 geht so weit zu behaupten: „Letzlich ist es eine Frage der Persönlichkeit der Beteiligten, der Fairneß, ihrer Gesinnung und ihres Stils, ob Verfahrensabsprachen so gestaltet werden, daß sie mit Funktion und Rang der Strafjustiz zu vereinbaren sind oder auf das Niveau eines unwürdigen 'Kuhhandels' abgleiten".

[185]*Hamm*, ZRP 1990, 337, 340; für eine Trennung der Frage der grundsätzlichen Zulässigkeit von Absprachen von den Problemen der Praxis plädiert auch *LR-Rieß*, Einl. Abschn. G, Rz 69f.

[186]*Schmidt-Hieber*, NJW 1990, 1884.

[187]Vgl. hierzu z.B. den Streit um die Auslegung des § 136 a StPO, aber auch die Kontroverse um den Schutzbereich des Öffentlichkeitsgebotes.

[188]Insbesondere das Legalitätsprinzip hat durch die §§ 153 ff. StPO gesetzliche Einschränkungen erfahren, aber auch der Öffentlichkeitsgrundsatz gilt, wie das jugendstrafrechtliche Verfahren und die Einschränkungen bei der Bild- und Tonberichterstattung zeigen, nicht uneingeschränkt.

[189]Dies gilt insbsondere für den *fair trial*-Grundsatz, dessen Grenzen nicht fest bestimmbar sind.

[190]So auch *Kintzi*, FS Hanack, 178.

tive und Judikative „virulent“ ausgebreitet[191] und irreversibel festgesetzt[192]. Der BGH hat sich nun entschieden, Absprachen durch „verständigungsfreundliche“ Auslegung der Verfahrensgrundsätze in das geltende Strafprozeßrecht zu integrieren. Der harte Kern der Absprachegegner hat damit wohl endgültig die „Schlacht“ um die grundsätzliche Zulässigkeit verloren. Doch dürfen die von ihm vorgebrachten Bedenken jetzt nicht einfach verhallen, vielmehr müssen sie zur rechtstaatlichen Absicherung der Absprachepraxis nutzbar gemacht werden, denn gerade bei den fehlgeschlagenen Absprachen kommen die Einwände gegen manche Absprachepraktiken erneut zum Tragen.

a) Öffentlichkeit, Transparenz und Beteiligungsrechte

Der BGH betont die Bedeutung des Öffentlichkeitsprinzips[193]. Absprachen müssen daher in der Hauptverhandlung getroffen werden. Der Senat will hierdurch verhindern, daß sich gleichsam ein „graues“ Verfahren neben dem öffentlichen Prozeß etabliert, welches der öffentlichen Kontrolle der Hauptverhandlung entzogen ist. Allerdings hält der BGH Vorgespräche zwischen den Prozeßbeteiligten außerhalb der Hauptverhandlung für möglich. Der Inhalt solcher Anbahnungs- und Sondierungsgespräche sei dann aber in der Hauptverhandlung offenzulegen. *Rönnau* kritisiert dies als „halbherzige Lösung“[194]. Seiner Meinung nach läßt der Öffentlichkeitsgrundsatz solche Einschränkungen nicht zu. Durch die Auslagerung wichtiger Teile des Verständigungsprozesses trete ein Verlust an Information und Kontrollmöglichkeiten ein, der sich durch nachträgliche Offenlegung von Inhalt und Ergebnissen der Gespräche nicht kompensieren lasse. Allerdings sei die grundsätzliche Absage an „Geheimverhandlungen“ und die Aufwertung des Öffentlichkeitsgrundsatzes zu begrüßen. „Friktionen“ mit verschiedenen Prozeßgrundsätzen würden dadurch abgeschwächt oder gar aufgelöst.

Auch *Kintzi* begrüßt die Ausführungen des BGH zum Öffentlichkeitsgrundsatz[195]. Er hält die angebotene Lösung für „praxisnah“ und die Absage an die „reine Lehre“ für richtig. Die Formel, „soviel in der Hauptverhandlung wie möglich, so wenig außerhalb der Hauptverhandlung wie nötig“ würde den Interessen

---

[191] *Schlothauer*, Vorbereitung der Hauptverhandlung, Rz. 141.

[192] *Widmaier*, StV 1986, 357; selbst Absprachegegner teilen diese Einschätzung, vgl. *Schünemann*, FS Pfeiffer, 483.

[193] Zum Öffentlichkeitsgebot vgl. auch *Schellenberg*, DRiZ 1996, 280.

[194] *Rönnau*, wistra 1998, 49, 51.

[195] *Kintzi*, JR 1998, 249, 250.

aller Beteiligten gerecht[196]. Die Möglichkeit des Vorgesprächs außerhalb der Hauptverhandlung ermögliche insbesondere dem Angeklagten, Geständnisbereitschaft anzuzeigen, ohne eine Vorverurteilung in seinem sozialen Umfeld oder den Medien zu riskieren. Andererseits würde die Offenlegungspflicht bei erfolgreicher Verständigung die Bedeutung und den Vorrang des Öffentlichkeitsprinzips verdeutlichen und zum Abbau von Argwohn und Mißtrauen gegenüber den sogenannten „Flurgesprächen" beitragen[197].

Hier zeigt sich schon die Problematik der Prüfung der Prozeßmaximen. Der BGH hat hinsichtlich der Öffentlichkeit von Absprachen eine Kompromißlösung gewählt. Die Möglichkeit außergerichtlicher „Anbahnungsgespräche" schränkt die Öffentlichkeit des gesamten Verfahrens zweifellos ein, die Öffentlichkeit der Hauptverhandlung selbst wird dadurch jedoch nicht berührt. In einer solchen Kompromißlösung kann man nun sicher „Friktionen" mit Prozeßgrundsätzen erkennen. Auch entspricht sie nicht der „reinen Lehre" eines in Gänze *coram publico* geführten Verfahrens, aber auch *Rönnau* behauptet nicht, daß der Ansatz des BGH den Öffentlichkeitsgrundsatz evident verletze. Die Hauptverhandlung als solche bleibt öffentlich und auch die Tatsache der Absprache wird öffentlich gemacht; wenn sich die Beteiligten an diese Vorgaben der Rechtsprechung halten, wird der „schwarze Bereich" des eindeutig Verbotenen nicht erreicht. Die Offenlegung in der Hauptverhandlung heilt einen möglichen Verstoß gegen das Öffentlichkeitsprinzip.

Schwieriger zu beantworten ist aber die Frage nach den Mißbrauchssicherungen. Inwieweit einer Verletzung des Öffentlichkeitsgrundsatzes revisionsrechtliche Relevanz zukommt, ist umstritten. Die Rechtsprechung hält Gespräche außerhalb der Hauptverhandlung für zwar zulässig, aber unverbindlich[198]; einen Vertrauenstatbestand, dessen Verletzung mit der Revision gerügt werden kann, schaffe nur eine Erklärung des Gerichts in der Hauptverhandlung[199].

---

[196]*Kintzi*, FS Hanack, 180, relativiert diese Aussage allerdings dahin, daß die Formel „zwar eine zutreffende Tendenzaussage..., für eine trennscharfe dogmatische Grenzziehung...aber wenig hilfreich" sei.

[197]*Cramer*, FS Rebmann, 149, war noch davon ausgegangen, daß eine Vereinbarung auch außerhalb der Hauptverhandlung getroffen werden könne und diese Tatsache auch nicht in der Hauptverhandlung mitgeteilt werden müsse. Lediglich die Prozeßhandlungen seien in der Haptverhandlung vorzunehmen. Der Öffentlichkeitsgrundsatz solle nur die Öffentlichkeit der Hauptverhandlung selbst schützen, für Sitzungspausen oder die Zeiten zwischen Verhandlungstagen gelte der Öffentlichkeitsgrundsatz nicht. Diese sehr formale Argumentation zieht der Bedeutung des Öffentlichkeitsgebotes zu enge Grenzen. Der BGH ist ihr zu Recht nicht gefolgt.

[198]BGHSt 43, 195.

[199]BGH, StV 1999, 408.

Auch ist vorgetragen worden, die Öffentlichkeitsmaxime beziehe sich gerade nur auf die Öffentlichkeit der Hauptverhandlung, Gespräche außerhalb dieses Forums nähmen daher gar nicht am Schutz durch diese Bestimmung teil und könnten das Öffentlichkeitsprinzip mithin auch nicht verletzen[200]. Hiervon wird noch zu sprechen sein[201].

Die Betonung des Öffentlichkeitsgebots durch den BGH soll auch die Informations- und Beteiligungsrechte des Angeklagten schützen. Der Angeklagte ist zwingend an Absprachen zu beteiligen, hinter seinem Rücken geführte Verhandlungen darf es nicht geben. Nach der Repräsentativumfrage von *Schünemann* entscheiden 50 % der Anwälte allein, d.h. ohne Beteiligung ihres Mandanten, über die Aufnahme von Gesprächen zur Herbeiführung informeller Verständigungen, 38 % informieren den Mandanten nicht klar und umfassend über solche Verständigungen, sondern machen ihm gegenüber lediglich Andeutungen. Selbst nach erfolgter Absprache informieren nur 40 % der Anwälte ihren Mandanten in vollem Umfang, während 51 % sich auf die Mitteilung des Verhandlungsergebnisses beschränken und 9 % die Absprache dem Mandanten völlig verschweigen[202]. Dabei kann kein Zweifel darüber bestehen, daß Schutzaufgabe, Treue- und Schweigepflicht des Verteidigers ihm gebieten, seinen Mandanten von Anfang an über die Aufnahme, den Fortgang und die erzielten Ergebnisse von informellen Gesprächen zu konsultieren und zu informieren[203]. Ob auch heute noch Absprachen weitgehend am Beschuldigten vorbei getroffen werden, läßt sich nicht sagen[204]. Denkbar ist, daß mit der Anerkennung der Absprachepraxis mehr Offenheit in das Verhältnis Verteidiger - Mandant gekommen ist. Angesichts der deutlichen Betonung des Öffentlichkeitsgebots durch den BGH ist aber jedenfalls zu hoffen, daß Anwälte von den von *Schünemann* benannten Praktiken abrücken.

b) Verbindlichkeit

Auf eindeutigen Widerspruch sind vor allem die Ausführungen des BGH zur Bindungswirkung rechtmäßiger Absprachen gestoßen. Auch Befürworter der Absprachepraxis hatten bisher nie die rechtliche Verbindlichkeit von Absprachen

---

[200] So zuerst *Cramer*, FS Rebmann, 149; vgl. auch *Haas*, NJW 1988, 1351; *Landau/Eschelbach*, NJW 1999, 342.

[201] Unten 7. Teil, A, II, 2, a, (2).

[202] Vgl. hierzu auch *Koch*, ZRP 1990, 249, 250.

[203] *Dahs*, Handbuch des Strafverteidigers, Rz. 463; zu den strafrechtlichen Konsequenzen von Absprachen ohne Einbeziehung des Mandanten siehe unten 7. Kapitel, E, I, 1, b.

[204] *LR-Rieß*, Einl. Abschn. G, Rz. 76.

zum Prozeßergebnis behauptet. Die „*rechtliche* Vorläufigkeit" von Vereinbarungen war - bei allen Differenzen im Detail - Generalkonsens in Schrifttum und Rechtsprechung[205]. *Rönnau* stellt dazu fest, daß sich eine Verbindlichkeit von Absprachen „mit der bestehenden Strafprozeßordnung nicht vereinbaren" lasse[206]. *Satzger* gibt zu bedenken, daß sich eine solche Bindung, die nur noch durch neue *schwerwiegende* Umstände entfalle, wohl jedenfalls nicht - wie vom BGH behauptet - „allein aus Vertrauensgesichtspunkten" begründen ließe[207].

Gegen eine Bindung des Gerichts durch die Prognose einer Strafobergrenze streiten nach Ansicht *Rönnaus* vor allem § 261 StPO und § 46 II StGB. Die durch § 261 StPO bis zur Schlußberatung garantierte Entscheidungsfreiheit des Gerichts werde durch die verbindliche Zusage einer Strafmaßobergrenze, die nur noch im Ausnahmefall korrigiert werden könne, erheblich beeinträchtigt. Es müsse dem Gericht möglich bleiben, seine Einschätzung der Sach- und Rechtslage zu korrigieren. Eine nach der Absprache erkannte größere Unrechts- und Schulddimension müsse vor dem Hintergrund der gesetzlich garantierten Entscheidungsfreiheit des Gerichts bei der Strafzumessung immer berücksichtigt werden können. Dies folge auch aus § 46 II StGB, der eine umfassende Abwägung sämtlicher Strafzumessungsfaktoren verlange.

Richtig lokalisiert hat die eigentliche Problematik der vom BGH behaupteten Bindungswirkung *Satzger*: Problematisch ist allein die Einschränkung des BGH, daß das Gericht nur dann nicht an seine Prognose gebunden sei, wenn *schwerwiegende* neue Umstände bekannt würden. Nimmt das Gericht nämlich auf Grundlage des ihm vorliegenden Materials eine Prognose der Straferwartung vor und hat sich das für die Strafzumessung relevante Material auch zum Zeitpunkt der Urteilsfindung nicht verändert, steht einer Bindung des Gerichts aus Vertrauensschutzgesichtspunkten nichts entgegen. Sie läßt sich dann auch durchaus mit der Vorschrift des § 261 StPO vereinbaren. § 261 StPO soll gewährleisten, daß das Gericht der gesamten Beweisaufnahme unvoreingenommen folgt[208] und daß es alles, aber auch nur dasjenige, was Gegenstand der Hauptverhandlung war, für die Urteilsfindung verwertet[209]. Dieser Zielsetzung steht aber eine Bindung an eine Strafobergrenzenprognose nicht entgegen, solange sie bei Bekanntwerden neuer Tatsachen, die die Schuld des Angeklagten in anderem Licht erscheinen lassen, entfällt. Das Gericht kann, wenn nötig, unvoreingenommen weiter Beweis

---

[205] Vgl. nur *Gerlach*, Absprachen in Strafverfahren, 129; *Rönnau*, Die Absprache im Strafprozeß, 36; *Baumann*, NStZ 1987, 157, 159; zuletzt *Kintzi*, FS Hanack, 182.

[206] *Rönnau*, wistra 1998, 49, 52.

[207] *Satzger*, JA 1998, 98, 101.

[208] *Rönnau*, Die Absprache im Strafprozeß, 157.

[209] KK-*Engelhardt*, § 261, Rz. 6.

erheben und es kann - und muß - dem Urteil all das zugrunde legen, was im Zuge dieser weiteren Beweisaufnahme gerichtsbekannt wird. Auch die bindende Prognose ist insofern „vorläufig“[210].

Ob allerdings eine Bindungswirkung begründet werden kann, wenn nach der Prognose des Gerichts neue strafzumessungsrelevante Tatsachen (auch minderer Schwere) bekannt werden, muß in der Tat bezweifelt werden. Dem steht schon die pragmatische Überlegung entgegen, daß derjenige, der von der Bindung profitiert, d.h. der Angeklagte, als einziger wirklich sicher um die neuen Tatsachen weiß. Läßt er sich auf einen Deal mit falscher oder zumindest unvollständiger Tatsachenbasis ein, ist er nicht schützenswert. Haben sich die Strafverfolgungsorgane korrekt verhalten, besteht auch keine Veranlassung, ein vorgeleistetes Geständnis nach § 136 a StPO unverwertbar werden zu lassen. Wer sich in die Gefahr einer unvollständigen, konstruierten Absprache begibt, „kommt darin um“. Eine Bindungswirkung des Gerichts an eine getroffene Prognose, auch bei Bekanntwerden neuer Tatsachen, kann und darf es nicht geben. Insoweit kann dem BGH nicht gefolgt werden. Dem steht § 261 entgegen, der es dem Gericht aufgibt, *alles*, was zum Inbegriff der Hauptverhandlung gehört, zu verwerten. Das Gericht sollte daher bei seiner Prognose der Strafobergrenze Raum für das Bekanntwerden neuer, aber nicht *schwerwiegender* Tatsachen lassen. Zwar entfällt auch dann die Bindungswirkung, dem Gericht ist es aber immerhin möglich, rechtsfehlerfrei auf eine Strafe innerhalb der zugesagten Grenze zu erkennen und dem Vertrauen des Angeklagten dadurch gerecht zu werden. Das Gebot schuldangemessenen Strafens steht nicht zur Disposition des Richters. Dem Fairneßgrundsatz wird das Gericht in diesen Fällen durch einen bloßen Hinweis auf die veränderte Sach- und Rechtslage gerecht[211].

Der Einschränkung des BGH liegt aber wohl ein ganz anderer Gedanke zugrunde. Erlaubt man nämlich dem Tatgericht, auch dann bei seiner Prognose zu bleiben, wenn neue, aber eben nicht schwerwiegende Umstände bekannt werden, so schafft man keinen zusätzlichen Anreiz für das Gericht, seiner Aufklärungspflicht nicht nachzukommen. Anders formuliert: unter dem System des BGH kann das Tatgericht weiter Beweis erheben, ohne Gefahr zu laufen, wegen neuer Erkenntnisse, welche die „Relevanzschwelle“ nicht überschreiten, sein Wort brechen zu müssen. Hier verzahnen sich die Ausführungen zur Bindungswirkung mit denen zur Aufklärungspflicht und zur überragenden Bedeutung des Geständnisses.

---

[210] Vgl. *Gerlach*, Absprachen im Strafverfahren, 104.

[211] Vgl. nur BGHSt 36, 210; aus dem *fair trial*-Prinzip soll nach OLG Köln, NJW 1999, 373 auch eine Hinweispflicht auf beabsichtigte Bewährungsauflagen folgen; kritisch hierzu *Kaetzler*, wistra 1999, 253.

c) Geständnis: Strafzumessungsgrundsätze und Aufklärungspflicht

(1) Die strafmildernde Wirkung des Geständnisses

(a) Begründung der strafmildernden Wirkung

Die Urteilsabsprache steht und fällt mit der Bedeutung, die dem Geständnis des Angeklagten beigemessen wird. „Motor" der Absprachepraxis ist die strafmildernde Wirkung des Geständnisses. Die Honorierung der Kooperationsbereitschaft durch Konzessionen bei der Strafzumessung schafft erst den Anreiz für den Angeklagten, „kooperativ" zu verhandeln. Der BGH folgt i.E. der seit langem zu beobachtenden Praxis der deutschen Gerichte, Geständnisse mehr oder minder automatisch strafmildernd zu berücksichtigen. Ihm wird dabei allerdings zum Teil vorgeworfen, daß die materiell-rechtliche Begründung dieser Praxis „in höchstem Maße defizitär" sei[212].

Der BGH entwickelt seine Argumentation vor dem Hintergrund der von der Rechtsprechung und herrschenden Lehre vertretenen sogenannten „doppelspurigen Indizkonstruktion". Danach kann ein Geständnis als „Verhalten des Täters nach der Tat" i.S.v. § 46 II StGB in der Strafzumessung Berücksichtigung finden. Das Nachtatverhalten kann dabei als Indiz für die Willensrichtung und die verbrecherische Energie des Täters und für seine Schuld oder Gefährlichkeit herangezogen werden, ist mithin indiziell für seine *Tatschuld* und für die Notwendigkeit der *Spezialprävention* wegen Gefährlichkeit des Täters[213]. Das Geständnis als solches hat dabei keine Indizwirkung, entscheidend ist vielmehr die Motivation des Täters. Nur ein auf Reue und Schuldeinsicht beruhendes Geständnis läßt Rückschlüsse auf die Tatschuld und Gefährlichkeit des Angeklagten zu. Ein lediglich prozeßtaktisch motiviertes Geständnis muß nach dieser Ansicht für die Strafzumessung ohne Wirkung bleiben[214].

Absprachegegner geben nun zu bedenken, daß das im Rahmen einer Verständigung abgegebene Geständnis *immer* ein „taktisches" Geständnis sei und somit *per se* nicht strafmildernd berücksichtigt werden dürfe[215]. Beweggrund sei allein der in Aussicht gestellte „Strafrabatt", nicht aber Einsicht und Reue in das verschuldete Unrecht. Hiergegen wird eingewandt, daß auch dem „absprachegemäß" abgelegten Geständnis regelmäßig eine Vielzahl von Motiven und eben nicht

---

[212] *Rönnau*, wistra 1998, 49, 53.

[213] BGH, NStZ 1984, 259; BGH, MDR 1954, 693; vgl. auch *Bruns*, Das Recht der Strafzumessung, 233.

[214] Für alle *Tscherwinka*, Absprachen im Strafprozeß, 161.

[215] *Schünemann*, NJW 1989, 1897; *Weigend*, JZ 1990, 779; *Dencker*, ZStW 102 (1990), 51.

allein taktische Erwägungen zugrunde lägen[216]. Dem wird man kaum widersprechen können. Auch wer im Zuge einer Absprache ein Geständnis ablegt, muß sich dadurch zu der Tat bekennen und öffentlich seine Schuld eingestehen. Selbst einem „schlanken“ Geständnis, welches sich eher als „Anerkenntnis des Akteninhalts“ darstellt, wohnt dieser Aspekt der Verantwortungsübernahme, des Gesinnungswandels inne. Im Regelfall wird mithin ein Geständnis durch ein ganzes „Bündel“ von Motiven ausgelöst.

Hier zeigt sich nun der Schwachpunkt der „doppelten Indizkonstruktion“. Das Gericht ist nämlich regelmäßig überfordert, sicher herauszufinden, in welchem Maße das Geständnis von Schuldeinsicht und Reue und in welchem Maße es von taktischen Erwägungen motiviert wird. Pointiert formuliert: „Wie stark muß das Motiv der Reue und Unrechtseinsicht innerhalb des Motivbündels sein, bzw. wieviel Prozeßtaktik darf der Angeklagte mit seinem Geständnis noch verfolgen, damit noch von einem reumütigen Geständnis...gesprochen werden darf?[217]“ *Beulke/Satzger* haben zutreffend darauf hingewiesen, daß sich innerhalb einer solchen „Motivgemengelage“ objektiv kaum jemals feststellen lassen wird, wieviel Gewicht einem einzelnen Motiv zukommt. Aus dieser „Erkenntniskrise“ ist zu schließen, daß ein Geständnis auch dann schon strafmildernd Berücksichtigung finden darf, wenn es *zumindest auch* aus Reue und Schuldeinsicht abgegeben wurde[218]. Lediglich das *rein prozeßtaktisch* motivierte Geständnis darf keine strafmildernde Wirkung entfalten.

Auch diese rein taktischen Geständnisse zu erkennen ist indes keine leichte Aufgabe für das Gericht. Hier soll nun der Zweifelssatz Anwendung finden. Lasse sich nicht aufklären, ob Reue und Schuldeinsicht mehr als nur eine völlig unbedeutende Rolle gespielt haben, so sei „*in dubio pro reo*“ eben davon auszugehen. Auch hiergegen wird nun eingewandt, der Zweifelssatz sei auf ein absprachebedingt abgelegtes Geständnis unanwendbar, da der kausale Zusammenhang zwischen Geständnisbereitschaft und Absprache jeden vernünftigen Zweifel an der Motivation des Angeklagten zerstöre. Eine so einfache Gleichung läßt sich aber gerade, wie oben bereits gezeigt, nicht aufstellen. Mag auch der Strafnachlaß der unmittelbare Auslöser für die Geständnisbereitschaft gewesen sein, so ist es doch überhaupt nicht fernliegend, daß auch Reue und Schuldeinsicht bei dem Angeklagten vorhanden sind[219]. Die Prognose einer milderen Strafe für den Fall eines Geständnisses hat dann möglicherweise nur noch den letzten Ausschlag zum Geständnis gegeben.

---

[216] *Beulke/Satzger*, JuS 1997, 1072, 1078.

[217] *Beulke/Satzger*, a.a.O.

[218] *Beulke/Satzger*, a.a.O.

[219] So auch *Gerlach*, Absprachen im Strafverfahren, 109.

Ernstzunehmender ist allerdings *prima facie* der Einwand, der Zweifelssatz entbinde nicht von der Pflicht zur Sachaufklärung, mithin müsse das Gericht wirklich versuchen, die Beweggründe des Angeklagten aufzudecken, was es aber bei einer Urteilsabsprache gerade nicht tue. Dem wiederum steht aber die prinzipielle Unaufklärbarkeit der Gewichtung der Motive innerhalb des Motivbündels entgegen. Wenn der Angeklagte nicht offensichtlich ausschließlich taktisch handelt, ist es unmöglich, seine Motivationslage zufriedenstellend zu klären. Selbst dem Angeklagten, der erst nach Vorlage erdrückender Beweise gesteht, wird man Reue und Schuldeinsicht nicht automatisch absprechen können, oft wird es sich allerdings in diesen Fällen tatsächlich um rein taktische Geständnisse handeln, die dann nicht mehr strafmildernd berücksichtigt werden dürfen[220].

Auf dem Boden der doppelten Indizkonstruktion läßt sich mithin die strafmindernde Wirkung eines absprachegemäß erklärten Geständnisses durchaus schlüssig, wenn auch auf einigen Umwegen, begründen. Allerdings beruht die Argumentation letztlich auf der Annahme, daß sich der eigentliche Auslöser der Strafmilderung im Normalfall nicht sicher feststellen lasse und daher schlicht von seinem Vorliegen auszugehen sei. Dies grenzt an eine *petitio principii*. Es fragt sich daher, ob es nicht ehrlicher wäre, jedes nachvollziehbare und glaubhafte Geständnis, durch das die Beweisaufnahme erheblich verkürzt wird, unabhängig von den Beweggründen des Angeklagten strafmildernd zu berücksichtigen[221] oder sogar die strafmildernde Berücksichtigung des Eingehens auf eine Absprache von ihrer Verbindung mit der Ablegung eines Geständnisses zu lösen und sie an andere Merkmale zu knüpfen[222]. Billigt man konsensuale Verfahrenserledigungen rechtspolitisch, so sollte man einen motivationsunabhängigen Strafmilderungsgrund anerkennen. Auf dem Boden des geltenden Rechts ist der Weg zu einer solchen Lösung allerdings, wie *Dencker* schlüssig nachgewiesen hat[223], mit wenigen Ausnahmen versperrt. Insbesondere *Schmidt-Hieber* hat sich aber bemüht, Strafmilderung und Motivation zu entkoppeln[224]. Seine Subsumtion des Geständnisses unter die „Auswirkungen der Tat" i.S.v. § 46 II 2 StGB wird jedoch von der ganz h.M. als nicht haltbar verworfen[225]. Prozeßverhalten sei keine

---

[220] *Schmidt-Hieber*, Verständigung im Strafverfahren, Rz. 174, scheint für diese Fälle von einer automatischen Disqualifizierung für den „Strafrabatt" auszugehen.

[221] So z.B. *Cramer*, Absprachen im Strafprozeß, 148; *Niemöller*, StV 1990, 34, 36.

[222] *LR-Rieß*, Einl. Abschn. G, Rz. 81.

[223] *Dencker*, ZStW 102 (1990), 51 ff.

[224] *Schmidt-Hieber*, Verständigung im Strafverfahren, Rz. 171 ff.; *ders.*, FS Wassermann, 998f.; *ders.*, NStZ 1988, 302, 304; *ders.*, StV 1986, 355, 356; *ders.*, NJW 1989, 284.

[225] *Beulke/Satzger*, JuS 1997, 1072, 1077; *Rönnau*, Die Absprache im Strafprozeß, 103; *Grünwald*, StV 1987, 454; *Dencker*, ZStW 102 (1990), 51, 58ff.

„Auswirkung der Tat". *Schmidt-Hiebers* These widerspreche nicht nur dem ganz herrschenden Verständnis dieses Begriffs, daß die Mühen für die Strafverfolgungsorgane und Gerichte nicht ein beachtenswertes, durch die Straftat verursachtes Übel seien[226], sondern sie sei auch in sich widersprüchlich. Die Erleichterung der Tataufklärung sei keine Auswirkung *der Tat*, sondern die Auswirkung eines Verhaltens des Täters *nach und unabhängig von der Tat*[227]. Die strafmildernde Wirkung des Geständnisses läßt sich mithin *de lege lata* nur mittels der doppelspurigen Indizkonstruktion begründen. Dies ist auch der Eckpfeiler der Argumentation des BGH. Soweit der Senat andeutet, daß das Geständnis auch schon als Beitrag zur Sachaufklärung und Verfahrensverkürzung strafmildernd zu berücksichtigen ist, ist ihm nicht zu folgen, da sich dies dogmatisch nicht begründen läßt. Rechtspolitisch wäre eine solche Regelung allerdings wünschenswert, da sie die eigentliche Ursache der Strafmilderung *seitens des Staates* benennt und zu meßbareren und handhabbareren Ergebnissen führen würde als die derzeitige Rechtslage. Die für ein Geständnis zu gewährenden Strafnachlässe ließen sich dann auch nach dem Grad der prozeßfördernden Wirkung quantifizieren, was zu größerer Vorhersehbarkeit und Rechtssicherheit führen könnte[228].

Ein Verzicht auf die im Normalfall strafmildernde Wirkung eines Geständnisses ist rechtspolitisch wohl nicht mehr durchsetzbar[229]. Auf dieses seit jeher universell eingesetzte Lock- und Druckmittel wird die Praxis ungeachtet aller theoretischen Zweifel nicht verzichten wollen[230].

(b) Die Strafmilderung und der nemo tenetur-Grundsatz

Das Gericht darf nach ständiger Rechtsprechung des BGH auch auf die strafmildernde Wirkung des Geständnisses hinweisen[231]. Hiergegen sind Bedenken erhoben worden. Diese Übung und mit ihr die ganze Absprachenpraxis

---

[226] *Beulke/Satzger*, JuS 1997, 1072, 1077; *Rönnau*, Die Absprache im Strafprozeß, 103; *Grünwald*, StV 1987, 454.

[227] *Beulke/Satzger*, JuS 1997, 1072, 1077; *Rönnau*, Die Absprache im Strafprozeß, 103, *Fezer*, Strafprozeßrecht, 293, Rz. 12.

[228] Vgl. hierzu die Vorschläge der *Royal Commission on Criminal Justice*, unten 6. Teil, B, II.

[229] Hierfür z. B. *Hamm*, ZRP 1990, 337, 342; *Dencker*, ZStW 1990, 51, 66.

[230] *Weigend*, NStZ 1999, 57, 63.

[231] So schon BGHSt 1, 387; vgl. auch BGHSt 14, 189, 190 f.; BGHSt 20, 268 m.w.N.

verstoße gegen den *nemo tenetur*-Grundsatz und § 136 a StPO[232]. Daß niemand gezwungen werden darf, sich selbst anzuklagen und zu seiner Überführung beizutragen, ist ein „eherner Grundsatz[233]" des Strafprozeßrechts[234]. Nach Ansicht des BVerfG ist er Ausfluß eines „allgemeinen, als selbstverständlich vorausgesetzten rechtstaatlichen Grundsatzes" und sei zudem von der Achtung der menschlichen Würde geprägt[235]. Seine wichtigste einfachgesetzliche Ausprägung ist § 136 a StPO, der Aussagen, welche mittels bestimmter verbotener Methoden erlangt wurden, einem zwingenden Verwertungsverbot unterwirft.

Unzweifelhaft lebt die Absprachepraxis von der Selbstbezichtigung des Angeklagten. Nur wenn dieser sich selbst belastet, kann er in den Genuß der zu erwartenden Vergünstigungen kommen[236]. Der *nemo tenetur*-Grundsatz verbietet aber nicht dem *Angeklagten*, an seiner eigenen Überführung mitzuwirken, sondern er wendet sich an die staatlichen Strafverfolgungsorgane und verbietet diesen, den Angeklagten zu solcher Mitwirkung zu zwingen. Die Subjektsstellung des Angeklagten im Verfahren erfordert es, seine Willensentschließungs- und Willensbetätigungsfreiheit nicht nur vor staatlichen Übergriffen zu schützen, sondern sie auch - positiv - anzuerkennen[237]. Nicht jedes Verhalten der staatlichen Stellen, das die Entscheidung des Angeklagten beeinflussen kann, ist daher unzulässig, sondern nur solches Verhalten, welches dem Angeklagten durch Zwang oder List die Möglichkeit zur freien Entscheidung zwischen verschiedenen Handlungsalternativen nimmt.

Spezifische Grenzen sind dem staatlichen Handeln bei § 136 a StPO, der wichtigsten spezialgesetzlichen Emanation des *nemo tenetur*-Prinzips, gezogen. Die Rechtsfolge des § 136 a StPO ist drakonisch: bedienen sich die Strafverfolgungsorgane der dort genannten verbotenen Vernehmungsmethoden, so ordnet das Gesetz ein zwingendes Beweisverwertungsverbot an. Dem Angeklagten steht es dann nicht frei, über diesen Schutz zu disponieren, weil insoweit mehr als nur

---

[232]So z.B. *Dencker*, in: *Dencker/Hamm*, 54; *Nestler-Tremel*, KJ 1989, 448, 453; *Hassemer*, JuS 1989, 890, 892; *Siolek*, DRiZ 1989, 321, 327; *Seier*, JZ 1988, 683, 688; *Niemöller*, StV 1990, 34, 36; siehe auch *Rönnau*, Die Absprache im Strafprozeß, 180 ff.

[233]*Volk*, JZ 1982, 85, 91.

[234]Grundlegend v.a. auch zur Entwicklungsgeschichte *Rogall*, Der Beschuldigte als Beweismittel gegen sich selbst, ein Beitrag zur Geltung des Satzes „Nemo tenetur se ipsum prodere" im Strafprozeß, 67 ff.; vgl. auch *Verrel*, NStZ 1997, 361.

[235]BVerfGE 38, 105, 113.

[236]*Nestler-Tremel*, KJ 1989, 448, 453.

[237]Vgl. auch *Torka*, Das Nemo-tenetur-Prinzip und die Grenzen „zulässiger Verteidigung" bei der Strafzumessung nach § 46 Abs. 2 StGB, 111 ff., der den *nemo tenetur*-Grundsatz als umfassendes Selbstbegünstigungsprinzip versteht.

seine Willensentschließungsfreiheit auf dem Spiel steht. Die in § 136 a StPO verbotenen Vernehmungsmethoden berühren nämlich auch ein allgemeines Rechtsgut, die Integrität der Strafrechtspflege. Problematisch ist die Frage nach der Vereinbarkeit von Urteilsabsprachen mit § 136 a StPO auf zwei verschiedenen Ebenen: zunächst hinsichtlich des prinzipiellen Zusammenhangs zwischen ausgehandeltem Geständnis und Strafmilderung und dann hinsichtlich der Möglichkeit der Prognose einer Strafmaßobergrenze[238].

Es ist vorgebracht worden, daß schon der Hinweis auf eine Strafmilderung für ein Geständnis gegen § 136 a I 3 2. Alt. StPO verstoße[239]. Akzeptiert man aber die Begründung für die strafmildernde Wirkung eines Geständnisses auf dem Boden der doppelten Indizkonstruktion, so ist diesem Einwand der Boden entzogen. Wenn ein Geständnis im Regelfall strafmildernd wirkt, kann dies dem Angeklagten auch mitgeteilt werden. Versprochen wird ihm dann nämlich ein gesetzlich vorgesehener Vorteil. Die h.M. sieht in diesem Hinweis denn auch schon gar kein Versprechen, sondern eine bloße Belehrung, die *sub specie* § 136 a StPO unbedenklich sei[240]. An das Beharrungsvermögen des Angeklagten werden dadurch keine überspannten Anforderungen gestellt. Auch liegt in einem solchen bloßen Hinweis keine Drohung mit einer unzulässigen Maßnahme in Form einer höheren Strafe bei unkooperativem Verhalten.

Droht das Gericht allerdings mit einer höheren Strafe bei fehlender Verständigungsbereitschaft, so ist das Geständnis zwingend unverwertbar. Ein solches Vorgehen führt nicht etwa lediglich zu Zweifeln an der Glaubhaftigkeit der Einlassung[241]. Hinweis und Drohung sind auch praktisch trennbar und die Unterscheidung ist nicht nur akademischer Natur. Insbesondere ist die Drohung nicht die automatische Kehrseite des Hinweises auf die strafmildernde Wirkung des Geständnisses. Der Satz, „ein Geständnis würden wir sicherlich strafmildernd berücksichtigen, vielleicht ließe sich dann auch an eine Aussetzung zur Bewährung denken“, unterscheidet sich in der psychologischen Wirkung auf den Angeklagten deutlich von einer Aussage in der Art, „wenn Sie nicht gestehen, müssen Sie mit einer Freiheitsstrafe rechnen, die nicht mehr zur Bewährung ausgesetzt werden kann“.

Schwieriger zu beantworten ist aber die Frage nach der Vereinbarkeit von Strafmaßprognosen mit § 136 a StPO, denn um das richtige Verständnis der Tatbestandsmerkmale des § 136 a StPO wird heftig gestritten. Nach der wohl h.M.

---

[238] *Schünemann*, Gutachten, B 110.

[239] Vgl. *Rönnau*, Die Absprache im Strafprozeß, 195.

[240] *Beulke*, Strafprozeßrecht, Rz. 140; a.A. *Eisenberg*, Beweisrecht der StPO, Rz. 185.

[241] So aber anscheinend BGH, NStZ 1999, 92, 94; hierzu ablehnend: *Weigend*, NStZ 1999, 57, 62.

ist als „Versprechen" i.S.v. § 136 a StPO nur eine mit vertragsähnlicher Bindungswirkung abgegebene Zusage anzusehen[242], während nach a.A. bereits das Inaussichtstellen ungesetzlicher Vorteile eine unzulässige Vernehmungsmethode darstellt[243]. *Schünemann* hat aber erkannt, daß das bindende Versprechen eines gesetzeswidrigen Vorteils schon begrifflich nicht möglich ist[244], da die Rechtswidrigkeit der Zusage dann einer Bindung gerade entgegenstehen muß. Die h.M. ist daher zumindest einem begrifflichen Trugschluß erlegen. Richtiger ist daher eine Unterscheidung nach endgültiger und vorläufiger Zusage, respektive nach dem für den Angeklagten erkennbaren Bindungs*willen* des Gerichts.

Auch das Tatbestandsmerkmal des „gesetzlich nicht vorgesehenen Vorteils" ist unterschiedlich ausgelegt worden. Während einerseits vertreten wird, daß überhaupt kein Vorteil als Gegenleistung für eine Aussage oder einen bestimmten Aussageinhalt angeboten werden dürfe[245], ist die Gegenansicht der Auffassung, daß ein Vorteil dann gesetzlich nicht vorgesehen ist, wenn er nach dem Gesetz nicht oder jedenfalls nicht in dem konkreten Fall hätte gewährt werden dürfen[246]. Die erste Meinung muß konsequenterweise schon den allgemeinen Hinweis auf ein strafmilderndes Geständnis für unzulässig halten und kann diesen dann nur dadurch rechtfertigen, daß es in einem solchen Hinweis kein „Versprechen" sieht. Die zweite Meinung läuft auf eine Prüfung der Schuldangemessenheit der in Aussicht gestellten Strafe oder der Konnexität von Prognose und Geständnis hinaus.

Zu einer ausgewogenen Interpretation des § 136 a StPO kann man nur kommen, wenn man sich von seiner Funktion leiten läßt: dem Schutz der Willensentschließungs- und Willensbetätigungsfreiheit. Diese ist beeinträchtigt, wenn das Gericht mit für den Angeklagten erkennbarem Bindungs*willen* und damit mit vermeintlicher Endgültigkeit einen Vorteil verspricht, der in keiner kausalen Beziehung zur Ablegung eines Geständnisses steht oder einen solchen, den es, obwohl grundsätzliche Konnexität zwischen Aussageverhalten und Gewährung des Vorteils besteht, zum Zeitpunkt des Versprechens nicht rechtssicher versprechen kann[247]. Vor Schuldspruchreife lassen sich aber nun weder eine be-

---

242 *Kleinknecht/Meyer-Goßner*, § 136 a, Rz. 23; KK-*Bujong*, § 136 a, Rz. 32; SK-*Rogall*, § 136 a, Rz. 65.; BGHSt 14, 189, 191.

243 LR-*Hanack*, § 136 a, Rz. 50; *Schünemann*, Gutachten, B 99 f.; *Gerlach*, Absprachen im Strafverfahren, 75; *Grünwald*, NJW 1960, 1941.

244 *Schünemann*, Gutachten, B 99.

245 KK-*Bujong*, § 136 a, Rz. 32; *Eb. Schmidt*, Lehrkommentar II, § 136 a, Rz. 18.

246 LR-*Hanack*, § 136 a, Rz. 52; SK-*Rogall*, § 136 a, Rz. 65; *Füllkrug*, MDR 1989, 119 f.; *Gerlach*, Absprachen im Strafverfahren, 77.

247 In diesen Fällen ist zudem wohl auch die Täuschungsalternative des § 136 a StPO verwirklicht.

stimmte Strafobergrenze, noch ein genaues Strafmaß rechtssicher bestimmen, auch wenn man die grundsätzliche Kausalbeziehung zwischen Geständnis und Strafmilderung bejaht, da dem § 261 StPO und der Amtsermittlungsgrundsatz entgegenstehen. Mithin sind beide Vorteile in diesen Fällen nicht gesetzlich vorgesehen. So vertritt denn auch ein Teil der Lehre den Standpunkt, daß beide Arten der Prognose § 136 a StPO verletzen[248].

Will man die Rechtsprechung des BGH rechtfertigen, so kann dies nur auf der Ebene des „Versprechens" geschehen. Auf dieser Ebene bietet sich allerdings kein Differenzierungspotential für eine Unterscheidung zwischen präziser Strafhöhenprognose und Strafobergrenzenprognose. Jede mit dem für den Beschuldigten erkennbaren Willen endgültiger Bindung abgegebene Prognose vor Schuldspruchreife verstößt daher gegen § 136 a StPO. Zulässig sind Prognosen also nur dann, wenn ihre Vorläufigkeit eindeutig klargestellt wird[249]. Andererseits folgt die vom BGH angenommene Unzulässigkeit einer präziseren Prognose, insbesondere auch einer Strafrahmenangabe, nicht schon zwingend aus § 136 a StPO. Auch eine numerisch bestimmte Strafe kann mit der gebotenen Vorläufigkeit in Aussicht gestellt werden. Durch die notwendige Klarstellung ihrer Vorläufigkeit wird sie allerdings zur „*Circa*-Strafe". Eine absolut punktgenaue Prognose scheitert an der Unmöglichkeit der vollständigen Antizipation des Geständnisinhalts und des Verlaufes möglicherweise noch nötiger weiterer Ermittlungen[250]. „Punktgenauigkeit" und Vorläufigkeit schließen sich mithin gegenseitig zwingend aus, eine numerisch bestimmte „*Circa*-Strafe" kann jedoch mit der erforderlichen Vorläufigkeit angegeben werden.

Der „Mittelweg" des BGH, nur eine Strafmaßobergrenzenprognose zu erlauben, nicht jedoch auch die Angabe eines Strafrahmens oder einer „*Circa*-Strafe", ist somit unter dem Gesichtspunkt des § 136 a StPO nicht erforderlich[251]. Entscheidend ist der erkennbare Bindungswille des Gerichts, nicht die Art der Prognose. Die ablehnende Haltung des BGH gegenüber der Prognose einer „*Circa*-Strafe" ist aber aus einem anderen Grund gerechtfertigt. Die vom BGH mit Recht befürwortete Bindungswirkung einer rechtmäßigen Absprache läßt sich revisionsrechtlich nur kontrollieren, wenn in der Absprache eine absolute Obergrenze festgelegt ist, die das Gericht nicht überschreiten darf. Die Angabe einer „*Circa*-Strafe" würde dazu führen, daß das Revisionsgericht sich nicht nur mit

---

[248] *Schlüchter*, FS Spendel, 754.

[249] Vgl. *Strate*, NStZ 1989, 439.

[250] *Schünemann*, Gutachten, B 113; *Janke*, Verständigung und Absprachen im Strafverfahren, 196 f.

[251] So auch *Kintzi*, FS Hanack, 182.

der Frage der Bindung an sich, sondern auch - und vor allem - mit dem Problem der zulässigen Varianz vom angegebenen „*Circa*-Wert" befassen müßte.

Allerdings kann § 136 a StPO auf andere Weise verletzt werden, so vor allem, wenn dem Angeklagten nicht bloß die strafmildernde Berücksichtigung seines Geständnisses versprochen wird, sondern noch weitere Vergünstigungen, die nicht in der Kompetenz des Gerichts liegen, wie z.B. die Modalitäten der Strafvollstreckung.

Festzuhalten bleibt, daß weder der Hinweis auf die allgemein strafmildernde Wirkung des Geständnisses, noch die Inaussichtstellung einer Strafobergrenze, eines Strafrahmens oder einer „*Circa*-Strafe" gegen § 136 a StPO verstoßen, wenn sie mit dem für den Angeklagten klar erkennbaren Vorbehalt ihrer Vorläufigkeit und Unverbindlichkeit versehen sind[252]. Mit erkennbarem endgültigem Bindungswillen abgegebene Prognosen zur Strafhöhe sind hingegen unabhängig von ihrer genauen inhaltlichen Ausgestaltung stets unzulässig und führen zwingend zur Unverwertbarkeit des auf sie hin abgegebenen Geständnisses[253].

(2) DIE BEWEISKRAFT DES GESTÄNDNISSES

Das Geständnis des Angeklagten entbindet das Gericht nicht von seiner Pflicht, die materielle Wahrheit zu ermitteln. Das ist ganz allgemeine Meinung[254] und ergibt sich schon aus § 244 II StPO. Der Angeklagte kann mithin nicht mittels eines Geständnisses über Stattfinden und Umfang der Beweisaufnahme verfügen. Doch auch als Beweismittel ist das Geständnis des Angeklagten vom BGH zumindest *de facto* mit gesteigertem Gewicht versehen[255] und, wie manche sagen, in die Nähe des anglo-amerikanischen *guilty plea* gerückt worden[256]. Daß ein Angeklagter den Anklagevorwurf nur pauschal und aufgrund einer Absprache einräume, muß, nach Ansicht der Rechtsprechung, das Gericht nicht daran hindern, dem Geständnis Glauben zu schenken und Feststellungen darauf zu

---

[252]So auch *Janke*, Verständigung und Absprachen im Strafverfahren, 198; *Krüger*, DRiZ 1989, 150; *Kintzi*, DRiZ 1992, 250.

[253]So auch SK-*Schlüchter*, Vor § 213, Rz. 48; *Rössner/Engelking*, JuS 1991, 664, 668.

[254]BGHSt 43, 195, 204; BVerGE 57, 250, 275; *Kleinknecht/Meyer-Goßner*, Einl., Rz. 119 e; *Schlüchter*, FS Spendel, 748 ff.

[255]Vgl. nur BGH, NStZ 1999, 92 = StV 1999, 410; BGHSt 43, 195, 207 ff.; auch *Herrmann*, JuS 1999, 1162, 1164, der feststellt, dieses Urteil habe „auf drastische Weise vor Augen geführt, in welchem Maße die Wahrheitserforschungspflicht nach einem abgesprochenen Geständnis zurücktreten kann"; zu Möglichkeiten größerer Autonomie des Angeklagten hinsichtlich des Umfangs der Wahrheitserforschung vgl. auch *Eser*, ZStW 104 (1992), 361, 396.

[256]*Weigend*, NStZ 1999, 57, 63; *Rönnau*, wistra 1998, 49, 53.

gründen[257]. Auch für ein Geständnis gelte der Grundsatz der freien richterlichen Beweiswürdigung.

Es ist aber in der Literatur äußerst umstritten, wann sich das Gericht mit einem ausgehandelten Geständnis zufrieden geben und allein auf seiner Grundlage die für eine Verurteilung erforderliche Überzeugung gewinnen darf. Entscheidend sind letztlich die Glaubhaftigkeit des Geständnisses und seine rein tatsächliche Eignung, die Sachlage zu klären. Hier wird oft nach „schlanken" und qualifizierten Geständnissen differenziert[258].

Der BGH und die Praktiker in der Literatur halten auch „schlanke" Geständnisse, also solche, die den Tathergang so knapp wie möglich schildern und nicht selten vom Verteidiger vorformuliert sind, für eine ausreichende Verurteilungsgrundlage, wenn „nach Lage der Akten" und aus dem „Kontext des Ermittlungsergebnisses" davon ausgegangen werden könne, daß das Geständnis zutreffend sei[259]. Gleiches soll gelten für solche Geständnisse, welche nicht selbst den Tathergang darlegen, sondern sich auf ein Anerkennen des in der Anklageschrift geschilderten Sachverhalts beschränken. Die Rechtsprechung pflegt sich nur dort nicht mit einem Geständnis zufriedenzugeben, wo Anhaltspunkte für dessen Unrichtigkeit bestehen[260]. Daraus hat *Schmidt-Hieber* geschlossen, daß das Gericht „im Normalfalle" seiner Aufklärungspflicht nachkomme, wenn es sich mit dem Geständnis begnüge[261] und BGH, NStZ 1999, 92 scheint diese Sicht zu stützen. Aus der Rechtswissenschaft sind jedoch immer wieder Bedenken gegen diese Praxis vorgetragen worden[262]. Ihr ist vor allem *Schünemann* entgegengetreten. Ein ausgehandeltes Geständnis könne nur ausnahmsweise - bei besonderen inhaltlichen Qualitäten - eine weitere Beweisaufnahme erübrigen, nämlich wenn es „den Tatvorgang so vollständig, anschaulich und intrasystematisch kontrollierbar" schildere, daß es „aus sich selbst heraus" Gewißheit zu erzeugen vermöge[263]. Im „Normalfall" sei der Beweiswert des auf eine Absprache

---

[257]BGH, NStZ 1999, 92 = StV 1999, 410.

[258]*Fezer*, Strafprozeßrecht, 293, Rz. 11; *Schlüchter*, FS Spendel, 748 ff.

[259]BGH, NStZ 1999, 92 = StV 1999, 410; *Schmidt-Hieber*, FS Wassermann, 1003 ff.; *Widmaier*, Verhandlungen, L36; *Schäfer*, Verhandlungen, L 55; *Dahs*, NStZ 1988, 154; *Landau/Eschelbach*, NJW 1999, 321, 324; so auch *Janke*, Verständigung und Absprachen im Strafverfahren, 105 ff.

[260]Vgl. KK-*Herdegen*, § 244, Rz. 1, 20; LR-*Gollwitzer*, § 244, Rz. 68.

[261]*Schmidt-Hieber*, Verständigung im Strafverfahren, 83.

[262]Dieser Streit ist entgegen der Ansicht von *Eser*, ZStW 104, 361, 389, nicht eine Kontroverse allein um Formulierungen. Im Kern ist streitig, ob ein „Aktenanerkenntnis" als Verurteilungsgrundlage ausreicht oder nicht.

[263]*Schünemann*, Gutachten, B 82.

folgenden Geständnisses durch die Kontaktaufnahme „im vorhinein ruiniert“[264]. Nach *Siolek* mache der Abgleich von Akteninhalt und Geständnis das Ermittlungsverfahren und nicht die Hauptverhandlung zur Urteilgrundlage und perpetuiere damit dessen Fehler[265]; außerdem wird vorgetragen, die Rechtsprechung sitze einem „Zirkelschluß“ auf, wenn sie den Akteninhalt sowohl als Beleg für die Richtigkeit des Geständnisses als auch als Grundlage seiner inhaltlichen Ausgestaltung heranziehe[266]. Das ist so zu apodiktisch, und der Streit um den „Normalfall“ ist ein bloßer Streit um Worte. Vielmehr kommt es auf den Einzelfall an. Der BGH benennt sechs Faktoren, welche die Pflicht zur weiteren Aufklärung über die Wahrheit des Geständnisses beeinflussen[267]: den Inhalt des Geständnisses, die Beschaffenheit des Anklagevorwurfs, die Art und Weise, wie das Geständnis zustande gekommen ist, das Verfahrensstadium, die Beweislage und die sonstigen, für seine Beurteilung möglicherweise bedeutsamen Begleitumstände.

(a) Der Inhalt des Geständnisses

Der Inhalt des Geständnisses bestimmt maßgeblich seine Eignung, die alleinige Urteilsgrundlage zu bilden. *Schünemanns* Forderung nach Vollständigkeit und Anschaulichkeit des Geständnisses ist daher zu unterstützen. Nur das vollständige Geständnis, welches den Tathergang und die Beteiligung des Angeklagten daran anschaulich schildert, vermag die für die Schuldfeststellung und Strafzumessung notwendigen Tatsachen zu liefern. Die Forderung nach „intrasystematischer Kontrollierbarkeit“ ist jedoch überzogen, der Vorwurf des Zirkelschlusses verfehlt. Auch die kurze Bezugnahme auf den Anklagesatz vermag nämlich dem Geständnis zur notwendigen Vollständigkeit zu verhelfen. Wenn ein Geständnis den von der StA ermittelten Tathergang als zutreffend anerkennt, ist es eine Frage der Präzision und Genauigkeit der Sachverhaltsdarstellung durch die StA, ob das Geständnis zu überzeugen vermag, d.h. ob es vollständig und anschaulich ist, oder ob sich eine Fortsetzung der Beweisaufnahme aufdrängt. Der BGH fordert insoweit, daß die im Anklagesatz enthaltene Tatschilderung konkret genug sein muß, um durch einfache Bejahung bestätigt werden zu können[268].

Mündlichkeits-, Öffentlichkeits- und Unmittelbarkeitsprinzip verbieten es allerdings, schlicht auf die Ermittlungsakten zu verweisen. Der vom Gericht dem Urteil zugrunde gelegte Sachverhalt muß aus Tatsachen bestehen, die in der

---

[264] *Schünemann*, Gutachten, B 83.

[265] *Siolek*, Verständigung in der Hauptverhandlung, 116 f.

[266] *Schünemann*, Verhandlungen, L 97.

[267] BGH, NStZ 1999, 92, 93 f.

[268] BGH, NStZ 1999, 92, 93.

Hauptverhandlung vorgetragen worden sind. Anders formuliert: das „ja, so war es“ des Angeklagten ist nur dann als Grundlage der Verurteilung ausreichend, wenn auch der in der Hauptverhandlung sitzenden Öffentlichkeit hierdurch klar wird, welchen genauen Sachverhalt und Tathergang der Angeklagte mit diesen dürren Worten anerkennt, d.h., wenn die anerkannten Tatsachen schon vorher zum Inbegriff der Hauptverhandlung gemacht worden waren. Es kommt also entscheidend darauf an, daß der Sitzungsvertreter der StA sich nicht mit dem absoluten Minimum des nach § 200 I StPO für den Anklagesatz Erforderlichen begnügt, sondern beim Vortrag des wesentlichen Ergebnisses der Ermittlungen, § 200 II StPO, in ausreichender Genauigkeit den Tathergang schildert. Ist eine hinreichend präzise Sachverhaltsschilderung dergestalt in die Hauptverhandlung eingeführt worden, kommt es auf den Umfang des Geständnisses als solchen nicht an. Dann kann auch ein schlichtes Anerkennen des Anklagesatzes ausreichen. Ein „schlankes Geständnis“, mittels dessen nicht alle subsumtionsrelevanten Tatsachen zum Gegenstand der Hauptverhandlung werden, ist demgegenüber nicht ausreichend.

Mit der ganz h.M. ist allerdings auch zu fordern, daß ein Geständnis immer schon dann nicht als alleinige Verurteilungsbasis herangezogen werden darf, wenn es den Anklagevorwurf in irgendeiner Form modifiziert. Die Divergenz zwischen den dann im Raume stehenden Sachverhaltsalternativen begründet nämlich in diesem Fall schon aus sich selbst heraus Zweifel. Diese können nur durch eine - möglicherweise nur noch kurze - Weiterführung der Beweisaufnahme ausgeräumt werden[269].

(b) Die Beschaffenheit des Anklagevorwurfs

Der Anklagevorwurf muß der vollständigen Aufklärung durch Angaben des Täters fähig sein. Ein Geständnis vermag z.B. die Beweisaufnahme über Tatsachen, die der Angeklagte nicht wahrgenommen haben kann, nicht zu ersetzen. Der BGH spricht hier von dem Erfordernis, daß der Anklagesatz nichts enthalten dürfe, was der Kenntnis des Angeklagten verschlossen ist[270]. Dies ist z.B. im Falle des Vorwurfes, einen Betrug begangen zu haben, der Fall, da der Täter zum Irrtum des Tatopfers und regelmäßig auch zum Schadensumfang keine sicheren Angaben machen kann[271]. Die Notwendigkeit der weiteren Sachverhaltsermittlung folgt dann zwingend aus der Pflicht des Gerichts, sämtliche

---

[269]*Schlüchter*, FS Spendel, 740.

[270]BGH, NStZ 1999, 92, 93 = StV 1999, 410; *Schlüchter*, FS Spendel, 749; *Rex*, DRiZ 1991, 31f; *Schünemann*, NJW 1989, 1895, 1898.

[271]Vgl. *Rex*, DRiZ 1991, 31, 32; *Schünemann*, NJW 1989, 1895, 1898; *Schlüchter*, FS Spendel, 749.

entscheidungsrelevanten Tatsachen aufzuklären[272]. Die bezüglich dieser Tatsachen erforderlichen Feststellungen muß das Gericht mittels anderer Beweismittel treffen.

(c) Die Art und Weise des Zustandekommens des Geständnisses

Während die ersten beiden Kategorien die grundsätzliche Eignung eines Geständnisses zur abschließenden Klärung des Tatvorwurfes betreffen, hat die Art und Weise des Zustandekommens wesentliche Auswirkung auf die Glaubhaftigkeit des Geständnisses. Hier wird z.T. behauptet, daß schon die bloße Tatsache, daß eine Absprache stattgefunden habe, eine Nachforschungspflicht begründe[273]. Dem kann so nicht gefolgt werden[274]. Das Herbeiführen einer konsensualen Verfahrenserledigung „vergiftet" den Beweiswert eines Geständnisses nicht automatisch. Die strafmildernde Wirkung eines Geständnisses, die potentiell geeignet ist, Falschgeständnisse hervorzurufen, existiert unabhängig vom Vorliegen einer Absprache. Die Präzisierung des Strafnachlasses im Rahmen einer Absprache erhöht diese Gefahr nicht wesentlich. Der Richter hat allerdings - aber auch das gilt für alle Geständnisse - auf andere Faktoren zu achten. Hinweise auf die Notwendigkeit weiterer Beweiserhebung mag z.B. das Verhalten des Verteidigers geben. Scheint dieser seinen Mandanten zur Geständnisablegung zu drängen oder trägt der Angeklagte eine ersichtlich dank anwaltlicher Hilfestellung geglättete Schilderung des Tathergangs vor, besteht sicherlich weiterer Aufklärungsbedarf. Für das Anerkennen des Anklagesatzes gelten diese Bedenken jedoch im allgemeinen nicht.

Auch ein zu sehr auf eine Absprache drängendes Verhalten der StA oder des Gerichts vermag den Beweiswert des Geständnisses zu trüben. Der vom BGH für diese Situation angeführte Fall, daß dem Angeklagten eine höhere Strafe angedroht und eine Haftbefehlsaufhebung versprochen wird, um ihn zu einem Geständnis zu bewegen[275], führt allerdings nach richtiger Ansicht nicht nur zu Zweifeln an der Glaubhaftigkeit des Geständnissses, sondern schlicht zu dessen Unverwertbarkeit nach § 136 a StPO[276]. Jedenfalls muß sich das Gericht bei der

---

[272]*Schlüchter*, FS Spendel, 740.

[273]*Rönnau*, Die Absprache im Strafprozeß, 150; *Schünemann*, Gutachten, B 82.

[274]So auch: *Tscherwinka*, Absprachen im Strafprozeß, 164; *Janke*, Verständigung und Absprachen im Strafverfahren, 108; *Gerlach*, Absprachen im Strafprozeß, 62; wohl auch *Braun*, Die Absprache im deutschen Strafverfahren, 51.

[275]BGH, NStZ 1999, 92, 94.

[276]Siehe hierzu schon oben 5. Teil, A, I, 2, c, (1), (b); *Weigend*, NStZ 1999, 57, 62.

Beantwortung der Frage, ob es sich mit dem Geständnis zufriedengeben will, immer auch kritisch mit dessen Genese befassen.

(d) Das Verfahrensstadium

Je früher in der Beweisaufnahme das Geständnis abgelegt wird, desto eher ist es notwendig, noch weitere Beweise zu erheben, um die Glaubhaftigkeit des Geständnisses zu prüfen. Hat das Gericht schon andere Beweise erhoben, erlaubt die damit breitere Beurteilungsbasis eher eine Evaluation des Geständnisses, als wenn es als einziges Beweismittel im Raum steht und nur durch seine eigene Kohärenz, Vollständigkeit und Anschaulichkeit zu überzeugen vermag. Wenn aber weder die Genese des Geständnisses, noch seine inhaltliche Ausgestaltung Zweifel an seiner Richtigkeit begründen, kann auch ein zu Beginn, ja sogar vor der Beweisaufnahme i.e.S. abgegebenes Geständnis, als alleinige Urteilsgrundlage ausreichen.

(e) Die Beweislage

Auch die Beweislage soll nach Ansicht des BGH Einfluß auf die Glaubwürdigkeit des Geständnisses haben. Doch ist dies keine geeignete - oder jedenfalls keine eigene - Kategorie. Die Beweise müssen in den Prozeß eingeführt und zum Gegenstand der Hauptverhandlung gemacht werden, vorher kann man nicht wirklich von Beweisen sprechen. Sind sie aber dergestalt zu Kenntnis des Gerichts gekommen, dann korreliert die Kategorie der „Beweislage“ mit der des Verfahrensstadiums. Insoweit gilt das oben hierzu Gesagte.

(f) Sonstige für die Beurteilung möglicherweise bedeutsame Umstände

In diese Kategorie fällt z.B. die in BGH, NStZ 1999, 92 aufgeführte Reaktion des Tatopfers auf die Ablegung des Geständnisses. Auch die Art und Weise, in der der Angeklagte das Geständnis vorbringt, mag Hinweise auf seine Glaubwürdigkeit geben. Ringt er um die Wahrheit und bemüht er sich um umfassende Sachverhaltsdarstellung, so kann dies die Glaubhaftigkeit des Geständnisses unterstützen. Ob diese sekundären Faktoren allerdings immer geeignet sind, den Wahrheitsgehalt des Geständnisses zu untermauern, ist zwar fraglich, zur Unterstützung der Feststellung der Glaubwürdigkeit eines Geständnisses, welches den übrigen Anforderungen entspricht, mag man sie aber durchaus heranziehen.

Es ist mithin immer eine Frage des Einzelfalles, ob ein Geständnis hinreichende Grundlage der tatrichterlichen Überzeugung von der Schuld des Angeklagten sein kann. In diesem Grundansatz ist dem BGH zu folgen. Auch die von ihm aufgestellten Kriterien zur Notwendigkeit weiterer Sachverhaltserforschung sind zutreffend. Das eigentliche Problem liegt in der Kontrollierbarkeit der Einhaltung dieser Vorgaben. Problematisch ist hier insbesondere die Frage, inwieweit das Tatgericht auch in den Urteilsgründen eine Glaubwürdigkeitsprüfung vornehmen und dort seine angestellten Überlegungen und Abwägungen offenlegen muß oder ob es mit einem Hinweis auf die tatrichterliche Überzeugung von der Richtigkeit des Geständnisses sein Bewenden haben kann. Dies sind Fragen der Revisibilität. Ob die Anforderungen des BGH an die Darstellung der Prüfung der Glaubwürdigkeit durch das erkennende Gericht nicht im Einzelfall dem Revisonsgericht die Möglichkeit einer effektiven Kontrolle der Aufklärungspflicht und damit eine wirksame Mißbrauchskontrolle der Absprachepraxis i.E. abschneiden, wird daher noch in diesem Rahmen zu prüfen sein[277].

d) Unschuldsvermutung

Bei Absprachen gehen die Beteiligten von der Schuld des Täters aus. Glaubten sie nämlich an die Unschuld des Täters, so wäre jede zu einer Verurteilung führende Absprache eine - wie *Dencker* es zutreffend nennt - schlicht „sittenwidrige Zumutung“[278]. Insoweit wird behauptet, daß dem Eintritt in die Abspracheverhandlungen immer dann eine Umkehrung der Unschuldsvermutung zugrunde läge, wenn sie vor „Schuldspruchreife“ stattfänden[279]. Absprachen sind nun aber nur dann sinnvoll, wenn sie vor Abschluß der Beweisaufnahme, eben zu deren Verkürzung, mithin vor „Schuldspruchreife“ erfolgen. Es wird nun vertreten, daß diese Umkehrung der Unschuldsvermutung unschädlich sei, solange nicht das Gericht die Verständigung initiiere[280], außerdem wird über die Verzichtbarkeit des Schutzes durch die Unschuldsvermutung spekuliert[281].

Der sachliche Gehalt der Unschuldsvermutung ist aber im einzelnen wenig geklärt[282], und es ist eine unzulässige Vereinfachung, die Gleichung aufzustellen, weil man bei der Absprache von der Schuld des Angeklagten ausgehe, sei die

---

[277] Siehe hierzu unten 7. Teil, A, II, b, (2), (a).

[278] *Dencker*, in *Dencker/Hamm*, 94.

[279] KK-*Pfeiffer*, Einl., Rz. 29 f.; *Nestler-Tremel*, KJ 1989, 448, 453; *Weigend*, JZ 1990, 774, 777.

[280] *Schünemann*, Gutachten, B 98; a.A. *Siolek*, DRiZ 1989, 321; *Fezer*, Strafprozeßrecht, 294, Rz. 15.

[281] So *Gerlach*, Absprachen im Strafverfahren, 65 ff.; a.A. *Siolek*, Verständigung in der Hauptverhandlung, 129 ff.; *Fezer*, Strafprozeßrecht, 294, Rz. 15.

[282] *Kühl*, Unschuldsvermutung, 153, 172; *Meyer*, FS Tröndle, 61, 74; vgl. auch die Folgerungen von *Stuckenberg*, Untersuchungen zur Unschuldsvermutung, 530 ff.

Unschuldsvermutung verletzt[283]. Die Vertreter dieser These gehen von einem zu oberflächlichen Verständnis der aus Art. 6 II EMRK und aus dem Rechtstaatsprinzip fließenden Unschuldsvermutung aus. Ähnlich wie den *nemo tenetur*- Grundsatz, darf man auch diese Prozeßmaxime nicht mit einem Anspruch beladen, den sie schon im Normalverfahren nicht hat, bei konsensualer Verfahrenserledigung dann aber erst recht nicht haben kann. Die Unschuldsvermutung verlangt nicht, daß die Verfahrensbeteiligten bis zum forensischen Beweis der Schuld an die Unschuld des Angeklagten i.S. einer inneren Überzeugung *glauben* müssen. Ganz im Gegenteil wird der Sitzungsvertreter der StA von der Schuld des Angeklagten überzeugt sein, würde er doch sonst nicht Anklage erheben; und auch das Gericht hat durch den Eröffnungsbeschluß zu erkennen gegeben, daß es einen hinreichenden Tatverdacht gegen den Angeklagten sieht[284]. Auch postuliert die Unschuldsvermutung nicht, daß der Angeklagte in allem wie ein *sicher* Unschuldiger zu behandeln sei, denn sonst wäre die Untersuchungshaft oder strafprozessuale Zwangsmaßnahmen nicht zu rechtfertigen[285]. Die Unschuldsvermutung ist vielmehr Beweislastregel und Konkretisierung des verfassungsrechtlichen Übermaßverbotes[286]. Sie verbürgt, daß der Staat den Nachweis der Schuld zu erbringen hat, nicht der Angeklagte den seiner Unschuld und daß dem Angeklagten, also dem der Tat Verdächtigen, keine Maßnahmen zugemutet werden dürfen, die ihm, wenn er unschuldig ist, schlechterdings nicht auferlegt werden dürften. Absprachen beeinträchtigen den Beweislastaspekt der Unschuldsvermutung nicht. Die Last des Nachweises bleibt beim Staat, jedoch kann der Angeklagte durch sein Geständnis dem Gericht diese Aufgabe (sehr) erleichtern. Ihm diese Möglichkeit zu nehmen, wird wohl von niemandem gefordert[287].

Die andere Funktion der Unschuldsvermutung bedarf allerdings näherer Betrachtung. Wird dem Angeklagten durch die Initiierung einer Absprache etwas zugemutet, was einem Unschuldigen nicht zumutbar wäre? Geht die Abspracheinitiative von ihm selbst aus, so ist diese Frage sicher zu verneinen. Dies

---

[283]So aber i.E. *Hassemer*, JuS 1989, 890, 892; *Dencker*, in: *Dencker/Hamm*, 53, 56.

[284]*Rönnau*, Die Absprache im Strafprozeß, 173.

[285]*Roxin*, Strafverfahrensrecht, 60; *Kleinknecht/Meyer-Goßner*, Art. 6 EMRK, Rz. 14.

[286]*Rönnau*, Die Absprache im Strafprozeß, 173f; *Roxin*, Strafverfahrensrecht, 60, *Krauß*, in: *Müller/Dietz*, Strafrechtsdogmatik und Kriminalpolitik, 153, 173; *Moos*, Geständnis, 221.

[287]Grenze ist nur die Freiwilligkeit der Selbstbelastung, um diese zu schützen bedarf es aber keines gänzlichen Mitwirkungsverbotes, sie wird vielmehr durch den *nemo tenetur*-Grundsatz und seine spezialgesetzlichen Verbürgungen gewährleistet; vgl. hierzu aber die sehr interessanten Ausführungen von *Gerlach*, FS Hanack, 117 ff., zur Entwicklung des Schutzes der Aussagefreiheit, der auf das im 19. Jhd. z.T. bestehende Aussageverbot für den Angeklagten hinweist.

folgt nicht aus einer eventuellen Verzichtbarkeit des Schutzes durch die Unschuldsvermutung, sondern aus der Tatsache, daß dem Angeklagten in diesem Fall schon gar nichts „zugemutet" wird. Der Staat wird hier gar nicht tätig.

Problematischer ist es allerdings, wenn die Initiative vom StA oder sogar vom Gericht ausgeht. Auch hier ist, wie schon bei § 136 a StPO, entscheidend, daß die Vorläufigkeit aller Bewertungen vom Gericht klargestellt und daß der Angeklagte nicht zur Mitwirkung an einer Absprache gedrängt wird[288]. Erkennt man die Möglichkeit konsensualer Erledigung grundsätzlich an, so ist es geradezu ein Gebot der gerichtlichen Fürsorgepflicht, den Angeklagten in geeigneten Fällen auf diese Möglichkeit hinzuweisen und ihm eine Erledigung des Verfahrens nach diesem Modell anzubieten, gibt sie ihm doch die Möglichkeit, seine Subjektstellung im Verfahren aktiv zu nutzen und dadurch ein beschleunigtes Verfahren und u.U. eine mildere Strafe zu erreichen. Die Beteiligung des Richters an den Absprachen erfordert jedoch eine straffe und effektive Mißbrauchskontrolle auch unter dem Gesichtspunkt der Verletzung der Unschuldsvermutung. Geeignetes Instrument hierzu ist die Möglichkeit der Richterablehnung wegen Befangenheit[289].

3. Zwischenergebnis

Die vom BGH entwickelten Grundsätze schaffen eine im wesentlichen tragfähige dogmatische Grundlage für Absprachen[290]. Doch ist der Grat des zulässigen Verhaltens oft schmal. *In praxi* laufen Absprachen daher ständig Gefahr, Rechtspositionen des Angeklagten oder der Allgemeinheit zu verletzen. Diese Gratwanderung ist rechtstaatlich nur hinnehmbar, wenn die Rechtsordnung auch Instrumente bereithält, mittels derer sich die aus dem Abgleiten in die Rechtswidrigkeit entstehenden Schäden beheben oder jedenfalls eindämmen lassen. Das bloße Vertrauen auf die Professionalität der Akteure und ihren guten Willen kann hier nicht ausreichen[291]. Die Grundsatzentscheidung BGHSt 43, 195 läßt leider keine ausreichende Auseinandersetzung mit den Mißbrauchsgefahren der nun mit dem Mantel der Legalität versehenen Absprachekultur erkennen. Insbesondere

---

[288] A.A. *Schünemann*, Gutachten, B 96, der ausführt: „Durch die Initiierung einer auf Ablegung eines Geständnisses im Austausch gegen Strafmilderung gerichteten Absprache, die nur für den Schuldigen einen Sinn macht, gibt der Richter infolgedessen zu erkennen, daß er den Angeklagten für schuldig hält und die Prämisse der Schuld zur Richtschnur seines prozessualen Vorgehens macht - gleichgültig, mit welchen verhüllenden Redewendungen diese tatsächlich wirksame Verhaltenmaxime nach außen drapiert wird".

[289] Hierzu siehe unten 7. Teil, A, I, 3.

[290] So auch *Kintzi*, JR 1998, 249.

[291] Siehe aber *Dahs*, NStZ 1988, 398, 159.

die Ausführungen zum Ermittlungsgrundsatz, zur Unzulässigkeit einer präzisen Strafmaßprognose, zum Öffentlichkeitsprinzip und zum Verbot der Kopplung von Geständnis und Rechtsmittelverzicht dürfen aber nicht nur Appellcharakter haben, sondern müssen einer dichten revisionsgerichtlichen Kontrolle unterworfen werden.

II. Absprachen im Bereich der §§ 153 ff. StPO

§ 152 II StPO trägt der StA auf, wegen aller verfolgbarer Straftaten einzuschreiten, sofern zureichende Anhaltspunkte vorliegen. Die Regeln über Einstellungen des Verfahrens aus Opportunitätsgründen gestatten es ihr aber, sofern sie zutreffend angewendet werden, von diesem Verfolgungszwang abzuweichen. Das, was zur Disposition der Verfahrensbeteiligten steht, muß dann auch Gegenstand einer zulässigen Vereinbarung sein können[292]. So wird denn auch § 153 a StPO selbst von den Kritikern der Absprachepraxis als ausdrücklich geregelter Rahmen für Absprachen anerkannt[293]. Außerhalb des Anwendungsbereichs der §§ 153 ff. StPO sind Absprachen zum Prozeßumfang allerdings schlicht unzulässig, da sie dann unstreitig gegen § 152 II StPO verstoßen[294]. Eine Erweiterung des gesetzlich festgelegten Anwendungsbereiches dieser Normen kann auch nicht durch das Einverständnis aller Verfahrensbeteiligten legitimiert werden[295]. Allerdings sind - jedenfalls seit den Änderungen durch das Rechtspflegeentlastungsgesetz - die §§ 153 ff. StPO sehr weit gefaßt, so daß die StA *in praxi* im Ermittlungsverfahren viel Raum für Prozeßumfangsabsprachen hat. Mit der Absprachepraxis ist entgegen der grundsätzlich geltenden Verfahrensstruktur „ein Stück Dispositionsmaxime" in den deutschen Strafprozeß eingeführt worden[296].

Wann eine quantitative Grenze für die zulässige Anwendung der Opportunitätseinstellungen überschritten wird, legt das Gesetz nicht fest. Insofern kommt nur das Willkürverbot als rechtliche Schranke in Frage[297]. Dabei handelt es sich allerdings um ein generelles Problem der Zurückdrängung des Legalitätsprinzips, nicht spezifisch um ein Problem der Absprachepraxis. Der Gesetzgeber nimmt die

---

[292] *Beulke*, Die Strafbarkeit des Verteidigers, 102; siehe auch den Hinweis auf § 153 a StPO in BGHSt 43, 195, 196.

[293] *Rönnau*, Die Absprache im Strafprozeß, 126; KK-*Schoreit*, zu § 152, Rz. 13a.

[294] *LR-Rieß*, Einl. Abschn. G, Rz. 72; *Fezer*, Strafprozeßrecht, 293, Rz. 8; *Gerlach*, Absprachen im Strafverfahren, 57 f.

[295] *Fezer*, Strafprozeßrecht, 293, Rz. 8.

[296] *Fezer*, StV 1995, 263, 264.

[297] *Eschelbach*, JA 1999, 694, 696.

extensive Einstellungspraxis jedenfalls hin, ja er fördert sie sogar durch Ausdehnung der Regeln über die Einstellung aus Opportunitätsgründen[298]. Einen scharf umrissenen Bereich, in dem das Legalitätsprinzip von den §§ 153, 153 a StPO bei gesetzeskonformer Anwendung dieser Vorschriften nicht tangiert wird, stellt nur noch die Verfolgung von Verbrechen dar, bei denen die Vorschriften schon ihrem Wortlaut nach unanwendbar sind[299].

Bei Absprachen im Bereich der §§ 153 ff. StPO sind zwei grundlegend unterschiedliche Typen zu unterscheiden. Zunächst solche Absprachen, bei denen es zu einer Beschränkung des Umfangs einer öffentlichen Hauptverhandlung kommt[300] (Prozeßumfangsabsprachen), sodann solche, bei denen alle Anschuldigungen gänzlich ohne Hauptverhandlung auf dem Einstellungs- oder Strafbefehlswege erledigt werden[301]. Diese Dichotomie wurde bisher zu wenig beachtet.

1. Beschränkung des Umfangs der Hauptverhandlung durch Absprachen

Der Tausch „Geständnis gegen Teileinstellung" ist eines der Grundmuster der Absprachepraxis[302]. §§ 154, 154 a StPO geben StA und Gericht die Möglichkeit zu teilweisem Verzicht auf Strafverfolgung, wenn die nicht verfolgten Taten, Tatteile oder Gesetzesverletzungen neben einer Bestrafung, die wegen der zur Anklage gebrachten Tat (Tatteil, Tatbestand) zu erwarten ist oder bereits verhängt wurde, nicht beträchtlich ins Gewicht fallen. Diese Regelungen tragen dem anerkannten Bedürfnis nach Verfahrensbeschleunigung und -entschlackung Rechnung[303]. Es ist rechtsstaatlich wünschenswert, daß Hauptverhandlungen nicht durch langwierige Beweiserhebungen belastet werden, die den Rechtsfolgenausspruch nicht wesentlich beeinflussen würden. Die Einstellungsmöglichkeiten nach §§ 154, 154 a StPO sind daher geradezu ein Gebot des aus dem Rechtsstaatsprinzip, Art. 20 III GG, fließenden Beschleunigungsgrundsatzes.

Allerdings hat sich § 154 StPO entgegen den Vorstellungen des historischen Gesetzgebers zu einer „Verhandlungsposition" erweitert, um - wie *Landau* etwas euphemistisch formuliert - „Möglichkeit zu erhalten oder erst zu schaffen, unter dem Gesichtspunkt der Durchsetzung des staatlichen Strafanspruchs in einem

[298] *Landau*, DRiZ 1995, 132, 133; *Tscherwinka*, Absprachen im Strafprozeß, 53.

[299] *Erb*, Legalität und Opportunität, 81.

[300] Hierzu sogleich unter 5. Teil, A, II, 1.

[301] Vgl. unten 5. Teil, A, II, 2.

[302] *Schünemann*, Gutachten, B 109.

[303] *Kleinknecht/Meyer-Goßner*, zu § 154, Rz. 1; *Volk*, Strafprozeßrecht, 97.

anderen Verfahren ein ansonsten nicht erzielbares Ergebnis zu erreichen"[304]. Klarer ausgedrückt: die Möglichkeit einer Teileinstellung wird als Lockmittel für ein Geständnis eingesetzt. Das hält *Schünemann* für unzulässig[305]. Die sekundäre Beschuldigung als Druckmittel zu nutzen, um den Beschuldigten gegenüber der primären Beschuldigung zur Kapitulation zu zwingen, habe nichts mit der gesetzgeberischen Intention bei §§ 154, 154 a StPO zu tun. Wenn der Staat schon nicht mehr gehalten wäre, im Ermittlungsverfahren wenigstens wegen einer Beschuldigung „durchzuermitteln", sondern die Befugnis besäße, „aus einem doppelten Anfangsverdacht durch eine frühzeitige Absprache eine Verurteilung zu destillieren", dann wäre die Instruktionsmaxime, § 160 II StPO, „im innersten Mark verletzt"[306]. Außerdem führe diese Absprachepraxis dazu, daß die StA, um die Verhandlungsmasse zu erhöhen, zunächst alles anklage, was an strafrechtlichen Vorwürfen überhaupt in Betracht komme, ohne in diesem Stadium schon prozeßökonomisch zu handeln[307].

Die pointierten Formulierungen *Schünemanns* täuschen darüber hinweg, daß im Fall einer Absprache „Teileinstellung gegen Geständnis" in der Hauptverhandlung weder eine Verdachtsstrafe verhängt wird, noch sonderlich starker Druck auf den Angeklagten ausgeübt wird. Seine Bedenken tragen nur, wenn man - wie *Schünemann* es tut[308] - in jedem abgesprochenen Geständnis eine Verletzung der Instruktionsmaxime erblickt. Die Absprachevariante „Teileinstellung gegen Geständnis" in der Hauptverhandlung ist aber genauso zu bewerten, wie die oben dargestellte Praxis des Tausches „Geständnis gegen Strafmilderung". Die Aufklärungspflicht des Gerichts erlischt durch das Geständnis nicht, vielmehr muß das Gericht von der Glaubwürdigkeit des Geständnisses überzeugt sein; außerdem ist, soweit das Geständnis zur vollständigen Klärung des Tatvorwurfs schon nicht geeignet ist, über die noch offenen Fragen Beweis zu erheben. Hält sich die StA an die Tatbestandsvoraussetzungen des § 154 StPO, so wird durch das Angebot einer Teileinstellung kein starker Druck auf den Angeklagten ausgeübt, denn Voraussetzung der Einstellung ist ja gerade, daß die eingestellten Taten rechtsfolgenmäßig nicht beträchtlich ins Gewicht fallen. Das Angebot einer Teileinstellung ist daher als solches wohl kaum ein Anreiz für den unschuldigen Angeklagten, ein

---

[304] *Landau*, DRiZ 1995, 132, 133 f.; BGH, NJW 1990, 1924 m. Anm. *Gatzweiler*, NStZ 1991, 46.

[305] *Schünemann*, Gutachten, B 107 f.

[306] *Schünemann*, Gutachten, B 108; a.A. *Tscherwinka*, Absprachen im Strafprozeß, 54 der feststellt: „Die Kontaktaufnahme mit der Verteidigung über ein Geständnis im verbliebenen Tatteil ist...zweckmäßig und widerspricht in keinster Weise der Grundintention der §§ 154, 154 a StPO".

[307] *Schmidt-Hieber*, Verständigung im Strafverfahren, 33 f.; *Schünemann*, Gutachten, B 109.

[308] *Schünemann*, Gutachten, B 80 ff.

falsches Geständnis abzulegen. Auch kann er durch das Geständnis die Hauptverhandlung - anders als bei § 153 a StPO - nicht ganz vermeiden. Der eigentliche Anreiz für den Beschuldigten liegt in den Rechtsfolgen seines Geständnisses für die Hauptverhandlung.

Auch § 153 StPO läßt sich für den Tausch „Teileinstellung gegen Geständnis" nutzen. Allerdings sind die Voraussetzungen dieser Norm enger. Die Schuld des Angeklagten müßte als gering anzusehen sein, außerdem bedarf es im Regelfall der Zustimmung des Gerichts. Bei § 154 StPO hingegen muß die Schuld nicht gering sein. Nur in Zusammenschau mit dem zur Anklage gebrachten Delikt dürfen die ausgeschiedenen Tatbestände nicht ins Gewicht fallen. Außerdem kann die StA im Ermittlungsverfahren jederzeit ohne Zustimmung des Gerichts nach dieser Norm einstellen. Teileinstellungen nach § 153 StPO sind daher noch weniger problematisch. Das oben zu § 154 StPO Gesagte gilt aber entsprechend.

Wenn die gesetzlichen Tatbestandsmerkmale eingehalten werden, ist mithin auch eine abgesprochene Teileinstellung zulässig.

2. Abgesprochene Einstellungen ohne Hauptverhandlung

a) § 153 a StPO

§ 153 a StPO stellt der Staatsanwaltschaft ein Beendigungsverfahren mit Selbstunterwerfung und nichtstrafrechtlicher Sanktionierungsmöglichkeit zur Verfügung. Über § 153 a StPO ist seit seiner Einführung heftig gestritten worden[309]. Allerdings muß man § 153 a StPO inzwischen als rechtspolitische Entscheidung akzeptieren. Trotz aller an dieser Norm geübten grundsätzlichen Kritik, hat der Gesetzgeber sie nicht etwa zurückgenommen, sondern im Gegenteil ihren Anwendungsbereich noch erweitert[310]. Bei Vermögensdelikten ist der „Abkauf" des öffentlichen Interesses durch § 153 a StPO mittlerweile institutionalisiert[311]. § 153 a StPO setzt seiner Struktur nach eine - zumindest sukzessive - Einigung zwischen StA und Beschuldigtem voraus. Verständigungsgespräche gehören daher zum Wesen dieser Regelung und es gehört zur Pflicht eines Strafverteidigers, bereits im Ermittlungsverfahren - nach Rücksprache mit seinem Mandanten - die Möglichkeit einer Einstellung nach § 153 a StPO zu eruieren

---

[309]Vgl. nur *Kausch*, Der Staatsanwalt - Ein Richter vor dem Richter?, 36 ff.; *Schmidhäuser*, JZ 1973, 529, 535; *Dencker*, JZ 1973, 144, 149 f.

[310]Zuletzt durch die Ausdehnung der Anwendbarkeit in den Bereich der sog. mittleren Kriminalität durch das Gesetz zur Entlastung der Rechtspflege (RpflEntlG) 1993, vgl. *Meyer-Goßner*, NJW 1993, 498, 499.

[311]*Hamm*, in: *Dencker/Hamm*, Der Vergleich im Strafprozeß, 108.

und eine solche gegebenenfalls herbeizuführen[312]. Da es kein offizielles Verfahren, keinen „Antrag auf Einstellung" gibt, muß der Verteidiger hier notwendigerweise im informellen Gespräch mit der StA den Erfolg suchen[313]. Absprachen im Rahmen des § 153 a StPO sind somit als gesetzlich vorgezeichnet hinzunehmen, und sie haben sich inzwischen auch als allseits geschätztes Rechtsinstitut bewährt[314].

b) „Einstellung nach Einstellung"

In einer Absprache können auch verschiedene Einstellungsmöglichkeiten kombiniert werden. So kann z.B. in einem nur schwer und zeitaufwendig zu bewältigenden Wirtschaftsstrafverfahren mit vielen einzelnen Taten, die StA wegen einer Tat nach § 153 a StPO gegen Auflage einstellen, gleichzeitig kann dann im Zuge der Einigung über die Auflagen dem Beschuldigten zugesagt werden, daß künftig bekannt werdende Taten aus dem selben Komplex nach § 153 StPO wegen Geringfügigkeit eingestellt werden, weil die Aufarbeitung dieser weiteren Taten in einer Hauptverhandlung unzumutbar lang dauern würde[315]. *Cramer* hat dieses Vorgehen für den Komplex der Verfahren gegen Bankenmitarbeiter wegen Beihilfe zu Steuerstraftaten ihrer Kunden vorgeschlagen[316]. Hier wird *Schünemanns* Einwand, aus mehreren Anfangsverdachten würde eine „Verurteilung" destilliert, treffender. Zwar ist die Entscheidung nach § 153 a StPO gerade kein Urteil und die mit der Einstellung verbundene Auflage keine Strafe[317], sondern eine Sanktion ohne Strafcharakter und Schuldfeststellung, doch eignet den Auflagen eine gewisse „Strafähnlichkeit". Insbesondere die Auflage, an eine caritative Einrichtung einen Geldbetrag zu zahlen, ist für den Beschuldigten von einer Geldstrafe i.E. nicht zu unterscheiden. Da die StA in vielen Fällen ohne Zustimmung des Gerichts über die Einstellung eintscheiden kann, § 153 a I 6 StPO i.V.m. § 153 I 2 StPO, kommt es noch nicht einmal zu einer Kontrolle des hinreichenden Tatverdachts durch den Eröffnungsbeschluß. Um also im Bild zu

---

[312]Nach KK-*Schoreit*, zu § 152, Rz. 13 a, setzt § 153 a StPO Absprachen voraus.

[313]*Hanack*, StV 1987, 500, 501; *Gerlach*, Absprachen im Strafverfahren, 45.

[314]Vgl. *Kleinknecht/Meyer-Goßner*, § 153 a, Rz. 1 m.w.N.

[315]Die Kombination von § 153 a StPO und § 154 StPO ist nach ganz herrschender Meinung nicht möglich, weil die Einstellungsentscheidung einem Urteil nicht gleichsteht, vgl. *Kleinknecht/Meyer-Goßner*, zu § 154, Rz. 2; *Cramer*, wistra 1999, 290, 291; a.A. *Bandemer*, NStZ 1988, 297, 298 f., die auf die „Strafähnlichkeit" und „Rechtskraftähnlichkeit" von § 153 a StPO abstellt.

[316]*Cramer*, wistra 1999, 290, 292.

[317]BGHSt 28, 174, 176.

bleiben: aus mehreren *möglicherweise* hinreichenden Tatverdachten wird hier eine Sanktion destilliert. Ist der Tatverdacht hinsichtlich des nach § 153 a StPO eingestellten Delikts hinreichend, so ist dieses Vorgehen gesetzmäßig. Ist er es nicht, dann wären die einzig zulässigen Alternativen eine Einstellung nach § 170 II StPO oder ein Fortführen der Ermittlungen gewesen. Da die Selbstunterwerfung des Beschuldigten das Verfahren aber beendet hat, bleibt der Verfahrensverstoß unentdeckt und unangreifbar.

Die Vereinbarung einer Einstellung nach Einstellung ist, überspitzt gesagt, das „Hochreck“ des *charge bargaining*. Ein potentiell aufwendiges und langwieriges Verfahren kann so z.T. unter völliger Umgehung des Gerichts mit einem „Rutsch“ und ohne Aufgabe der Sanktionierung erledigt werden, ohne daß auch nur hinsichtlich einer einzigen Tat der Schuldnachweis erbracht worden wäre. In diesen Fällen ist der Druck auf den Angeklagten ungleich größer als bei Einstellungen nach §§ 154, 154 a StPO. Die Alternativen, vor die der Angeklagte gestellt wird, sind so ungleichartig, daß seine Entscheidungsfreiheit nicht mehr garantiert ist. Auf der einen Seite steht die schnelle Erledigung ohne jede Hauptverhandlung und ohne jedes Verurteilungsrisiko, auf der anderen Seite ein aufwendiges Verfahren von ungewisser Länge und mit ungewissem Ausgang. Allerdings ist die Möglichkeit auch solcher Absprachen wohl als Konsequenz der weiten Vorschriften über die Einstellung aus Opportunitätsgründen hinzunehmen.

c) *Strafbefehl*

Auch das Strafbefehlsverfahren gibt einen gesetzlichen Rahmen für konsensuale Erledigung vor[318]. Es räumt dem Beschuldigten eine echte Dispositionsbefugnis über den Prozeßgegenstand ein[319]. Auch hier muß zumindest sukzessive eine Einigung zwischen StA und Beschuldigtem erreicht werden[320]. Es gilt letztlich das zu § 153 a StPO Gesagte. Nach ganz allgemeiner Meinung sind Absprachen im Strafbefehlsverfahren zulässig[321]. Solange die Beteiligten sich an die Vorschriften über den Inhalt des Strafbefehls, § 409 StPO, sowie an die Erlaßvoraussetzungen und Strafmaßbeschränkungen, § 407 I, II StPO, halten, kann sowohl über das „ob“ als auch über den Inhalt eines Strafbefehls bzw. eines staatsanwaltlichen Strafbefehlsantrags verhandelt werden[322]. Allerdings dürfen die

---

[318] Vgl. KMR-*Fezer*, Vor § 407, Rz. 28 ff. m.w.N.

[319] *Schünemann*, Gutachten, B 69.

[320] Vgl. *Rönnau*, Die Absprache im Strafprozeß, 134.

[321] *Beulke*, Die Strafbarkeit des Verteidigers, 185, Rz. 294; *Schünemann*, Triberg-Symposium, 141; *Schmidt-Hieber*, Verständigung im Strafverfahren, 35.

[322] *Tscherwinka*, Absprachen im Strafprozeß, 54.

Strafverfolgungsorgane ihre Bereitschaft, einen Strafbefehl zu beantragen, nicht von sachfremden Bedingungen abhängig machen[323]. Die StA darf also nicht versuchen, dem Angeklagten sein Recht auf ein volles Verfahren „abzukaufen". Insbesondere darf die Eröffnung des Strafbefehlsverfahrens nicht von einem vorab erklärten Einspruchsverzicht abhängig gemacht werden[324]. § 410 I 2 StPO verweist auf § 302 StPO und damit auf die Regeln über Rechtsmittelverzichtserklärungen. Es gelten daher die gleichen Bedenken, die gegen einen vorab vereinbarten Rechtsmittelverzicht in der Hauptverhandlung sprechen. Die Verteidigungsposition würde durch ein derartiges Verhalten ausgehöhlt, der Druck auf den Beschuldigten unzumutbar.

Bedenken sind auch gegen die Praxis erhoben worden, die Durchführung des Strafbefehlverfahrens an ein Geständnis des Beschuldigten zu koppeln[325]. *Schmidt-Hieber* hat aber schon früh darauf hingewiesen, daß eine Rechtfertigung dieser Praxis aus den Tatbestandsmerkmalen der §§ 407 ff. StPO möglich ist[326]. Aus § 407 I 2 StPO und § 408 III StPO folgt, daß ein Strafbefehl nur dann beantragt bzw. erlassen werden darf, wenn keine Bedenken bestehen, ohne Hauptverhandlung zu entscheiden. Es kann nun aber gerade das Geständnis des Angeklagten sein, das die Notwendigkeit einer Hauptverhandlung entfallen läßt, etwa weil nur so alle Nebenumstände des Falles geklärt werden können. Wenn der Verteidiger ein solches Geständnis anbietet, um die Ermittlungen abzukürzen und dafür die Zusage einer Erledigung durch Strafbefehl verlangt, ist das, wenn die sonstigen Voraussetzungen nach § 407 ff. StPO gegeben sind, sicherlich nicht unzulässig. Problematisch wird es erst, wenn StA oder Gericht versuchen, aktiv Druck auf den Beschuldigten auszuüben, ein Geständnis abzulegen. Diese Fälle sind den unzulässigen Urteilsabsprachen in der Hauptverhandlung gleichzustellen. Insoweit kann hier auf das oben zu § 136 a StPO und zur Unschuldsvermutung Gesagte verwiesen werden.

---

[323] *Schmidt-Hieber*, Verständigung im Strafverfahren, Rz. 77; *Rönnau*, Die Absprache im Strafprozeß, 134 f.

[324] So auch *Rönnau*, Die Absprache im Strafprozeß, 134 f.

[325] Vgl. v.a. *Rönnau*, Die Absprachen im Strafprozeß, 135.

[326] *Schmidt-Hieber*, Verständigung im Strafverfahren, Rz. 82; *ders.*, NJW 1982, 1017, 1020.

B. Die Rechtslage in England

I. Sentence bargains

1. Der gesetzliche Strafnachlaß für ein Schuldanerkenntnis

Den Ausgangspunkt der Untersuchung von *sentence bargains* muß der Strafnachlaß für ein Schuldanerkenntnis bilden. Dieser ist in S. 48 (1) CJPO geregelt. Das Gericht soll bei der Strafzumessung ein Schuldanerkenntnis strafmildernd berücksichtigen. Die Höhe des Strafnachlasses soll davon abhängen, wann der Angeklagte angeboten hat, sich schuldig zu bekennen. Die Bestimmung macht klar, daß es nicht auf die Motivlage des Angeklagten ankommt, sondern daß allein die Arbeitsentlastung der Justiz durch den Verzicht auf ein volles Verfahren belohnt werden soll. Frühe *guilty pleas* sollen mit höheren Nachlässen belohnt werden[327]. Dieser gestaffelte *sentence discount* soll sowohl auf Freiheitsstrafen als auch auf alle anderen *non custodial sentences* angewendet werden. Der *Court of Appeal* hat jedoch entschieden, daß der Strafnachlaß für das Schuldanerkenntnis allein nicht die Aussetzung einer Freiheitsstrafe zur Bewährung zu rechtfertigen vermag[328]. Eine Freiheitsstrafe darf nämlich nur dann zur Bewährung ausgesetzt werden, wenn „besondere Umstände" (*special circumstances*) vorliegen, die dies rechtfertigen[329]. Die Abgabe eines Schuldanerkenntnissess allein begründet nach Ansicht des Gerichts keinen solchen besonderen Umstand[330].

Das Gesetz schweigt zur Höhe des Strafnachlasses[331]. Vor Kodifizierung des *sentence discount* konnte der Angeklagte in der Praxis der Gerichte mit einer Reduktion der Strafe um 25 - 30 % rechnen[332]. Auch nach Erlaß des CJPO haben die Gerichte Strafnachlässe in dieser Größenordnung für angemessen erachtet. Dies zeigt, daß S. 48 CJPO nur die bisherige *common law* Rechtslage kodifiziert

---

[327]So ausdrücklich die Begründung der *Royal Commission on Criminal Justice*, Recommendation 156 des Reports.

[328]*Okinikan* (1993) 1 WLR 173.

[329]S. 22(2)(b) *Powers of Criminal Courts Act 1973*.

[330]Siehe zur früheren Rechtslage die sich widersprechenden Entscheidungen *Hollyman* (1979) 1 CrAppR (S) 289 und *Tonks* (1979) CrimLR 1980, 59 und unten 7. Teil, G, II, 3.

[331]*Henham*, MLR 1999, 515, 522.

[332]Einen Überblick über das relevante *case law* gibt *Thomas*, Current Sentencing Practice, A8; vgl. auch *Baldwin/McConville*, Negotiated Justice: Pressures to Plead Guilty, 1, 50; *Ashworth*, The Criminal Process, 266; *Henham*, MLR 1999, 515, 516, vermutet, daß der Strafnachlaß für das Schuldanerkenntnis *in praxi* geringer ausfällt, wenn dem *plea* ein *charge bargain* vorangegangen ist und die Strafe indirekt schon dadurch gemildert wird.

hat[333]. S. 48 (2) CJPO schreibt nunmehr außerdem vor, daß das Gericht, wenn es von dieser Strafmilderungsmöglichkeit Gebrauch gemacht hat, bei der Strafzumessung ausdrücklich hierauf hinweisen soll[334]. Ob das Schuldanerkenntnis aus Reue, Einsicht oder aus anderen, z.B. rein prozeßtaktischen Beweggründen abgegeben wird, ist für die strafmildernde Wirkung unerheblich. Das Parlament hat damit anerkannt, daß der *sentence discount* rein administrative, kostensparende Funktion hat. *Guilty pleas* und damit kurze, billige und einfache Verfahren sollen gefördert werden. Bis in die 70er Jahre war die strafmildernde Wirkung des Schuldanerkenntnisses noch mit den Motiven des Angeklagten verknüpft[335], die Gerichte haben sich dann aber in der Folgezeit immer stärker von dieser Verbindung gelöst. Bei Einführung des CJPO war in der Praxis nichts mehr von der Korrelation von Reue und Strafminderung zu sehen[336]. Die neue Rechtslage bringt Klarheit und Ehrlichkeit in die Begründung der strafmildernden Wirkung des Schuldanerkenntnisses, wenn auch zu einem Preis: Effizienzerwägungen haben über prinzipielle Bedenken gesiegt[337].

S. 49 des *Criminal Procedure and Investigations Act 1996* (CPI) hat für viele Delikte den Referenzpunkt des Systems, d.h. den Zeitpunkt des Verfahrens an dem ein *guilty plea* den maximalen Strafnachlaß nach sich zieht, nach vorn verschoben[338]. Das englische Strafrecht kennt drei Klassen von Straftatbeständen[339]: zunächst solche, die nur vor dem *Crown Court* mit Richter und Geschworenen angeklagt werden können (*offences triable only on indictment*), dann solche, welche immer im summarischen Verfahren vor dem *magistrates' court* verhandelt werden (*offences triable summarily only*) und schließlich Delikte, die vor beiden Gerichten angeklagt werden können (*offences triable either way*). Das System, nach dem diese Delikte auf *Crown Court* oder *magistrates' courts* verteilt werden, braucht hier nicht weiter erörtert zu werden, jedoch ist für diese Gruppe von Straftatbeständen das sogenannte „*plea before venue*" Verfahren durch S. 49 CPI eingeführt worden. Der Angeklagte wird hierbei, bevor über das zuständige Gericht (*venue*) entschieden worden ist, aufgefordert anzugeben, wie

---

[333] *Davies/Dingwall*, Legal Action February 1996, 8, *Thomas*, Sentencing News, 26. April 1994 spricht von einem „*clumsy and partial attempt to turn [the case law] into statute*".

[334] Wie dieser Hinweis beschaffen sein muß ist umstritten, vgl. *Henham*, MLR 1999, 515, 520 ff.

[335] *Davies*, CrimLR 1971, 150, 156; *McConville*, Journal of Law and Society 1998, 562, 563 f.

[336] Siehe hierzu auch die Ausführungen von *Weigend*, Absprachen in ausländischen Verfahrensordnungen, 88.

[337] Siehe hierzu unten 5. Teil, B, III.

[338] Hierzu s. näher *Bavidge/Kerrigan*, NLJ 1998, 62; *dies.*, NLJ 1998, 134.

[339] Diese Einteilung ergibt sich aus dem *Criminal Law Act 1977*.

er zu plädieren gedenkt. Gibt er an, sich schuldig bekennen zu wollen, entscheiden die *magistrates* direkt über den Rechtsfolgenausspruch. Glauben sie, daß ihre Strafmaßkompetenzen nicht ausreichen, geben sie das Verfahren an den *Crown Court* ab. Auch in diesem Fall wird aber nur noch durch einen Richter über das Strafmaß entschieden. Es kommt nicht mehr zur aufwendigen Hauptverhandlung mit Geschworenen. Hierdurch soll verhindert werden, daß Angeklagte ihr *guilty plea* erst unmittelbar vor der Hauptverhandlung am Crown Court abgeben und dadurch die Hauptverhandlung zum „platzen" (sog. *cracked trial*) und die Terminplanung des Gerichts durcheinander bringen. Zwar kann der einer *either way offence* Angeklagte auch weiterhin mit der Abgabe des *guilty plea* bis zum Tag der Hauptverhandlung warten, doch kommt er dann nicht mehr in den Genuß der vollen Strafmaßreduktion[340]. Auf den Angeklagten wird somit schon zu einem sehr frühen Zeitpunkt des Verfahrens - aus rein administrativen Gründen - Druck ausgeübt, sich schuldig zu bekennen[341].

2. Die Grundsatzenscheidungen: R. v. Turner (1970) und R. v. Cain (1976)

Die strafmindernde Wirkung des *guilty plea* führt beinahe zwangsäufig zu Gesprächen über das Strafmaß. Da die Strafrahmen sehr weit sind und damit der Ausgangspunkt für die 25 - 30 % Reduktion unklar, können der Angeklagte und sein Verteidiger nicht mit genügender Genauigkeit sagen, mit welcher Strafe im Falle einer Verurteilung zu rechnen ist. Selbst die Art der Strafe ist nicht zufriedenstellend prognostizierbar. Da der Ankläger an der Strafzumessung in keiner Form beteiligt ist, muß der Angeklagte versuchen, vom Richter eine Vorhersage der zu erwartenden Strafe zu bekommen. Diesem Prozeß sind aber von der Rechtsprechung enge Grenzen gezogen worden.

Die Grundsatzentscheidung des *Court of Appeal* zu diesem Problemkreis ist *Turner* aus dem Jahre 1970[342]. *Lord Parker* hat in diesem Fall fünf Grundsätze festgelegt, die die Möglichkeit der Verständigung mit dem Richter über *plea* und Strafmaß außerhalb der Hauptverhandlung begrenzen:

- Der Verteidiger muß seinem Mandanten den bestmöglichen Rechtsrat bzgl. seines *plea* erteilen. Dies kann auch in „eindeutiger Sprache" (*in strong terms*) geschehen.
- Der Angeklagte muß, nachdem er den Rechtsrat empfangen hat, in der Wahl seines *plea* frei sein.

---

340 *Rafferty* (1999) 1 CrAppR 235.

341 *Ashworth*, The Criminal Process, 275.

342 *Turner* (1970) 54 CrAppR 361.

- Da die Willensfreiheit des Angeklagten durch Gespräche mit dem Richter gefährdet werden kann, sollen solche Gespräche nur stattfinden, wenn sie wirklich notwendig (*really necessary*) sind. Bei Gesprächen mit dem Richter außerhalb der Hauptverhandlung sollen Verteidiger und Anklagevertreter anwesend sein. Auf Verlangen der Verteidigung ist auch der *Solicitor* des Angeklagten zuzulassen.
- Der Richter soll grundsätzlich keine Urteilsprognose abgeben. Er darf allerdings sagen, daß er unabhängig von der Art des *plea* des Angeklagten eine bestimmte Form von Strafe verhängen werde, d.h. eine Freiheitsstrafe, eine Geldstrafe, etc. Eine Strafhöhe darf er nicht nennen.
- Wenn ein solches Gespräch über die zu erwartende Strafe stattgefunden hat, muß der Verteidiger seinen Mandanten darüber informieren.

Der *Court of Appeal* hat in der *Turner*-Entscheidung versucht, einen Mittelweg einzuschlagen. Dem Verteidiger sollen Gespräche mit dem Richter auch über das Strafmaß nicht gänzlich verboten, andererseits soll die Entscheidungsfreiheit des Angeklagten geschützt werden. Der *Court of Appeal* betont, daß es darauf ankomme, daß der Angeklagte die Entscheidung über das *plea* frei von unzulässigen Einflüssen ausübt. Die Freiheit der Willensentschließung sei nicht gewährleistet, wenn der Richter eine konkrete Urteilprognose abgebe. Der Angeklagte sei dann der Versuchung ausgesetzt, die mildere Strafe zu wählen, um der Hauptverhandlung zu entgehen. Echte Urteilsabsprachen sind daher in England unzulässig. Der Verteidiger hingegen darf seinem Mandanten auch in „klaren Worten" Ratschläge erteilen. Aus den vom *Court of Appeal* erlaubten „klaren Worten" werden aber in der Praxis nicht selten Manipulationsversuche oder sogar Drohungen. Viele Verteidiger sind von der Schuld ihrer Mandanten von Anfang an überzeugt und sehen in einem *guilty plea* die bequemste und schnellste Möglichkeit, das Verfahren zu beenden[343].

Unruhe in die Regelung von Absprachen außerhalb der Hauptverhandlung brachte die Entscheidung des *Court of Appeal* in der Sache *Cain*[344]. In der Entscheidung *Turner* war großer Wert darauf gelegt worden, daß der Verteidiger

---

[343]Siehe hierzu die beeindruckende Untersuchung von *McConville/Hodgson/Bridges/Pavlovic*, Standing Accused, 252 ff.; dort wird z.B. ein *Solicitor* mit den Worten zitiert: „*I don't browbeat clients into pleading guilty. But counsel often have their own ideas about what's going to happen that don't relate to the client...So it's all discussed beforehand and the client is virtually told what to do.*"; an anderer Stelle heißt es: „*...in setting up a conference, clerks told counsel that its purpose was to 'knock some sense into' the client and get a plea*".

[344]*Cain* (1976) CrimLR 464.

seinen Mandanten über Gespräche mit dem Vorsitzenden informieren muß[345]. Diese Regel versuchte *Lord Widgery*, der *Lord Chief Justice*, in der *Cain*-Entscheidung aufzuweichen. In Fällen, in denen der Verteidiger keine Erfahrung mit dem zuständigen Richter und dessen Strafzumessungsgewohnheiten habe, sei es zulässig, Kontakt mit dem Richter aufzunehmen, um eine bessere Beratung des Angeklagten zu ermöglichen. Das Vertrauensverhältnis zwischen Richter und Verteidiger würde aber gefährdet, wenn solche Gespräche dem Mandanten offenbart werden müßten[346]. Diese Einschränkung der Offenbarungspflicht im Verhältnis des Verteidigers zu seinem Mandanten zugunsten der *„close ties between bar and bench"* stieß auf herbe Kritik[347]. Noch im selben Jahr erließ der *Court of Appeal* daher eine *Practice Direction*, in der klargestellt wurde, daß *Turner* nach wie vor die maßgebliche Entscheidung für Absprachen mit dem Richter sei. Soweit Aussagen in *Cain* den Gründen in *Turner* widersprächen, sei der früheren Entscheidung zu folgen. Die *Practice Direction* nahm jedoch nicht ausdrücklich zu dem Problem der Offenbarungspflichten des Verteidigers Stellung. Dies führte in der Folgezeit zu einigen Unklarheiten über die Rechtslage. So wird in der Entscheidung *Harper-Taylor* and *Bakker* von *vertraulichen* Gesprächen zwischen Richter und Verteidiger gesprochen[348]. Die Entscheidungen *Bird*[349] und *Agar*[350] machen jedoch klar, daß das schützenswerte Vertrauensverhältnis nicht zwischen Richter und Verteidiger, sondern allein zwischen Verteidiger und Mandanten besteht. Im Fall *Bird* hatte der Richter dem Verteidiger „vertraulich" mitgeteilt, daß er bei Abgabe eines Schuldanerkenntnisses keine Freiheitsstrafe gegen den Angeklagten verhängen werde. Der *Court of Appeal* gab der Strafmaßrevision statt und stellte in den Urteilsgründen klar, daß der Verteidiger verpflichtet war, seinem Mandanten den Inhalt des Gespräches mitzuteilen. Es sei notwendig, daß der Verteidiger öffentlich mache, was in der Vertraulichkeit des Beratungszimmers vom Richter unzulässigerweise geäußert worden sei[351]. Im Fall *Agar* hatte der Richter dem Verteidiger ausdrücklich verboten, den Angeklagten über die Unterredung über das Strafmaß in Kenntnis zu setzen. Der *Court of Appeal* entschied, daß dies eine unzulässige Verletzung des Prinzips der *„open justice"* sei. Der Verteidiger ist daher eindeutig verpflichtet, seinem Mandanten

---

[345]Siehe *Turner* (1970) 54 CrAppR 361.

[346]*Cain* (1976) CrimLR 1976, 464.

[347]Vgl. nur *Seifman*, CrimLR 1976, 556.

[348]*Harper-Taylor* and *Bakker* (1988) 138 NLJR 80.

[349]*Bird* (1977) CrAppR 203.

[350]*Agar* (1990) 90 CrAppR 318.

[351]*Bird* (1977) CrAppR 203.

alles mitzuteilen, was er vom Richter - aber auch vom Anklagevertreter[352] - erfährt[353]. Diese Offenbarungspflicht darf nicht verwechselt werden mit den aus der Offenlegung einer Urteilsprognose resultierenden Folgen für die Freiwilligkeit des *plea*. Die Mitteilungspflicht kann dazu führen, daß das *guilty plea* des Angeklagten unfreiwillig und damit *„null and void"* wird oder das Bindungswirkungen hinsichtlich des zugesagten Strafmaßes eintreten[354]. Auch die Frage der Behandlung von vertraulichen Einlassungen des Verteidigers gegenüber Richter und Anklagevertreter ist hiervon zu scheiden[355]. *Turner* läßt Raum für vertrauliche Gespräche mit dem Richter nur in ganz ungewöhnlichen Ausnahmefällen, in denen die Vertraulichkeit *den Angeklagten* schützen soll[356]. Das in der Entscheidung benutzte Beispiel betrifft eine Unterredung über den Gesundheitszustand des Angeklagten. Ist dieser unheilbar erkrankt, aber über diesen Zustand selbst nicht informiert, darf der Verteidiger den Gesundheitszustand vertraulich als Strafzumessungsargument vortragen. Nur in solchen Ausnahmefällen ist der Verteidiger von seiner Offenbarungspflicht entbunden.

Cain stellt darüber hinaus klar, daß der Richter den Angeklagten auf die strafmildernde Wirkung eines Schuldanerkenntnisses hinweisen darf. Diese Aussage der Entscheidung war ebenfalls umstritten und es war fraglich, ob ein solcher allgemeiner Hinweis nicht den *Turner*-Regeln zuwiderlaufe, mithin also *Cain* auch insoweit durch die nachfolgende *Practice Direction* aufgehoben worden sei. Nach Erlaß von S. 48 CJPO 1994 kann jedoch kein Zweifel mehr bestehen, daß der Richter einen allgemeinen Hinweis auf die strafmildernde Wirkung eines *guilty plea* geben darf, da sich ein solcher Hinweis nunmehr nur noch als Aufklärung über die unzweideutige Gesetzeslage darstellt.

In der Entscheidung *Smith*[357] stellte der *Court of Appeal* überdies klar, daß bei allen Gesprächen zwischen Richter und Anwalt über *plea* und Strafmaß ein Ton-

---

[352]Siehe *Agar* (1990) 90 CrAppR 318.

[353]So auch *Curran*, CrimLR 1991, 79, 86.

[354]Diesem Fehler sitzt *Weigend*, Absprachen in ausländischen Verfahrensordnungen, 89, auf, wenn er schreibt: „Eine Grundsatzentscheidung aus dem Jahre 1970 untersagt dem Verteidiger strikt, seinem Mandanten etwas über das Strafmaß mitzuteilen, das der Richter etwa für den Fall eines guilty plea in Aussicht gestellt hat; schon der bloße (unzutreffende) Eindruck des Beschuldigten, es sei ein bestimmtes Strafmaß vom Richter zugesagt worden, soll sein guilty plea 'unfreiwillig' und damit unwirksam machen".

[355]Hierzu siehe unter 7. Teil, B, II, 1, c.

[356]Kritik auch an diesem engen Bereich der Geheimhaltung gegenüber dem Angeklagten äußert *Adams*, CrimLR 1971, 252.

[357]*Smith* (1990) CrAppR 413.

bandprotokoll angefertigt oder ein Stenograph hinzugezogen werden solle, um spätere Auseinandersetzungen über den Inhalt des Gespräches zu vermeiden.

Der *Court of Appeal* hält in ständiger Rechtsprechung an den in der *Turner*-Entscheidung aufgestellten Prinzipien zur Unzulässigkeit von Absprachen mit dem Richter fest[358].

II. Charge und fact bargains

Wie bereits gezeigt wurde gehören *charge bargains* wegen des weiten Ermessens des *CPS* über die Anklageerhebung zum englischen Justizalltag. Trotz ihrer Häufigkeit gibt es aber nur wenige obergerichtliche Entscheidungen zu diesem Komplex. Die zu beachtenden Richtlinien sind vielmehr in den einschlägigen *Codes of Conduct*[359] und in einem von *Farquharson* für das *Bar Council* erstellten Bericht über die „Rolle des Anklagevertreters" von 1986 zu finden[360].

Gemäß Art. 2.2 des *Code for Crown Prosecutors* ist der Ankläger verpflichtet, Delikte anzuklagen, welche die Schwere der Tat angemessen reflektieren. Er muß dem Gericht alle relevanten Fakten offenbaren. Ein *fact bargain*, durch das dem Gericht unwahre Tatsachen präsentiert würden, widerspräche dieser Verpflichtung. Art. 7.1 des *Code for Crown Prosecutors* bestätigt das grundsätzliche Ermessen des Kronanwalts bei der Auswahl der angeklagten Delikte. Seine Grenze findet dieses Ermessen aber in der Möglichkeit des Gerichts ein den Tatsachen entsprechendes Urteil fällen zu können. Art. 7.2 des *Codes* verbietet ausdrücklich die Praxis des sogenannten „*overcharging*", die in vielen US-Jurisdiktionen üblich ist. Der Kronanwalt darf nicht mehr oder schwerere Delikte anklagen als er für vertretbar hält, nur um den Druck auf den Angeklagten, ein Schuldanerkenntnis abzulegen, zu verstärken. Solches „*overcharging*" sei unvereinbar mit der „fairen, unabhängigen und objektiven" Rolle des Anklägers. Der *Code for Crown Prosecutors* schweigt aber zu den Rechtsfolgen von Verstößen gegen diese Richtlinien.

Auch der *Code of Conduct for the Bar in England and Wales* nimmt zu Absprachen Stellung. Dem *Barrister* wird es ausdrücklich verboten sich an *fact bargains* zu beteiligen. Hinsichtlich der Zulässigkeit von *charge bargains* verweist der *Code* auf den Bericht von *Farquharson*.

---

[358]Siehe zuletzt *Dossetter*, The Times v. 05.02.1999.

[359]*The Code for Crown Prosecutors*, abgedruckt in *Blackstone's* Criminal Practice, Appendix 5, 2275; *The Code of Conduct of the Bar for England and Wales*, abgedruckt in *Blackstone's* Criminal Practice, Appendix 2, 2186.

[360]The Report of Mr Justice *Farquharson's* Committee on the Role of Prosecuting Counsel, COUNSEL, Trinity Edition, 28.

Dieser Bericht befaßt sich vornehmlich mit der Kompetenz des Anklägers Schuldanerkenntnisse zu minderschweren Delikten oder zu Teilen der Anklage als ausreichend zu akzeptieren. Der Bericht stellt klar, daß die Entscheidung des Anklagevertreters ein bestimmtes Schuldanerkenntnis zu akzeptieren, rechtlich einzuordnen sei als Entscheidung, für die übrigen angeklagten Delikte keine Beweise anzubieten[361]. Daß die Anklage aber nicht gezwungen werden kann, Beweise zu präsentieren, sei ständige Rechtsprechung des *Court of Appeal* und Teil des *adversarial systems*[362]. Diese grundsätzliche Freiheit des Anklagevertreters, Schuldanerkenntnisse als ausreichend zu akzeptieren, unterliegt jedoch drei Einschränkungen.

Wenn der Ankläger den Richter um sein Einverständnis bittet, ist er an die richterliche Entscheidung gebunden. Wird der Richter nicht in den Entscheidungsprozeß eingebunden, so soll der Anklagevertreter aber in der Hauptverhandlung die Gründe für seine Entscheidung offenlegen. Falls der Richter mit der vom Ankläger getroffenen Entscheidung nicht zufrieden ist, kann er die Verhandlung aussetzen und darauf bestehen, daß die Anklage Rücksprache mit dem *Director of Public Prosecutions* hält. In Ausnahmefällen kann der Richter sogar auf einer Konsultation des *Attorney-General* bestehen. Sobald jedoch dieser interne Kontrollprozeß abgeschlossen ist, muß der Richter auf der Basis der von der Anklage akzeptierten Schuldanerkenntnisse das Strafmaß bestimmen. Diese sehr eingeschränkte Kontrollmöglichkeit wird mit der strikt unabhängigen Rolle des Richters begründet. Aktive Einmischung in die Entscheidungen der Anklagebehörde würde den Eindruck erwecken, daß der Richter „in die Arena" steige und sich die Position des Anklägers zu eigen mache[363]. Die letzte Ausnahme liegt schließlich in der „*abuse of process*" Rechtsprechung der englischen Gerichte begründet[364]. Sobald die Anklage ihre Beweise vollständig präsentiert hat, besteht - hypothetisch - ein „*case to answer*". Es wäre ein Verfahrensmißbrauch, in diesem Stadium ohne Erlaubnis (*leave*) des Gerichts das Verfahren einzustellen[365]. Mit Abschluß der Beweisaufnahme seitens der Anklage geht mit-

---

[361]Die von *Weigend*, Absprachen in ausländischen Verfahrensordnungen, 87 f. getroffene Unterscheidung zwischen „echter Einstellung" unter Kontrolle des Richters und „indirekter Einstellung" durch Nichtantreten des Beweises ist der englischen Praxis also fremd; vgl auch *Zander*, Cases and Materials, 210, 253; S. 17 *Criminal Justice Act* 1967.

[362]Siehe z.B. *Jenkins* (1986) 83 CrAppR 152; vgl. auch *Weigend*, Absprachen in ausländischen Verfahrensordnungen, 88.

[363]The Report of Mr Justice *Farquharson's* Committee on the Role of Prosecuting Counsel, COUNSEL, Trinity Edition, 28, 30.

[364]Hierzu näher unten 7. Teil, B, I, 3.

[365]The Report of Mr Justice *Farquharson's* Committee on the Role of Prosecuting Counsel, COUNSEL, Trinity Edition, 28, 31.

hin die Verfahrenshoheit vollständig auf das Gericht über. Für die danach folgende Aufnahme der Beweismittel der Verteidigung gilt dann jedoch wieder der Grundsatz, daß der Ankläger nicht gezwungen werden kann, Beweise zu präsentieren. Er kann also in diesem Fall nicht gezwungen werden, die Zeugen der Verteidigung einem Kreuzverhör zu unterziehen. Der *Court of Appeal* hat sich diese vom *Farquharson-Committee* erarbeiteten Grundsätze in der Entscheidung *Grafton*[366] zu eigen gemacht.

Traditionell hatte der Richter stärkere Kontrollmöglichkeiten über die Entscheidungen der Anklage[367]. In der Entscheidung *Soanes*[368] hatte der *Lord Chief Justice*, *Lord Goddard*, geurteilt, daß es unmöglich sei, eine klare Regel aufzustellen, wann der Ankläger bestimmte Schuldanerkenntnisse akzeptieren solle. Immer jedoch stünde es im Ermessen des Richters, ob er dem Ankläger erlaube, ein bestimmtes *plea* zu akzeptieren. Bis in die 80er Jahre wurde dieser Linie weitgehend gefolgt[369]. So wurde der Anklage im Falle des „*Yorkshire Ripper*", *Peter Suttcliff*, vom Richter untersagt, die Anklage wegen Mordes fallenzulassen und statt dessen wegen Totschlages anzuklagen[370]. Seit der Entscheidung *Coward*[371] im Jahre 1979 haben die Gerichte ihre Kontrolle über die Entgegennahme von Schuldanerkenntnissen aber immer weiter eingestellt. Die vom *Farquharson-Committee* erarbeiteten Grundsätze reflektieren den vorerst letzen Schritt in dieser Entwicklung.

Im Hinblick auf *fact bargains* gibt es noch weniger einschlägige Entscheidungen der Obergerichte. Der *Court of Appeal* hat allerdings betont, daß das Gericht verpflichtet ist, den Angeklagten auf der Basis von wahren Tatsachen zu verurteilen[372]. Ein Richter darf kein Urteil verhängen, wenn er weiß, daß es auf unwahren oder konstruierten Tatsachen beruhen würde. Es drängt sich die Frage auf, wie sich diese Position mit der Möglichkeit nicht überwachbarer *charge bargains* vereinbaren läßt. Wenn man der Anklage die Möglichkeit einräumt, die angeklagten Tatbestände zu manipulieren, ist es schwierig, dies mit dem Erfordernis einer wahren Tatsachengrundlage zu harmonisieren. Die in den *Codes of Conduct* und

---

[366] *Grafton* (1992) QB 101.

[367] Vgl. die Darstellung bei *Heberling*, in: *Baldwin/Bottomley*, Criminal Justice: Selected Readings, 95, 96.

[368] *Soanes* (1948) 32 CrAppR 136.

[369] Vgl. auch die Darstellung bei *Baldwin/McConville*, Negotiated Justice - Pressures to plead guilty, 22.

[370] Siehe hierzu *Zander*, Cases and Materials, 253.

[371] *Coward* (1979) 70 CrAppR 70, 76.

[372] *Beswick* (1996) 1 CrAppR (S) 343.

vom *Court of Appeal* gewählten Formulierungen verschleiern das Problem eher als das sie es direkt ansprechen.

III. Kritik an der derzeitigen Praxis

In der englischen Literatur zum Problemkreis der Absprachen im Strafprozeß lassen sich zwei Hauptargumentationsströmungen unterscheiden. Zunächst wird -traditionell pragmatisch- die Frage aufgeworfen, ob durch Absprachen die Gefahr, Unschuldige zu verurteilen und Schuldige zu milde zu bestrafen, signifikant erhöht werde[373], zum anderen ist ein neuerer Trend zu beobachten, die Absprachepraxis auch an abstrakten Maximen, insbesondere an der EMRK zu messen[374].

Haupteinwand gegen jede Form von Verständigung ist, daß Strafe auf das bezogen sein muß, was der Angeklagte wirklich getan hat[375]. Dieses, für ein rechtstaatliches Strafprozeßrecht schlechthin konstitutive Element der Korrelation von Schuld und Strafe, wird durch alle drei englischen Absprachetypen gefährdet. Anders als im deutschen Recht kann diesem Bedenken auch nicht mit einem Verweis auf die Aufklärungspflicht des Gerichts begegnet werden, da eine solche gerade nicht besteht. Die *Codes of Conduct* und das Strafzumessungsrecht tragen diesem Problem bis zu einem gewissen Grade zwar Rechnung, doch ist das eigentliche Problem, inwieweit die oben dargestellten Grenzen des Zulässigen durch die Gerichte kontrolliert werden können[376].

Charge bargains werden jedoch auch von vehementen Kritikern der Absprachepraxis im Rahmen des durch die *Codes of Conduct* vorgegebenen für zulässig und unverzichtbar gehalten[377]. Sie sind die zwingende Folge eines Systems, in dem der Grundsatz des Anklageermessens gilt und welches qualifizierte Delikte, mithin Stufenfolgen zwischen verschiedenen Tatbeständen kennt. Allerdings kommt der Angeklagte bei *charge bargains* in den Genuß einer zweifachen Vergünstigung, welche seine Strafe oft erheblich milder als ursprünglich zu erwarten ausfallen läßt. Nicht nur profitiert er vom geringeren Strafrahmen des Deliktes zu dem er sich im Rahmen eines *guilty plea to a lesser charge* schuldig bekennt oder vom Absehen auf Strafverfolgung hinsichtlich weiterer ursprünglich ange-

---

373 So zuerst *Davies*, Law Guardian, März 1970, 9, 11; inzwischen v.a. *Zander*, NLJ 1993, 85 ff.; *ders.*, Cases and Materials, 247 ff.; *Baldwin/McConville*, in: *Baldwin/Bottomley*, Criminal Justice: Selected Readings, 116 ff.

374 Vordenker dieses Ansatzes ist *Ashworth*, The Criminal Process, 267 ff.

375 *Alschuler*, NLJ 1992, 937, 939.

376 Hierzu unten 7. Teil, E, I, 1, a.

377 *Ashworth*, The Criminal Process, 284.

klagter Delikte, sondern er kommt wegen seines Schuldanerkenntnisses auch in den Genuß der Strafmilderung nach S. 48 CJPO.

Dieser *sentence discount* aber ist von Seiten der Literatur sowohl unter pragmatischen als auch prinzipiellen Gesichtspunkten kritisiert worden[378]. Die meisten Autoren sehen in der Privilegierung des *guilty plea* den eigentlichen „neuralgischen Punkt" der Absprachepraxis[379]. Der Strafnachlaß für ein Schuldanerkenntnis hat Implikationen sowohl für *charge* als auch für *sentence bargains*, da jede Form von Verständigung über das *plea* wegen der in Aussicht gestellten Strafmilderung Druck auf den Angeklagten ausübt[380]. Sowohl *Baldwin/McConville*[381] als auch *Ashworth*[382] sind der Meinung, daß die Höhe des Strafnachlasses und seine Ablösung von der Motivationslage des Angeklagten den Druck unerträglich mache. Hierdurch steige das Risiko, daß Unschuldige ein *guilty plea* abgäben, um das Prozeßrisiko zu umgehen und in den Genuß der Vergünstigung zu kommen. Der Druck werde verstärkt durch die gleichgerichteten Interessen aller professionellen Akteure. Verteidigung, Anklage und Gericht seien an einer schnellen Abwicklung von Verfahren interessiert und würden versuchen, den Angeklagten vom Vorteil eines Schuldanerkenntnisses zu überzeugen[383]. *McConville/Hodgson/Bridges/Pavlovic* haben in einer empirischen Untersuchung über die Arbeitsweise von Strafverteidigern diesen Verdacht bestätigen können[384]. *Solicitor* und *Barrister* versuchen oft in manipulativer Weise, ihren Mandanten zur Abgabe eines *guilty pleas* zu bewegen. Die Arbeitshypothese der meisten Verteidiger scheint mithin eine Vermutung der Schuld des Angeklagten zu sein. Der Angeklagte ist hierdurch einem beträchtlichen Druck ausgesetzt, die Chance, eine mildere Strafe zu bekommen und dafür seine Freispruchaussichten aufzugeben, zu ergreifen. Auch Befürworter eines *plea bargaining* Systems sehen diese Gefahr. Rechtsprechung, Gesetzgeber und die wohl h.M. glauben jedoch, daß die administrativen Vorteile der Privilegierung von *guilty pleas* die Gefahr vermehrter Fehlurteile aufwiegen. In den Worten der *Royal Commission on Criminal Justice*:

---

[378] Vgl. *Henham*, MLR 1999, 515.

[379] *Baldwin/McConville*, in: *Baldwin/Bottomley*, Criminal Justice: Selected Readings, 116 gehen soweit zu behaupten: „*...there is no other single consideration that so pervades the workings of the whole administration of criminal justice or so conditions and directs the nature of the choices open to a defendant*"; a.A. *Sanders/Young*, Criminal Justice, 319.

[380] *Baldwin/McConville*, British Journal of Law and Society 1979, 200, 215.

[381] *Baldwin/McConville*, British Journal of Law and Society 1979, 200, 213.

[382] *Ashworth*, The Criminal Process, 287 ff.

[383] *Sanders/Young*, Criminal Justice, 308 ff.

[384] *McConville/Hodgson/Bridges/Pavlovic*, Standing Accused, 253 ff.

„Against the risk that defendants may be tempted to plead guilty to charges of which they are not guilty must be weighed the benefits to the system and to defendants of encouraging those who are in fact guilty to plead guilty. We believe that the system of sentence discounts should remain. "[385]

Dieser *„balancing-approach"* ist z.T. scharf kritisiert worden. *Ashworth* hat festgestellt, daß das allgemeine Ausweichen auf den Topos der „Balance" oder des „Rekalibirierens" im besten Falle Ausdruck eines gewissen Realitätssinns, meist jedoch nur der Ersatz für echte Argumente sei[386]. Zunächst sei klarzustellen, welche Rechte, Maximen und rechtspolitischen Vorstellungen überhaupt in Ausgleich zu bringen seien und welcher Wert ihnen im Rahmen dieser Abwägung jeweils eigne. Entscheidender und bindender Maßstab seien dabei vor allem die Normen der EMRK, die durch den *Human Rights Act 1998* ab Oktober 2000 in England unmittelbar anwendbares Recht sind. Einwände gegen den Automatismus einer Strafmaßreduktion bestünden demnach vor allem vor dem Hintergrund der Unschuldsvermutung, des *nemo tenetur*-Grundsatzes und des *fair trial*-Prinzips[387]. Die von Befürwortern dieses *„principled approach"* angeführten Argumente ähneln den in der deutschen Diskussion verwendeten, sie sind jedoch vor dem Hintergrund des anderen Prozeßrechtssystems auch anders zu werten. Der Angeklagte, der ein Schuldanerkenntnis abgibt, verzichtet damit auf sein Recht, ein volles Verfahren zu bekommen, und die Anklage muß ihren Fall nicht mehr beweisen. Anders als unter Geltung des Amtsermittlungsgrundsatzes wird also der Nachweis der Schuld nicht nur erleichtert, sondern er wird entbehrlich. Wenn nun aber die Unschuldsvermutung verlangt, daß der Staat den Nachweis der Schuld des Angeklagten erbringen muß, dann wird diese Funktion der Unschuldsvermutung durch ein *guilty plea* tangiert. Es ist nach Ansicht der Europäischen Menschenrechtskommission mit Art. 6 (2) EMRK vereinbar, dem Angeklagten zu erlauben, über den Schutz durch die Unschuldsvermutung durch ein Schuldanerkenntnis zu disponieren[388], die grundsätzliche Zulässigkeit eines Strafprozeßrechts mit *guilty plea* steht daher nach ganz h.M. nicht in Frage[389]. Zu versuchen, diesen Dispositionsakt durch Druck herbeizuführen, ist jedoch äußerst bedenklich. Ein Rechtssystem, welches das Recht auf ein volles Verfahren und damit die Pflicht des Staates zum Schuldnachweis zur Disposition des Angeklag-

---

[385] *Report of the Royal Commission on Criminal Justice*, 111.

[386] *Ashworth*, The Criminal Process, 30.

[387] *Ashworth*, The Criminal Process, 276 ff.

[388] EKMR, Entscheidung v. 23.03.1972 (5076/71), CD 40, 64.

[389] Kritisch *Schünemann*, Gutachten, B 94, der die Frage, ob Art. 6 (2) EMRK „dem englischen Strafverfahrenssystem den Todesstoß versetzt", für noch diskussionsbedürftig hält.

ten stellt, sollte keinen Anreiz zu dessen Aufgabe bieten. Der Strafnachlaß für das Schuldanerkenntnis stellt aber einen solchen Anreiz dar. Der Angeklagte, der darauf verzichtet, sein Recht auf ein volles Verfahren wahrzunehmen, wird mit einer milderen Strafe belohnt. Gleichzeitig wird die höhere Strafe nach einem vollen Verfahren von vielen Angeklagten als Strafe für ihr Beharren auf einem Verfahren verstanden. Dies widerspricht der Unschuldsvermutung oder schwächt sie zumindest[390]. Die *guilty plea* Praxis wird letzlich getragen von der Maxime *volenti non fit iniuria*. Dem Angeklagten geschieht aber eben nur dann kein Unrecht, wenn seine Entscheidung, dem Staat den Schuldnachweis zu ersparen, wirklich freiwillig und frei von Beeinflussung erfolgt. Insofern müssen hier sogar strengere Maßstäbe gelten als im Rahmen des *nemo tenetur*-Grundsatzes[391]. Daß der Staat einen Anreiz schafft, den Angeklagten zur Mitwirkung an seiner Überführung zu veranlassen mag hingenommen werden, daß er jedoch versucht, mittels eines solchen Anreizes die Überführung des Angeklagten gänzlich entbehrlich zu machen, aber nicht. Diesem Postulat wird das englische System nicht gerecht. Hier müssen sich auch pragmatische und prinzipielle Argumentation treffen: die Gefahr von Fehlurteilen wird erhöht, wenn man dem Staat erlaubt, sich mittels eines automatischen Strafnachlasses für kooperative Angeklagte von seiner aus der Unschuldsvermutung fließenden Pflicht zum vollen Nachweis der Schuld des Angeklagten „freizupressen“. Hierin liegt ein ganz wesentlicher Unterschied zur deutschen Absprachelösung.

Die gleichen Bedenken kommen im Hinblick auf das *fair trial*-Prinzip zum Tragen[392]. Der kooperative Angeklagte, der sich selbst belastet und auf ein rechtsförmiges Verfahren verzichtet, wird belohnt, derjenige, der darauf besteht, daß die Anklage den Beweis seiner Schuld erbringt, bestraft. Seine Situation wird ferner dadurch geschwächt, daß *in praxi* die Gefahr besteht, daß Fälle, in denen die Anklage auf wackligen Füßen steht, höhere Reduktionen bekommen, als klare Fälle[393]. Je unsicherer der Ausgang des Prozesses ist, desto eher wird Kooperation belohnt werden. Weitere - selbst sich aufdrängende - Beweiserhebungen werden nach Abgabe des *plea* nicht mehr durchgeführt, eine Überzeugung von der Schuld des Angeklagten muß sich der Richter nicht mehr bilden.

---

[390] *Ashworth*, The Criminal Process, 276.

[391] Hinsichtlich des *nemo tenetur*-Grundsatzes mag daher hier auf das oben unter 5. Teil, A, I, 2, c, (1), (b) Gesagte verwiesen werden. Eine Strafmaßreduktion für Kooperation berührt diesen Grundsatz nicht; a.A. *Ashworth*, The Criminal Process, 289; vgl. zum *nemo tenetur*-Grundsatz im englischen Recht auch *Dennis*, IsLR 1997, 24 ff.

[392] Hierzu *JUSTICE*, Negotiated Justice - A closer look at the implications of plea bargaining, 10 ff.

[393] *Sanders/Young*, Criminal Justice, 322.

Daß falsche *guilty pleas* weitgehend unentdeckt bleiben können, wird noch durch eine weitere - standesrechtliche - Besonderheit ermöglicht. *Barrister* und *Solicitor* dürfen das Gericht nicht dadurch täuschen, daß sie einen Mandanten, der ihnen gegenüber seine Schuld eingestanden hat, vor Gericht fälschlich als unschuldig darstellen. Die einschlägigen *Codes of Conduct* verbieten es aber nicht, einen Mandanten zu vertreten, der ein *guilty plea* ablegt, obwohl er seinem Anwalt gegenüber seine Unschuld beteuert[394]. Es fehlt also auch hier an einem institutionellen Schutz vor falschen Schuldanerkenntnissen.

Das durch Art. 6 (1) EMRK geschützte Öffentlichkeitsprinzip wird ebenfalls durch private Gespräche der Anwälte mit dem Richter tangiert[395]. Im Verhältnis zum Angeklagten wird dies zwar durch die in *Turner* postulierte Offenbarungspflicht ausgeglichen, jedoch kommt es zu keiner Offenlegung der Gespräche in der Hauptverhandlung. Die dem Öffentlichkeitsprinzip innewohnende Funktion der Information der Öffentlichkeit über den Verlauf von Strafverfahren wird mithin verletzt. Allerdings will die EMRK diesen Aspekt der Öffentlichkeitsmaxime nicht schützen, sie verbürgt nur das Recht des Angeklagten auf ein öffentliches Verfahren. Englische Gerichte haben aber immer wieder betont, daß das Prinzip der „*open justice*" konstitutiv für das englische Strafverfahren sei[396], unabhängig von seiner Kodifikation in der EMRK. Geheimgehaltene Absprachen mit dem Richter sind daher auch unter diesem Aspekt unzulässig. Für *charge bargains* gilt dies jedoch nicht. Die Auswahl der angeklagten Delikte steht im Ermessen der Anklage und findet außerhalb der Hauptverhandlung statt. Am Schutz durch den Öffentlichkeitsgrundsatz nehmen Gespräche in diesem Stadium daher nicht teil, da der Grundsatz der *open justice* nach tradiertem Verständnis nur das Gericht verpflichtet „öffentlich Recht zu sprechen" (*to adminster justice in public*)[397].

Die grundsätzlichen Bedenken gegen den *sentence discount* sind daher nicht nur akademischer Natur. Es besteht das reale Risiko, daß Unschuldige in der Erwartung einer substantiellen Strafminderung ein Schuldanerkenntnis ablegen, um sich den Prozeß zu ersparen und daß dies wegen des Verzichts auf jede weitere Beweisaufnahme unentdeckt bleibt.

Auch die *Turner*-Grundsätze sind in der Literatur z.T. kritisiert worden, jedoch zielen die Einwände eher auf die Praktikabilität der Richtlinien als auf ihre dogmatische Haltbarkeit. *Baldwin/McConville* haben schon frühzeitig darauf

---

[394] *Bridges*, Legal Action, April 1993, 9; vgl. auch *Dell*, in: *Baldwin/Bottomley*, Criminal Justice: Selected Readings, 106 ff.

[395] *Ashworth*, The Criminal Process, 292.

[396] Vgl. etwa *Agar* (1989) 90 CrAppR 318.

[397] Dies kommt klar in dem australischen Fall *Tait and Bartley* (1979) 24 ALR 473, 488 zum Ausdruck.

hingewiesen, daß der in *Turner* eingeschlagene Weg, private Gespräche mit dem Richter nicht völlig zu verbieten, ihre Zulässigkeit aber auf Ausnahmesituationen zu beschränken, *in praxi* sehr mißbrauchsanfällig sei[398]. *Turner* ignoriere die solchen Gesprächen innewohnende Eigendynamik[399]. Erlaube man nichtöffentliche Gespräche zwischen Verteidiger und Richter auch über *plea* und Strafmaß im Grundsatz, so sei es illusorisch zu glauben, man könne ihre Häufigkeit und ihren Inhalt wirksam auf das in *Turner* Erlaubte beschränken. Dieser Einwand mag ebenso berechtigt sein wie die gegen manche in Deutschland vorkommenden Absprachepraktiken vorgebrachten Bedenken, jedoch betrifft er nicht die rechtliche Zulässigkeit von Absprachen, sondern berührt vielmehr die Frage, inwieweit solche Mißbräuche effektiv kontrolliert werden können. Hierauf ist aber an dieser Stelle noch nicht einzugehen.

---

[398] *Baldwin/McConville*, British Journal of Law and Society 1979, 200, 207.

[399] *Baldwin/McConville*, British Journal of Law and Society 1979, 200, 208.

C. Zwischenergebnis

Alle Absprachen über das Verfahrensergebnis müssen sich an den gesetzlichen Regelungen messen lassen, die das jeweilige Prozeßmodell konstituieren. Auch unterliegen sie dessen Einschränkungen[400]. Daraus folgt ein sehr unterschiedlicher Legalbereich für Absprachen in Deutschland und England. Dabei läßt sich nicht pauschal sagen, daß das englische Recht weiterreichende Absprachemöglichkeiten eröffnet. Die deutsche Praxis geht vielmehr - auch innerhalb des Legalbereichs - in manchem über das in England Zulässige hinaus. Insbesondere sind Urteilsabsprachen mit dem Gericht in England weitestgehend unzulässig, wohingegen sie in Deutschland innerhalb der aufgezeigten Grenzen legal sind. Auch die verfahrensbeendenden Absprachen i.R.d. § 153 a StPO und des Strafbefehlsverfahrens ermöglichen qualitativ andere Absprachen als in England. Wenn daher in der aktuellen Diskussion um Absprachen in Deutschland darauf hingewiesen wird, die Entwicklung der deutschen Absprachepraxis vollziehe sich vor dem Hintergrund des „anglo-amerikanischen" Prozeßmodells, so darf daraus jedenfalls nicht geschlossen werden, daß alles was in Deutschland zulässig ist, auch in England rechtens wäre.

Gemeinsam ist beiden Systemen die im Regelfall strafmildernde Wirkung der Kooperation des Angeklagten. Diese schafft die Voraussetzung für Absprachen. Während aber in Deutschland noch an der Begründung festgehalten wird, daß die mildere Strafe letztlich auf geringerer Tatschuld und Gefährlichkeit des Angeklagten beruht, hat man in England mit S. 48 CJPO nunmehr auch offiziell die Strafmilderung an die Effizienzförderung gekoppelt. Das *guilty plea* soll umso stärker strafmildernd berücksichtigt werden, je früher es abgelegt wird und je größer dadurch seine „kostensparende" Wirkung für den Prozess ist. Diese schlichte Koppelung der Höhe der Strafmilderung an den Zeitpunkt des Geständnisses wäre in Deutschland auch *de lege ferenda* ohne grundlegende Systemänderung nicht praktikabel. Die fortbestehende Aufklärungspflicht des Gerichts führt nämlich dazu, daß die Effizienz der Erledigung durch ein abgesprochenes Geständnis von deutlich mehr Faktoren als dem bloßen Zeitpunkt der Einlassung abhängt. Insbesondere muß das Geständnis inhaltlich vollständig,

---

[400] LR-*Rieß*, Einl. Abschn. G, Rz 69; daraus soll nach Ansicht von *Rieß*, a.a.O., auch folgen, daß die Verfahrensbeendigung durch Verständigung nicht zum normativen oder auch nur faktischen Regelfall im deutschen Strafverfahren werden dürfe. Im Bereich der kleineren und mittleren Kriminalität ist sie das aber m.E. durch § 153 a StPO und das Strafbefehlsverfahren bereits geworden. Dort allerdings durch ausdrückliche gesetzliche Regelung. Für Urteilsabsprachen gilt indes, daß man sie zum normativen Regelfall nur bei völliger Neuorientierung des deutschen Strafprozeßrechts und unter Aufgabe insbesondere der Instruktionsmaxime machen könnte. Die *de lege lata* zulässige Urteilsabsprache, muß sich hingegen an allen für die Hauptverhandlung geltenden Kautelen messen lassen und daher besteht kein Grund, warum sie nicht zum „faktischen" Regelfall werden dürfte.

anschaulich und zur Klärung des Anklagevorwurfs geeignet sein, um als alleinige Urteilsgrundlage herangezogen werden zu können. Das Geständnis wirkt eben nicht prozeßerledigend, sondern lediglich prozeßfördernd. Wollte man also mit der Strafmilderung (auch) diese effizienzsteigernde Wirkung des Geständnisses honorieren, so wäre es immer eine Frage des Einzelfalls, wieviel Beweiserhebungsaufwand dem Gericht durch das Geständnis erspart bliebe.

De lege lata ist es aber sogar gänzlich unmöglich, die strafmildernde Wirkung des Geständnisses derart objektiv zu begründen, denn die Wirkungen der Kooperation des Angeklagten auf das Verfahren lassen sich nicht unter die Strafzumessungskriterien des § 46 StGB subsummieren. Über die doppelte Indizkonstruktion und den *in dubio pro reo*-Grundsatz wird aber auch im deutschen Recht die Strafmilderung für ein Geständnis zum faktischen Regelfall. Dies führt zwangsläufig zu Gesprächen über Geständnisbereitschaft und Straferwartung. Die Behauptung, daß ein solcher „automatischer" Strafnachlaß für ein Geständnis zwingend zu einem *guilty plea* System führe[401], ist aber unrichtig. Kennzeichend für das *guilty plea* ist seine aus der Ausgestaltung des Strafprozesses als Parteiverfahren folgende Verfügungswirkung, nicht die automatische Strafmilderung. Ob ein Strafprozeßsystem Kooperation mit milderer Strafe belohnen will, ist keine Frage der Entscheidung für oder gegen Amtsermittlungsgrundsatz und Aufklärungsmaxime, sondern eine solche des Strafzumessungsrechts. Auch in England kam daher lange Zeit nur der reuige Angeklagte in den Genuß der Strafmilderung. Erst S. 48 CJPO hat 1994 diesen Nexus offiziell aufgehoben. Die Hürde der Strafzumessungsrelevanz der Kooperation des Angeklagten läßt sich somit in beiden Systemen nehmen. Das eigentliche Problem des Strafnachlasses ist indes seine Auswirkung auf die Willensfreiheit des Beschuldigten und seine Zulässigkeit unter dem Aspekt der Unschuldsvermutung.

Die bloße Existenz der Strafmilderung für Geständnis oder *guilty plea* beeinträchtigt die Willensfreiheit nicht in unzulässigem Maß, denn der *nemo tenetur*-Grundsatz erfordert nicht, jeden Anreiz zur Selbstbelastung zu vermeiden, sondern er verbietet nur, den Beschuldigten zur Mitwirkung an seiner eigenen Überführung zu zwingen. Unter Geltung des Amtsermittlungsgrundsatzes verletzt der Strafnachlaß als solcher auch nicht die Unschuldsvermutung, da auch im Fall eines Geständnisses der Staat nicht von seiner Verpflichtung zum Nachweis der Schuld des Angeklagten befreit wird und das Gericht immer noch die Überzeugung von der Schuld des Angeklagten gewinnen muß. Anders ist dies im Fall des *guilty plea*. Mit dem Schuldanerkenntnis disponiert der Beschuldigte über das gesamte Verfahren der Schuldfeststellung und entbindet die Anklagebehörde von ihrer Pflicht, seine Schuld mit zulässigen prozessualen Mitteln nachzuweisen. Das

---

[401] So *Dencker*, in: *Dencker/Hamm*, Der Vergleich im Strafprozeß, 100.

Angebot einer Strafmilderung für den Fall dieses Verzichts tangiert daher den Beweislastaspekt der Unschuldsvermutung.

Weil der Angeklagte durch das *guilty plea* auf den Schutz durch die Unschuldsvermutung verzichtet, muß das englische Recht besonders darauf achten, daß dieser Verzicht freiwillig erfolgt. *Eser* schreibt zutreffend: „Ernstlich problematisch wird daher der Verzicht auf Prozeßmaximen durch den Angeklagten erst und vor allem dort, wo es um die Voraussetzungen und die Feststellung der Freiwilligkeit seines Verzichts geht“[402]. Freiwilligkeit auf Seiten des Beschuldigten wird man dabei aber nur so lange annehmen können, wie ihm der motivatorische Druck des in Aussicht gestellten Rabatts zugemutet werden kann. Diese Grenze wird nach vorherrschender Ansicht in England überschritten, wenn der Strafnachlaß vom Richter im Zuge einer Absprache konkretisiert wird. In einem solchen Fall benennt der Richter nämlich letztlich genau den Preis, den der Staat für den Erlaß der ihm obliegenden Beweislast zu zahlen bereit ist. Er unterbreitet dem Angeklagten ein echtes Vertragsangebot. Die einzig zulässige Prognose zur Straferwartung durch den Richter ist daher das Inaussichtstellen einer bestimmten Strafart, auf die das Gericht unabhängig vom *plea* des Beschuldigten erkennen werde. Dies ist in Deutschland - jedenfalls im Legalbereich der Absprachen - anders. Die deutsche Urteilsabsprachepraxis kann gerechtfertigt werden, wenn und weil die Vorläufigkeit der Strafmaßprognose durch das Gericht klargestellt wird. Diese Vorläufigkeit beruht aber auf der Weitergeltung der Amtsermittlungspflicht, denn auch nach Ablegung des Geständnisses ist über die Schuldfrage noch nicht abschließend entschieden. Wegen des Verfügungscharakters des *guilty plea* ist diese Rechtfertigung einer Strafmaßprognose jedoch in England verbaut. In einem Verfahren mit *guilty plea* führt jede Strafmaßprognose durch das Gericht zu einem echten „Handel mit Gerechtigkeit“.

Strafmaßprognosen durch das Gericht sind auch problematisch, weil der Richter, der den „Vergleichsvorschlag“ unterbreitet, damit seine an sich neutrale Rolle verläßt. Während in England schon die bloße Tatsache der aktiven Beteiligung des Richters als solche dem traditionellen Rollenverständnis widerspricht und zur Unzulässigkeit von *sentence bargains* beiträgt, kommt es in Deutschland auf die Qualität der Beteiligung des Richters an. Daß der Richter, der die Strafmaßprognose gibt, anschließend selbst über die Schuldfrage entscheidet, ist für Juristen aus *common law* Ländern nur schwer verständlich[403], doch ist dies die logische Folge der „Personalunion von Untersuchung und Entscheidung“[404] in Gestalt des Richters, wie sie dem kontinentaleuropäischen Strafprozeß eigen ist. Eine Ab-

---

[402] *Eser*, ZStW 104 (1992), 361, 393.

[403] Vgl. *Damaska*, StV 1988, 398, 399.

[404] *Schünemann*, StV 2000, 159, 164.

sprache ohne Beteiligung des Gerichts ist im Geltungsbereich des Legalitätsprinzips und des Ermittlungsgrundsatzes nicht praktikabel. Wichtig ist es aber, den somit eintretenden Verlust an trennscharfer Rollenverteilung zu kontrollieren und eine „Vermischung der Verfahrenssphären“ jedenfalls bei Fehlschlagen der Absprache nachträglich zu beseitigen. Dies kann über das Instrumentarium des Befangenheitsrechts erreicht werden, das mehr als bisher zur Kontrolle richterlicher Aktivität bei Absprachen eingesetzt werden sollte.

Mangelnde Öffentlichkeit und Transparenz sowie der Ausschluß von Verfahrensbeteiligten sind in Deutschland und England ein weiterer Problembereich der Absprachepraxis. Das englische Recht steht informellen Vorgesprächen mit dem Richter über *plea* und Straferwartung außerhalb der Hauptverhandlung sehr kritisch gegenüber. Nur in wirklich außergewöhnlichen Fällen soll es zu solchen Gesprächen mit dem Gericht kommen. Finden solche Gespräche statt, ist über sie ein Wortprotokoll zu erstellen. In Deutschland sind Vorgespräche über Geständnisbereitschaft und Straferwartung außerhalb der Hauptverhandlung zwar zulässig, doch müssen sie anschließend offengelegt und ihr Inhalt muß protokolliert werden. Gespräche hinter dem Rücken einzelner Verfahrensbeteiligter sind in beiden Ländern unzulässig. Heimlichkeit und fehlende Transparenz sind hier wie dort ein wesentlicher Grund für die Mißbilligung von Absprachen. Die Nachvollziehbarkeit des Entscheidungsfindungsprozesses ist sowohl für die Öffentlichkeit als auch für die revisionsgerichtliche Kontrolle wichtig. Die deutliche Absage an jede Form von Geheimverhandlung ist daher zu begrüßen, denn Transparenz und Öffentlichkeit sind die besten Garanten für eine effektive Mißbrauchskontrolle der Absprachepraxis. Nur die vollständige Offenlegung von Abspracheverfahren und -inhalt kann der konsensualen Verfahrenserledigung den Geruch des Außerprozessualen und Anstößigen nehmen.

Fraglich ist nach alledem, wie es um die häufig aufgestellte These bestellt ist, die Urteilsabsprachepraxis finde vor dem Hintergrund des anglo-amerikanischen Prozeßmodells statt und das ausgehandelte Geständnis sei nichts anderes als ein Substitut für das *guilty plea* des *common law* Prozesses[405]. Soweit die Rechtspraxis das im Rahmen einer Absprache abgelegte Geständnis tatsächlich wie ein *guilty plea* behandelt verstößt sie damit gegen die Grundprinzipien des deutschen Strafverfahrens. Urteilsabsprachen sind in Deutschland gerade deshalb zulässig, weil das Geständnis eben nicht dem *guilty plea* entspricht. Der Druck auf den Angeklagten durch das aktivere Engagement des Richters ist unter dem Blickwinkel der Unschuldsvermutung nur akzeptabel, wenn und weil mit der auch nach dem Geständnis fortbestehenden Aufklärungspflicht ernst gemacht wird. Wenn *Dencker* schreibt, daß, wer sich schon auf ein *plea bargaining* einläßt, auch ein *guilty plea* ausreichen lassen sollte, dann stimmt das für Absprachen mit

---

[405] *Schünemann*, Gutachten, B 82.

dem Gericht gerade nicht [406]. Sobald das Gericht maßgeblich in die Absprache miteinbezogen wird - und das läßt sich im deutschen System gar nicht vermeiden -, darf der Aufklärungsgrundsatz nicht beschnitten werden. Sofern *Dencker* allerdings meint, daß man auf das peinliche Verlesen von Geständnisschriften, die Reue oft nur vortäuschen, durch den Angeklagten verzichten solle, ist ihm zuzustimmen. Ein bloßes Aktenanerkenntnis kann, wenn der Akteninhalt in die Hauptverhandlung eingeführt wurde, tatsächlich ausreichende Urteilsgrundlage sein, wenn sich keine weiteren Ermittlungen aufdrängen. Ein *guilty plea* wird es dadurch jedoch noch nicht.

Auch der Vergleich der Praxis des *charge bargaining* mit den Absprachemöglichkeiten nach §§ 153 ff. StPO und im Strafbefehlsverfahren muß differenziert ausfallen. Die Einstellungsermächtigungen aus Opportunitätsgründen und das Strafbefehlsverfahren zeigen eine klare funktionale Verwandtschaft mit Absprachepraktiken des englischen Strafrechts, die in Form des *charge bargaining* ein Ausufern des Prozeßstoffes zu verhindern bemüht sind[407]. Vor allem dort, wo die Einstellung von einer aktiven Mitwirkung des Beschuldigten abhängig ist, d.h. insbesondere bei § 153 a StPO, drängt sich der Vergleich mit dem *charge bargaining* in England auf. Die Ausgestaltung und der Legalbereich solcher Verständigung ist jedoch sehr unterschiedlich. Während das englische Recht, durch den Grundsatz des Anklageermessens dem *CPS* bei allen Deliktstypen einen Absprachespielraum einräumt, hat die deutsche StA nur dort legale Verhandlungsmöglichkeiten, wo der Gesetzgeber ausdrücklich Ausnahmen vom geltenden Legalitätsprinzip geschaffen hat. Die Ausweitung der Einstellungsmöglichkeiten nach §§ 153 ff. StPO in den Bereich der mittleren Kriminalität hat allerdings diesen grundsätzlichen Gegensatz für viele Delikte abgeschliffen[408] und innerhalb des so eröffneten Bereichs für Absprachen mit der Anklagebehörde räumt das deutsche Recht der StA sogar Kompetenzen ein, die dem englischen Recht fremd sind. Der *CPS* hat nämlich keine Möglichkeit, selbst eine Sanktion zu verhängen, sondern die Strafzumessung findet immer in einem gerichtlichen Verfahren statt. Die für den Beschuldigten oft sehr reizvolle Erledigung eines Verfahrens gänzlich ohne Hauptverhandlung ist in England ohne völligen Verzicht auf Sanktionierung daher nicht möglich. Das englische *charge bargaining* ist somit eher mit dem in Deutschland zu findenden Absprachetypus der Teileinstellung nach §§ 154, 154 a StPO gegen Geständnis in der Hauptverhandlung zu vergleichen. Allerdings erlaubt das englische Recht m.E. auch, eine Absprache über die rechtliche Subsumtion des Sachverhalts zu treffen, was in Deutschland absolut unzulässig wäre. Ein *guilty plea to a lesser charge* kann von der Anklage

---

[406] *Dencker*, in: *Dencker/Hamm*, Der Vergleich im Strafprozeß, 100.

[407] LR-*Rieß*, zu § 152, Rz. 44.

[408] *Goldstein*, IsLR 1997, 159.

akzeptiert werden, wenn es die Schwere der Tat „angemessen reflektiert", d.h. auch dann, wenn die ermittelten Tatsachen eigentlich ein schwereres Delikt unterstützen würden, das Gericht aber auch auf Grundlage des minderschweren Tatbestands ein „vertretbares" Urteil fällen kann. Selbst wenn der Anklagevertreter diese Grenzen überschreitet, kann das Gericht ihn letztlich nicht dazu zwingen, das schwerere Delikt zur Anklage zu bringen, sondern es kann nur eine interne Kontrolle der Entscheidung durch *DPP* und *Attorney-General* anstrengen. Das grundsätzliche Verbot von *sentence bargains* wird durch diese weitreichenden Möglichkeiten des *CPS*, Art und Umfang der angeklagten Delikte zu bestimmen, weitgehend kompensiert.

Die unterschiedliche Struktur des Prozeßrechts führt mithin zu deutlichen Unterschieden der zulässigen Absprachepraxis in Deutschland und England. Sowohl der BGH als auch der *Court of Appeal* haben die Begrenzungen durch das jeweilige System erkannt und im Rahmen ihrer Möglichkeiten den Legalbereich für Absprachen ausgestaltet. Durch die Untätigkeit des Gesetzgebers waren die Gerichte in beiden Ländern genötigt, „kleine", systemimmanente Lösungen der Abspracheproblematik zu entwickeln[409]. In England ging dabei die Stärkung der unabhängigen Position des Richters mit der Anerkennung letztlich nicht gerichtlich kontrollierbaren Ermessens der Anklagebehörden einher, so daß Urteilsabsprachen mit dem Gericht grundsätzlich unzulässig, Absprachen mit dem *CPS* jedoch in weitem Umfang möglich sind. In Deutschland haben Legalitätsprinzip und Untersuchungsgrundsatz einen anderen Weg vorgegeben. Absprachen außerhalb der §§ 153 ff., 407 ff. StPO bedürfen hier notwendigerweise der Beteiligung des Gerichts und sie müssen in das „Gerüst" der Hauptverhandlung eingepaßt werden. Dem vierten Strafsenat des BGH ist diese Harmonisierung weitgehend gelungen. Absprachen über das zu erwartende Strafmaß bei einem Geständnis des Angeklagten lassen sich mit den Grundprinzipien des deutschen Strafverfahrens harmonisieren.

Die Begrenzungen der zulässigen Absprachepraxis müssen indes auch überwacht werden, und Übertretungen müssen sanktioniert werden können. Die in Deutschland und England immer wieder vor die Revisionsgerichte kommenden Fälle unzulässiger Absprachen stellen vermutlich nur die Spitze des Eisbergs dar, denn der konsensuale Rechtsverstoß bleibt häufig unentdeckt. Diese Gehorsamsverweigerung der Praxis gegenüber den Vorgaben der Rechtsprechung ist letztlich das eigentliche Problem der einvernehmlichen Verfahrenserledigung. Daraus folgt zweierlei: zunächst muß die Rechsprechung die Grenzen des Zulässigen deutlicher demarkieren, um in der Flut der Meinungen den von ihr tolerierten Legalbereich aufzuzeigen, sodann gilt es, das strafprozessuale Instru-

---

[409] *Steinhögl*, Der strafprozessuale Deal, 173, hält diesen Weg in Deutschland nicht für gangbar; vgl. auch *Schünemann*, StV 1993, 657; *ders.*, StV 2000, 159, 165 (FN. 38).

mentarium der Mißbrauchs- und Fehlerkontrolle effektiv einzusetzen und gegebenenfalls absprachespezifisch weiterzuentwickeln.

6. Teil: Reform- und Kodifizierungsvorschläge

A. Deutschland

Angesichts der nahezu unversöhnlichen Spaltung der deutschen Strafprozeßwissenschaft und -praxis in der Frage der Zulässigkeit von Urteilsabsprachen *de lege lata* nimmt es nicht Wunder, daß auch über die rechtspolitische Wünschbarkeit gesetzgeberischen Tätigwerdens in diesem Bereich heftig gestritten wird. Die Bandbreite der vertretenen Positionen reicht von strikter Ablehnung jeder gesetzgeberischen Intervention[410] über die Forderung nach klarstellenden Hinweisen durch den Gesetzgeber[411] bis zur Vorlage ausgefeilter Vorschläge für „Absprachegesetze"[412], und auch die an diesem Diskurs über die gesetzliche Normierung der Absprachepraxis beteiligten Personen und Institutionen sind ebenso vielfältig wie die vertretenen Positionen[413].

I. Vorschläge zur Kodifikation des Abspracherechts

Die rechtspolitisch einflußreichen Interessenverbände der Juristen, namentlich der Deutsche Juristentag und der Deutsche Richterbund, haben nur sehr allgemein zu der Frage legislativen Handlungsbedarfes Stellung bezogen, während die konkreteren Vorschläge bisher durchweg von Einzelpersonen kamen[414]. Ein Gesetzentwurf des Bundesministeriums der Justiz blieb auf Referentenebene stecken und wurde noch nicht einmal von der Fachöffentlichkeit als maßgeblicher Beitrag wahrgenommen[415]. Dieses Fehlen „offizieller" Überlegungen mag der Hauptgrund dafür sein, daß bisher kein einziger Kodifizierungsvorschlag wirkli-

---

[410] *Cramer*, FS Rebmann, 146; *Kintzi*, FS Hanack, 189; *Dahs*, NStZ 1988, 153, 159.

[411] *Beulke/Satzger*, JuS 1997, 1072, 1080; *Siolek*, DRiZ 1989, 330; *Schmidt-Hieber*, DRiZ 1990, 325; *Gallandi*, MDR 1987, 801, 804; Verhandlungen des 58. Dt. Juristentages, Beschlüsse, L 213; *Gallandi*, wistra 1991, 47, 50 f.; *Terhorst*, DRiZ 1988, 296; 298.

[412] Zuletzt *Braun*, Die Absprache im deutschen Strafverfahren, 297 ff.; davor schon u.a. *Siolek*, Verständigung in der Hauptverhandlung, 283 ff.; *Kremer*, Absprachen zwischen Gericht und Verfahrensbeteiligten im Strafprozeß, 353 f.; *Wagner/Rönnau*, GA 1990, 387 ff.

[413] Verbände (*Deutscher Juristentag*, *Deutscher Richterbund*), Professoren (*Cramer*, *Wagner*, *Weigend*), Richter (*Hanack*, *Siolek*), Staatsanwälte (*Schmidt-Hieber*, *Kintzi*), Doktoranden (*Kremer*, *Braun*, *Rönnau*).

[414] Während der Deutsche Juristentag den Gesetzgeber zur Normierung „verdeutlichender Regelungen" aufforderte, vgl. Verhandlungen des 58. Dt. Juristentages, Beschlüsse, L 213 f., sah der Deutsche Richterbund keinen legislativen Handlungsbedarf, vgl. *Kintzi*, JR 1990, 309, 311 f., 316.

[415] Vgl. *Siolek*, DRiZ 1993, 422, 427.

che rechtspolitische Bedeutung erlangt hat, sondern sich die Diskussion nach wie vor eher um die grundsätzliche Frage bewegt, ob es überhaupt zu einem Einschreiten des Gesetzgebers kommen soll.

Im Grundsatz lassen sich zwei Gruppen von Vorschlägen unterscheiden. Zum einen wird versucht, vorhandene Institute des Prozeßrechts auszubauen, um Absprachen zu vereinfachen, zum anderen werden regelrechte „Abspracheprozeßordnungen" zur Diskussion gestellt. Zur ersten Gruppe gehören die Idee der Einführung eines Rechtsgespräches in die StPO, sowie die Modelle, welche die Ausweitung des summarischen Strafbefehlsverfahrens zum Inhalt haben.

1. Rechtsgespräch

Insbesondere in der Frühphase der Diskussion um Absprachen im Strafprozeß wurde über die Aufnahme einer an §§ 139, 278 ZPO angelehnten Regelung eines Rechtsgespräches nachgedacht[416]. Dem Gericht solle es ausdrücklich ermöglicht oder sogar vorgeschrieben werden, mit Staatsanwaltschaft und Verteidigung die Sach- und Rechtslage zu erörtern. Schon *Baumann*, der als einer der ersten die Aufnahme von Vorschriften über das Rechtsgespräch in die StPO forderte, wies aber zutreffend darauf hin, daß es dem Gericht auch nach geltender Gesetzeslage nicht verwehrt sei, mit den anderen Verfahrensbeteiligten ein Rechtsgespräch über den Sach- und Streitstand zu führen[417]. Für die Frage nach der möglichen Normierung echter Urteilsabsprachen ist daher durch eine Rechtsgesprächslösung nichts gewonnen. Die Entwicklung der Absprachepraxis hat die Frage der Möglichkeit eines Rechtsgesprächs überholt. Kernproblem der Absprachen ist nicht mehr das „Ob" von Gesprächen zwischen den Verfahrensakteuren, sondern deren Inhalt und ihre Folgen für den weiteren Prozeß.

2. Erweitertes Strafbefehlsverfahren

Andere Vorschläge versuchen, durch eine Ausweitung des Strafbefehlsverfahrens oder durch ähnliche summarische Verfahren die Absprachepraxis zu kanalisieren[418]. Diese Vorschläge gehen deutlich weiter als die Überlegungen zum

---

[416]*Baumann*, NStZ 1987, 157; *StPO-Kommission des DRB*, DRiZ 1987, 244; *Bode*, DRiZ 1988, 281, 286 ff.; *Schmidt-Hieber*, NJW 1990, 1884, 1887; *ders.*, DRiZ 1990, 321, 325; *ders.*, RuP 1988, 141, 144 f.; *Gallandi*, MDR 1987, 801, 804.

[417]*Baumann*, NStZ 1987, 157, 161.

[418]*Bode*, DRiZ 1988, 281, 287; *Schünemann*, Gutachten, B 162f; *Siolek*, Verständigung in der Hauptverhandlung, 258 f.; *Kremer*, Absprachen, 332 f.; vgl. zum Problem „vereinfachter Verfahren" auch *Fezer*, ZStW 106 (1994), 1, 5 f.

Rechtsgespräch. Mit Unterschieden im einzelnen laufen diese Überlegungen darauf hinaus, daß das Gericht auf Antrag der Staatsanwaltschaft ohne Hauptverhandlung einen sog. Strafbescheid erlassen könnte. Dieser Strafbescheid würde die Wirkung eines rechtskräftigen Urteils erlangen, wenn der Beschuldigte nicht innerhalb einer bestimmten Frist Einspruch dagegen einlege. *Schünemann* hat außerdem versucht, die Strafbescheidslösung so zu gestalten, daß der Druck auf den Angeklagten gegenüber der z.Zt. geübten Praxis verringert wird[419]. Seiner Ansicht nach müsse im Falle eines Einspruchs gegen den Bescheid das Verbot der *reformatio in peius* gelten, es sei denn, daß gravierende neue tatsächliche Umstände hervorträten, die bei Erlaß des Strafbescheides nicht bekannt waren. Außerdem solle das Strafbescheidsverfahren für den Angeklagten verfahrenskostenfrei sein. Den Strafbescheidslösungen ist zuzugestehen, daß sie ein Instrument vorschlagen, das auf den ersten Blick sowohl den Bedürfnissen der Justiz, als auch denen des Beschuldigten entgegenkommt. Der Justiz wäre es möglich, eine größere Zahl von Fällen ohne Hauptverhandlung zu erledigen, wohingegen dem Beschuldigten kein Vorleistungsrisiko in Form eines abzulegenden Geständnisses auferlegt würde. In der von *Schünemann* vorgeschlagenen Variante entfiele zudem die Angst, im Falle eines vollen Verfahrens härter bestraft zu werden. Das Strafbescheidsverfahren würde allerdings die Rolle der Hauptverhandlung als Kernstück des deutschen Strafverfahrens noch weiter untergraben. Mit der Ausdehnung summarischer Erledigungsformen würde man auch formal endgültig den Anspruch aufgeben, nach dem „vollen Programm" der StPO zu prozessieren und in einem geordneten Verfahren den Schuldnachweis zu erbringen. Eine deutliche Erweiterung der summarisch erledigten Verfahren würde mithin eine große Umwälzung bedeuten. *Schünemann* selbst spricht in diesem Zusammenhang denn auch von einer „Neuordnung der gesamten Verfahrensstruktur"[420]. Die schützende Form der Hauptverhandlung würde nicht nur beschränkt, sondern ginge *in toto* verloren. Außerdem gelten auch hier die gegen die schon bestehende Strafbefehlsregelung erhobenen Bedenken: die Rechtsstellung des Beschuldigten wird verkürzt, Strafen werden leicht vorschnell und ohne hinreichendes rechtliches Gehör festgesetzt und dem Schuldigen wird der Ernst seiner Tat durch einen bloßen Strafbefehl ohne Hauptverhandlung nicht hinreichend verdeutlicht. Schließlich besteht immer die Gefahr, daß Staatsanwaltschaft und Gericht aus Bequemlichkeit oder Zeitmangel versuchen werden, möglichst viele Verfahren summarisch zu erledigen und mittels besonders niedriger Strafen einen Einspruch des Beschuldigten zu verhindern.

---

[419] *Schünemann*, Gutachten, B 162 f.; vgl. auch *ders*., StV 1993, 657, 663.

[420] *Schünemann*, FS Pfeiffer, 461, 482.

3. Absprachegesetze

Andere Befürworter einer gesetzlichen Regelung haben versucht, regelrechte eigenständige Verfahrensordnungen für Absprachen aufzustellen. Auf diese soll hier nicht im Detail eingegangen werden, denn keiner der Vorschläge hat nachfolgend rechtspolitische Bedeutung erlangt. *Wagner/Rönnau*[421] stellten schon 1990 einen Gesetzentwurf zur Normierung eines „einvernehmlichen Verfahrens" vor und *Meyer-Goßner*[422] schlug 1992 die probeweise Einführung eines Unterwerfungsverfahrens mit *guilty plea* vor. Im Jahre 1993 präsentierte *Siolek* einen umfangreichen Vorschlag, der neben einer Normierung des Rechtsgesprächs und einem erweiterten Strafbefehlsverfahren, unter dem Titel „einvernehmliche Verfahrenserledigung" auch Regelungen zu echten Urteilsabsprachen enthielt[423]. Schließlich haben sich auch *Kremer* 1994[424] und *Braun* 1998[425] um eine normative Erfassung der Abspracheproblematik bemüht.

Bei allen Unterschieden im einzelnen haben diese Vorschläge doch eine gemeinsame Basis: die Festschreibung konsensualer Verfahrenserledigung als echtes *aliud* zur traditionellen Hauptverhandlung. Gegen eine solche Institutionalisierung der Urteilsabsprachen sprechen aber die gleichen beachtlichen Bedenken wie gegen eine Strafbescheidslösung. Man sollte nicht ohne Not die grundrechtssichernden Kautelen der Hauptverhandlung gegen neue Prozeßarten austauschen. Wenn die rechtspolitisch erwünschte konsensuale Erledigung von Strafprozessen auch unter Einhaltung der tradierten, schützenden Formen der Hauptverhandlung erreicht werden kann, sollte man diesen Weg gehen. Pointiert formuliert: nicht Verständigung *statt* Hauptverhandlung, sondern Verständigung *in der* Hauptverhandlung ist das rechtspolitisch erstrebenswerte Ziel.

II. Die Gegner gesetzgeberischer Intervention

Insbesondere in frühen Beiträgen zum Problem der Absprachen im Strafprozeß war denn auch eine Tendenz zur Ablehnung legislativen Handlungsbedarfes zu beobachten[426]. Hierin trafen sich Gegner und Befürworter informeller Verfahrenserledigungen. Befürworter der Absprachepraxis trieb insbesondere die Angst

---

[421] *Wagner/Rönnau*, GA 1990, 387.

[422] *Meyer-Goßner*, NStZ 1992, 167; vgl. auch *Bohlander*, NStZ 1992, 578 und die Erwiderung von *Meyer-Goßner*, NStZ 1992, 579.

[423] *Siolek*, Verständigung in der Hauptverhandlung, 279 ff.

[424] *Kremer*, Absprachen zwischen Gericht und Verfahrensbeteiligten im Strafprozeß, 352 ff.

[425] *Braun*, Die Absprache im deutschen Strafverfahren, 297 ff.

[426] Vgl. den Tagungsbericht von *Weber*, DRiZ 1988, 73.

vor Beschränkungen der sich rasant entwickelnden Praxis an[427]. Kritiker des Absprachewesens hingegen wollten die ihrer Ansicht nach unzulässigen Absprachen nicht kraft Normierung mit dem Mantel der Legalität versehen[428].

Recht früh bestand aber darüberhinaus Konsens, daß es nicht (mehr) zu einem Totalverbot von Absprachen kommen könne. So warnte z.B. *Cramer* schon 1989 aus diesem Grund vor einer Änderung der StPO[429]. Er wies darauf hin, daß ein generelles Verbot von Prozeßabsprachen nicht durchgesetzt werden könne, weil es im Rahmen des Rechtsmittelrechts an einem Instrumentarium fehle, das es ermögliche, von den Parteien nicht gerügte Verfahrensverstöße zum Anlaß für die Aufhebung einer Entscheidung zu nehmen[430]. Diese Einschätzung kommt auch in den oft zu lesenden Bemerkungen zur Irreversibilität der Absprachenpraxis zum Ausdruck[431]. Dieser Konsens wird getragen von einer z.T. resignativen Hinnahme der normativen Kraft des Faktischen, sowie einem starken Mißtrauen gegenüber den Akteuren des Strafverfahrens. Letztlich reflektiert er aber auch die rechtspolitische Grundentscheidung für Absprachen zum Verfahrensergebnis.

Die meisten der Beiträge, die sich gegen eine Normierung oder zumindest eine gesetzliche Klarstellung aussprechen, sind zu einem Zeitpunkt verfaßt worden, zu dem die Praxis der Absprachen noch auf dogmatisch tönernen Füßen stand. Viele Autoren schienen abwarten zu wollen, wie die Rechtsprechung mit dem Phänomen umgehen würde. Jetzt, wo es zu einer gewissen Verfestigung der Rechtsprechung gekommen ist, erscheint eine gesetzliche Fixierung des Erreichten einerseits nicht mehr so entscheidend, andererseits blockiert sie aber auch nicht mehr eine im Fluß befindliche Entwicklung. Insgesamt haben die gegen gesetzgeberisches Eingreifen angeführten Argumente dadurch aber an Kraft verloren.

Neuerdings beherrscht vor allem die Sorge um eine Zweiteilung des deutschen Strafprozesses die Diskussion. Hierzu gehört auch das Argument *Kintzis*, daß es entscheidend auf eine Verdeutlichung des Regel-Ausnahme Verhältnisses zwischem „streitigem" Normalverfahren und konsensualer Erledigung ankomme[432]. Seiner Meinung nach mache es „einen gravierenden Unterschied, ob sich die

---

[427]*Dahs*, Absprachen im Strafprozeß, NStZ 1988, 153, 159.

[428]Vgl. *Schumann*, StV 1989, 179: „Vergleiche abzulehnen und sie gleichzeitig regeln zu wollen, geht nicht"; s. auch *Kintzi*, JR 1990, 309, 316; *Günter*, DRiZ 1989, 151 f.; *ders.*, DRiZ 1987, 406.

[429]*Cramer*, FS Rebmann, 146.

[430]*Cramer*, FS Rebmann, 150.

[431]*Schlothauer*, Vorbereitung der Hauptverhandlung, Rz. 141; *Wolfslast*, NStZ 1990, 409, 416; *Zschockelt*, FS Salger, 444.

[432]*Kintzi*, FS Hanack, 178.

Verständigungen an den Maximen der StPO messen müssen, oder ob ein bequemes ressourcensparendes Erledigungsverfahren einladend vorgezeichnet ist"[433]. Dem wird nun gerade entgegengehalten, daß es mit der Anerkennung von Urteilsabsprachen durch die Rechtsprechung bereits zu einer Zweiteilung des Strafprozesses gekommen sei. Dann müsse aber auch konsequenterweise eine „zweite Strafprozeßordnung" für abgesprochene Urteile geschaffen werden[434]. Auf dem Boden der heutigen Rechtsprechung sind beide Positionen so zu apodiktisch. Weder bedarf es einer zweiten Strafprozeßordnung, noch muß legislative Intervention zwangsläufig zu einer Zweiteilung des Strafverfahrens führen. Die Lösung liegt vielmehr in einer Besinnung auf die Rechtsprechungsgrundsätze.

III. Klarstellende Regelungen durch Kodifizierung der Rechtsprechungsgrundsätze

Es ist der Rechtsprechung gelungen, Urteilsabsprachen in das geltende Prozeßrecht zu integrieren. Halten sich die Verfahrensbeteiligten an die vom BGH aufgestellten Grundsätze, so verstoßen Absprachen auch zum Verfahrensergebnis nicht gegen geltendes Recht. Auch stellen sie dann kein Sonderverfahren dar, welches einer „zweiten Strafprozeßordnung" bedürfe. Allerdings kommt es zu „Friktionen" mit Prozeßgrundsätzen, und der Begründungsaufwand für den tragenden Pfeiler der Absprachepraxis, nämlich die strafmildernde Wirkung des Geständnisses, ist immens. Außerdem stellt sich die Frage nach der Effektivität der Mißbrauchskontrolle.

Zwar stellt die Absprachepraxis kein eigenes Verfahren, kein *aliud* zur Hauptverhandlung dar, doch unterscheidet sich eine Hauptverhandlung mit Urteilsabsprache durchaus so stark vom gesetzlichen Leitbild, daß eine gesetzgeberische Klarstellung ihrer Legitimität wünschenswert erscheint. Es widerspricht den Grundsätzen des deutschen Straf- und Strafprozeßrechts, etwas so Entscheidendes wie die Erledigung von Verfahren durch Absprachen allein der Praxis zu überlassen[435]. Rechtssicherheit und -klarheit sind im Strafprozeß von entschei-

---

[433] *Kintzi*, FS Hanack, 189.

[434] *Weigend*, NStZ 1999, 57, 63.

[435] So besonders nachdrücklich unter Verweis auf „Gesetzgebungspflicht und Wesentlichkeitstheorie", *Siolek*, Verständigung in der Hauptverhandlung, 224 ff.; *ders.*, DRiZ 1989, 321; vgl. aber auch *Roxin*, Strafverfahrensrecht, § 15, Rz. 8; *Meyer-Goßner*, NStZ 1992, 167, *Fahl*, JA 1997, 276; *Böttcher/Widmaier*, JR 1991, 356, *Beulke/Satzger*, JuS 1997, 1072, 1080, *Hamm*, ZRP 1990, 337, 342.

dender Bedeutung. Wenn es keine Strafe „*sine lege scripta*" geben darf[436], dann sollte es auch keine Strafe nach nicht eindeutig normiertem Verfahren geben.

Jetzt, da die Rechtsprechung eine gewisse Verfestigung erreicht hat, ist es daher an der Zeit, die dort erarbeiteten Eckpfeiler in die StPO zu überführen. Da die Rechtsprechung ihre Lösung aber aus dem bestehenden Prozeßrecht heraus entwickelt hat, bedarf es hierzu nicht eines Absprachegesetzes oder gar einer „zweiten Strafprozeßordnung", vielmehr reicht es aus, wenn gesetzgeberische Klarstellungen an den Stellen erfolgen, an denen es zu „Friktionen" mit dem tradierten Prozeßverständnis kommt. Dies entspräche auch den Beschlüssen des 58. Deutschen Juristentages, der dem Gesetzgeber empfahl, durch verdeutlichende Regelungen Auswüchse einzudämmen und Unsicherheiten zu beseitigen[437]. Die Analyse der Rechtsprechung hat die problematischen Aspekte aufgezeigt. Wünschenswert wäre insbesondere eine gesetzliche Klarstellung, daß Vorgespräche auch außerhalb der Hauptverhandlung erlaubt sind, soweit sie anschließend offengelegt werden und daß solche Gespräche nicht *eo ipso* die Besorgnis der Befangenheit begründen. Auch wäre es wünschenswert, ausdrücklich die Zulässigkeit einer unter der Bedingung der Vorläufigkeit abgegebenen Strafmaßprognose festzuschreiben. Hiermit korrespondierend könnte in § 136 a StPO deutlicher zum Ausdruck gebracht werden, daß jede mit Bindungswillen abgegebene Strafmaßprognose ein daraufhin abgegebenes Geständnis unverwertbar macht. Auch hinsichtlich der strafmildernden Wirkung des Geständnisses besteht Klarstellungsbedarf. Die Begründung dieser Wirkung auf dem Boden der doppelspurigen Indizkonstruktion ist zwar, wie dargestellt, grundsätzlich tragfähig, doch verschleiert sie den eigentlichen - und legitimen - Grund für die mildere Behandlung des geständigen Angeklagten. In § 46 StGB könnte daher z.B. ein Passus aufgenommen werden, daß ein Geständnis, welches einen Beitrag zur Sachaufklärung und zum Opferschutz leistet, strafmildernd berücksichtigt werden kann.

Schließlich - und davon wird nachfolgend nun zu handeln sein - bedarf es einer klaren revisionsrechtlichen Kontrolle der Absprachepraxis. Auch die Normen des Rechtsmittelrechts und ihre Auslegung durch die Rechtsprechung sind daher unter dem Aspekt konsensual erledigter Verfahren zu untersuchen und evtl. neu zu bewerten.

---

[436]Vgl. Art. 103 II GG, § 1 StGB, s. auch *Wessels/Beulke*, Strafrecht - Allgemeiner Teil, Rz. 44.

[437]Verhandlungen des 58. Dt. Juristentages, Beschlüsse, L 213 f.

B. *England*

Turner ist nach wie vor die maßgebliche Entscheidung zur Zulässigkeit von *sentence bargains*[438]. Die professionellen Akteure in den englischen Gerichtssälen jedoch sind mit dieser Rechtslage unzufrieden. In einer von *Zander* und *Henderson* für die *Royal Commission on Criminal Justice* 1993 durchgeführten Untersuchung gaben auf die Frage: „Glauben Sie, daß die *Turner* Regeln verändert werden sollten, um eine umfassende und realistische Diskussion zwischen Verteidiger und Richter über *plea* und Strafmaß zu ermöglichen?“ mehr als zwei Drittel der Befragten *Barrister* und Richter eine bejahende Antwort[439]. Ein weiteres starkes Indiz für die Unzufriedenheit der Praxis mit dem geltenden Recht sind die Bemerkungen von Richtern und Anwälten in Rechtsmittelverfahren gegen fehlgeschlagene Absprachen. Die an den angegriffenen Entscheidungen beteiligten Juristen verteidigen ihr Verhalten häufig als übliche Praxis, auch wenn es den *Turner* Grundsätzen eindeutig widerspricht. Vor dem Hintergrund dieser verbreiteten Ablehnung der restriktiven Spruchpraxis des *Court of Appeal*, wurden Anfang der neunziger Jahre zwei vielbeachtete Vorschläge zur Reform des Rechts der Urteilsabsprache unterbreitet.

I. Seabrook-Committee

Der erste Vorschlag kam 1992 von einer Arbeitsgruppe des *Bar Council* unter Vorsitz von *Robert Seabrook QC*[440]. Die Arbeitsgruppe erblickte in einem formalisierten *plea bargaining* System ein probates Mittel effizienzsteigernder richterlicher Intervention. *Plea bargaining* sollte auf zwei Weisen formalisiert werden. Der erste Vorschlag betraf die Einführung eines abgestuften Strafnachlasses für die Abgabe eines Schuldanerkenntnisses. Frühe *pleas* sollten höhere Strafnachlässe nach sich ziehen als spätere, mit „Abschlagsspitzen“ von 30 % für frühzeitige *pleas*. Dieser Teil des Vorschlages des *Seabrook*-Committees ist inzwischen durch S. 48 CJPO in die Praxis umgesetzt worden. Die weitergehende und umstrittenere Empfehlung der Arbeitsgruppe betraf die Einführung eines formalisierten Verfahrens zur Strafmaßprognose durch den Richter. Dem Richter

---

[438] *Turner* (1970) 54 CrAppR 361; vgl. oben 5. Teil, B, I, 2.

[439] *Zander/Henderson*, Crown Court Study, 145, para. 4.13.1; vgl. hierzu auch *Osborne*, COUNSEL, December 1998, 26, der deutlich das Mißfallen des Autors, eines praktizierenden Barristers, über die Rechtslage unter *Turner* zum Ausdruck bringt.

[440] *Bar Council*, The Efficient Disposal of Business in the Crown Court, Report of the working party chaired by *Robert Seabrook QC*, für eine Zusammenfassung des Berichts siehe COUNSEL, June/July 1992, 22.

solle erlaubt werden, ein konkretes Strafmaß für den Fall eines Schuldanerkenntnisses in Aussicht zu stellen.

II. Royal Commission on Criminal Justice

Die *Royal Commission on Criminal Justice* griff 1993 den *Seabrook*-Vorschlag auf und empfahl in ihrem Abschlußbericht die Einführung eines formalisierten *plea bargaining* Systems, dem sie den Namen „*sentence canvass*" gab[441]. Der Vorschlag der *Runciman*-Kommission bestand aus sechs Punkten[442]:

- Die Initiative zu einem Gespräch über die zu erwartende Strafe müsse immer von der Verteidigung ausgehen.
- Ein Gespräch mit dem Richter könne entweder bei einem *preparatory hearing*, in einem eigens für ein solches Gespräch anberaumten Termin oder während der Hauptverhandlung stattfinden.
- Anklage und Verteidigung sollten beide während des Gespräches anwesend sein und der Gesprächsinhalt solle stenographisch oder durch Tonbandaufzeichnung protokolliert werden.
- Der Richter dürfe nur eine Frage beantworten: „Mit welcher Höchststrafe müßte mein Mandant rechnen, wenn er sich zu diesem Zeitpunkt des Verfahrens schuldig bekennt?"
- Der Richter könne sich weigern, diese Frage zu beantworten, wenn er sich zu einer Antwort nicht in der Lage sehe oder er durch eine Antwort ein Verfahren gegen Dritte präjudizieren würde.
- Die strafmildernde Wirkung des *plea* solle, wie im *Seabrook*-Vorschlag, nach dem Zeitpunkt der Abgabe gestaffelt sein.

Beide Reformvorschläge sind nicht implementiert worden. S. 48 CJPO stellt lediglich eine Kodifizierung des bisherigen *case law* dar. Ein offiziell sanktioniertes *plea bargaining* System gibt es nach wie vor nicht. *Turner* gibt für diesen Bereich weiterhin die Rahmenbedingungen vor. Wegen der auf breiter Front gegen den *sentence canvass* vorgebrachten Bedenken[443] ist für die nächste Zeit auch nicht mit einem neuen Versuch der Einführung eines formalen Systems für Absprachen zu rechnen.

---

[441] *Royal Commission on Criminal Justice Report*, 113, para. 51.

[442] *Royal Commission on Criminal Justice Report*, 113 f., paras. 50-55.

[443] Hierzu s. gleich unter 6. Teil, B, III.

III. Reformvorschläge und Kritik in der Literatur

Von Seiten der Literatur sind keine eigenen Kodifikationsmodelle für ein System formalisierten *plea bargainings* erarbeitet worden. Manche fordern im Gegenteil eine Rückkehr zur unregulierten Absprachepraxis vor *Turner*[444]. Vereinzelt gibt es Überlegungen zu grundlegenden Reformen des gesamten Strafprozesses, die *plea bargains* überflüssig oder jedenfalls uninteressant machen würden. *Ashworth* denkt z.B. über eine völlige Abschaffung des *sentence discount* oder sogar des Instituts des *guilty plea* nach[445]. Doch sind diese Reformüberlegungen zu weitgehend und auch nicht absprachespezifisch genug, um hier behandelt zu werden.

Die Prozeßrechtswissenschaft hat sich aber z.T. überaus kritisch mit dem Vorschlag der *Royal Commission on Criminal Justice* auseinandergesetzt[446]. Der Kommission wird vor allem die Überbewertung des Gesichtspunkts der Effizienz des Strafverfahrens entgegengehalten. Das Problem der *cracked trials* würde unzulässigerweise mit der Frage nach der Wünschbarkeit von Urteilsabsprachen vermischt. Als *cracked trials* werden solche Verfahren bezeichnet, in denen der Angeklagte erst am Tag der Hauptverhandlung sein *plea* von *not guilty* zu *guilty* ändert. Da die Terminierung des Gerichts von einer vollen streitigen und damit langwierigen Hauptverhandlung ausgeht, vergeuden solche späten Schuldanerkenntnisse wertvolle Verhandlungszeit und gelten als ein Hauptursache von Ineffizienz und Ressourcenverschwendung. Die *Royal Commission* sah im *sentence canvass* ein probates Mittel, Angeklagte zu einem früheren Zeitpunkt zur Abgabe eines *guilty plea* zu bewegen. Die meisten Kommentatoren haben aber zu Recht darauf hingewiesen, daß *cracked trials* vor allem ein Resultat später *charge bargains* sind. Außerdem würden *Barrister* ihren Mandanten oft am Tag der Hauptverhandlung zum ersten Mal treffen und könnten ihn daher auch erst zu diesem Zeitpunkt über sein *plea* beraten. Wolle man also das Problem der *cracked trials* wirksam bekämpfen, so läge die Lösung primär in einer früheren Einbeziehung des *Barristers* in die Erarbeitung der Verteidigungsstrategie und einer langfristigeren Vorbereitung des Falles durch die Verteidigung[447]. Auf diese

---

[444] *Osborne*, COUNSEL, December 1998, 26; *Morton*, NLJ 1985, 565.

[445] *Ashworth*, The Criminal Process, 294.

[446] *Sanders/Young*, Criminal Justice, 338; *McConville/Mirsky*, NLJ 1992, 1373, 1374; *dies.*, Legal Action Februar 1993, 6; *Davies/Croall/Tyrer*, Criminal Justice, 231; *Ashworth*, The Criminal Process, 30 ff., 284 ff.; allgemein zur *Royal Commission on Criminal Justice*, vgl. *Bohlander*, ZStW 106 (1994), 72; *Bridges/McConville*, Criminal Justice in Crisis; mit dem *Seabrook*-Vorschlag befaßt sich eingehend *JUSTICE*, Negotiated Justice - A closer look at the implications of plea bargaining, 2 ff.

[447] *Wasik/Gibbons/Redmayne*, Criminal Justice, 384.

Weise würden sowohl Gespräche mit der Anklage über die angeklagten Delikte, als auch die Beratung des Angeklagten über sein *plea* vor der Terminierung der Hauptverhandlung durch das Gericht stattfinden können.

Es sei außerdem problematisch, daß der Strafnachlaß aus reinen Effektivitätserwägungen heraus gewährt werden solle, die keinen Bezug zur Schuld des Angeklagten oder seiner Bereitschaft, seine Schuld zumindest anzuerkennen, hätten[448]. Die Kommission vernachlässige die Grundwerte des traditionellen Strafverfahrens. Konstitutiv für das Modell des *adversarial process* sei, daß der Staat den Nachweis der Schuld zu erbringen habe und ein unabhängiges Gremium, die Geschworenen, von der Schuld des Angeklagten überzeugen müsse. Von diesem Grundsatz dürfe nur abgewichen werden, wenn der Angeklagte aus freiem Willen aus Schuldeinsicht oder Reue seine Schuld anerkenne. Der *sentence canvass*, mit seiner Abkopplung des Strafnachlasses für ein *guilty plea* von den Motiven des Angeklagten, führe dazu, daß der Staat sich von seiner Pflicht zum Schuldnachweis „freizupressen" versuche. Auch dürfe der Richter nicht seine neutrale Position aufgeben[449]. Jede direkte Prognose durch den Richter würde den Druck auf den Angeklagten, seine Freispruchchancen gegen die prognostizierte „sichere" Strafe einzutauschen, unzumutbar machen. In *Turner* sei diese Problematik zutreffend erkannt und gelöst worden. Die Umkehrung dieser Grundsätze durch den *sentence canvass* sei unter dem Gesichtspunkt des *due process* unerträglich.

Seabrook und *Runciman* gehen davon aus, daß eine Strafmaßprognose allein aufgrund des Ermittlungsergebnisses möglich ist. *McConville/Mirksy* halten dies gerade nach den zahlreichen bekannt gewordenen Fällen krassen Fehlverhaltens der Polizei für verfehlt[450]. Eine Vermutung für die Vollständigkeit, Richtigkeit und Beweisbarkeit der Sachverhaltsschilderung durch die Anklage dürfe es nicht geben[451].

Auch unter Effizienzgesichtspunkten sei die Einführung eines *plea bargaining* Systems verfehlt. Ein solches System würde vielmehr einen Anreiz für *CPS* und Polizei schaffen, auch Fälle anzuklagen, bei denen die Beweislage nicht ausrei-

---

[448] *Davies/Croall/Tyrer*, Criminal Justice, 231, *McConville/Mirsky*, Legal Action Februar 1993, 6.

[449] *McConville/Mirsky*, NLJ 1992, 1373, 1374.

[450] Diese *miscarriages of justice* waren der Auslöser für die Einrichtung der *Royal Commission on Criminal Justice*. In einer Reihe spektakulärer Entscheidungen des *Court of Appeal* wurde aufgedeckt, daß die Polizei in vielen Verfahren gegen mutmaßliche IRA Terroristen Beweismittel gefälscht oder unterdrückt und Angeklagte menschenunwürdig vernommen hatte; für eine kurze Zusammenfassung der Fälle vgl. *Ashworth*, The Criminal Process, 11 ff.

[451] *McConville/Mirsky*, Legal Action Februar 1993, 6.

chend ist, in der Hoffnung, daß der Schuldnachweis durch ein ausgehandeltes *guilty plea* entbehrlich werde. Hierdurch würde die Belastung der Gerichte mit solchen Fällen erhöht. Wolle man die Arbeitsbelastung verringern, gelte es, ein besseres Filtersystem für sog. „*weak cases*" zu entwickeln[452].

Schließlich könne der Gleichlauf der Interessen aller professionellen Akteure dazu führen, daß der Angeklagte auch von seinem eigenen Verteidiger geradezu zu einem *guilty plea* gedrängt werde[453]. Die Mehrheit der Angeklagten, die erst am Tag der Hauptverhandlung ein *guilty plea* abgeben, gab in einer Untersuchung von *Baldwin/McConville* an, sie täte dies auf Anraten ihres *Barristers*[454]. Diese üben oft starken Druck auf ihre Mandanten aus, sich schuldig zu bekennen. Viele der in der Untersuchung befragten Angeklagten sagten aus, daß sie durch ihren eigenen Verteidiger geradezu zur Abgabe eines *guilty pleas* genötigt worden seien. Die neuere Studie von *McConville/Hodgson/Bridges/Pavlovic* hat solche Zustände auch für das Verhältnis zwischen Angeklagtem und *Solicitor* bestätigen können[455]. Auch die *Solicitor* arbeiten oft auf Basis einer Schuldvermutung und versuchen mit allen Mitteln, ihre Mandanten zu einem Schuldanerkenntnis zu bringen. Der *sentence canvass* würde den Anwälten noch ein weiteres Druckmittel in die Hand geben. Der Angeklagte sähe sich dann einer Phalanx von Juristen gegenüber, die von ihm geradezu erwarteten, daß er sich schuldig bekenne. Ihn solchem Druck auszusetzen sei unzumutbar.

Diese in breiter Front vorgetragene Kritik hat dazu geführt, daß der *sentence canvass*, der einer der zentralen Vorschläge der Kommission war, nicht vom Gesetzgeber aufgegriffen wurde.

C. Zwischenergebnis

Sowohl in England wie in Deutschland ist es bisher nicht zu einer gesetzlichen Regelung der Urteilsabsprachepraxis gekommen. Die Gründe hierfür scheinen eigentümlich zweigeteilt zu sein. Absprachegegner wollen keine Regelung, weil diese jedenfalls zu einer partiellen Anerkennung der Absprachepraxis führen müßte, Absprachebefürworter hingegen versuchen - jedenfalls in Deutschland - eine Beschränkung der derzeitig geübten Praxis durch den Gesetzgeber zu vermeiden. Ein Totalverbot von Absprachen durch Gesetz wird schließlich schon deshalb nicht mehr ernsthaft gefordert, weil man den nicht zu sanktionierenden Ungehorsam gegen eine solche Regelung fürchtet.

---

[452] *McConville/Mirsky*, Legal Action Februar 1993, 6, 8

[453] *McConville/Mirsky*, NLJ 1992, 1373, 1374.

[454] *Baldwin/McConville*, Negotiated Justice, 32f, 49 f.

[455] *McConville/Hodgson/Bridges/Pavlovic*, Standing Accused, 252 ff.

Während in England der Vorschlag der *Royal Commission on Criminal Justice* zum *sentence canvass* für einige Aufregung gesorgt hat[456], hat in Deutschland kein einziger konkreter Gesetzgebungsvorschlag besonderes öffentliches Interesse erweckt. Der *sentence canvass* der *Royal Commission* hätte der englischen Praxis etwa im selben Umfang Urteilsabsprachen ermöglicht, wie sie in Deutschland nach der Rechsprechung des BGH zulässig sind. Ein solches System hätte aber wegen der prozeßerledigenden Wirkung des *guilty plea* zu Konflikten mit der durch die EMRK geschützten Unschuldsvermutung geführt. Wenn ein Prozeßrechtssystem dem Angeklagten nämlich erlaubt, auf den Schutz durch die Unschuldsvermutung zu verzichten, dann darf es nicht versuchen, diesen Verzicht durch besondere Anreize herbeizuführen. Der *sentence canvass* wurde daher zu Recht nicht vom Gesetzgeber aufgegriffen. Die grundsätzlich ablehnende Haltung gegenüber echten *sentence bargains* wird gerade nach der Inkorporation der EMRK in das englische Recht durch den *Human Rights Act* fortbestehen. Auch in Deutschland gibt es derzeit keine Anzeichen für ein baldiges Tätigwerden des Gesetzgebers, obwohl eine klarstellende Regelung der streitigen Punkte der Urteilsabsprachepraxis wünschenswert wäre.

Im Bereich des *charge bargaining* und der Absprachen i.R.d. §§ 153 ff. StPO ist ebenfalls kaum mit legislativer Intervention zu rechnen. In England steht einer Beschränkung der *charge bargaining* Praxis die lange Tradition des Anklageermessens entgegen, dessen grundsätzliche Berechtigung von der ganz h.M. nicht in Frage gestellt wird, während in Deutschland der Gesetzgeber unlängst die Gesetzeslage den Wünschen der Praxis angepaßt und den Anwendungsbereich der §§ 153 ff. StPO durch das Rechtspflegeentlastungsgesetz deutlich ausgeweitet hat. Die §§ 153 ff. StPO haben dadurch nunmehr wohl die äußere Grenze des noch mit der grundsätzlichen Geltung des Legalitätsprinzips zu Vereinbarenden erreicht, mit einer noch weiteren Ausdehnung ist daher nicht zu rechnen. Während also in England Absprachemöglichkeiten über den Prozeßumfang anerkanntermaßen schon seit langem auch ohne explizite gesetzliche Regelung bestehen, hat in Deutschland der Gesetzgeber die von der Praxis gewünschten Bedingungen insbesondere durch die Ausweitung des § 153 a StPO in den Bereich der mittleren Kriminalität geschaffen, so daß es in beiden Ländern an der Notwendigkeit weiteren gesetzgeberischen Tätigwerdens fehlt.

---

[456] *Royal Commission on Criminal Justice Report*, 113, paras 50-55.

7. Teil: Mißbrauchskontrolle und fehlgeschlagene Absprachen

Verfahrensbeendende Absprachen sind innerhalb des aufgezeigten Legalbereiches in Deutschland und England zulässig. Allerdings sind ihnen durch die Prozeßgrundsätze die dargestellten - nicht disponiblen - Grenzen vorgegeben. Die Natur von Absprachen als Methode *konsensualer* Verfahrensbeendigung führt aber zwangsläufig zu dem Problem eines konsensualen Hinwegsetzens über diese Grenzen und zur Gefahr eines offenen oder versteckten, anfänglichen oder nachträglichen Dissenses, die jedem auf Willensübereinstimmung gerichteten Verfahren innewohnt. Schließlich besteht natürlich immer auch die Möglichkeit des „Wegfalls der Geschäftsgrundlage" oder eines bewußten „Vereinbarungsbruches" durch einen der Beteiligten. Den Reaktionsmöglichkeiten auf diese Grundtypen von Störungen ist im folgenden nachzugehen. Hierbei wird nach den Absprachegrundtypen und nach dem Verfahrensstadium, in dem die Störung behoben werden soll, zu differenzieren sein.

A. Die fehlgeschlagene Urteilsabsprache im deutschen Recht

I. Reaktionsmöglichkeiten in der Hauptverhandlung

Beulke/Satzger haben auf die „Hierarchie der verfahrensrechtlichen Pannenhilfe" aufmerksam gemacht[457]. Das Strafprozeßrecht hält eine Reihe von Instrumenten zur Heilung von Verfahrensfehlern bereit, deren Rigidität gestaffelt ist. Sie reichen von der schärfsten denkbaren Rechtsfolge des sofortigen Verfahrensendes, über den Ausschluß von Beweismitteln und Richtern hin zu Korrekturen über das Strafzumessungsrecht. Diese logisch-hierarchische Stufenfolge der Reaktionsmöglichkeiten auf fehlgeschlagene Absprachen gibt den ersten Schritt der Prüfung zwingend vor. Ein Abbruch des Verfahrens würde nämlich jede weitere Folgenbeseitigung unnötig machen. Ob allerdings auch die übrigen Instrumente der „Pannenhilfe" in einem exklusiven Verhältnis zueinander stehen[458], ist nicht logisch zwingend vorgegeben und wird noch zu prüfen sein.

---

[457] *Beulke/Satzger*, JuS 1997, 1072, 1079.

[458] So im Grundsatz *Beulke/Satzger*, JuS 1997, 1072, 1079 f.

1. Prozeßhindernis und „Verwirkung des staatlichen Strafanspruchs“

Gerlach spricht von einem „reizvollen Gedanken“, im Falle des Scheiterns einer Verständigung ein Prozeßhindernis anzunehmen[459]. Der Begriff wird von der StPO nicht definiert. Unter Prozeßhindernissen versteht man Umstände, die es ausschließen, daß von einem bestimmten Zeitpunkt an über einen bestimmten Prozeßgegenstand mit bestimmten Prozeßbeteiligten mit dem Ziel einer Sachentscheidung verhandelt werden darf[460]. Diese Umstände müssen nach dem ausdrücklich erklärten oder aus dem Zusammenhang ersichtlichen Willen des Gesetzgebers so schwer wiegen, daß von ihrem Vorliegen die Zulässigkeit des Verfahrens im Ganzen abhängig gemacht werden muß[461].

Umstritten ist, ob sich Prozeßhindernisse unmittelbar aus dem Grundgesetz herleiten lassen[462]. Denkbar wäre es, bei einem schwerwiegenden Verstoß gegen das Rechtsstaatsprinzip und die daraus fließenden Grundsätze des Strafverfahrens ein Prozeßhindernis anzunehmen. Eng verwandt mit der Rechtsfigur des Prozeßhindernisses ist die Idee der „Verwirkung des staatlichen Strafanspruchs“[463]. Die Rechtsprechung ist sehr zurückhaltend mit der Annahme von Verfahrenshindernissen. Sie versucht eher, rechtsstaatswidriges Verhalten der Justiz auf der Ebene der Strafzumessung oder über Beweisverwertungsverbote zu kompensieren[464]. Das Abschieben des Problems eines dem Angeklagten betrügerisch gegenüberstehenden Strafverfolgungsapparates in das nur schwer zu kontrollierende Gebiet der Strafzumessung führt zwar zu neuen Rechtsunsicherheiten[465], es wird aber von der ganz h.M. trotzdem zu Recht gebilligt[466].

Die Situationen, in denen im deutschen Recht „Verwirkung“ und Prozeßhindernisse diskutiert werden, betreffen Konstellationen, in denen die Legitimität des Verfahrens oder sogar des „Strafanspruches“ an sich in Frage stehen oder die

---

[459] *Gerlach*, Absprachen im Strafverfahren, 143.

[460] *Beulke/Satzger*, JuS 1997, 1072, 1074.

[461] BGHSt 37, 10, 13.

[462] Vgl. *Hillenkamp*, NJW 1989, 2841; *Steiner*, Das Fairneßprinzip im Strafprozeß, 199 f.

[463] Hierzu v.a. *Wolfslast*, Staatlicher Strafanspruch und Verwirkung.

[464] BGHSt 37, 10, 13; BGHSt 42, 191; so zuletzt auch wieder BGH, NJW 2000, 1123, 1126: „Die Anerkennung eines Verfahrenshindernisses käme nach deutschem Recht nur in Betracht, wenn der Tatrichter der Tatprovokation nicht bei der Strafzumessung, durch Absehen von Strafe oder sonst durch Anwendung und Auslegung des Straf- und Strafverfahrensrechts in angemessener Weise Rechnung tragen könnte“.

[465] *Hamm*, FS Salger, 273, 286.

[466] Vgl. *Beulke*, Strafprozeßrecht, Rz. 278 ff. m.w.N.

Weiterführung des Verfahrens *eo ipso* für den Angeklagten unzumutbar wäre[467]. Diesen Grad der Belastung des Angeklagten erreichen fehlgeschlagene Urteilsabsprachen indes nicht[468].

Die einzige Konstellation fehlgeschlagener Absprachen, bei der ein Verfahrenshindernis oder die Verwirkung des Strafanspruchs vom Grad der Rechtswidrigkeit her überhaupt diskutabel ist, ist die des vorsätzlichen Vereinbarungsbruchs durch die Strafverfolgungsbehörden. Nur hier ist denkbar, daß es der Schutz der Integrität der Strafrechtspflege verlangt, das Verfahren zur Gänze einzustellen. Verfahrensfehler, auch schwerwiegende, werden aber im deutschen Strafprozeßrecht vorrangig durch andere Reaktionsmöglichkeiten geheilt, namentlich durch die Ablehnung von Richtern wegen Besorgnis der Befangenheit, durch Beweisverwertungsverbote, auf der Ebene der Strafzumessung und mittels der Kontrolle von Entscheidungen in höherer Instanz. Schließlich gibt es noch die Möglichkeit der Sanktionierung der rechtswidrig handelnden Amtsträger auf dienst- und strafrechtlichem Wege[469]. Aufschlußreich ist die Wertung des § 136 a StPO. Selbst Strafverfahren, in denen der Angeklagte menschenunwürdig vernommen wurde, sind danach nicht etwa einzustellen, sondern sie sind unter Ausschluß der rechtswidrig erlangten Aussagen durchzuführen[470]. Das Fehlverhalten der Strafverfolgungsorgane bei der Durchführung von Absprachen stellt demnach nie das „Ob“ des eingeleiteten oder noch einzuleitenden Verfahrens in Frage, sondern lediglich die Art seiner Durchführung. Solche Verstöße gegen den Grundsatz des fairen Verfahrens müssen demnach im Verfahren geheilt werden, nicht etwa durch seinen Abbruch. Der Fairneßgrundsatz schützt nämlich, wie *Steiner* prägnant formuliert, „nicht vor einem Strafverfahren, sondern in einem Strafverfahren“[471].

Entscheidend gegen die Annahme eines Verfahrenshindernisses spricht letztlich auch die Überlegung, daß die Nichteinhaltung einer Absprache, anders als z.B. die Tatprovokation durch einen Lockspitzel, ein Fehler ist, der sich durch eine Aufhebung des Urteils in Revisionsverfahren und eine erneute Hauptver-

---

[467]In den *„agent provocateur“*-Fällen wäre es ohne die staatliche Tatprovokation möglicherweise schon gar nicht zu einer verfolgbaren Tat gekommen (vgl. BGHSt 33, 356, 362), bei Verstößen gegen Auslieferungsbestimmungen jedenfalls nicht zum Prozeß (vgl. *Hillenkamp*, NJW 1989, 2841, 2844). In Fällen überlanger Verfahren schließlich ist es gerade das Stattfinden eines Strafverfahrens, das als unzumutbare Belastung angesehen wird (vgl. BGHSt 21, 81; 24, 239).

[468]*Gerlach*, Absprachen im Strafverfahren, 193; Bei Absprachen zum Prozeßumfang ist dies problematischer, hierzu s.u. 7. Teil, C.

[469]Hierzu s. unten 7. Teil, G, I, 1.

[470]*Kintzi*, FS Hanack, 184; *Beulke/Satzger*, JuS 1997, 1072, 1074.

[471]*Steiner*, Das Fairneßprinzip im Strafprozeß, 200.

handlung - gegebenenfalls unter Ausschluß bestimmter Beweismittel und mit anderen Richtern - *vollständig* ausgleichen läßt[472]. Der Angeklagte würde durch die Annahme eines Verfahrenshindernisses überkompensiert.

2. Beweisverwertungsverbote

Das zentrale Problem fehlgeschlagener Urteilsabsprachen ist das vorgeleistete Geständnis des Angeklagten. Kommt es nicht zur Gegenleistung des Staates, d.h. zu einer Strafe unterhalb der zugesagten Strafmaßobergrenze, wird die Verteidigung versuchen, die Leistung des Angeklagten zu kondizieren. Sie kann dies zum einen durch den jederzeit möglichen Widerruf des Geständnisses zu tun versuchen. Allerdings wird das Geständnis damit prozessual nicht unbeachtlich, vielmehr kann es als Beweismittel weiterhin verwertet werden[473]. Lediglich die Glaubwürdigkeitsprüfung durch das Gericht wird in diesen Fällen noch sorgfältiger ausfallen müssen. Nur ein Beweisverwertungsverbot ermöglicht eine wirksame und vollständige Kondiktion des Geständnisses.

Das wichtigste ausdrücklich normierte Beweisverwertungsverbot findet sich in § 136 a III StPO. Verstößt die Initiierung oder die Durchführung der Absprachen gegen die von dieser Norm gezogenen Grenzen der Beweisgewinnung, tritt ein von Amts wegen zu beachtendes zwingendes Beweisverwertungsverbot ein. Auf die Reichweite von § 136 a StPO ist bereits eingegangen worden[474]. Sowohl die Tatbestandsvariante des Versprechens eines gesetzlich nicht vorgesehenen Vorteils, als auch die der Drohung mit einer unzulässigen Maßnahme und schließlich auch die der Täuschung können durch rechtswidrige Absprachen verwirklicht werden.

§ 136 a III StPO greift v.a. dann ein, wenn die Strafverfolgungsbehörden dem Angeklagten für sein Geständnis eine Strafmilderung in Aussicht gestellt haben, die sie von Anfang an nicht zu gewähren bereit gewesen sind, nach der hier vertretenen Ansicht aber auch schon dann, wenn eine „punktgenaue" Strafe prognostiziert wird, da in diesen Fällen ein gesetzlich nicht vorgesehener Vorteil versprochen wird[475]. Das Fehlschlagen liegt in solchen Fällen ausschließlich in

---

[472]*Imme Roxin*, Rechtsfolgen schwerwiegender Rechtsstaatsverstöße, 219; BGH, NJW 2000, 1123 geht aber sogar für den Fall des Lockspitzeleinsatzes davon aus, daß dem Verfahrensfehler auf der Ebene der Strafzumessung ausreichend Rechnung getragen werden kann.

[473]BGH, NStZ 1994, 597; BGHSt 21, 285, 287; OLG Köln, NJW 1961, 1224; HK-*Julius*, § 261, Rz. 23; *Gerlach*, Absprachen im Strafverfahren, 167; *Beulke/Satzger*, JuS 1997, 1072, 1076.

[474]Vgl hierzu oben 5. Teil, A, I, 2, c, (1), (b).

[475]Vgl. ebenda.

dem rechtswidrigen Verhalten der Strafverfolgungsorgane begründet. Ein in einer solchen Situation abgegebenes Geständnis unterfällt dann ohne weiteres dem Verdikt der Unverwertbarkeit nach § 136 a III StPO[476]. Kein Beweisverwertungsverbot greift hingegen, wenn Angeklagter und Gericht eine Urteilsabsprache eingehen, die nicht den prozessual und materiell rechtlich zwingend vorgegebenen Rahmen einhält, ohne daß die Voraussetzungen des § 136 a StPO vorliegen und das Urteil auf Betreiben des beschwerten Prozeßbeteiligten in der Revisionsinstanz aufgehoben wird[477]. Eine solche konsensuale Umgehung des Rechts darf nicht durch ein Beweisverwertungsverbot indirekt gebilligt werden.

Auf der gegenüberliegenden Seite des Spektrums stehen die *de lege artis* durchgeführten Absprachen, bei denen aber im weiteren Verlauf des Verfahrens neue belastende Tatsachen bekannt werden, welche das Gericht veranlassen, eine Strafe jenseits der prognostizierten Obergrenze zu verhängen. In diesen Fällen entsteht nach zutreffender ganz h.M. kein Verwertungsverbot[478]. Das Risiko des Wegfalls der „Geschäftsgrundlage" trägt allein der Angeklagte. Ihm war als einzigem bereits bei Eingehen der Absprache die Diskrepanz zwischen bisher bekanntem und wahrem Sachverhalt bekannt. Läßt er sich auf eine Absprache auf dieser Basis ein, spielt er „*va banque*" und kann sich nicht auf unfaire Behandlung berufen, wenn er später auf Grundlage eines vollständigeren Sachverhalts verurteilt wird. Der Fairneßgrundsatz gebietet in diesen Fällen nur, einen rechtzeitigen Hinweis auf die Absicht des Gerichts, zu Ungunsten des Angeklagten von der in Aussicht gestellten Entscheidung abweichen zu wollen, zu geben[479].

Schwieriger zu beantworten ist die Frage nach dem Eingreifen eines Beweisverwertungsverbotes in zwei anderen Fallgruppen: zum einen bei einem verdeckten Dissens über die Reichweite der Absprache, zum anderen in Situationen, in denen das Gericht nachträglich von seiner Prognose abweichen will, obwohl keine neuen Tatsachen bekannt geworden sind.

Zum dissensbedingten Scheitern einer Absprache kann es vor allem kommen, wenn Urteils- und Prozeßumfangsabsprachen miteinander kombiniert werden. Der typische Fall ist die Zusage einer Teileinstellung nach §§ 154, 154 a StPO und das Inaussichtstellen einer Strafmilderung gegen ein Geständnis in der Hauptsache. Diese Form der Absprache ist, wenn die oben dargestellten Grenzen beachtet werden, durchaus zulässig[480]. Allerdings besteht gerade bei solchen

---

[476]Ganz allgemeine Meinung, vgl. nur *Seier*, JZ 1988, 685 m.w.N.

[477]So ausdrücklich z.B. BGHSt 38, 102, 105 = StV 1992, 50, 51.

[478]Vgl. nur *Kintzi*, FS Hanack, 185; *Beulke/Satzger*, JuS 1997, 1072, 1076.

[479]BGHSt 36, 210, 212; 37, 10, 13 ff.; 38, 102, 105; vgl. auch oben 5. Teil, A, I, 2, b.

[480]BGH, NStZ 1987, 217; *Kleinknecht/Meyer-Goßner*, § 136 a, Rz. 23; *Scheffler*, wistra 1990, 320.

Absprachen die Gefahr, daß StA und Angeklagter unterschiedlicher Ansicht über die Reichweite der Verständigung sind. In dem der Entscheidung BGHSt 42, 191 zugrunde liegenden Fall hatte die Sitzungsvertreterin der StA eine solche Absprache dahingehend verstanden, daß sie sich nur auf Taten bezöge, die den Gegenstand des laufenden Verfahrens bildeten, nicht hingegen auf weitere, noch nicht zur Anklage gebrachte Delikte. Der Angeklagte, sein Verteidiger und auch der Vorsitzende waren hingegen davon ausgegangen, daß die Absprache auch weitere bereits eingeleitete Ermittlungsverfahren wegen ähnlicher Taten erfasse. Der Dissens wurde erst offenbar, nachdem der Angeklagte ein Geständnis abgelegt hatte. In dieser Situation wurde das Geständnis nicht unter Verletzung von § 136 a StPO oder sonstiger Regeln über die Beweisgewinnung erlangt. Ein aus einer solchen Verletzung folgendes sog. „unselbständiges" Beweisverwertungsverbot kommt mithin nicht in Betracht[481].

Fraglich ist daher, ob auch ein Beweisverwertungsverbot entstehen kann, wenn das Beweismittel an sich nicht rechtswidrig erlangt wurde, der Verwertung aber anderweitige rechtsstaatliche Bedenken entgegenstehen. Ein solches sog. „selbständiges" Beweisverwertungsverbot wird als Folge eines Verstoßes gegen den *fair trial*-Grundsatz diskutiert[482]. Die Existenz selbständiger, verfassungsrechtlicher Beweisverwertungsverbote ist inzwischen wohl unbestritten[483]. Eine allgemeingültige Regel, wann ein derartiges Beweisverwertungsverbot entsteht, konnte bisher indes noch nicht entwickelt werden[484]. Rechtsprechung und Lehre haben verfassungsrechtliche Beweisverwertungsverbote bis *dato* vor allem unter dem Gesichtspunkt einer Verletzung des Persönlichkeitsrechts des Angeklagten diskutiert, so etwa im Fall heimlich aufgenommener Ton- und Bildaufnahmen[485] oder in Bezug auf persönliche Tagebücher[486]. Eine derartige Verletzung des Persönlichkeitsrechts des Angeklagten steht in Fällen der dissensbelasteten Absprache zwar nicht in Frage, doch stellen diese Fallgruppen auch keinen *nume-*

---

[481]Zur Terminologie vgl. *Küpper*, JZ 1990, 416; *Rogall*, ZStW 91 (1979), 2 ff.

[482]Hierzu bisher v.a. *Beulke/Satzger*, JuS 1997, 1072, 1074 ff.

[483]*Gössel*, GA 1991, 483, 486; *Küpper*, JZ 1990, 416, 417; a.A. noch *Sax*, JZ 1965, 1,6.

[484]*Beulke*, Strafprozeßrecht, Rz. 457ff.; *Gössel*, GA 1991, 483, 510; die Ausführungen des BGH zum Problemkreis selbständiger Beweisverwertungsverbote orientieren sich stark am zu entscheidenden Einzelfall, so z.B. auch BGH, NJW 2000, 1123, 1126 zur V-Mann Problematik.

[485]Inzwischen ist die Zulässigkeit von Tonband-, Foto- und Videoaufnahmen abschließend gesetzlich in §§ 100 a ff. StPO geregelt, vgl. aber zur Rechtslage vor Inkrafttreten dieser Normen BGH, NStZ 1992, 44 m. Anm. *Rogall*; *Wolter*, Jura 1992, 520.

[486]Vgl. dazu BVerfGE 80, 367 und die Ausgangsentscheidung BGHSt 34, 397 = JR 1988, 469 m. Anm. *Geppert* = NStZ 1987, 569 m. Anm. *Plagemann*, *in casu* wurde die Verwertbarkeit allerdings wegen der Schwere der vorgeworfenen Tat bejaht.

rus clausus der selbständigen Beweisverwertungsverbote dar. Maßgeblich für die Entstehung eines selbständigen Beweisverwertungsverbotes ist letztlich die Frage, ob die Verwertung des Beweismittels einen Verfassungsverstoß darstellen würde[487].

Der BGH hat daher verschiedentlich auch die Annahme eines Beweisverwertungsverbotes wegen Verstoßes gegen das im Rechtsstaatsprinzip wurzelnde *fair trial*-Prinzip erwogen und für möglich erachtet[488]. Problematisch ist dabei aber die generalklauselartige Weite des Begriffs *fair trial*. So hat das BVerfG festgestellt, daß „das Recht auf ein faires Verfahren als eine Ausprägung des Rechtsstaatsprinzips, das in der Verfassung nur zum Teil näher konkretisiert ist,...keine in allen Einzelheiten bestimmten Gebote und Verbote" enthalte. Es bedürfe daher „der Konkretisierung je nach den sachlichen Gegebenheiten"[489]. Eine Verletzung des Anspruchs auf ein faires Verfahren liege erst dann vor, wenn eine Gesamtschau auf das Verfahrensrecht auch in seiner Auslegung und Anwendung durch die Gerichte ergebe, daß rechtsstaatlich zwingende Folgerungen nicht gezogen oder rechtsstaatlich Unverzichtbares preisgegeben worden seien[490]. Auch die verfassungsgerichtlichen Vorgaben bleiben mithin vage[491]. Die Rechtsprechung hat aber seit langem versucht, den *fair trial*-Grundsatz zu konturieren und dadurch einen Mindeststandard von rechtsstaatlichen Verfahrensgarantien festzuschreiben[492]. Der BGH hat aus dem Fairneßgebot u.a. auch die Notwendigkeit des Schutzes des Vertrauens des Angeklagten abgeleitet[493]. So gebietet es dieser Vertrauensschutz im Falle der zunächst geglückten Absprache, dem Angeklagten einen gerichtlichen Hinweis zu geben, wenn das Gericht aufgrund neuer Erkenntnisse von dem in Aussicht gestellten Strafmaß abweichen will[494]. Doch liegt in solchen Fällen das Scheitern der Absprache, wie bereits dargelegt, nach geltendem Recht im Risikobereich des Angeklagten. Im Fall des Dissens hingegen liegen die Dinge nicht so klar.

---

[487] *Eisenberg*, Beweisrecht der StPO, Rz. 385.

[488] Vgl. BGHSt 24, 125, 131 f.; 29; 109, 111 ff.; 31, 304, 307 f.; 38, 215, 219 ff; vgl. auch *Steiner*, Das Fairneßprinzip im Strafprozeß, 195 f.

[489] BVerfGE 57, 250, 275 f.

[490] BVerfGE 70, 297, 308; 63, 45, 61; 57, 250, 275.

[491] So auch *Beulke/Satzger*, JuS 1997, 1072, 1075.

[492] *Rönnau*, Die Absprache im Strafprozeß, 210, hat die Judikatur zum *fair trial*-Grundsatz im Rahmen der Abspracheproblematik so zusammengefaßt, „daß der Fairneßgrundsatz überall dort verletzt wäre, wo formal korrektes Verhalten der Richter und (Staats-) Anwälte dem Angeklagten gegenüber in erheblichem Grade unbillig erscheint".

[493] BGHSt 36, 210.

[494] Siehe z.B. BGHSt 36, 210, 214; 38, 105.

Beulke/Satzger haben darauf hingewiesen, daß im Fall des Dissens das Mißverständnis „nicht...allein im Verantwortungsbereich des Beschuldigten“ stehe, sondern dazu „auch StA und Gericht beigetragen“ haben. Es materialisiert sich im Fall des Dissens also nicht das absprachetypische „Restrisiko[495]“ des Bekanntwerdens der Wahrheit, sondern ein Risiko, welches auf der schlechten Vorbereitung und Durchführung der Absprache fußt[496]. Die Durchführung und Überwachung der Urteilsabsprache obliegt aber dem Gericht. Das Gericht muß die Vereinbarung protokollieren[497] und den Angeklagten darauf hinweisen, daß dieses Protokoll abschließend und umfassend ist. Tut es dies, dann liegt ein Mißverständnis über den Umfang im Risikobereich des Angeklagten. Die Fürsorgepflicht des Gerichts verpflichtet es, bei Eingehen auf eine Absprache durch genaue Protokollierung die Vereinbarungsgrundlage unmißverständlich klarzustellen. Verletzt das Gericht diese Pflicht, so dürfen daraus resultierende Probleme nicht auf den Angeklagten abgewälzt werden. Die Vermeidung von Unklarheiten über den Umfang der Absprache ist Sache des Gerichts. Der Staat ist - wegen der ressourcensparenden Wirkung von Verständigungen - der eigentliche Nutznießer der bereichsweisen Legalisierung von Absprachen. Er muß dann auch in die Pflicht genommen werden, wenn der Vollzug der Verständigung aufgrund von Fehlern scheitert, die in seinem Verantwortungsbereich liegen. Ein bloßer richterlicher Hinweis mit der Möglichkeit des Widerrufs des Geständnisses vermag diesen Verfahrensverstoß nicht auszugleichen. Probates Mittel, um den Prozeß in den Zustand vor dem von den Strafverfolgungsbehörden zu verantwortenden Verfahrensverstoß zurückzuversetzen, kann nur ein Verwertungsverbot sein.

Dies ist auch eine rechtsstaatlich zwingende Folgerung i.S.d. Rechtsprechung des BVerfG. Lehnt man nämlich ein Beweisverwertungsverbot in diesen Fällen ab, bliebe die nachlässige Verhandlungsleitung des Gerichts sanktionslos. Dem Angeklagten würde das Risiko des Scheiterns der Absprache auch dann aufgeladen, wenn er es nicht (primär) zu verantworten hat. Dies würde eine eklatante Ungleichbehandlung von Strafverfolgungsorganen und Beschuldigtem bedeuten. Eine derartige Ungleichbehandlung widerspräche aber dem Grundsatz der Waffengleichheit, der ebenfalls Teil des *fair trial*-Prinzips ist. Den Beteiligten des

---

[495]Der Begriff stammt von *Beulke/Satzger*, JuS 1997, 1072, 1076. Es ist klarstellend darauf hinzuweisen, daß das „Restrisiko“ in dem Bekanntwerden der Differenz von Absprache und Wirklichkeit liegt, mithin der Strafprozeß seiner Funktion als Forum der Wahrheitsfindung gerade nachkommt, wenn er diese Diskrepanz aufdeckt und sich das „Restrisiko“ verwirklicht.

[496]*Beulke/Satzger*, JuS 1997, 1072, 1076 ordnen diese Konstellation als „fahrlässige Variante“ der Täuschungsfälle ein.

[497]BGHSt 43, 195, 205 f.; *Zschockelt*, NStZ 1991, 305, 310.

Strafverfahrens dürfen nicht ohne sachlichen Grund unterschiedliche Rechtspositionen eingeräumt werden. Genau dies wäre aber bei Verwertung des Geständnisses der Fall. Der Beschuldigte trüge dann nämlich nicht nur die Folgen aller von ihm zu verantwortenden Fehlschläge, sondern auch die des fahrlässigen Fehlverhaltens des Staates. Die Strafverfolgungsbehörden müßten andererseits nur bei vorsätzlichem Rechtsbruch mit für sie negativen Folgen rechnen.

Gegen diesen Schluß ist eingewandt worden, daß es ein konstitutives Element der Verständigungen im Strafprozeß sei, daß ihnen keine rechtliche Verbindlichkeit zukomme, sie normativ nicht strukturiert seien und daher Rechtspositionen nicht begründen könnten[498]. Ein Verwertungsverbot wegen Verstoßes gegen das Prinzip der Waffengleichheit sei deshalb mangels der Existenz jeglicher zu vergleichender *Rechts*positionen abzulehnen. Diese Sicht beruht auf einem zu engen Verständnis des Begriffs Rechtspositionen. Die in Beziehung zu setzenden Rechtspositionen sind die jeweiligen prozessualen Möglichkeiten der Beteiligten, auf enttäuschtes Vertrauen reagieren zu können. Würde man ein Beweisverwertungsverbot ablehnen, so könnte der Staat nämlich auf den Dissens schlicht durch Nichterbringung seiner Leistung reagieren, während der Beschuldigte, der vorgeleistet hat, die seine nicht revozieren könnte. Es kommt mithin nicht darauf an, ob die Verfahrensabsprache als solche Rechtspositionen begründet hat, sondern darauf, daß für eine bestimmte Verfahrenssituation das Prozeßrecht den Beteiligten gleichwertige Reaktionsmittel zur Verfügung stellen muß.

Und noch eine weitere Überlegung spricht für die Annahme eines Beweisverwertungsverbotes: der Täuschungsvorsatz, der für eine Annahme der Unverwertbarkeit nach § 136 a StPO nach ganz h.M. nötig ist, ist in Fällen fehlgeschlagener Absprachen nur schwer oder auch gar nicht beweisbar. Gerade im Fall der Urteilsabsprache unter Einbeziehung von Teileinstellungen besteht für die StA daher die Möglichkeit, eine in Kauf genommene Täuschung als Dissens auszugeben oder jedenfalls eine Fehlvorstellung des Beschuldigten billigend in Kauf zunehmen. Die Gleichstellung der Rechtsfolgen bei Täuschung und Dissens ist daher auch unter diesem Mißbrauchsgesichtspunkt geboten.

Hierzu in Vergleich zu setzen sind nun Fälle, in denen die Strafverfolgungsbehörden zwar anfänglich rechtmäßig operieren, sie sich aber anschließend ohne hinreichende Gründe nicht mehr an die Absprache halten wollen. Fälle also, in denen sich die tatsächliche Basis für das Urteil nicht von der zum Prognosezeitpunkt bekannten unterscheidet. Wenn neue Tatsachen bekannt werden, welche Einfluß auf die Schuldfrage haben, kann das Gericht von seiner Prognose abweichen. Das *fair trial*-Prinzip gebietet in diesen Fällen nur, dem Beschuldigten einen Hinweis auf diese Absicht zu geben, damit dieser seine Verteidigung darauf

---

[498] *Kintzi*, FS Hanack, 188.

einstellen kann[499]. Hat aber die Prognosebasis zum Zeitpunkt der Urteilsfindung noch Bestand, kann ein solcher bloßer Hinweis auf die geänderte Lage nicht genügen. Der Beschuldigte hat in solchen Fällen nichts zum Scheitern der Verständigung beigetragen und das Gericht ist nicht gezwungen, von der Absprache abzuweichen, um einen Rechtsverstoß zu verhindern. Das Vertrauen des Angeklagten ist hier nicht durch ein rechtswidriges, sondern durch ein rechtmäßiges Verhalten der Staatsorgane begründet worden. Dem Beschuldigten dürfen dadurch aber keine faktischen oder prozessualen Nachteile entstehen.

Man muß sich in diesen Fällen entscheiden, ob man eine primäre rechtliche Bindung an die Prognose befürworten will oder mittels eines Beweisverwertungsverbotes sekundäre „Pannenhilfe" leisten will. Nur in dieser Fallgruppe kommt es also zum Schwur: besteht eine Bindungswirkung der Absprache oder nicht. Zu beachten ist, daß hier die zu beseitigende Störung wirklich die Nichteinhaltung der Zusage ist. Wenn man aber Absprachen zuläßt, dann ist es eine „rechtsstaatlich zwingende Folge" i.S.d. Rechtsprechung des BVerfG zum *fair trial*-Grundsatz, daß sie - wenn in rechtlich nicht zu beanstandender Weise durchgeführt - auch eingehalten werden. Die gebetsmühlenhafte Wiederholung des Satzes, daß das geltende Recht eine solche Bindungswirkung nicht zulasse, greift zu kurz. § 261 StPO soll gewährleisten, daß das Gericht der gesamten Beweisaufnahme unvoreingenommen folgt[500] und daß es alles, aber auch nur dasjenige, was Gegenstand der Hauptverhandlung war, für die Urteilsfindung verwertet[501]. Das geltende Recht läßt keine schuldunangemessene Strafe zu. Ebensowenig ermöglicht es eine Disposition über die Pflicht zur umfassenden Sachverhaltsermittlung, eine Verständigung ohne Beiziehung aller Verfahrensbeteiligten oder eine Absprache außerhalb der Hauptverhandlung. Werden aber alle diese Vorgaben eingehalten, so ist es rechtsstaatlich unzumutbar, das im Angeklagten hervorgerufene Vertrauen zu enttäuschen. Die angemessene Reaktion auf diese Fälle ist daher eine Bindung des Gerichts an die schuldangemessene Prognose der Strafobergrenze, die der Beschuldigte auch auf dem Rechtsmittelweg geltend machen können muß. Ein Beweisverwertungsverbot griffe hier einerseits zu kurz, weil es das Vertrauen des Angeklagten nicht positiv durchsetzen könnte, andererseits ginge es zu weit, weil es dem Verfahren ein rechtmäßig gewonnenes Beweismittel entzöge. Die Bindung des Gerichts an die rechtmäßige Prognose ist aber nicht vertraglicher oder rechtsgeschäftlicher Natur, vielmehr folgt sie aus dem Grundsatz des Vertrauensschutzs als Bestandteil des Fairneßgebots.

---

[499]BGHSt 36, 210, 214; 38, 105.

[500]*Rönnau*, Die Absprache im Strafprozeß, 157.

[501]KK-*Engelhardt*, § 261, Rz. 6.

Die Berechtigung einer derart verstandenen Bindung wird auch durch einen Vergleich mit ähnlichen Situationen des Vertrauensschutzes im Zivilrecht untermauert. Dort gilt allerdings der Grundsatz, daß, wer um das Fehlen einer rechtlichen Bindung weiß, grundsätzlich keinen Schutz unter Vertrauensgesichtspunkten verdient. Insofern ließe sich also sagen, daß auch der Beschuldigte, der weiß, daß es im Strafprozeß keine vertragliche Bindung an gegebene Zusage gibt, sich nicht bei deren Nichteinhaltung auf die Verletzung eines Vertrauenstatbestands berufen kann. *Canaris* hat aber herausgearbeitet, daß im Zivilrecht das Verbot des *venire contra factum proprium* auch bei einem Vertrauen auf „freiwillige“ Leistungserbringung anspruchsbegründend wirken kann[502]. Das Wissen um die rechtliche Unverbindlichkeit einer Abmachung kann dem die Leistung einfordernden Beteiligten nämlich dann nicht entgegengehalten werden, wenn die Herbeiführung einer rechtlichen Bindung für das fragliche Geschäft aus Rechtsgründen unmöglich war, das Verhalten des anderen Beteiligten aber geeignet war, einen beachtlichen Vertrauenstatbestand zu schaffen[503]. So liegt es im Falle echter Urteilsabsprachen. Die Absprachebeteiligten sehen sich aus Rechtsgründen, insbesondere wegen § 261 StPO, gehindert, einen vertraglichen, rechtlich bindenden Erfüllungsanspruch zu begründen. Andererseits wird bei der zulässigen Absprache v.a. durch deren Protokollierung als wesentliche Förmlichkeit der Hauptverhandlung ein deutlicher Vertrauenstatbestand geschaffen. Schließlich muß der Angeklagte dann noch „in Vorleistung“ gehen, weil auch eine Abwicklung der Absprache „Zug um Zug“ wegen der Struktur des deutschen Strafprozeßes, hier primär wegen der Instruktionsmaxime, unmöglich ist. Der Gedanke des Vertrauensschutzes erfordert in diesen Fällen, das Gericht an seinem Versprechen festzuhalten, obwohl die Absprachebeteiligten zu keinem Zeitpunkt von einer *rechtlichen* Bindung der Absprache ausgegangen sind.

3. Befangenheit durch Verständigungsversuche

Das Verhalten des Richters vor oder während der Hauptverhandlung kann eine Ablehnung nach § 24 StPO begründen, wenn es besorgen läßt, daß er nicht unvoreingenommen an den Entscheidungsfindungsprozeß herangeht[504]. Mißtrauen gegen die Unparteilichkeit des Richters i.S.v. § 24 II StPO ist gerechtfertigt, wenn der Ablehnende bei verständiger Würdigung des ihm bekannten Sachverhalts Grund zu der Annahme hat, daß der oder die abgelehnten Richter ihm gegenüber eine innere Haltung einnehmen, die ihre Unparteilichkeit und Unvor-

---

[502]*Canaris*, Die Vertrauenshaftung im deutschen Privatrecht, 352 ff.

[503]*Canaris*, Die Vertrauenshaftung im deutschen Privatrecht, 356 f., 396 f.

[504]BGH, GA 1962, 282, *Kleinknecht/Meyer-Goßner*, zu § 24, Rz. 15.

eingenommenheit störend beeinflussen kann[505]. Dabei kommt es auf die Sicht des Ablehnenden an. Um die Schwelle für eine Ablehnungsmöglichkeit nicht zu niedrig anzusetzen, ist allerdings auf die Sicht eines „vernünftig denkenden“ Prozeßteilnehmers abzustellen, sodaß nicht jeder subjektive Eindruck, nicht jede subjektive Befürchtung die Besorgnis der Befangenheit i.S.d. § 24 StPO zu begründen vermag[506].

Im Kontext der Urteilsabsprachen ist nun in zwei unterschiedlichen Szenarien an eine Richterablehnung zu denken. Zunächst ist zu fragen, ob bereits die Tatsache der Aufnahme von Vereinbarungsgesprächen oder die Art ihrer Durchführung die Besorgnis der Befangenheit zu begründen vermag, sodann, ob nicht jedenfalls nach einem Scheitern der Absprache die beteiligten Richter ihre Unvoreingenommenheit verloren haben.

a) Befangenheit durch die Art und Weise der Verständigungsgespräche

Dahs bezeichnet Ablehnungsgesuche, die mit dem Verhalten von Richtern im Zusammenhang mit Verfahrensabsprachen - zumal gescheiterten - begründet werden, als „heikles Kapitel“[507]. Er bekennt sich offen dazu, daß für Ablehnungsgesuche auch Erwägungen der „generellen Reziprozität“ prozessualen Wohlverhaltens innerhalb der Gruppe der professionellen Akteure eine Rolle spielen. Dem Verteidiger müsse klar sein, „daß ein auf den Inhalt vertraulicher Gespräche mit Richtern und StA gestütztes Ablehnungsgesuch ihn in den Augen der Strafjustiz für immer disqualifizieren“ könne[508]. Sicher ist, daß weitgehende Ablehnungsrechte - oder jedenfalls das häufige Gebrauchmachen von ihnen durch die Verteidigung - die Absprachewilligkeit der Gerichte verringern und die Verschlossenheit der Strafrichter fördern. Nach Ansicht von *Hamm* trat eben dieser Effekt in den 80er Jahren als „verständliche Folge des ‘Stammheim-Syndroms’“ ein[509]. Es besteht daher sicherlich die Gefahr, daß Verteidiger, die besonders häufig auf Absprachen als Verteidigungsstrategie zurückgreifen, sehr - und möglicherweise zu - zurückhaltend mit der Möglichkeit der Richterablehnung

---

[505]Ständige Rechtsprechung, vgl. etwa BVerfGE 32, 288, 290; BGHSt 1, 34, 39; 21, 334, 341; 24, 336, 338.

[506]BGH, StV 1991, 49; OLG Düsseldorf, GA 1993, 461; LR-*Wendisch*, § 24, Rz. 5 f.; KK-*Pfeiffer*, § 24, Rz. 3.

[507]*Dahs*, Handbuch des Strafverteidigers, Rz. 168.

[508]*Dahs*, Handbuch des Strafverteidigers, Rz. 168.

[509]*Hamm*, ZRP 1990, 337, 338.

umgehen werden und so fragwürdige Absprachepraktiken perpetuieren[510]. Solche strategischen, nicht auf den konkreten Fall bezogenen Überlegungen des Verteidigers, dürfen aber auf die Frage nach der grundsätzlichen Möglichkeit einer Richterablehnung keinen Einfluß haben.

Ausgangspunkt kann auch hier BGHSt 43, 195 sein. Aus der grundsätzlichen Anerkennung von Urteilsabsprachen durch die Rechtsprechung folgt nämlich, daß es primär das „Wie“ der Absprache sein muß, welches ablehnungsbegründend wirken kann, nicht hingegen die bloße Tatsache einer Absprache[511].

Dahs will danach differenzieren, von wem die Verständigung initiiert worden ist[512]. Sei die Absprache vom Verteidiger angeregt worden, könne das offene Wort des Richters, das ausgesprochen oder unausgesprochen unter dem Vorbehalt des weiteren Verfahrensganges stehe, nicht Gegenstand eines Ablehnungsgesuches sein. Auch These 42 der Thesen zur Strafverteidigung der Bundesrechtsanwaltskammer von 1992 stellt fest, daß das „offene Wort des Richters...i.d.R., vorbehaltlich der Vorausetzungen der §§ 24 ff. StPO, keinen Ablehnungsgrund“ darstellt[513]. Dem ist im Grundsatz zuzustimmen. Nach gefestigter Rechtsprechung kann ein Angeklagter aus seinem eigenen Verhalten nämlich keine Ablehnungsgründe herleiten, wäre es ihm doch sonst möglich, sich jedem Richter zu entziehen[514].

Allerdings kann ein vom Verteidiger initiiertes Verständigungsgespräch mit dem Gericht bei der StA die Besorgnis der Befangenheit begründen, wenn sie nicht an der Unterredung beteiligt wird. Der Ausschluß von Verfahrensbeteiligten von Gesprächen über die Straferwartung begründet nach richtiger Ansicht immer die Besorgnis der Befangenheit[515]. Jede Form von Heimlichkeit erweckt für den Ausgeschlossenen den Anschein, daß der Richter ihm gegenüber etwas zu verbergen habe und eben nicht offen und unvoreingenommen über die Schuldfrage entscheiden werde. Dies ist auch unabhängig von der genauen Art der Prognose.

---

[510] Vgl. auch *Weider*, StV 1991, 241, 243: „Wo kein Kläger, da kein Richter. Werden Befangenheitsanträge nicht gestellt, ist die bisherige Form der Absprache nicht in Frage gestellt. Die langjährige Praxis hat möglicherweise zu „Seilschaften“ geführt, die in bisherigem Stil weiterarbeiten könnten“.

[511] *Böttcher/Widmaier*, JR 1991, 353, 356; vgl. dazu auch BGH, StV 2000, 177 m. Anm. *Sinner*, StV 2000, 289 = StraFo 2000, 84.

[512] *Dahs*, Handbuch des Strafverteidigers, Rz. 168.

[513] *BRAK*, Schriftenreihe der Bundesrechtsanwaltskammer, Band 8, 72 f.

[514] BGH, NJW 1952, 1425; OLG München, NJW 1971, 384.

[515] BGHSt 37, 298 = StV 1991, 241 m. Anm. *Weider*; hierzu auch *Kintzi*, DRiZ 1992, 245; *Eisenberg*, Beweisrecht der StPO, Teil 1, Kap. 1, I, Rz. 49; a.A. BGHSt 42, 46 = JR 1997, 77 m. Anm. *Kintzi* = NStZ 1996, 448 m. Anm. *Zschockelt* = JA 1997, 272 m. Anm. *Fahl*.

Selbst eine unverbindliche Strafobergrenzenprognose begründet den Anschein der Voreingenommenheit, wenn sie gegenüber der StA geheim gehalten wird[516]. Das gleiche muß für alle anderen Verfahrensbeteiligten gelten, die im Verfahren ablehnungsberechtigt sind, namentlich Mitangeklagte und Nebenkläger[517]. Auf diese Weise kann auch eine bessere Berücksichtigung der Opferinteressen gewährleiset werden. Wird nämlich die Absprache hinter dem Rücken des Nebenklägers getroffen, so steht diesem nach richtiger Ansicht das Ablehnungsrecht zu[518].

Eine präzise Strafmaßprognose begründet ebenfalls die Besorgnis der Befangenheit[519]. Hat sich der Richter vorab auf ein numerisch genaues Strafmaß festgelegt, so kann er nicht mehr mit der gebotenen Unvoreingenommenheit in den Prozeß gehen. Dasselbe gilt auch für andere Prognosen (*Circa*-Strafe, Strafmaßobergrenze), wenn sie vom Gericht als unumstößlich und verbindlich dargestellt werden. Insofern ist auch unter dem Gesichtspunkt der Besorgnis der Befangenheit die Grundsatzentscheidung des BGH hinsichtlich der Bindungswirkung zu weit geraten[520]. Jede Strafmaßprognose, die befürchten läßt, daß das Gericht seiner Aufklärungspflicht nicht mehr nachkommen oder daß es neue Erkenntnisse nicht mehr in seine Entscheidung einarbeiten wird, begründet die Besorgnis der Befangenheit[521].

Von sich aus darf das Gericht dem Angeklagten nur dann eine Verständigung antragen und ein Geständnis nahelegen, wenn die Beweissituation dazu Anlaß gibt[522]. Lediglich ein abstrakter Hinweis auf die strafmildernde Wirkung eines Geständnisses ist auch zu einem früheren Zeitpunkt zulässig. Dieser stellt sich als vom Einzelfall gelöste gerichtliche Rechtsbelehrung dar und ist als solche nicht zu beanstanden. Das Gericht muß dabei aber sehr zurückhaltend vorgehen und vermeiden, daß der Angeklagte subjektiv einen solchen Hinweis als eine Aufforderung zum Geständnis begreift[523]. Dies kann erreicht werden, indem das Gericht *ausdrücklich* klarstellt, daß es einen abstrakten Hinweis auf die Rechtslage gibt, der mit der Beweissituation *in casu* nicht verknüpft ist. Jedes Drängen auf Verständigung seitens des Gerichts begründet unzweifelhaft die Besorgnis der

---

[516]So auch LR-*Wendisch*, § 24, Rz. 43; *Zschockelt*, NStZ 1991, 310.

[517]Für den Fall der unterbliebenen Beteiligung von Mitangeklagten vgl. BGHSt 37, 99 = JR 1991 m. Anm. *Böttcher*.

[518]So auch *Rönnau*, wistra 1998, 49, 51.

[519]*Tscherwinka*, Absprachen im Strafprozeß, 76; *Landau/Eschelbach*, NJW 1999, 321, 325.

[520]So wohl auch *Landau/Eschelbach*, NJW 1999, 321, 325.

[521]So nunmehr auch BGH, StV 2000, 177 m. Anm. *Sinner*, StV 2000, 289 = StraFo 2000, 84.

[522]Vgl. nur BGH, NJW 1982, 1712.

[523]*Schmidt-Hieber*, FS Wassermann, 995, 1001, hält es für „zweifelhaft, ob eine vom jeweiligen Verfahren unabhängige Belehrung überhaupt möglich ist".

Befangenheit. Ein aktives Hinwirken auf gütliche Einigung wie im Zivilprozeß kann es daher im Strafverfahren nicht geben.

b) Befangenheit nach gescheiterter Verständigung

Schmidt-Hieber behauptet, daß es „unproblematisch" sei, wenn nach „Vergleichsgesprächen" keine Vereinbarung zustande kommt[524]. Sind die Gespräche als solche unter dem Gesichtspunkt der Befangenheit unverdächtig, dann ändert auch ein Scheitern der Verständigung an dieser Tatsache nichts. Hat also die Verteidigung das Gericht um das sprichwörtliche „offene Wort" gebeten, so begründet die Tatsache, daß der Angeklagte anschließend kein Geständnis abgibt, sicherlich nicht die Besorgnis der Befangenheit. Gleiches muß gelten, wenn die Verständigung noch früher scheitert, weil das Gericht sich weigert, eine Strafobergrenze zu prognostizieren. Das Öffnen der Verteidigungslinie ist hier nach ganz h.M. alleiniges Risiko des Angeklagten[525]. Dem könnte entgegengehalten werden, daß die Justiz stärker in die Pflicht genommen werden muß, wenn und weil sie Absspracheprozesse zuläßt und fördert. Das Ablehnungsrecht kann hier aber nicht weiterhelfen. Der Angeklagte darf nicht in die Lage versetzt werden, durch eigenes Verhalten Ablehnungsgründe schaffen zu können. Vielmehr muß die Lösung in einer engen Begrenzung des zulässigen Absprachebereichs liegen, außerhalb dessen schon die Gespräche als solche befangenheitsbegründend sind. Hält sich das Gericht aber innerhalb des Legalbereichs, so ist es eine allein vom Angeklagten zu verantwortende Entscheidung, ob er einen Verständigungsversuch wagen will.

In diesen Fällen wird deutlich, daß Verhandlungen dann unproblematischer wären, wenn die Strafmaßprognose nicht von dem Spruchkörper käme, der über die Schuldfrage entscheidet, wie z.B. bei dem Vorschlag der *Royal Commission on Criminal Justice* zum *sentence canvass*. Eine solche Teilung der Verantwortlichkeiten sieht das geltende deutsche Strafverfahrensrecht aber gerade nicht vor. Das Öffnen der Verteidigungslinie weg von einem völligen Bestreiten jeder Schuld oder Tatbeteiligung liegt, wie alle Entscheidungen über Verteidigungsstrategie und Aussageverhalten, allein im Verantwortungsbereich des Angeklagten.

Fraglich ist, ob die Situation anders zu bewerten ist, wenn die Absprache scheitert, nachdem bereits Leistungen von den Beteiligten auf die Vereinbarung hin erbracht worden sind. Bei echten Urteilsabsprachen leistet der Angeklagte

---

[524] *Schmidt-Hieber*, NStZ 1988, 302.

[525] *Dahs*, NStZ 1988, 153, 156; *Beulke/Satzger*, JuS 1997, 1072, 1076; *Eschelbach*, JA 1999, 694, 699; LR-*Wendisch*, § 24, Rz. 41.

sein Geständnis vor. Scheitert eine Absprache nach diesem Zeitpunkt, so muß das Interesse des Angeklagten nicht nur auf ein „Aus-der-Welt-Schaffen" des Geständnisses gerichtet sein, sondern auch auf den Austausch des Spruchkörpers. Ob er dies mit Erfolg geltend machen kann, hängt von der Art und Weise des Fehlschlagens der Verständigung ab. Auf der einen Seite stehen die Fälle des Wegfalls der Bindungswirkung wegen Bekanntwerdens neuer Tatsachen. In diesen ist sicher kein Befangenheitsantrag möglich. Im Gegenteil zeugt ein Abweichen von der gegebenen Prognose hier geradezu von der richterlichen Unvoreingenommenheit. Auf der anderen Seite stehen die - *in praxi* wohl nur sehr selten vorkommenden - Fälle des bewußten Vereinbarungsbruchs. Hier wird man ohne weiteres von einem Befangenheitsgrund ausgehen können. Wenn das Gericht den Angeklagten „ins offene Messer laufen läßt", kann dieser wohl kaum noch mit einer unvoreingenommenen Behandlung rechnen.

Problematisch sind aber die Fälle des verdeckten Dissenses. Wie dargelegt, folgt aus dem *fair trial*-Grundsatz, daß ein dissensbelastetes Geständnis in der Regel unverwertbar ist. Ein Verwertungsverbot führt aber grundsätzlich nicht *eo ipso* zur Befangenheit der Richter[526]. Von Laien- wie Berufsrichtern wird im Gegenteil erwartet, daß sie ihnen vorgetragene unverwertbare Beweismittel bei ihrer Überzeugungsbildung „ausblenden" und vom „vernünftigen" Angeklagten, daß er dies anerkennt[527]. Dies ist zwar ständige Rechtsprechung, sie vermag aber wegen der engen Beteiligung des Gerichts beim Entstehen der die Unverwertbarkeit begründenden Situation im Absprachefall nicht zu überzeugen[528]. Die Fürsorgepflicht des Gerichts verpflichtet es, bei Eingehen auf eine Absprache durch genaue Protokollierung die Vereinbarungsgrundlage unmißverständlich klarzustellen. Tut es dies nicht, so dürfen daraus resultierende Probleme nicht auf den Angeklagten abgewälzt werden. Die angemessene Risikoverteilung beim Fehlschlagen der Absprache unter dem Gesichtspunkt der Besorgnis der Befangenheit stellt sich folgendermaßen dar: der Angeklagte trägt die Risiken, die aus dem Öffnen der Verteidigungslinie auch bei Durchführung der Absprache *de lege artis* erwachsen, insbesondere die Gefahr des Bekanntwerdens neuer belastender Tatsachen. Das Gericht hingegen muß für alle Fehler in der Durchführung der Absprache geradestehen, die es bei Anwendung der erforderlichen Sorgfalt hätte vermeiden können. Hierzu gehört vor allem auch die Vermeidung von Unklarheiten über den Umfang der Absprache. Kommt es diesen Pflichten nicht nach und belastet sich der Angeklagte daraufhin selbst, so kann dieser berechtigterweise befürchten, daß sich das Gericht nicht mehr völlig von dem Gehörten frei machen kann. Die Verantwortlichkeit des Gerichts für das Fehlschlagen der Absprache

---

[526] *Kintzi*, FS Hanack, 184f.; *Beulke/Satzger*, JuS 1997, 1072, 1077.

[527] BGHSt 42, 191, 194 = NJW 1996, 3018.

[528] So im Ergebnis auch LR-*Rieß*, Einl., Rz. G 83.

läßt auch in einem vernünftigen Angeklagten berechtigte Zweifel am Bemühen des Gerichts um Objektivität und Neutralität entstehen. Durch diese Auslegung der Befangenheitsvorschriften wird auch eine gewisse Abschottung der Verfahrenssphären erreicht.

4. Strafmilderungsgründe durch Verständigung

Die letzte Ebene für eine Korrektur prozessualer Fehler in der Hauptverhandlung ist die Strafzumessung. Im Rahmen des Problemkreises der fehlgeschlagenen Absprachen sind hier zwei verschiedene Überlegungen anzustellen. Zum einen ist fraglich, inwieweit das Geständnis auch bei Fehlschlagen der Absprache strafmildernd zu berücksichtigen ist, insbesondere wenn es unverwertbar geworden oder widerrufen worden ist, zum anderen, ob das Fehlschlagen der Absprache einen eigenständigen, schuldunabhängigen Strafmilderungsgrund darstellen kann.

a) Strafmildernde Berücksichtigung des Geständnisses bei fehlgeschlagener Absprache

Beruht das Fehlschlagen auf einem „Wegfall der Geschäftsgrundlage", also auf einem Bekanntwerden neuer Tatsachen, so muß die Strafe zwar gerade nicht der Prognose entsprechen, trotzdem bleibt aber natürlich die allgemeine strafmildernde Wirkung des Geständnisses erhalten. Es kann auf dem Boden der „doppelspurigen Indizkonstruktion" bei der Strafzumessung berücksichtigt werden[529].

Problematischer ist es aber, wenn der Beschuldigte nach dem Hinweis des Gerichts auf die veränderte Sach- und Rechtslage sein Geständnis widerruft. *Kintzi* hat sich für die strafmildernde Berücksichtigung des Geständnisses auch in diesem Fall ausgesprochen[530]. Der Widerruf nach fehlgeschlagener Verständigung liefere noch nicht den Beweis, daß das Geständis ursprünglich ausschließlich prozeßtaktisch motiviert gewesen sei. Die Möglichkeit, daß der Angeklagte aus Reue und Schuldeinsicht gehandelt und ein Bekenntnis zur Tat abgelegt habe und den Rechtsfrieden fördern wollte, werde durch den Widerruf nicht ausgeschlossen. Der Widerruf selbst könne ein taktisches Verhalten darstellen, ein Kontext zur gleichen Motivation bei der Ablegung ließe sich nicht herstellen. Mag diese Argumentation auch *prima vista* als konsequente Forführung der „doppelspurigen Indizkonstruktion" und zwingende Folge des *in dubio pro reo* Grundsatzes er-

[529]Hierzu siehe oben 5. Teil, A, I, 2, c, (1), (a).

[530]*Kintzi*, FS Hanack, 185.

scheinen, so kann sie doch nicht überzeugen. Der Zweifelssatz bedeutet nicht, daß das Gericht von der dem Angeklagten günstigsten Fallgestaltung auch dann ausgehen muß, wenn hierfür keine Anhaltspunkte bestehen[531]. Der Zweifelssatz darf auch nicht dahingehend aufgefaßt werden, daß immer dann zugunsten des Angeklagten zu entscheiden ist, wenn das Gericht objektiv an der letztlich angenommenen Motivationslage hätte Zweifel hegen können oder gar müssen. Für den Angeklagten zu entscheiden ist nur dann, wenn das Prozeßgericht die entsprechenden Zweifel auch tatsächlich hat[532]. Auf das Geständnis übertragen heißt das: der Beschuldigte, der sich aktiv bemüht, sein Geständnis wieder „aus der Welt" zu schaffen, zerstreut dadurch im Regelfall jeden Zweifel des erkennenden Gerichts an der rein strategischen Motivation des Geständnisses. Wollte man mit *Kintzi* den Zweifelssatz weiter und objektiver verstehen, so könnte man auch dem hartnäckig leugnenden Angeklagten die Strafmilderung kaum verwehren, da auch dieses Verhalten psychologisch durchaus als Ausdruck von Reue und großer Scham hinsichtlich der begangenen Tat verstanden werden *kann*[533]. Dies kann ersichtlich nicht richtig sein. Dieser Meinungsstreit verdeutlicht aber, daß die Begründung der strafmildernden Wirkung *de lege lata* unbefriedigend ist. Das Problem würde sich nicht stellen, wenn man die Strafmilderung offen von der prozeßfördernden Wirkung des Geständnisses abhängig machte. Ein Widerruf des Geständnisses würde dann eindeutig dessen Strafzumessungswirkung entfallen lassen.

Ein ähnliches Problem stellt sich in Fällen, in denen bereits ein Beweisverwertungsverbot eingreift. Auch hier ist streitig, ob das Geständnis, obwohl es nicht als Beweismittel verwendet werden darf, wenigstens als Strafzumessungsfaktor berücksichtigt werden kann. Im Fall des von Amts wegen zu beachtenden Beweisverwertungsverbotes ist es nicht der Angeklagte, der aktiv versucht, sein Geständnis „aus der Welt" zu schaffen, vielmehr tritt die Rechtsfolge der Unverwertbarkeit von Gesetzes wegen ein. Gerade bei § 136 a StPO ist zumindest denkbar, daß der Angeklagte zuerst wirklich reuig war und seine Schuld öffentlich anerkennen wollte, er aber nach dem rechtswidrigen Verhalten der Behörden diesen keine weitere Hilfe anbieten will. Der fünfte Strafsenat hat festgestellt, daß die Nichtverwertung eines Geständnisses bei der Prüfung der Schuldfrage eine Verwertung des Geständnisses zugunsten des Angeklagten bei der Strafzumessung nicht ausschließe[534]. Insofern wirkt das Beweisverwertungsverbot nur

---

[531] *Kleinknecht/Meyer-Goßner*, § 261, Rz. 26.

[532] Für die Anwendung des Zweifelssatzes bei der Schuldfeststellung, so auch *Beulke*, Strafprozeßrecht, Rz. 25.

[533] So auch *Schünemann*, Gutachten, B 112; *Grünwald*, StV 1987, 453, 454.

[534] BGHSt 42, 191, 194 f.

als „Belastungsverbot“[535]. Dieser Grundansatz verdient Zustimmung. Das Beweisverwertungsverbot wird ausgelöst durch ein rechtswidriges oder (im Fall des Dissens) jedenfalls pflichtwidriges Verhalten der Strafverfolgungsorgane. Aus diesem Verhalten dürfen dem Beschuldigten aber keine negativen Folgen erwachsen, auch nicht mittelbar durch eine automatische Ausblendung des Geständnisses bei der Strafzumessung. Das Gericht muß daher das Aussageverhalten des Angeklagten bei der Strafzumessung berücksichtigen, auch wenn der Inhalt der Aussage unverwertbar wird. Hieraus folgt aber keinesfalls, daß in diesen Fällen „im Regelfall“ eine Strafmilderung geboten wäre[536]. Der Grundsatz *in dubio pro reo*, der für die Begründung der strafmildernden Wirkung des Geständnisses *de lege lata* konstitutiv ist, wird nämlich hier meist nicht zur Anwendung kommen. Wie im Fall des Geständniswiderrufs liegt es vollständig in der Hand des Angeklagten, ob er (erneut) gestehen und dadurch die Strafmilderung erhalten will, oder ob er es dabei belassen will, das Geständnis dem Prozeß zu entziehen. Entscheidet er sich für die letztere Option, scheidet eine Strafmilderung nach der „doppelspurigen Indizkonstruktion“ i.V.m. dem Zweifelssatz aus[537]. Zwar muß das Gericht das Aussageverhalten bei der Strafzumessung berücksichtigen, Zweifel an der bloßen taktischen Motivation des Geständnisses wird es aber in dieser Situation im Regelfall nicht haben. Mehr kann auch den Ausführungen des fünften Strafsenats in BGHSt 42, 191 nicht entnommen werden[538].

Sowohl der Geständniswiderruf als auch ein auf das Geständnis bezogenes Beweisverwertungsverbot machen somit *Ausführungen* zur strafmildernden Wirkung der Aussagewilligkeit nicht entbehrlich. Eine Strafmilderung wird aber meist mangels vernünftiger Zweifel an der rein taktischen Motivation des Beschuldigten ausscheiden.

b) Fehlgeschlagene Absprache als eigenständiger Strafmilderungsgrund

Der BGH hat mehrfach entschieden, daß, wenn ein staatliches Organ das verfassungsmäßige Recht des Beschuldigten auf ein faires, rechtsstaatliches Verfahren verletzt, dies zu einem „Schmerzensgeld“[539] in Gestalt einer

---

[535] *Landau/Eschelbach*, NJW 1999, 321, 322; so i.E. auch schon *Schäfer*, DRiZ 1989, 294, 295.

[536] So aber wohl *Wesemann/Müller*, StraFo 1998, 113, 116.

[537] So i.E. auch *Beulke/Satzger*, JuS 1997, 1072, 1078.

[538] In dem Urteil, BGHSt 42, 191, 195, heißt es nur, daß die Geständnisse „in den Urteilsgründen nicht gänzlich übergangen werden“ durften.

[539] *Weigend*, JR 1991, 257.

schuldunabhängigen Strafmilderung führen kann[540]. Ein solches „Schmerzensgeld" kommt indes nur in Betracht, wenn es zum Ausgleich des Rechtsverstoßes auch wirklich notwendig ist. Die Strafzumessung ist nämlich schon dogmatisch nicht der richtige Ort für die Berücksichtigung schuldunabhängiger Gesichtspunkte[541], und so sollte ein selbständiger Strafmilderungsgrund nur die *ultima ratio* im System der strafprozessualen „Pannenhilfe" sein. Ein solcher kommt nur in Betracht, wenn die Rechtsbeeinträchtigung dazu führt, daß der Beschuldigte zum Objekt des Verfahrens gemacht wurde[542] und ein anderweitiger vollständiger Ausgleich der Beeinträchtigung nicht möglich ist[543].

Selbständige Strafmilderungsgründe werden in drei verschiedenen Situationen diskutiert. Zunächst ist denkbar, daß eine Strafmilderung notwendig ist, um überdurchschnittliche Belastungen, die aus dem Verfahren selbst erwachsen sind, auszugleichen[544]. Sodann kann eine mildere Strafe unter Präventionsgesichtspunkten erforderlich sein, wenn die eigentlich schuldangemessene Strafe derart ungerecht erscheint, daß sie von der Bevölkerung (Aspekt der positiven Generalprävention) oder dem Beschuldigten (Spezialprävention) schlicht nicht mehr verstanden werden könnte[545], insbesondere, wenn ein Zusammenhang zwischen den dem Fehler zugrunde liegenden verfahrensrechtlichen Vorgängen und der abzuurteilenden Tat besteht[546]. Schließlich kann ein Strafmilderungsgrund aus einem Verstoß gegen die EMRK erwachsen und geboten sein, um eine spätere Verurteilung der BR Deutschland durch den Europäischen Gerichtshof für Menschenrechte zu vermeiden[547].

Ein solcher *fair trial*-Verstoß kommt als Strafmilderungsgrund aber nur in Betracht, wenn kein sonstiger Ausgleich auf vorrangiger Ebene möglich ist[548]. Bei

---

[540]BGHSt 37, 10; 32, 345; 33, 283; BGH, StV 1995, 131; StV 1984, 97.

[541]*Imme Roxin*, Rechtsfolgen schwerwiegender Rechtsstaatsverstöße, 185c.

[542]*Schlothauer*, StraFo 1998, 402, 408.

[543]*Beulke/Satzger*, JuS 1997, 1072, 1080.

[544]Vgl. *Schäfer*, Das Recht der Strafzumessung, Rz. 326.

[545]*Schäfer*, Das Recht der Strafzumessung, Rz. 354 ff.

[546]So insbsondere diskutiert für die Fälle der polizeilichen Tatprovokation (*agent-provocateur*-Fälle); vgl. *Schlothauer*, StraFo 1998, 402, 408, *Beulke/Satzger*, JuS 1997, 1072, 1080.

[547]So im Fall des konventionswidrigen Lockspitzeleinsatzes BGH, NJW 2000, 1123, 1124; vgl. auch *Weigend*, JZ 1990, 778.

[548]*Beulke/Satzger*, JuS 1997, 1072, 1079f.; auch dem V-Mann Urteil des BGH, NJW 2000, 1123, 1126 kann insoweit nichts anderes entnommen werden: der BGH nimmt dort den erforderlichen Ausgleich auf der Ebene der Strafzumessung vor, weil er ein Beweisverwertungsverbot für den Fall des konventionswidrigen Lockspitzeleinsatzes gerade ablehnt.

fehlgeschlagenen Urteilsabsprachen ist aber entweder bereits anderweitige Abhilfe möglich oder es liegt schon gar kein Verstoß gegen das Fairneßgebot vor. Scheitert die Absprache, weil neue belastende Tatsachen bekannt werden, so ist eine schuldangemessene Strafe zu verhängen. Eine unfaire Behandlung liegt hierin nicht. Im Fall des Dissenses läge der Fairneßverstoß in einer Verwertung des vom Angeklagten abgelegten Geständnisses. Nimmt man nach richtiger Ansicht jedoch für diese Fälle ein Verwertungsverbot und die Ablehnbarkeit des Gerichts an, so ist der Angeklagte so gestellt, wie er ohne mißglückte Absprache stünde. Wird er trotzdem aufgrund anderer Beweismittel verurteilt, so muß auch in diesen Fällen die schuldangemessene Strafe verhängt werden. Eines besonderen „Schmerzensgeldes" in Form einer Strafmilderung bedarf es nicht. Gleiches gilt, wenn das Geständnis nach § 136 a StPO unverwertbar wird. Scheitert die Absprache schon im Ansatz, wird der Fall also „erfolglos angedealt"[549], so liegt hierin ein Verfahrensverstoß ohnehin nur, wenn das Gericht sich nicht angemessen verhalten hat. Dann ist aber eine Ablehnung wegen der Besorgnis der Befangenheit das richtige Mittel, den Rechtsverstoß auszugleichen.

Raum für einen selbständigen Strafmilderungsgrund bleibt bei fehlgeschlagenen Absprachen eigentlich nur im Bereich der Prozeßumfangsabsprachen. Ein vorrangig zu beachtendes Beweisverwertungsverbot kommt als Korrektiv nämlich nur in Betracht, wenn die Absprache in dem in Frage stehenden Verfahren auch tatsächlich ein den Beschuldigten belastendes Beweismittel hervorgebracht hat[550]. Das ist bei Prozeßumfangsabsprachen häufig nicht der Fall. Werden also absprachewidrig bestimmte Taten nicht nach §§ 153 ff. StPO eingestellt, sondern zur Anklage gebracht, so kommt mangels anderer Reaktionsmöglichkeiten ein selbständiger Strafmilderungsgrund in Frage[551].

II. Reaktionsmöglichkeiten in der Rechtsmittelinstanz

BGHSt 43, 195 hat die Zulässigkeit von Absprachen negativ beschrieben. Sie seien „nicht generell untersagt". Diese Formulierung verdeutlicht das Regel - Ausnahme Verhältnis zwischen dem formellen Programm der Wahrheitsfindung nach der StPO und der konsensualen Verfahrenserledigung. Aus den Ausführungen des BGH spricht denn auch ein gewisses Unbehagen der Absprachenpraxis gegenüber. Hiermit muß eine möglichst dichte und effektive revisionsrechtliche Kontrolle dieser Praxis korrelieren[552].

---

[549] *Dahs*, NStZ 1988, 153, 157.

[550] *Schlothauer*, StraFo 1998, 402, 407.

[551] Hierzu näher unten 7. Teil, D, II, 2.

[552] So auch *Kintzi*, FS Hanack, 178; vgl. auch LR-*Rieß*, Einl., Rz. G 86 ff.

Der Gefahr konsensualen Mißbrauchs vermag das Rechtsmittelrecht indes nur schwer zu begegnen. Es gilt die Parömie: wo kein Rechtsmittelführer, da keine nächstinstanzliche Kontrolle. Sind alle Absprachebeteiligten zufrieden, findet keine weitere Verfahrenskontrolle statt. Um so wichtiger ist es deshalb, immer dann, wenn Rechtsmittel eingelegt werden, eine möglichst genaue Kontrolle des Geschehenen zu ermöglichen[553].

1. Entgegenstehender Rechtsmittelverzicht

Absprachen werden fast immer mit einem allseits erklärten Rechtsmittelverzicht „besiegelt", um ihre effizienzsteigernde Wirkung zu komplettieren und z.T. wohl auch schlicht, um unzulässige Absprachen der potentiellen revisionsgerichtlichen Kontrolle zu entziehen. Die Verfahrensbeteiligten reagieren damit auch auf den grundlegenden Wandel der Revision von einem Mittel zur Überprüfung der Rechtsanwendung des Tatrichters zu einem umfassenderen Kontrollinstrument der Sachverhaltsfeststellung, der Beweiswürdigung und der Rechtsfolgenbestimmung[554].

Eine der Verfahrensregeln, die der vierte Strafsenat des BGH in seiner Grundsatzentscheidung zu Urteilsabsprachen aufgestellt hat, ist aber, daß sich das Gericht für das Inaussichtstellen einer milderen Strafe vom Angeklagten nicht versprechen lassen darf, daß dieser auf Rechtsmittel verzichten werde. Ein solches Versprechen bedeute die unzulässige Verknüpfung der Rechtsmittelbefugnis mit der Höhe der Strafe[555]. Zu den Rechtsfolgen dieses Verbots hat sich der Senat allerdings zunächst ausgeschwiegen. Zu beachten ist die Unterscheidung zwischen der Vereinbarung eines Rechtsmittelverzichts vor Verkündung des Urteils und der tatsächlichen Verzichtserklärung nach diesem Zeitpunkt. Die gesicherte Kernaussage des Urteils ist, daß ein Rechtsmittelverzicht vor Urteilsverkündung weder erklärt noch *rechtsverbindlich* vereinbart werden kann[556]. Die Beteiligten können sich also nicht vor dem Bekanntwerden des Urteilsinhalts der Möglichkeit begeben, dieses Urteil in der Rechtsmittelinstanz überprüfen zu lassen[557]. Unklar ist hingegen, wie eine Verzichtserklärung, die zwar aufgrund einer solchen unzulässigen Vereinbarung, aber nach Urteilsverkündung abgegeben wird, zu behandeln ist. Problematisch sind also Situationen, in denen der Rechtsmittelverzicht nach Prozeßende vereinbarungsgemäß tatsächlich erklärt wurde, einer der

[553] LR-*Rieß*, Einl., Rz. G 86 ff.

[554] *Rönnau*, Die Absprache im Strafprozeß, 50.

[555] BGHSt 43, 195, 204 f.

[556] *Landau/Eschelbach*, NJW 1999, 321, 326.

[557] Dies entspricht der wohl allgemeinen Meinung, vgl. LR-*Hanack*, § 302, Rz. 10 m.w.N.

Beteiligten aber anschließend doch Rechtsmittel einlegen will. Der „stringenten Schlußfolgerung“[558] einer Unwirksamkeit des absprachegemäß erklärten Rechtsmittelverzichts steht *prima vista* der Grundsatz entgegen, daß ein Rechtsmittelverzicht als Prozeßerklärung unanfechtbar und unwiderruflich ist, wenn er nur eindeutig abgegeben wurde und zugegangen ist[559]. In Fällen, in denen es rechtsstaatlich unerträglich wäre, den Beschuldigten an seiner Verzichtserklärung festzuhalten, behilft sich die Rechtsprechung allerdings mit der Annahme der anfänglichen Unwirksamkeit des Rechtsmittelverzichts. Die Rechtsprechung der verschiedenen Senate des BGH zur Wirksamkeit absprachegemäß erklärter Rechtsmittelverzichte ist jedoch alles andere als einheitlich[560].

Nach Ansicht des dritten Strafsenats ist ein Rechtsmittelverzicht unwirksam, wenn er mit einer Erklärung zur Strafvollstreckung verbunden wird[561]. In einem solchen Fall würde die Freiheit der Willensentschließung und der Willensbetätigung des Angeklagten in rechtsstaatlich bedenklicher Erheblichkeit beeinträchtigt. Der erste Strafsenat hingegen hat in drei Entscheidungen an der Wirksamkeit des Rechtsmittelverzichts festgehalten[562]. Weder die Fehlerhaftigkeit des Urteils noch die Behauptung, ein falsches Geständnis abgegeben zu haben oder einem Irrtum erlegen zu sein, zwängen zur Annahme der Unwirksamkeit des Rechtmittelverzichts. Eine Täuschung des Angeklagten sei grundsätzlich zwar geeignet, die Verzichtserklärung unwirksam zu machen, sie war aber *in casu* nicht erwiesen. Der fünfte Strafsenat hat in einem Absprachefall die Unwirksamkeit des Rechtsmittelverzichts „wegen der Art und Weise seines vom Gericht zu verantwortenden Zustandekommens“ angenommen, weil dem Angeklagten keine ausreichenden Möglichkeiten zur Konsultation seiner Verteidiger gegeben wurden, jedoch gleichzeitig festgestellt, daß er nicht schon allein deshalb unwirksam sei, weil er Gegenstand einer Absprache gewesen sei[563]. Hierin folgte er dem zweiten Strafsenat des BGH. Dieser hatte in einer Entscheidung aus dem Jahr 1997 explizit festgestellt, daß die Wirksamkeit eines Rechtsmittelverzichts nicht davon beeinflußt werde, daß er Gegenstand einer außerhalb der Verhandlung getroffenen Absprache gewesen sei, und daß ein Rechtmittelverzicht sogar dann

---

[558] *Weigend*, StV 2000, 63.

[559] BGH, wistra 1992, 309; StV 1994, 64; NStZ 1997, 611; NStZ-RR 1997, 173; BGH, NStZ 1984, 181 m. umfangr. N.

[560] AK-*Achenbach*, § 302, Rz. 22; vgl. auch allgemein zur Frage der Unwirksamkeit eines Rechtsmittelverzichts, die Darstellung der Rechtsprechung bei SK-*Frisch*, § 302, Rz. 21 ff.; grundlegend *Dencker*, Willensfehler bei Rechtsmittelverzicht und Rechtsmittelzurücknahme im Strafprozeß, 57 ff.

[561] BGH, NJW 1995, 2568 = wistra 1995, 231.

[562] BGH, wistra 1992, 309; wistra 1995, 195; StV 2000, 237.

[563] BGH, NJW 1999, 2449, 2452 = StV 1999, 412, 414.

zu beachten sein könne, wenn die zugrundeliegende Absprache unzulässig ist[564]. Etwas anderes habe nur zu gelten, wenn „diejenigen Gründe, die - allgemein oder im Einzelfall - der Zulässigkeit einer solchen Absprache entgegenstehen, zugleich auch zur rechtlichen Mißbilligung des abgesprochenen Rechtsmittelverzichts führen würden“[565].

Diese „kleine Hintertür“[566] hat nunmehr der vierte Senat zu nutzen versucht, um die Unwirksamkeit eines absprachegemäß erklärten Rechtsmittelverzichts zu begründen und dadurch dem Verbot der Vereinbarung eines Rechtsmittelverzichts auch Sanktionen folgen zu lassen[567]. Wenn das Tatgericht die Protokollierung des Inhalts der Absprache unterläßt und damit fahrlässig das Risiko eines Irrtums oder Dissenses erhöht, liegt darin nach Ansicht des Senats ein Rechtsverstoß, der auch zur rechtlichen Mißbilligung des abgesprochenen Rechtsmittelverzichts führt. Aus dem doppelt wirkenden Verfahrensfehler, den der zweite Senat gefordert hatte, wird in dieser Entscheidung ein „Doppelfehler“. Die Kombination von unzulässigem Versprechenlassen eines Rechtsmittelverzichts und einem weiteren, das Risiko eines Dissenses erhöhenden Fehlverhaltens des Gerichts, soll die Unwirksamkeit des absprachegemäß erklärten Rechtsmittelverzichts begründen. Die Entscheidung leidet ersichtlich unter diesem Bemühen des erkennenden Senats, seine Rechtsprechung mit der des zweiten Strafsenats in Übereinstimmung zu bringen, anstatt den Weg der Vorlage an den großen Senat für Strafsachen nach § 132 II GVG zu gehen. Dies zeigt schon der Aufbau des Urteils.

So stellt der vierte Senat zunächst ausdrücklich fest, daß eine unzulässige Verknüpfung der Rechtsmittelbefugnis mit der Höhe der Strafe die Unwirksamkeit der Rechtsmittelverzichtserklärung zur Konsequenz habe[568]. Zöge man diese Konsequenz nicht, bliebe ein Verstoß des Tatgerichts gegen das Verbot der Vereinbarung von Rechtsmittelverzichten sanktionslos. Dieses Verbot sei aber für eine rechtsstaatlichen Anforderungen genügende Verständigung im Strafverfahren unabweisbar. Außerdem trage die Annahme der Unwirksamkeit dem Umstand

---

[564]BGH, NJW 1997, 2691 f. = wistra 1997, 311.

[565]BGH, NJW 1997, 2691, 2692 = wistra 1997, 311, 312

[566]*Weigend*, StV 2000, 63.

[567]BGH, StV 2000, 4, m. Anm. *Weigend*, StV 2000, 63 = NStZ 2000, 96 m. Anm. *Rieß* = wistra 2000, 65 = StraFo 2000, 49; in der neun Monate vor diesem Beschluß ergangenen Entscheidung, BGH, NStZ 1999, 364 = StV 1999, 411, hatte der Senat noch offengelassen, ob die Unwirksamkeit eines Rechtsmittelverzichts daraus folgen könne, daß er Bestandteil einer dem Urteil vorausgehenden Urteilsabsprache war, da er den Einlassungen des mehrfach vorbestraften Angeklagten keinen Glauben schenkte; dem vierten Senat folgt auch das OLG München, StV 2000, 188.

[568]BGH, StV 2000, 4 f.

Rechnung, daß der Angeklagte durch die Ablegung eines Geständnisses seine Verteidigungsmöglichkeiten auf einen schmalen Bereich eingeschränkt habe und das Gericht daher keinesfalls von ihm verlangen dürfe, daß er sich bereits vor Abschluß der Hauptverhandlung und Kenntnis der Entscheidung der ihm zustehenden Kontrollmöglichkeit begebe. Erst im Anschluß an diese klaren Ausführungen weicht die Entscheidung auf die „Hilfsbegründung" des zweifachen Fehlers aus. Diese nachgeschobene Erklärung hat ersichtlich allein den Grund, eine oberflächliche Harmonisierung mit der Auffassung des zweiten Senats zu erreichen[569].

Die Feststellung des zweiten Senats, daß ein absprachegemäß erklärter Rechtsmittelverzicht (nur) dann unwirksam sei, wenn „diejenigen Gründe, die...der Zulässigkeit einer solchen Absprache entgegenstehen, zugleich auch zur rechtlichen Mißbilligung des abgesprochenen Rechtsmittelverzichts führen[570]", bezieht sich aber im Zusammenhang der Entscheidung nur auf die Anerkennung der bisherigen Rechtsprechung zur Unwirksamkeit von Rechtsmittelverzichtserklärungen. So führt der zweite Senat in seinem Beschluß denn auch weiter aus, daß die Beurteilung der Wirksamkeit eines Rechtsmittelverzichts „anderen Maßstäben" unterliege. „Es soll in die freie Entscheidung des Angeklagten gestellt sein, ob er ein gegen ihn ergangenes Urteil anfechten, unangefochten lassen oder durch Erklärung eines Rechtsmittelverzichts annehmen will. Diese Freiheit muß ihm auch dann erhalten bleiben, wenn das Urteil auf einer unzulässigen Absprache beruht und sich der Rechtsmittelverzicht als deren Einlösung darstellt. Auf die Art, wie der Verzicht zustandegekommen ist, kommt es insoweit nicht an"[571]. Die Entscheidung geht nun aber ersichtlich davon aus, daß die freie Entscheidung über die Annahme des Urteils durch Rechtsmittelverzicht im Regelfall auch dann erhalten bleibt, wenn sie einer unzulässigen Absprache nachfolgt[572]. *De iure* ist das auch zutreffend. Der Angeklagte ist an sein Versprechen, auf Rechtsmittel zu verzichten, nicht gebunden. Er kann insofern „frei" entscheiden, ob er das Urteil annimmt[573]. *De facto* ist es aber um die Freiheit der Willensentschließung und -betätigung in diesen Fällen schlecht bestellt.

Es ist irreal zu glauben, daß ein Angeklagter, der dem Gericht einen Rechtsmittelverzicht versprochen hat, ohne speziellen Hinweis auf die Unverbindlichkeit dieses Versprechens - auch durch seinen Verteidiger - von ihm abweichen wird.

---

569 So auch *Weigend*, StV 2000, 63.

570 BGH, NJW 1997, 2691, 2692 = wistra 1997, 311, 312.

571 BGH, NJW 1997, 2691, 2692 = wistra 1997, 311, 312.

572 Zur Frage der unzulässigen Willensbeeinflussung vgl. auch KK-*Ruß*, § 302, Rz. 13; LR-*Hanack*, § 302, Rz. 49 ff.; SK-*Frisch*, § 302, Rz. 22 ff., 31.

573 So auch *Peglau*, JA 2000, 405, 408.

Vom Verteidiger ist in diesen Situationen aber keine Hilfe zu erwarten. Will er auch in Zukunft als Gesprächspartner für das Gericht akzeptabel sein, darf er nicht den Vereinbarungsbruch zur Verteidigungsstrategie machen. Diese Drucksituation wird auch durch die Rechtsbehelfsbelehrung des Gerichts nicht nachhaltig beseitigt. Diese muß dem Angeklagten vielmehr als reine Formalie erscheinen, hat er doch im Rahmen der Absprache auf eben dieses Recht verzichtet[574]. Von ihm kann nicht erwartet werden, daß er allein aufgrund der normalen Rechtsmittelbelehrung um die Unverbindlichkeit der Zusage weiß[575].

Der Druck auf den Angeklagten, sein Versprechen einzulösen, entsteht aber bereits durch das Versprechen des Rechtsmittelverzichts allein. Weitere Verfahrensverstöße mögen zwar das Risiko des Scheiterns der Absprache steigern, einen erhöhten Druck bzgl. des Rechtsmittelverzichts begründen sie indes nicht. Der Entscheidung des zweiten Senats ist im Wortlaut daher durchaus zuzustimmen. Der Senat zieht aber die falschen Schlüsse aus seiner richtigen Prämisse. Die freie Entscheidung des Angeklagten, Rechtsmittel einzulegen, wird durch das Versprechen des Rechtsmittelverzichts nachhaltig beeinträchtigt. Eben diejenigen Gründe, die dem Versprechen des Verzichts, also der Absprache, entgegenstehen, gelten auch für die Verzichtserklärung selbst, namentlich, daß man den Angeklagten nicht zwingen darf, sich seiner gesetzlich vorgesehenen Kontrollmöglichkeiten zu begeben. Ein absprachegemäß erklärter Rechtsmittelverzicht muß daher unabhängig vom Vorliegen weiterer Verfahrensverstöße als unwirksam angesehen werden, weil der Zwang durch die Absprache auch nach der Verkündung des Urteils fortwirkt[576]. Behauptet der Revisionsführer, daß der Rechtsmittelverzicht Gegenstand der Absprache war, so muß das Revisionsgericht die Richtigkeit dieser Behauptung freibeweislich klären. Ob die Absprache insofern protokolliert wurde, spielt keine Rolle[577].

Der vierte Senat spricht auch die Heilung des Verfahrensverstoßes durch eine „qualifizierte" Rechtsmittelbelehrung an. Es sei fraglich, ob der Rechtsmittelverzicht wirksam sei, „wenn der Vorsitzende den Angeklagten eingehend über seine

---

[574]A.A. offenbar *Weigend*, StV 2000, 63, 65.

[575]Vgl. BGH, StV 2000, 4, 5: die „Rechtsmittelbelehrung....war nicht geeignet, seinen Wissensstand wesentlich zu erweitern, nachdem er im Rahmen der Absprache zugesagt hatte, nach Urteilsverkündung auf Rechtsmittel zu verzichten".

[576]So i.E. auch *Satzger*, JA 1998, 98, 100, unter Verweis auf § 136 a StPO; vgl. auch *Eschelbach*, JA 1999, 694, 701, der wegen der Anerkennung der Urteilsabsprachenpraxis für die Frage der Wirksamkeit eines Rechtsmittelverzichts eine neue Bewertung von Irrtümern oder des „Wegfalls der Geschäftsgrundlage" fordert.

[577]Enger insoweit OLG München, StV 2000, 188, nach dessen Ansicht freibeweisliche Klärung nur zulässig ist, wenn eine der Urkundspersonen durch eine nachträgliche (dienstliche) Erklärung den Inhalt des Protokolls wesentlich ergänzt.

Freiheit, ungeachtet der getroffenen Absprache innerhalb der gesetzlichen Frist Rechtsmittel einzulegen, belehrt" habe[578]. Da eine solche „qualifizierte" Belehrung *in casu* nicht erfolgt war, hatte der BGH die Frage nicht zu entscheiden. Fraglich ist, ob eine solche besondere Belehrung geeignet wäre, den Druck auf den Angeklagten zu beseitigen. Hiergegen könnte eingewandt werden, daß, wenn das Gericht wirklich davon ausginge, daß der Angeklagte völlig frei über den Rechtsmittelverzicht entscheiden solle, es sich ihn schon nicht hätte versprechen lassen dürfen. Fraglich ist also, ob eine „qualifizierte" Belehrung den Erwartungsdruck, der durch das Versprechen entsteht, nachdrücklich zu mindern vermag. Von seinem Verteidiger hat der Angeklagte aus den schon genannten Gründen auch in diesem Fall keine gänzlich unvoreingenommene Beratung zu erwarten. Zwar bleibt es zudem bei dem für den Angeklagten nur schwer verständlichen Widerspruch, daß die Person, der er vorher den Verzicht versprochen hat, nunmehr darauf hinweist, er müsse sich nicht an das Versprechen halten, doch würde man den Schutz des mündigen Angeklagten überdehnen, wenn man dem Rechtsmittelverzicht auch in diesem Fall die Freiwilligkeit abspräche. Eine eindeutige Belehrung über die Unverbindlichkeit der Vereinbarung ist geeignet, die motivierende Kraft der unzulässigen Absprache zu neutralisieren. Ein nach qualifizierter Belehrung abgegebener Rechtsmittelverzicht ist daher wirksam, auch wenn ihm eine unzulässige Absprache vorausging[579].

Eine derart „qualifizierte" Rechtsmittelbelehrung könnte darüberhinaus generell in Absprachefällen angemessen sein. Es wäre wünschenswert, wenn in *allen* Fällen von Absprachen, also auch wenn ein Rechtsmittelverzicht nicht ausdrücklich thematisiert wurde, eine qualifizierte Rechtsbehelfsbelehrung gegeben würde, um dem Angeklagten zu verdeutlichen, daß ihn die konsensuale Verfahrenserledigung nicht *eo ipso* von einer revisionsgerichtlichen Überprüfung präkludiert. Dies erscheint angemessen, da die Erwartungen der beteiligten Juristen, denen es primär um Effizienzsteigerung durch die Absprache geht, immer darauf gerichtet sein werden, daß das Urteil unverzüglich in Rechtskraft erwächst. Um auch diesem sublimeren Druck auf den Angeklagten zu begegnen, sollte ihn das Gericht deutlicher als nach einem streitigen Verfahren auf seine Rechtsmittelmöglichkeiten hinweisen. Sollte die Annahme der Unwirksamkeit eines abgesprochenen Rechtsmittelverzichts zur Regel werden, so würde eine solche besondere Belehrungspflicht noch wichtiger, da die professionellen Akteure dann noch mehr als bisher auf subtilere Methoden der „Steuerung" des Angeklagten zurückgreifen werden. *De lege ferenda* wäre es daher wünschenswert, daß in allen Fällen, in denen es zu Gesprächen über die Straferwartung bei Ablegung eines Geständnis-

---

[578]BGH, StV 2000, 4, 5.

[579]So wohl auch *Rieß*, NStZ 2000, 98, 100.

ses kommt und die in der Sitzungsniederschrift protokolliert wurden, eine qualifizierten Rechtsmittelbelehrung gegeben wird.

Die Begründung der Unwirksamkeit des Rechtsmittelverzichts aus dem auf den Angeklagten ausgeübten Druck mag sich dem Einwand ausgesetzt sehen, daß ein Rechtsmittelverzicht der StA, der infolge einer Absprache erklärt wurde, nicht unwirksam ist. Dies ist aber auch nicht unbillig. Die StA wußte schon bei Eingehen der Absprache, daß das Versprechen nicht bindend ist. Ein Informationsdefizit liegt insoweit nicht vor. Läßt sie sich trotzdem auf einen solchen Deal ein, ist sie von der Geltendmachung seiner Unwirksamkeit nach Abgabe der Rechtsmittelverzichtserklärung präkludiert. Dies ist zwingende Folge der Unanfechtbarkeit des Rechtsmittelverzichts. Was die StA nämlich in einem solchen Fall geltend zu machen versuchen würde, wäre ein Irrtum über die Einhaltung der rechtswidrigen Absprache durch den Angeklagten. Ein solcher kann aber unmöglich zur Unwirksamkeit des Rechtsmittelverzichts führen.

Die Feststellung der Unwirksamkeit des Rechtsmittelverzichts allein ermöglicht dem Angeklagten aber dann nicht die Revision, wenn das Bedürfnis nach nachträglicher Überprüfung der Absprache im Rechtsmittelweg erst nach Ablauf der Rechtmitteleinlegungsfrist entsteht. § 340 StPO unterwirft die Revisionseinlegung einer Wochenfrist. Angesichts der Kürze dieser Frist wird die Revisionseinlegung in Fällen gescheiterter Absprachen daher oftmals unzulässig sein. Von entscheidender Bedeutung ist dann die Möglichkeit, Wiedereinsetzung in den vorigen Stand erreichen zu können[580]. Nach § 44 StPO ist dem Beschuldigten auf Antrag Wiedereinsetzung in den vorigen Stand zu gewähren, wenn er ohne Verschulden verhindert war, eine Frist einzuhalten. § 45 StPO unterwirft aber diesen Antrag selbst auch einer Frist. Der Antrag auf Wiedereinsetzung ist danach binnen einer Woche nach „Wegfall des Hindernisses" zu stellen. Unter Hindernis ist insofern der Umstand zu verstehen, der die Versäumung verursacht hat[581], hier also das Unwissen um die Unwirksamkeit des Rechtmittelverzichts. Der Fristbeginn bestimmt sich nicht nach dem Zeitpunkt des tatsächlichen Wegfalls des Hindernisses, sondern nach demjenigen, zu dem der Angeklagte hiervon Kenntnis erhalten hat[582]. Die Fristversäumung ist im Falle abgesprochener Rechtsmittelverzichte sicherlich schuldlos i.S.d. § 44 StPO. Nach der hier vertretenen Ansicht folgt die Unwirksamkeit des Rechtsmittelverzichts gerade aus der Tatsache, daß sich der Angeklagte typischerweise aufgrund des auf ihn von den professionellen Akteuren ausgeübten Drucks an die Abmachung gebunden fühlt. Solange die Absprache noch nicht gescheitert ist, besteht für ihn auch kein Anlaß,

---

[580]Vgl. *Rieß*, NStZ 2000, 98, 100; *Weigend*, StV 2000, 63, 65.

[581]LR-*Wendisch*, § 45, Rz. 7.

[582]Allg. Meinung, vgl. nur BVerfG, NJW 1994, 1856; *Kleinknecht/Meyer-Goßner*, § 45, Rz. 3; LR-*Wendisch*, § 45, Rz. 8.

an der Verbindlichkeit und Endgültigkeit des Rechtsmittelverzichts zu zweifeln. Erst mit dem Fehlschlagen der Absprache erwächst für ihn die Notwendigkeit, die Wirksamkeit seiner Verzichtserklärung zu hinterfragen. Erst dann wird er, wenn er anwaltliche Beratung sucht, erfahren, daß sein Rechtsmittelverzicht unwirksam war und er Wiedereinsetzung verlangen kann. Das Scheitern der Absprache selbst ist damit zwar nicht der „Wegfall des Hindernisses", es schafft aber die Motivation, sich über die Rechtslage zu informieren. Hierdurch entfällt dann das Hindernis[583]. *Rieß* hat darauf hingewiesen, daß eine solche Auslegung dazu führen kann, daß dem Rechtsmittelführer mit Hilfe der Wiedereinsetzung eine Möglichkeit der Anfechtung der Motive seiner Untätigkeit an die Hand gegeben werde, was mit der herkömmlichen Vorstellung vom „Wegfall des Hindernisses" i.S.v. § 45 I StPO unvereinbar wäre[584]. Doch erfordert die Notwendigkeit dichter revisionsrechtlicher Kontrolle der mißbrauchsgefährdeten Absprachepraxis eine solchermaßen „nachsichtige" Auslegung des § 45 I StPO, um dem anzuerkennenden Bedürfnis nach nachträglicher Rechtsmittelkontrolle gerecht werden zu können.

2. Revision

Wichtigstes Mittel zur Kontrolle der Absprachenpraxis ist das Instrumentarium des Revisionsrechts[585]. Im folgenden wird aufzuzeigen sein, inwieweit Fehler im Verfahren, aber auch absprachebedingte materiell-rechtliche Fehler mit der Revision gerügt werden können. Die Effektivität der Revision als Hauptkontrollmittel der Absprachenpraxis unterliegt jedoch einigen Einschränkungen. Zunächst ist zu erwarten, daß auch in Zukunft viele Urteilsabsprachen durch einen Rechtsmittelverzicht revisionssicher gemacht werden. Ist der Rechtsmittelverzicht nicht unzulässigerweise abgesprochen, so ist er wirksam und unanfechtbar. Sodann kommt eine revisionsgerichtliche Kontrolle nur in Fällen gescheiterter Absprachen in Frage. Konsensuale Rechtsverstöße, die zu einem für StA und Angeklagten hinnehmbaren Ergebnis geführt haben, können mit dem Rechtsmittel der Revision nicht aufgedeckt werden. Schließlich liegt es in der Natur der Sache, daß gerade wegen der Ungeregeltheit informeller Vorgänge die Geltendmachung mancher Verfahrensverstöße im Revisionsrecht oft schon auf Grenzen des tatsächlichen Vorbringens stoßen wird[586].

---

[583]So i.E. auch BGH, StV 2000, 4, 5.

[584]*Rieß*, NStZ 2000, 98, 100.

[585]So auch LR-*Rieß*, Einl., Rz. G 86 ff.

[586]So für den Fall der Rüge eines Verstoßes gegen das *fair-trial* Prinzip: *Hamm*, FS Salger, 273, 285.

a) Absolute Revisionsgründe

Unzulässige Absprachen können die Revision aus zwei absoluten Revisionsgründen heraus begründen, namentlich § 338 Nr. 3 StPO und § 338 Nr. 6 StPO.

(1) § 338 Nr. 3 i.V.m. § 28 II StPO

Nach § 338 Nr. 3 StPO ist ein Urteil als auf einer Verletzung des Gesetzes beruhend anzusehen, wenn bei dem Urteil ein Richter oder Schöffe mitgewirkt hat, nachdem er wegen Besorgnis der Befangenheit abgelehnt war und das Ablehnungsgesuch zu Unrecht verworfen worden ist. Dieser absolute Revisionsgrund kann in typischen Absprachefällen häufig einschlägig sein[587]. Wie a.a.O. dargelegt worden ist, setzt sich das Gericht in vielen Fällen, in denen es den Legalbereich der Absprachen verläßt, der Besorgnis der Befangenheit aus[588]. Hat der Angeklagte in diesen Fällen einen Ablehnungsantrag gestellt und ist dieser abgelehnt worden, so ist der hierauf gestützten Revision stattzugeben. Allerdings setzt § 338 Nr. 3 StPO voraus, daß in der Hauptverhandlung ein Ablehnungsantrag auch tatsächlich gestellt wurde[589]. Wer sich auf diesen Revisionsgrund berufen will, muß daher schon während der Hauptverhandlung auf „Konfrontationskurs" gehen[590]. § 338 Nr. 3 StPO hilft dem Revisionsführer nicht, wenn er zunächst den Verfahrensverstoß durch das Gericht hingenommen hat und nun nachträglich das Prozeß- und Absprachеergebnis angreifen will.

(2) § 338 Nr. 6 StPO

Auf den ersten Blick erscheint § 338 Nr. 6 StPO als naheliegender Revisionsgrund in vielen Fällen rechtswidriger Absprachen, hat der vierte Strafsenat des BGH doch ausdrücklich festgestellt, daß die Praxis, Absprachen außerhalb der Hauptverhandlung zu treffen, gegen den Öffentlichkeitsgrundsatz, § 169 GVG, verstoße[591]. Andererseits ist aber vorgetragen worden, daß der Öffentlichkeitsgrundsatz sich nur auf die Beweisaufnahme *in* der Hauptverhandlung beziehe[592]. So hat der fünfte Senat hinsichtlich einer verdeckt gebliebenen Absprache fest-

---

[587]BGHSt 37, 298 = NStZ 1991, 346 = StV 1991, 194; BGHSt 37, 99; BGH, StV 1984, 449.

[588]Vgl. oben 7. Teil, A, I, 3.

[589]Vgl. *Schünemann*, Gutachten, B 128.

[590]*Weider*, StV 1991, 241, 243.

[591]BGHSt 43, 195, 205.

[592]So zunächst v.a. *Cramer*, FS Rebmann, 149; kritisch auch *Haas*, NJW 1988, 1345, 1351; vgl. auch *Landau/Eschelbach*, NJW 1999, 321, 324; SK-*Schlüchter*, vor § 213, Rz. 32.

gestellt: „Ein zum absoluten Revisionsgrund des § 338 Nr. 6 StPO führender Verstoß gegen § 169 GVG liegt schon deshalb nicht vor, weil die Beanstandungen der Beschwerdeführerin gerade keine Vorgänge der Hauptverhandlung (§§ 226 bis 275 StPO) zum Gegenstand haben"[593]. Streng betrachtet hat die Rüge einer Verletzung des § 169 GVG daher keinen Erfolg, sofern die Absprache nicht als Teil der Beweisaufnahme angesehen wird, denn nur das Strengbeweisverfahren, d.h. die Hauptverhandlung selbst, unterliegt dem Öffentlichkeitspostulat[594]. Die Offenlegung der Verständigung gemäß § 169 GVG ist demnach nur revisionsrechtlich gesichert, wenn in der nichtöffentlichen Absprache eine Umgehung der Norm gesehen wird[595]. Der materielle Gehalt der Verhandlungsöffentlichkeit und die Notwendigkeit einer optimierten Mißbrauchskontrolle erfordern es aber, einen Verstoß gegen „Geist und Sinn"[596] des § 169 GVG auch dann anzunehmen, wenn der Grundsatz bewußt unterlaufen und damit seiner rechtsstaatlichen Funktion entkleidet wird. Das, was in Absprachen über Geständnisbereitschaft und Straferwartung diskutiert wird, gehört in die Hauptverhandlung und muß dort daher zumindest offengelegt werden. Es wäre ein Trugschluß, wenn man annehmen würde, daß man dem Öffentlichkeitsgebot schlicht dadurch entgehen könne, daß man das Gespräch vom Gerichtssaal „auf den Flur" verlegt. Entscheidend ist nicht, wo die Gespräche stattgefunden haben, sondern wo sie hätten stattfinden müssen[597]. Nur so können der vom vierten Strafsenat aufgestellten Verfahrensordnung für Absprachen die nötigen „Zähne" gegeben werden. Verdeckte Urteilsabsprachen sind ohne Rücksicht auf ihren Inhalt schlicht unzulässig[598]. Revisionsrechtlich sollte daher nicht erst sekundär Abhilfe mittels Aufklärungs- oder Darstellungsrüge geschaffen werden[599], sondern der eigentliche und ursprüngliche Auslöser der rechtlichen Mißbilligung verdeckter Absprachen benannt werden: die Heimlichkeit der Absprache. Der hierfür geeignete Revisionsgrund ist § 338 Nr. 6 StPO.

Diese Sicht kollidiert auch nicht mit der Aussage des BGH, daß Absprachen nur dann einen zu beachtenden Vertrauenstatbestand schaffen, wenn sie in der Hauptverhandlung offengelegt und protokolliert werden[600]. Gerade weil die

---

[593]BGH, NJW 1996, 1763, 1764.

[594]*Cramer*, FS Rebmann, 149.

[595]*Landau/Eschelbach*, NJW 1999, 321, 324.

[596]*Kintzi*, FS Hanack, 180.

[597]So auch *Fahl*, JA 1997, 272, 274, *Braun*, Die Absprache im deutschen Strafverfahren, 64; *Siolek*, Verständigung in der Hauptverhandlung, 155.

[598]BGHSt 43, 195, 205 f.; LR-*Rieß*, Einl., Rz. G 87.

[599]Hierzu unten 7. Teil, A, II, b, (1), (c) und (2), (a).

[600]BVerfG, StV 2000, 3; BGH, NJW 1998, 3654 = StV 1999, 408.

außerhalb der Hauptverhandlung getroffene Absprache keine Bindungswirkung oder sonstige Rechtsfolgen zu zeitigen vermag und den Angeklagten dadurch schutzlos stellt, muß man die Mißbilligung dieser Absprachen durch eine Einbeziehung in den Schutz durch § 169 GVG ausdrücken. Dies wirft allerdings Probleme hinsichtlich der Frage auf, welche *Art* von Gesprächen zwischen Richter und Verteidigung dem Öffentlichkeitspostulat unterfallen, denn schließlich hält der BGH Gespräche außerhalb der Hauptverhandlung in ständiger Rechtsprechung für zulässig[601]. Nach richtiger Ansicht müssen aber alle Gespräche über Aussageverhalten und Straferwartung zwischen Mitgliedern des Gerichts und anderen Prozeßbeteiligten - wenn sie schon nicht in in der Hauptverhandlung geführt werden - jedenfalls dort offengelegt werden. Eine Verletzung des § 169 GVG erst anzunehmen, wenn das Urteil nicht mehr von dem in der Hauptverhandlung verhandelten Prozeßstoff getragen wird, ist wegen der damit verbundenen Beweisschwierigkeiten zu eng und daher abzulehnen[602]. Eine Einbeziehung in den Schutz durch § 169 GVG kollidiert auch deshalb nicht mit der in diesen Fällen fehlenden Bindungswirkung, weil der Schutzzweck der betroffenen Normen ganz unterschiedlich ist. Während der *fair trial* Grundsatz, auf dem die Bindungswirkung beruht, den Beschuldigten schützen soll[603], dient das Öffentlichkeitsgebot nach inzwischen h.M. primär dem Schutz der Öffentlichkeit und der Wahrung des Ansehens der Strafrechtspflege[604].

(3) § 338 Nr. 1, Nr. 5 StPO

Schünemann sieht bei manchen rechtswidrigen Absprachen auch § 338 Nr. 1 und Nr. 5 StPO als verletzt an[605]. Diese Ansicht ist aber mit dem Wortlaut dieser Normen nicht zu vereinbaren. § 338 Nr. 1 StPO sichert das Recht auf den gesetzlichen Richter, Art. 101 I 1 GG, § 16 GVG. Nach *Schünemanns* Auffassung verletzt eine ohne die Schöffen stattfindende Absprache diesen Grundsatz und begründet einen absoluten Revisionsgrund. § 336 Nr. 1 StPO garantiert aber lediglich, daß das erkennende Gericht, d.h. das Gericht, das in der Hauptverhandlung das Urteil fällt, richtig besetzt sein muß[606]. Die ohne Beteiligung der

---

[601]BGHSt 43, 195, 206; BVerfG, NStZ 1987, 419.

[602]So aber SK-*Schlüchter*, Vor § 213, Rz. 31.

[603]So spricht BGHSt 43, 195, 203 f. ausdrücklich vom „Recht des *Angeklagten* auf ein faires, rechtsstaatliches Verfahren", (Hervorhebung vom Verf.)

[604]Vgl. nur *Kleinknecht/Meyer-Goßner*, § 169 GVG m.w.N.

[605]*Schünemann*, Gutachten, B 127 f.; ihm folgend wohl auch *Küpper/Bode*, Jura 1999, 393, 397.

[606]*Kleinknecht/Meyer-Goßner*, § 338, Rz. 6.

Schöffen getroffene Absprache ersetzt aber nicht das Urteil. Dieses wird vielmehr am Ende der Hauptverhandlung mit rechtmäßiger Gerichtsbesetzung und nach Beratung des ganzen Spruchkörpers verhängt. Findet die Absprache daher ohne die Schöffen statt, so liegt darin zwar ein Rechtsverstoß, der evtl. mit der Verfahrensrüge angreifbar sein kann, der absolute Revisionsgrund des § 338 Nr. 1 StPO ist hingegen nicht verwirklicht. Gleiches gilt für § 338 Nr. 5 StPO. Diese Norm schützt das Anwesenheitsrecht der genannten Prozeßbeteiligten in der Hauptverhandlung. Werden außerhalb der Hauptverhandlung Absprachen getroffen, so sind zwar die Beteiligungsrechte der ausgeschlossenen Verfahrensbeteiligten tangiert, was wiederum eine Rügemöglichkeit nach § 337 I StPO begründen mag, Anwesenheitsrechte *in der Hauptverhandlung* sind hingegen gerade nicht verletzt[607]. Eine den Wortlaut dieser Normen übersteigende Interpretation ist auch schon deshalb nicht geboten, weil in den hier fraglichen Fällen meist schon § 338 Nr. 6 StPO verletzt sein wird.

b) Relative Revisionsgründe

Wichtiger als die auf § 338 StPO gestützten Fälle der Revision dürften die Verfahrens- und Sachrügen nach § 337 StPO sein. Die Revision kann nach § 337 I StPO nur darauf gestützt werden, daß das Urteil auf einer Verletzung des Gesetzes beruht[608]. Nach § 337 II StPO ist das Gesetz verletzt, wenn eine Rechtsnorm nicht oder nicht richtig angewendet worden ist. Der Begriff „Rechtsnorm" ist dabei in weitestem Sinn zu verstehen. Neben dem geschriebenen Recht umfaßt er auch das ungeschriebene Recht, insbesondere auch alle Rechtsgrundsätze, die sich aus dem Sinn und Zusammenhang der gesetzlichen Vorschriften ergeben[609]. Ein Urteil „beruht" auf einer Gesetzesverletzung, wenn es bei richtiger Anwendung des Gesetzes anders ausgefallen wäre[610]. Während sich bei sachlich rechtlichen Fehlern das Beruhen ohne weiteres aus dem Urteil ergibt[611], kommt es bei Verfahrensfehlern darauf an, ob ein rechtsfehlerfreies Verfahren zu demselben oder möglicherweise zu einem anderen Ergebnis geführt hätte[612].

---

[607]So auch SK-*Schlüchter*, vor § 213, Rz. 32.

[608]Hierzu *Schlüchter*, FS Krause, 485, 490 ff.

[609]LR-*Hanack*, § 337, Rz. 7; KK-*Kuckein*, § 337, Rz. 8, 12.

[610]*Kleinknecht/Meyer-Goßner*, § 337, Rz. 37; LR-*Hanack*, § 337, Rz. 254; KK-*Kuckein*, § 337, Rz. 33.

[611]*Kleinknecht/Meyer-Goßner*, § 337, Rz. 40.

[612]*Kleinknecht/Meyer-Goßner*, § 337, Rz. 38; LR-*Hanack*, § 337, Rz. 256.

(1) Verfahrensrüge

Schon aus der Revisionsbegründung muß hervorgehen, ob der Revisionsführer das Urteil wegen Verletzung einer Rechtsnorm über das Verfahren oder wegen Verletzung einer anderen Rechtsnorm anfechten will, § 344 II 1 StPO. Verfahrensnormen sind hierbei alle Bestimmungen, die den Weg betreffen, auf dem der Richter zur Urteilsfindung berufen oder gelangt ist[613]. Wird die Revision auf die Verletzung einer Verfahrensnorm gestützt, so muß die Revisionsbegründung die den Mangel enthaltenden Tatsachen angeben, § 344 II 2 StPO. Die formalen Voraussetzungen an eine Verfahrensrüge sind somit strenger.

Absprachen können - wie bereits dargestellt - eine Vielzahl von Verfahrensnormen verletzen. Das *fair trial*-Prinzip, § 136 a StPO, § 244 II StPO und § 261 StPO sind hierbei wohl am häufigsten tangiert.

Soweit Verfahrensverstöße wesentliche Förmlichkeiten der Hauptverhandlung, § 273 I StPO, betreffen, ist Beweisgrundlage nach § 274 StPO ausschließlich die Sitzungsniederschrift[614]. Ein geltend gemachter Verfahrensfehler, der sich aus der Sitzungsniederschrift nicht ergibt, kann aber aufgrund des mit der Revision angefochtenen Urteils erwiesen sein. Das Urteil erscheint in diesen Fällen als Ergänzung des Protokolls[615]. Verfahrensvorgänge, für die nicht nach § 274 die Beweiskraft des Sitzungsprotokolls gilt, und sonstige tatsächliche Grundlagen von Verfahrensrügen klärt das Revisionsgericht nach h.M. im Wege des Freibeweises[616].

(a) Verstoß gegen das fair trial-Prinzip

Der Fairneßgrundsatz, als das wesentliche, die Absprachepraxis begrenzende Prinzip, ist schon mehrfach erwähnt worden. Das *fair trial*-Prinzip gebietet es, einen richterlichen Hinweis zu geben, wenn das Gericht von einer gegebenen Prognose abweichen will[617]. Bei von den Strafverfolgungsbehörden zu vertretendem Dissens folgt aus dem Fairneßgebot ein Beweisverwertungsverbot hinsichtlich des vorgeleisteten Geständnisses[618], in anderen Fällen kommt es zu einer schuldunabhängigen Strafmilderung[619]. Schließlich muß auch die einge-

---

[613]BGHSt 19, 275; 25, 101; LR-*Hanack*, § 337, Rz. 66.

[614]LR-*Hanack*, § 337, Rz. 71.

[615]LR-*Hanack*, § 337, Rz. 73.

[616]LR-*Hanack*, § 337, Rz. 74.

[617]BGHSt 36, 210.

[618]BGHSt 42, 191.

[619]BGHSt 37, 10.

schränkte Bindung des Gerichts an eine Strafobergrenzenprognose aus dem Fairneßgebot begründet werden[620].

Die Revisibilität von Verstößen gegen das *fair trial*-Prinzip hat aber durch die neuere Rechtsprechung nicht nur eine Erweiterung - durch Anerkennung einer gewissen Bindungswirkung -, sondern auch eine Einschränkung erfahren. Nach BGHSt 43, 195 ist das Ergebnis der Absprache als wesentlicher Verfahrensvorgang gem. § 273 StPO im Protokoll über die Hauptverhandlung festzuhalten[621]. Daraus folgt aber zwingend, daß das Vorliegen einer Absprache auch nur noch durch das Protokoll bewiesen werden kann, § 274 StPO. Will der Angeklagte eine Bindung des Tatgerichts an die Zusage einer Strafobergrenze herbeiführen, so darf er sich nicht allein auf das Verhalten des Vorsitzenden verlassen. Er muß durch Anrufung des Gerichts gemäß § 238 II StPO dessen Entscheidung und deren Protokollierung herbeiführen, bevor er sein Geständnis ablegt. Nur eine protokollierte Zusicherung kann er dann im Revisionsverfahren erfolgreich geltend machen[622]. Vorgespräche außerhalb der Hauptverhandlung hält die Rechtsprechung hingegen für unverbindlich. Einen Vertrauenstatbestand, dessen Verletzung mit der Revision gerügt werden kann, schafft ihrer Ansicht nach nur eine Erklärung des Gerichts in der Hauptverhandlung[623]. Da der wahre Inhalt einer Absprache außerhalb verfahrensförmigen Geschehens oft nicht zweifelsfrei feststellbar ist, wenn die Beteiligten anschließend dazu unvereinbare Angaben machen, ist dieser neueren Rechtsprechung voll und ganz zuzustimmen. Die tatsächliche Richtigkeit von Behauptungen, aus denen sich ein verfahrensrechtlicher Verstoß ergeben soll, muß erwiesen sein und kann nicht lediglich nach dem Grundsatz *in dubio pro reo* unterstellt werden[624]. Eben dieser Nachweis ist aber wirksam ohnehin nur durch das Protokoll zu erbringen. Daß dies jetzt auch rechtlich die einzige Möglichkeit ist, schränkt die Revisibilität von Absprachen nicht über Gebühr ein.

In allen oben genannten Fallgruppen, in denen ein Verstoß gegen das *fair trial*-Prinzip unmittelbare Rechtsfolgen hervorbringt, kommt es entscheidend auf den Nachweis der Absprache, ja sogar auf den Nachweis ihres konkreten Inhalts an. Das gilt auch für die Frage nach einem unselbständigen Beweisverwertungsverbot

---

[620]Vgl. oben 7. Kapitel, A, I, 2.

[621]BGHSt 43, 195, 206; vgl. auch *Zschockelt*, NStZ 1991, 305, 310.

[622]BVerfG, StV 2000, 3; BGH, NJW 1998, 3654 = StV 1999, 408; so auch schon *Krekeler*, NStZ 1994, 196, 197.

[623]BGH, NJW 1998, 3654 = StV 1999, 408; BGH Urteil v. 28.05.1998 - 4 StR 17/98; a.A. noch BGHSt 36, 210 = StV 1989, 336, m. abl. Anm. *Strate*, NStZ 1989, 439 f.; s. auch *Greeven*, StV 1990, 53.

[624]BGH, NStZ 1994, 196; vgl. auch BGHSt 16, 164, 167; BGH, NStZ 1997, 561.

infolge eines Dissenses. Auch hier muß daher zumindest die Tatsache, daß überhaupt eine Absprache getroffen wurde, protokolliert sein, um *revisionsrechtlich* beachtlich zu sein[625]. Nicht protokollierte Absprachen sind mit der Revision daher nur noch insofern anfechtbar, als sich der Revisionsführer hierfür nicht gerade auf ihr Bestehen berufen muß.

Rügt der Revisionsführer einen Verstoß gegen den *fair trial*-Grundsatz, so muß das Revisionsgericht eine mehrstufige Prüfung vornehmen. Zunächst ist zu fragen, ob die Absprache den verfahrensrechtlichen Voraussetzungen entspricht, insbesondere also, ob sie protokolliert wurde. Sodann ist zu entscheiden, ob die prognostizierte Strafmaßobergrenze bzgl. des im Urteil letztlich festgestellten Geschehens schuldangemessen i.S.d Spielraumtheorie ist. Ist sie es nicht, kann es keine Bindung geben und zwar unabhängig von der Frage, ob neue Tatsachen im Zuge des Verfahrens bekannt geworden sind oder nicht. Bei einer schon anfänglich schuldunangemessenen Prognose mag ein Verstoß gegen die Täuschungsalternative des § 136 a StPO vorliegen, wenn das Gericht schon zum Zeitpunkt der Prognose wußte, daß es eine letztlich nicht einhaltbare zu milde Strafhöhe in Aussicht stellt. Werden erst in der Hauptverhandlung neue schulderhöhende Tatsachen bekannt, erfordert der *fair trial*-Grundsatz nur einen Hinweis auf die nunmehr entfallende Bindungswirkung. Liegt die in Aussicht gestellte Strafmaßobergrenze aber noch im Bereich des nach der Spielraumtheorie Schuldangemessenen, dann folgt aus dem Fairneßprinzip eine Bindung für den Fall, daß keine neuen Tatsachen bekannt geworden sind. Andernfalls reicht wieder ein bloßer Hinweis auf die entfallende Bindungswirkung, denn diese folgt allein aus dem schützenswerten Vertrauen auf Einhaltung der Absprache bei Übereinstimmung von Prognose- und Urteilsgrundlage.

Rügt der Revisionsführer die Nichtbeachtung eines aus dem Fairneßprinzip folgenden Beweisverwertungsverbotes wegen Dissenses, so hat das Revisionsgericht nachzuprüfen, ob die Art der Protokollierung der Absprache hinreichend genau deren Umfang umschreibt. Geht aus dem Protokoll der Umfang der Absprache nicht präzise hervor, so hat der Angeklagte den Dissens nicht zu vertreten mit der Folge der Entstehung eines Beweisverwertungsverbotes. Läßt sich aus dem Protokoll aber unmißverständlich erkennen, was Gegenstand der Absprache gewesen ist, dann liegt ein Irrtum über die Reichweite der Absprache im Risikobereich des Angeklagten. Ein die Revision begründender Verstoß gegen den *fair trial*-Grundsatz folgt dann aus der Verwertung des Geständnisses nicht.

---

[625] So bzgl. Hinweispflicht und Bindungswirkung ausdrücklich BVerfG, StV 2000, 3; BGH, NJW 1998, 3654 = StV 1999, 408.

(b) § 136 a StPO

Mit der Verfahrensrüge ist auch ein Verstoß gegen § 136 a StPO geltend zu machen[626]. Das Revisionsgericht kann freibeweislich klären, ob Tatgericht oder StA durch ihr Verhalten gegen § 136 a StPO verstoßen haben[627]. § 274 StPO steht dem nicht entgegen, kommt es doch bei dieser Rüge nicht auf das Bestehen der Absprache, sondern allein auf das Verhalten des Gerichts an. Stellt also das Gericht dem Beschuldigten z.B. eine konkrete, „punktgenaue" Strafe in Aussicht und wird das daraufhin abgelegte Geständnis unverwertbar, so kann der Angeklagte dies in der Revisionsinstanz immer geltend machen. Weder kommt es auf die Protokollierung der Absprache an, noch ist in diesen Fällen die neuere Rechtsprechung zur sog. „Widerspruchslösung" zu beachten[628]. Das Beweisverwertungsverbot nach § 136 a III StPO entsteht unabhängig vom Willen der Beteiligten, ja sogar gegen ihren Willen. Auch seine revisionrechtliche Überprüfbarkeit kann dann nicht vom Widerspruch des Beschuldigten oder seines Verteidigers abhängen[629]. Verstöße gegen § 136 a StPO begründen daher immer die Verfahrensrüge.

(c) Aufklärungsrüge

Mit der sog. Aufklärungsrüge macht der Revisionsführer geltend, daß der Tatrichter seine gesetzliche Verpflichtung zur vollständigen Wahrheitserforschung, § 244 II StPO, rechtsirrig oder aus Mangel an Sorgfalt verkannt oder ihr sogar wissentlich zuwidergehandelt habe, obwohl die Umstände zum Gebrauch weiterer Beweismittel drängten[630]. Die Aufklärungsrüge kann auch dann erhoben werden, wenn die fehlerhaft unterbliebene Beweiserhebung nicht beantragt worden ist[631]. Sie kann Erfolg haben, wenn das Tatgericht das Geständnis des Angeklagten zur alleinigen Urteilsgrundlage gemacht hat.

---

[626]BGH, MDR 1951, 658.

[627]BGHSt 16, 164, 166 = JR 1962, 108 m. Anm. *Eberhard Schmidt*; BGH, NJW 1994, 2904, 2905; *Kleinknecht/Meyer-Goßner*, § 136 a, Rz. 33; SK-*Rogall*, § 136 a, Rz. 83.

[628]Zur Ausweitung des Widerspruchserfordernisses siehe nur BGHSt 38, 214; vgl. auch *Dahs*, StraFo 1998, 253, der auch auf die Möglichkeit hinweist, „gut gemachte oder begründete Widersprüche" als „Verhandlungsmasse" für Absprachen einzusetzen; *Dornach*, NStZ 1995, 57; *Maul/Eschelbach*, StraFo 1996, 66.

[629]So i.E. auch *Meyer-Goßner/Appl*, StraFo 1998, 258, 263.

[630]*Sarstedt/Hamm*, Die Revision in Strafsachen, Rz. 513 ff.; *Kleinknecht/Meyer-Goßner*, § 244, Rz. 80; KK-*Herdegen*, § 244, Rz. 37.

[631]*Schlüchter*, FS Spendel, 743; SK-*Schlüchter*, § 244, Rz. 173.

Die Aufklärungspflicht reicht so weit wie dem Gericht aus den Akten, durch Anträge oder Anregungen oder sonst durch den Verfahrensablauf bekanntgewordene Tatsachen zum Gebrauch von Beweismitteln drängen oder ihn nahelegen[632]. Auch die Überprüfung der Glaubwürdigkeit durch sich aufdrängende Beweismittel kann ein Gebot der Aufklärungspflicht sein[633]. Die Aufklärungsmaxime verpflichtet das Gericht aber letztlich nur zum Abgleich der Einlassung des Angeklagten mit den sich aus den Akten oder der Hauptverhandlung ergebenden Erkenntnissen. Finden sich dort keine Anhaltspunkte für die Unvollständigkeit oder Unglaubhaftigkeit der Sacheinlassung des Angeklagten, so bedarf diese keiner weiteren Überprüfung durch weitere Ermittlungen[634].

Die Rechtssprechung stellt schon an die Zulässigkeit der Aufklärungsrüge hohe Anforderungen[635]. Sie kann nur erfolgreich sein, wenn die Revision die konkrete Tatsache, die das Gericht zu ermitteln unterlassen hat, und das Beweismittel bezeichnet, dessen sich der Tatrichter hätte bedienen sollen[636]. Ferner muß angegeben werden, welche Umstände das Gericht zu weiteren Ermittlungen hätten drängen müssen[637].

Ob sich weitere Beweiserhebungen aufdrängten, kann das Revisionsgericht nur mittels des Verhandlungsprotokolls und an Hand des Urteils selbst feststellen[638]. Aus diesen Erkenntnisquellen kann sich sicherlich die tatsächliche Ungeeignetheit des Geständnisses zur vollständigen Aufklärung des Sachverhalts ergeben, so etwa, wenn es vom ursprünglichen Anklagevorwurf abweicht oder dieser schon gar nicht der vollständigen Aufklärung durch Angaben des Täters fähig ist, z.B. hinsichtlich eines beim Tatopfer eingetretenen Vermögensschadens[639]. Schwieriger ist dies aber bzgl. der eigentlichen Glaubwürdigkeitsprüfung. Die bloße Tatsache, daß das Geständnis infolge einer Absprache abgelegt wurde, muß das Gericht nämlich nicht zu weiterer Beweiserhebung drängen[640]. Allerdings hat sich das Tatgericht in Fällen abgesprochener Geständnisse sicherlich besonders inten-

---

[632]BGHSt 3, 169, 175; 10, 116, 118; 23, 176, 187; 30, 131, 140; *Kleinknecht/Meyer-Goßner*, § 244, Rz. 12.

[633]BGH, StV 1999, 407.

[634]*Eschelbach*, JA 1999, 694, 696; *Schmidt-Hieber*, FS Wassermann, 1003 ff.; a.A. jedoch z.B. *Fezer*, Strafprozeßrecht, 293, Rz. 10.

[635]Vgl. nur *Kleinknecht/Meyer-Goßner*, § 244, Rz. 81.

[636]BGHSt 2, 168.

[637]BGHR, § 344 II 2, Aufklärungsrüge 6.

[638]Zu den sich hieraus ergebenden Problemen vgl. *Weigend*, NStZ 1999, 57, 62.

[639]Vgl. hierzu schon oben 5. Teil, A, I, 2, c, (2), (b).

[640]BGHSt 43, 195, 204.

siv mit der Frage der Glaubwürdigkeit des Geständnisses auseinanderzusetzen. Dies ist aber keine Frage des § 244 II StPO, sondern eine solche der Nachvollziehbarkeit der tatrichterlichen Überzeugungsbildung und der Vollständigkeit des Urteils. Diese ist aber nach ständiger Rechtsprechung auf die Sachrüge in Form der Darstellungsrüge hin zu überprüfen[641].

(d) Sonstige Verfahrensrügen

Mit der Verfahrensrüge kann auch ein Verstoß gegen § 261 StPO geltend gemacht werden[642]. Ein solcher liegt vor, wenn das Gericht Beweismittel zur Grundlage seiner Überzeugungsbildung gemacht hat, die nicht Gegenstand der Hauptverhandlung waren[643]. Verdeckte, nichtöffentliche Urteilsabsprachen verletzen daher neben § 169 GVG auch § 261 StPO.

§ 261 StPO ist auch verletzt, wenn das Gericht verurteilt, obwohl es nicht die nach dieser Norm erforderliche Überzeugung von der Schuld des Angeklagten hat. Die Formulierung „folgender Sachverhalt ist aufgrund des Geständnisses des Angeklagten als erwiesen anzusehen" in den Urteilsgründen kann aber nach Ansicht des BGH nicht dahin verstanden werden, daß der im Anklagesatz behauptete Sachverhalt nicht erwiesen sei, sondern nur so behandelt werde, als wäre er es. Im allgemeinen verstehe sich von selbst, daß dem, was in den Urteilsgründen als Tatgeschehen geschildert wird, eine entsprechende tatrichterliche Überzeugung zugrunde liege[644]. Auch für die Bewertung eines Geständnisses gilt der Grundsatz der freien richterlichen Beweiswürdigung. Das Tatgericht muß allerdings, will es die Verurteilung des Angeklagten auf dessen Einlassung stützen, von deren Richtigkeit überzeugt sein. Wann und unter welchen Umständen es diese Überzeugung gewinnen darf oder nicht, kann ihm aber grundsätzlich nicht vorgeschrieben werden. Das gilt auch dort, wo in Frage steht, ob ein Geständnis seiner inhaltlichen Beschaffenheit nach für den Nachweis des Anklagevorwurfs genügt oder nicht[645].

Auch ein Verstoß gegen die Unschuldsvermutung ist mit der Verfahrensrüge anzugreifen[646]. Drängt das Gericht den Angeklagten, ein Geständnis abzulegen

---

[641]Hierzu unten 7. Teil, A, II, 2, b, (2), (a).

[642]*Niemöller*, StV 1984, 431.

[643]KMR-*Stuckenberg*, § 261, Rz. 147; LR-*Rieß*, Einl. Abschn. G, Rz. 87.

[644]BGH, StV 1999, 410.

[645]BGH, StV 1999, 410; vgl. aber die Einschränkung dieses Grundsatzes durch die Darstellungsrüge, unten 7. Teil, A, II, 2, b, (2), (a).

[646]SK-*Schlüchter*, Vor § 213, Rz. 41.

und verletzt es dadurch die Unschuldsvermutung[647], begründet dies zweifellos die Revision. Dem Angeklagten, der in der Hauptverhandlung in dieser Situation keinen Ablehnungsantrag wegen der Besorgnis der Befangenheit gestellt hat und sich deshalb nicht auf § 338 Nr. 3 StPO berufen kann, kann somit über § 337 StPO mit der Rüge eines Verstoßes gegen die Unschuldsvermutung geholfen werden.

Die Nichteinbeziehung einzelner Verfahrensbeteiligter kann zudem zur Revisibilität wegen Verletzung des Anspruchs auf rechtliches Gehör oder wegen Verstoßes gegen § 33 StPO führen[648]. So ist die Bekanntgabe des Ergebnisses einer Zwischenberatung des Gerichts an einen Verfahrensbeteiligten ein unmittelbar verfahrenserheblicher Vorgang. Für ihn ist - in Anwendung des Grundsatzes des § 33 StPO - zu verlangen, daß die davon betroffenen anderen Verfahrensbeteiligten zuvor Gelegenheit erhalten, sich dazu zu äußern. Geschieht dies nicht, begründet es einen Verfahrensfehler. Es ist dann auch nicht auszuschließen, daß der nicht gehörte Verfahrensbeteiligte bei ordnungsgemäßer Anhörung die Entscheidung hätte beeinflussen können und das Urteil daher auf dem Verfahrensfehler beruht[649].

(2) Sachrüge

Die Prüfung des Revisionsgerichts auf die Sachrüge beschränkt sich nicht darauf, ob das Recht auf den festgestellten Sachverhalt richtig angewendet worden ist, sondern erstreckt sich auch darauf, ob die Urteilsfeststellungen überhaupt eine tragfähige Grundlage für diese Prüfung bieten[650].

(a) Darstellungsrüge

Diese Überprüfung der Urteilsfeststellungen auf ihre Eignung als Revisionsgrundlage wird als Darstellungsprüfung oder Darstellungsrüge bezeichnet[651]. Die Rechtsprechung hat sich durch dieses Instrument eine Möglichkeit zur mittelbaren Überprüfung der tatsächlichen Urteilsgrundlage geschaffen. Die Revisionsgerichte betonen zwar stets, daß sie das vom Tatrichter gefundene Be-

---

647 Hierzu oben 5. Teil, A, I, 2, d.

648 LR-*Rieß*, Einl. Abschn. G, Rz. 87.

649 BGHSt 38, 102, 105 = StV 1992, 50, 51.

650 BGHSt 14, 162, 164; NJW 1978, 113, 115; *Kleinknecht/Meyer-Goßner*, § 337, Rz. 21; *Jähnke*, FS Hanack, 355; kritisch *Fezer*, FS Hanack, 331.

651 Vgl. zur Begriffsbildung *Fezer*, FS Hanack, 332; LR-*Hanack*, Vor § 333, Rz. 4 und § 337, Rz. 120ff. m.w.N.

weisergebnis im Grundsatz hinzunehmen hätten und die tatrichterliche Beweiswürdigung nicht durch eine eigene ersetzen dürften, doch sehen sie es in ständiger Rechtsprechung als revisiblen Rechtsfehler an, wenn die Beweiswürdigung in sich widersprüchlich, lückenhaft oder unklar ist, gegen Denkgesetze oder gesicherte Erfahrungssätze verstößt, oder an die zur Verurteilung erforderliche Gewißheit übertriebene Anforderungen gestellt worden sind[652]. Der Rechtsfehler liegt nach dieser Rechtsprechung darin, daß der Tatrichter beweiserhebliche Umstände oder deren Beweisbedeutung nicht oder nur in bestimmter Richtung erörtert hat, obwohl sich eine umfassende Auseinandersetzung damit aufdrängte oder nahelag. Der Revisionsrichter könne in solchen Fällen nicht erkennen, ob der Tatrichter eine zutreffende Vorstellung vom materiellen Strafrecht gehabt, oder ob er bei seinen Schlußfolgerungen die allgemeinen Gesetze des Denkens und Folgerns beachtet habe. Mittels dieses Ansatzes wird zwar nicht das Beweisergebnis selbst, wohl aber der gedankliche Weg dorthin in vollem Umfang der revisionsgerichtlichen Kontrolle unterworfen. Die Rüge der Lückenhaftigkeit bei der Darstellungsrüge kann auch unterlassene Beweiserhebung als nicht erschöpfende Würdigung bemängeln und somit eine Aufklärungsrüge einbinden[653]. Wegen der strengen formalen Zulässigkeitsvoraussetzungen der Aufklärungsrüge tritt in der Praxis denn an ihre Stelle auch vielfach die Darstellungsprüfung durch die Sachrüge[654]. Die Begründung dieser Kontrollbefugnis und v.a. ihre Zuordnung zum materiellen Recht (Sachrüge) ist kritisiert worden[655]. Die Notwendigkeit einer begrenzten Nachprüfbarkeit der tatrichterlichen Beweiswürdigung ist aber wohl mittlerweile Konsens[656]. Hier soll daher nur geprüft werden, inwieweit die Rechtsprechungsgrundsätze zur Darstellungsrüge sich für die Kontrolle der Absprachenpraxis fruchtbar machen lassen.

Gerade die Darstellungsrüge ermöglicht es, das Tatgericht zu zwingen, Rechenschaft darüber abzulegen, warum es das Geständnis für ausreichend und glaubwürdig hält. Das Gericht muß ein Geständnis immer auf seine Glaubhaftigkeit überprüfen, wenn auch nicht immer mittels weiterer Beweiserhebungen. Daß diese im jeden Fall gebotene Überprüfung unterblieben wäre, kann aber nach Ansicht des zweiten Strafsenats des BGH nicht schon daraus geschlossen werden, daß es in den Urteilsgründen an einer ausdrücklichen Erörterung der für die

---

652 St. Rspr., vgl. *Jähnke*, FS Hanack, 356 m.w.N.

653 KMR-*Stuckenberg*, § 261, Rz. 172.

654 *Fezer*, FS Hanack, 351.

655 Kritisch v.a. *Fezer*, FS Hanack, 334 f.; LR-*Hanack*, § 337, Rz. 127, 130, 147; vgl. auch *Roxin*, Strafprozeßrecht, § 53, Rz. 21.

656 Vgl. nur *Rieß*, GA 1978, 257, 258; KMR-*Paulus*, § 244, Rz. 27 ff.; vgl. hierzu auch die Darstellung der Entwicklung der strafprozessualen Beweiswürdigungstheorien des BGH bei *Herdegen*, FS Hanack, 311 ff.

Beurteilung der Glaubhaftigkeit des Geständnisses maßgeblichen Umstände fehlt. Einer solchen Erörterung bedürfe es nicht stets, zu fordern sei sie vielmehr nur dann, wenn Umstände vorlägen, die geeignet seien, Zweifel an der Richtigkeit des Geständnisses zu begründen[657]. Die bloße Tatsache, daß es sich um ein Geständnis handelte, das im Hinblick auf ein für diesen Fall in Aussicht gestelltes Strafmaß abgelegt worden ist, ist nach Ansicht des zweiten Senats für sich allein noch kein solcher Umstand. Dieser Ansicht kann nicht gefolgt werden. Der zweite Senat vermischt in seiner Argumentation zwei zu trennende Ebenen. Ob das Geständnis des Angeklagten ohne weitere Beweiserhebung zur Urteilsgrundlage gemacht werden kann, ist in der Tat eine Frage des Einzelfalls[658]. Wesentliche Kriterien für die Beantwortung dieser Frage sind die in derselben Entscheidung benannten sechs Prüfungspunkte[659]: Geständnisinhalt, Beschaffenheit des Anklagevorwurfs, die Art und Weise des Zustandekommens des Geständnisses, das Verfahrensstadium in dem das Geständnis abgelegt wurde, die Beweislage und sonstige, für die Beurteilung möglicherweise bedeutsame Umstände. Ob diese Umstände im Urteil zu *erörtern* sind, ist aber gerade keine Frage des Einzelfalls. Das Tatgericht muß immer zu diesen Faktoren in den Urteilsgründen Stellung nehmen und die Notwendigkeit weiterer Ermittlungen unter diesen Gesichtspunkten erwägen. Nur so kann das Revisionsgericht effektiv prüfen, ob es bei der Würdigung der Beweise zu einem Rechtsfehler gekommen ist. Gerade im Fall eines abgesprochenen Geständnisses darf man das Gericht nicht aus der Pflicht zur genauen Darstellung des Beweiswürdigungsprozesses entlassen. Die Anforderungen an die inhaltliche Geschlossenheit und argumentative Überzeugungskraft der Urteilsgründe dürfen nicht in dem Maß sinken, in dem das Tatgericht auf die Erhebung von Beweisen verzichtet hat. Es darf nicht sein, daß, wo es keine Beweismittel außer dem Geständnis darzustellen, gegeneinander abzuwägen und in ihrem Beweiswert zu würdigen gibt, das Revisionsgericht sich mit der einfachen Überzeugung des Tatrichters zufrieden gibt. Gerade wenn die Beweiswürdigung sich auf ein Beweismittel - das Geständnis - beschränkt, ist eine sorgfältige Würdigung des Beweiswertes erforderlich. Diese muß auch in den Urteilsgründen erkennbar werden. Anders zu entscheiden hieße nämlich, daß je weniger sich das Tatgericht um die Aufklärung der Wahrheit bemüht, weil es sich mit einem abgesprochenen Geständnis begnügt, desto geringer auch die Kontrolldichte durch die Revisionsinstanz würde. Ersichtlich muß das Gegenteil der Fall sein[660]. Will das Tatgericht allein aufgrund eines Geständnisses verurteilen, so muß es sich immer mit dessen Glaubwürdigkeit und seiner tatsächlichen

---

[657]BGH, NJW 1999, 370, 371= NStZ 1999, 93, 94 =. StV 1999, 410.

[658]Siehe auch oben unter 5. Teil, A, I, 2, c, (2).

[659]BGH, NStZ 1999, 93, 94.

[660]So auch *Weigend*, NStZ 1999, 57, 62.

Eignung als Urteilsgrundlage in den Urteilsgründen befassen. Wenn der zweite Strafsenat des BGH hingegen eine besondere Erörterungspflicht nur in besonderen Fällen fordert, setzt er sich dem - allgemein gegen die Darstellungsrüge erhobenen - Vorwurf aus, die Darstellungsprüfung nur als flexibles Begründungsvehikel für billigkeitsorientierte Ergebnisprüfungen zu nutzen[661]. Dem Gebot enger revisionsgerichtlicher Überwachung der mißbrauchsgeneigten Absprachepraxis kommt er damit nicht nach.

Die Sachrüge ist daher immer schon dann begründet, wenn das Gericht, das sich auf ein ausgehandeltes Geständnis stützen will, nicht deutliche Ausführungen zur Glaubwürdigkeitsprüfung in den Urteilsgründen macht. Hierbei sollte es sich an den vom zweiten Senat benannten sechs Prüfungspunkten orientieren. Das Revisionsgericht kann dann zwar das letztlich erreichte Ergebnis der tatrichterlichen Beweiswürdigung nur in Ausnahmefällen beanstanden, doch wird der Vorgang der Glaubwürdigkeitsprüfung transparenter und kontrollierbar.

(b) Sonstige Sachrügen

Auch die Verletzung anderer Normen des materiellen Rechts durch die Absprache kann mit der Revision gerügt werden. Denkbar ist z.B. die Rüge der Anwendung eines falschen Tatbestandes, wenn der Schuldspruch als solcher rechtswidrig zum Gegenstand der Absprache gemacht wurde[662]. Auch ein Verstoß gegen den *in dubio pro reo* Grundsatz ist mit der Sachrüge geltend zu machen[663].

Auch Strafzumessung ist Rechtsanwendung[664], und Fehler in der Strafzumessung können z.T. mit der Sachrüge beanstandet werden. Der wichtigste, die Strafzumessung betreffende Fehler im Bereich der Urteilsabsprachen, nämlich die Nichteinhaltung der zugesagten Strafobergrenze, ist allerdings als Verstoß gegen das Fairneßprinzip[665] mit der Verfahrensrüge anzugreifen. Die StA kann aber mittels der Sachrüge im Falle einer unangemessen milden Strafe die Verletzung des Schuldgrundsatzes, § 46 I 1 StGB, beanstanden. Die Verknüpfung einer bestimmten Strafe mit der Ablegung eines Geständnisses ist ebenfalls schon auf die

---

[661]Vgl. die Kritik von *Fezer*, FS Hanack, 336 ff. an der „dezidiert einzelfallorientierten" Rechtsprechung; s. auch *Fahl*, JA 1997, 275.

[662]Vgl. SK-*Schlüchter*, Vor § 213, Rz. 35; *Landau/Eschelbach*, NJW 1999, 321, 326; sowie die Beispiele bei *Dahs*, NStZ 1988, 153, 155; auch SK-*Wolter*, Vor § 296; Rz. 123 m.w.N.; *Rex*, DRiZ 1991, 31.

[663]SK-*Schlüchter*, Vor § 213, Rz. 41.

[664]LR-*Hanack*, § 337, Rz. 189; *Sarstedt/Hamm*, Die Revision in Strafsachen, Rz. 1198.

[665]*Hamm*, FS Salger, 273, 285; s. auch oben 7. Teil, A, I, 2.

Sachrüge hin als Verstoß gegen § 46 I 1, II 1 StGB zu beachten[666]. Auch allzu dürftige Ausführungen zum Strafmaß stellen als Verletzung der materiellrechtlichen Begründungslast einen Revisiongrund dar[667]. Die Ausführungen des Tatgerichts müssen erkennen lassen, ob bestimmte Strafzumessungsgründe erwogen oder übersehen wurden.

Die Sachrüge ist aber primär für die StA von Interesse, um absprachebedingt zu milde ausgefallene Urteile anzugreifen. Dem Angeklagten, dem es darum geht, die Leistung des Staates „einzuklagen" oder sein Geständnis mittels eines Beweisverwertungsverbotes zu kondizieren, kann nur mit der Verfahrensrüge geholfen werden.

3. Wiederaufnahme

Wenn die Revision wegen eines wirksam erklärten Rechtsmittelverzichts oder wegen Ablaufs der Revisionseinlegungsfrist unzulässig ist, kann der außerordentliche Rechtsbehelf der Wiederaufnahme des Verfahrens, §§ 359 ff. StPO, in Betracht kommen[668]. Zugunsten des Angeklagten denkbar ist die Wiederaufnahme *propter nova*, § 359 Nr. 5 StPO, oder die wegen strafbarer Amtspflichtverletzung nach § 359 Nr. 3 StPO[669]. Zuungunsten des Angeklagten kann ein Verfahren mit Absprache möglicherweise nach § 362 Nr. 3 oder Nr. 4 StPO wieder aufgenommen werden[670].

a) § 359 StPO

Nach § 359 Nr. 5 StPO kann ein Verfahren zugunsten des Angeklagten wieder aufgenommen werden, wenn neue Tatsachen oder Beweismittel beigebracht werden können, die allein oder in Verbindung mit den früher erhobenen Beweisen die Freisprechung des Angeklagten oder in Anwendung eines milderen Strafgesetzes eine geringere Bestrafung zu begründen geeignet sind. Auch der Widerruf eines Geständnisses kann grundsätzlich ein Wiederaufnahmegrund sein, weil er eine

---

[666]BGHSt 43, 195, 196.

[667]*Bruns*, Das Recht der Strafzumessung, 263 ff., 302, 313.

[668]OLG Köln, StV 1989, 98; OLG Stuttgart, NJW 1999, 375; *Rönnau*, Die Absprache im Strafprozeß, 253 ff.; *Schünemann*, Gutachten, B 128 ff.; *Gerlach*, Absprachen im Strafverfahren, 205ff.; *Eschelbach*, JA 1999, 694, 701.

[669]*Schünemann*, Gutachten, B 128 ff.; *Rönnau*, Die Absprache im Strafprozeß, 257 ff.

[670]Vgl. *Rönnau*, Die Absprache im Strafprozeß, 253 ff.

neue Beweistatsache darstellt[671]. Der Widerruf macht das ursprünglich abgegebene Geständnis aber nicht unbeachtlich, vielmehr behält dieses seinen vormaligen Beweiswert. Wegen des im Grundsatz hohen Beweiswertes eines in der Hauptverhandlung abgelegten Geständnisses werden strenge Anforderungen an den Umfang der den Angeklagten im Wiederaufnahmeverfahren treffenden Darlegungslast gestellt[672]. Insbesondere muß der Wiederaufnahmeführer nachvollziehbare Gründe für die Ablegung eines Falschgeständnisses und den Widerruf benennen. Dies gilt auch, wenn das Geständnis im Rahmen einer Absprache erfolgte. Der Geständniswiderruf ist aber jedenfalls dann geeignet, die Wiederaufnahme zu begründen, wenn das widerrufene Geständnis unsubstantiiert, nicht durch andere Beweise untermauert und in der Hauptverhandlung nicht angemessen auf seine Glaubwürdigkeit überprüft worden war. Bei einem derartigen Geständnis kann schon der Geständniswiderruf allein, verbunden mit dem Hinweis, daß das Geständnis allein aus taktischen Überlegungen abgegeben wurde, die Beweisgrundlage des angefochtenen Urteils erschüttern und so die Wiederaufnahme des Verfahrens ermöglichen[673].

Der Widerruf eines qualifizierten Geständnisses, welches vom Tatgericht auf seine Glaubwürdigkeit untersucht worden ist, führt hingegen nicht ohne weiteres zur Wiederaufnahme. *Schünemann* hat zutreffend darauf hingewiesen, daß der Wiederaufnahmeantrag vor allem dann Aussicht auf Erfolg haben wird, wenn der Wiederaufnahmeführer dartun kann, daß gegen § 136 a StPO verstoßen worden ist[674]. Wurde im Zuge der Absprache jedoch nicht gegen § 136 a StPO verstoßen, so wird das Urteil i.d.R. „wiederaufnahmefest" sein. Der Widerruf des Geständnisses allein vermag in diesen Fällen sicher nicht zum Erfolg zu führen. Denkbar ist aber natürlich, daß der Angeklagte solche neuen Tatsachen beibringt, die in der Hauptverhandlung der Verfahrensabkürzung durch die Absprache zum Opfer

---

[671] BGH, JR 1977, 217 m. Anm. *Peters*, *Kleinknecht/Meyer-Goßner*, § 359, Rz. 23; *Seier*, JZ 1988, 683; *Dencker*, in: *Dencker/Hamm*, Der Vergleich im Strafprozeß, 35; *Eschelbach*, JA 1999, 654, 701 m.w.N.

[672] *Kleinknecht/Meyer-Goßner*, § 359, Rz. 46 f. m.w.N.

[673] OLG Stuttgart, NJW 1999, 375; *Eschelbach*, JA 1999, 654, 701; auf eine praktische Schwierigkeit weist *Dahs*, Handbuch des Strafverteidigers, Rz. 985, hin. Seiner Meinung nach ergeben sich besondere Probleme, wenn der Verurteilte behauptet, er habe ein falsches Geständnis abgelegt, um gemäß einer von seinem Verteidiger mit dem Gericht getroffenen Absprache eine günstige Bestrafung zu erreichen. Der Verteidiger sähe sich in solchen Fällen einer mehrfach gesteigerten Darlegungslast und Skepsis des Gerichts gegenüber. Da in solchen Fällen auch häufig Vorwürfe gegen die an der Absprache beteiligten Kollegen erhoben würden, solle man sich „solchen Mandaten mit großer Zurückhaltung nähern". Die gesteigerte Darlegungslast macht es daher dem Angeklagten möglicherweise schwer, einen geeigneten Verteidiger für sein Wiederaufnahmeverfahren zu finden.

[674] *Schünemann*, Gutachten, B 129.

gefallen sind[675]. Untermauern solche Tatsachen die Behauptung, ein Falschgeständnis abgegeben zu haben und kann der Angeklagte nachvollziehbare Gründe für sein ursprüngliches Falschgeständnis geben, so kann der Wiederaufnahmeantrag erfolgreich sein.

Eschelbach hat die Frage nach der Relevanz des auf die Revision bezogenen Rechtsmittelverzichts für das allein auf einen Geständniswiderruf gestützte Wiederaufnahmeverfahren aufgeworfen[676]. Möglicherweise könne aus dem Rechtsmittelverzicht nach Verkündung des Urteils entnommen werden, daß damit zugleich auf eine spätere Urteilsanfechtung allein mit dem Widerruf des Geständnisses verzichtet werde oder daß diese als widersprüchliches Verhalten unzulässig sei. Das widerspräche wohl aber dem Sinn und Zweck der Wiederaufnahme und würde auch der problematischen Drucksituation, in der sich der Angeklagte oftmals bzgl. des Rechtsmittelverzichts befindet, nicht gerecht. Gerade die Beurteilung der Wirksamkeit eines Rechtsmittelverzichts ist in Verfahren mit Absprache schwierig. Eine automatische Präklusion vom Wiederaufnahmeverfahren würde den Angeklagten daher unfair belasten. Denkbar wäre es allerdings, den Wiederaufnahmeführer auf eine Überprüfung des Rechtsmittelverzichts vor dem Revisionsgericht zu verweisen. War der Rechtsmittelverzicht nämlich unwirksam, so kommt nach einem erfolgreichen Antrag auf Wiedereinsetzung in den vorigen Stand die Revision immer noch in Betracht[677]. Dies liefe i.E. darauf hinaus, daß man für das Wiederaufnahmeverfahren eine „Erschöpfung des Rechtsweges“ zur Bedingung macht. Eine solche sieht das geltende Recht aber nicht vor. Ist das Verfahren rechtskräftig abgeschlossen, kann der Angeklagte ohne weiteres die Wiederaufnahme anstrengen. Die im Vergleich zur Revision höheren Darlegungserfordernisse werden ein mißbräuchliches Ausweichen auf diesen Rechtbehelf verhindern. Dem Rechtmittelverzicht kommt allerdings Beweisbedeutung bei der Eignungsprüfung im Sinne der §§ 359 Nr. 5, 368 StPO zu[678]. Stellt das über die Wiederaufnahme befindende Gericht fest, daß die Verzichtserklärung nicht Teil der Absprache war und daß auch sonst nichts für ihre Unwirksamkeit spricht, so wird der Angeklagte noch substantiierter zu seiner Motivation für das behauptete Falschgeständnis Stellung nehmen müssen.

Neben der Wiederaufnahmemöglichkeit *propter nova* kommt auch die Wiederaufnahme wegen Amtspflichtsverletzung, § 359 Nr. 3 StPO, in Betracht[679]. Hat

[675] *Janke*, Verständigung und Absprachen im Strafverfahren, 240; *Schünemann*, Gutachten, B 129.

[676] *Eschelbach*, JA 1999, 654, 701.

[677] Vgl. oben 7. Teil, A, II, 1.

[678] So i.E. auch *Eschelbach*, JA 1999, 654, 701.

[679] Hierzu bisher v.a. *Rönnau*, Die Absprache im Strafprozeß, 257.

sich ein Richter oder Schöffe bei der Durchführung der Absprache einer strafbaren Verletzung seiner Amtspflichten schuldig gemacht, ist die Wiederaufnahme zulässig, soweit die Verletzung nicht vom Verurteilten selbst veranlaßt worden ist. Zu den materiell-rechtlichen Voraussetzungen einer strafbaren Amtspflichtverletzung durch den erkennenden Richter ist hier auf den nachfolgenden Abschnitt zur Strafbarkeit der Absprachebeteiligten zu verweisen[680]. Fraglich ist aber, ob der Angeklagte nicht schon deshalb von einem Wiederaufnahmeantrag nach § 359 Nr. 3 StPO präkludiert ist, weil er durch seine Beteiligung an der Absprache die Amtspflichtverletzung „(mit)veranlaßt" hat. Die ganz überwiegende Meinung legt den Begriff des „Veranlassens" aber eng aus[681], z.T. wird sogar über eine gänzliche Streichung dieser Einschränkung *de lege ferenda* nachgedacht[682]. Die bloße Beteiligung an der Absprache führt also nicht schon zum Ausschluß der Wiederaufnahme wegen Amtspflichtverletzung. Etwas anderes wird nur gelten, wenn das Verhalten des Angeklagten besonders zu mißbilligen ist, etwa weil er selbst erpresserischen Druck auf das Gericht ausgeübt hat oder versucht hat, einen Richter oder Schöffen durch Bestechung absprachegeneigt zu machen[683]. Wegen der Seltenheit strafbarer Amtspflichtverletzungen in Bezug auf Absprachen kommt aber auch der Wiederaufnahme nach § 359 Nr. 3 StPO *in praxi* wohl kaum Bedeutung zu.

b) § 362 StPO

Die Wiederaufnahme des Verfahrens wegen strafbarer Amtspflichtverletzung kann auch zuungunsten des Angeklagten erfolgen, § 362 Nr. 3 StPO[684]. Die Beteiligung an einer rechtswidrigen Absprache kann sich daher für den Angeklagten auch nach Rechtskraft des Urteils noch nachteilig auswirken. Die praktische Relevanz dieses Wiederaufnahmegrundes ist aber ebenfalls gering. Insofern kann auf die eben gemachten Ausführungen verwiesen werden.

Schließlich ist noch an eine Wiederaufnahme zuungunsten des Angeklagten nach § 362 Nr. 4 StPO zu denken[685]. Wird der Angeklagte nach einem milderen Straftatbestand als dem eigentlich verwirklichten bestraft, „rühmt" er sich aber anschließend der Tat, so könnte eine Wiederaufnahme in Betracht kommen. §

---

[680]Siehe unten 7. Teil, G, I, 1.

[681]*Rönnau*, Die Absprache im Strafprozeß, 258f.; LR-*Gössel*, § 359, Rz. 43 m.w.N.

[682]So etwa *Wasserburg*, Wiederaufnahme, 282.

[683]Vgl. *Kleinknecht/Meyer-Goßner*, § 359, Rz. 15; LR-*Gössel*, § 359, Rz. 43.

[684]So zuerst *Rönnau*, Die Absprache im Strafverfahren, 254 f.; *Schünemann*, Gutachten, B 131.

[685]*Rönnau*, Die Absprache im Strafverfahren, 256.

362 Nr. 4 StPO setzt aber seinem Wortlaut nach voraus, daß der Täter „freigesprochen" wurde. Ein zu milde Bestrafter ist aber kein „Freigesprochener". Allenfalls könnte man die Ansicht vertreten, daß er wegen des „Mehr an verwirklichtem kriminellen Unrecht" freigesprochen worden sei. Die ganz herrschende Meinung lehnt jedoch eine solche Auslegung der Vorschrift ab[686]. Es liegt in der Natur des Strafverfahrens, daß die ganze Wahrheit nicht immer ermittelt werden kann. Die Rechtskraft schützt auch solche unvollständigen Entscheidungen. Der klare Wortlaut des § 362 Nr. 4 StPO steht mithin einer Wiederaufnahme in solchen Fällen zu Recht entgegen.

Insgesamt dürfte dem Wiederaufnahmeverfahren in Bezug auf Absprachen in Zukunft, wegen des höchstrichterlichen Bemühens um effizientere Kontrolle durch die Revision, weniger Bedeutung zukommen.

4. Sonstige Kompensationsmöglichkeiten

In der Diskussion um Absprachen ist wiederholt noch auf die Möglichkeit hingewiesen worden, eine Korrektur des Urteils oder wenigstens seiner Folgen durch eine Verfassungsbeschwerde, auf dem Gnadenwege oder durch Berücksichtigung der fehlgeschlagenen Absprache im Rahmen der Strafvollstreckung zu erreichen[687]. Keiner dieser Wege ermöglicht aber eine qualitativ über Revision und Wiederaufnahme hinausreichende Kontrollmöglichkeit oder Mißbrauchssicherung.

Unzulässige Absprachen berühren auch verfassungsmäßig garantierte Rechte des Angeklagten. Mit der Verfassungsbeschwerde hat das Grundgesetz den Bürgern die Möglichkeit eröffnet, vor dem BVerfG gegen deren Verletzung zu klagen[688]. Die Verfassungsbeschwerde ist die zahlenmäßig bedeutendste Zustän-

---

[686]Vgl. LR-*Gössel*, § 362, Rz. 8 m.w.N.; *Rönnau*, Die Absprache im Strafprozeß, 256; a.A. *Peters*, Strafprozeß, 678, der eine Wiederaufnahme in besonders schwerwiegenden Fällen zulassen will, wenn die „Verurteilung...zu der verdienten Strafe außer allem Verhältnis" stehe; dieser Ansicht ist aber schon deshalb nicht zu folgen, da eine trennscharfe Abgrenzung dieser Fälle nicht möglich ist, vgl. *Roxin*, Strafverfahrensrecht, § 55, Rz. 13.

[687]Vgl. *Seier*, JZ 1988, 686; *Hamm*, in *Dencker/Hamm*, Der Vergleich im Strafprozeß, 118; *Gerlach*, Absprachen im Strafverfahren, 207 f.; *Janke*, Verständigung und Absprachen im Strafverfahren, 244 f.

[688]Der Verfassungsbeschwerdeführer muß dabei die Verletzung eines Grundrechts oder eines grundrechtsgleichen Rechts geltend machen. In der Begründetheitsprüfung mißt das BVerfG den Akt der öffentlichen Gewalt dann aber auch am Maßstab sonstigen Verfassungsrechts, vgl. *Pieroth/Schlink*, Staatsrecht II, Rz. 1170 m.w.N.; über die Rüge einer Verletzung der Artt. 2 II 2, 104 GG kann somit auch das Rechtsstaatsprinzip und damit der *fair-trial* Grundsatz geprüft werden, vgl. BVerfGE 9, 83, 87 f.

digkeit des BVerfG. Sie macht ca. 96 % aller anhängigen Verfahren aus. Von den derzeit über 5000 Verfassungsbeschwerden, die jährlich erhoben werden, haben aber nur 2 - 3 % Erfolg[689]. Auch Verfassungsbeschwerden gegen absprachebelastete Urteile werden regelmäßig an der Voraussetzung der Rechtswegerschöpfung oder der der Subsidiarität scheitern.

§ 90 II 1 BVerfGG verlangt, gestützt auf Art. 94 II 2 GG, die Erschöpfung des Rechtswegs. Rechtsweg ist der Weg, der den einzelnen mit dem Begehren, die behauptete Grundrechtsverletzung zu überprüfen und auszuräumen, vor die deutschen staatlichen Gerichte führt[690]. Der Rechtsweg endet normalerweise mit der Entscheidung letzter Instanz, gegen die kein Rechtsmittel mehr gegeben ist. Allerdings gehört zum Rechtsweg auch der Antrag auf Wiedereinsetzung in den vorigen Stand[691]. Erschöpfung des Rechtswegs bedeutet, daß der Beschwerdeführer alle prozessualen Möglichkeiten zur Beseitigung der behaupteten Grundrechtsverletzung in Anspruch genommen haben muß. Hat er diese prozessualen Möglichkeiten nicht wahrgenommen oder versäumt, z.B. dadurch, daß er ein zulässiges Rechtsmittel nicht eingelegt oder zurückgenommen[692] oder eine zulässige Rüge nicht erhoben hat[693], ist seine Verfassungsbeschwerde unzulässig. Nur wenn dem Beschwerdeführer ein schwerer und unabwendbarer Nachteil entstünde, falls er zunächst auf den Rechtsweg verwiesen würde[694], oder wenn die Rechtswegerschöpfung aus anderen Gründen gänzlich unzumutbar wäre, ist er von diesem Erfordernis befreit. An diese Ausnahme der Unzumutbarkeit stellt das BVerfG aber „strenge Anforderungen“[695].

Für Absprachefälle heißt das, daß sich der Angeklagte zwingend zunächst um eine Behebung der Störung in der Hauptverhandlung und sodann in der Revisionsinstanz zu bemühen hat. Hat er Rechtsmittelverzicht erklärt, so muß er versuchen, über die Festellung der Unwirksamkeit die Wiedereinsetzung in den vorigen Stand zu erreichen. Die Verfassungsbeschwerde kann nur Erfolg haben, wenn auch im Revisionsverfahren der behaupteten Grundrechtsverletzung nicht abgeholfen wurde. Dies wird aber angesichts der dichten revisionsgerichtlichen Kontrolle unzulässiger Absprachen kaum je der Fall sein. Ist die Revision an

[689] Stand 1998, vgl. *BMJ*, Entlastung des BVerfG, 148, 156.

[690] *Pieroth/Schlink*, Staatsrecht II, Rz. 1150.

[691] BVerfGE 42, 252, 257.

[692] BVerfGE 1, 12, 13.

[693] BVerfGE 83, 216, 228 ff.

[694] BVerfGE 7, 99, 105; 14, 121, 130 f.

[695] BVerfGE 79, 1, 24.

Beweisschwierigkeiten gescheitert, hilft dem Angeklagten darüber auch die Verfassungsbeschwerde nicht hinweg.

Der Grundsatz der Subsidiarität der Verfassungsbeschwerde, ebenfalls Ausprägung des Erfordernis des Rechtsschutzbedürfnisses, kann der Zulässigkeit der Verfassungsbeschwerde selbst dann entgegenstehen, wenn der Beschwerdeführer den Rechtsweg beschritten hat. Der Subsidiaritätsgrundsatz erfordert, daß ein Verfassungsbeschwerdeführer über das Gebot der Rechtswegerschöpfung i.e.S. hinaus alle prozessualen Möglichkeiten ausschöpft, um einem Grundrechtsverstoß vorzubeugen oder einen geschehenen Verstoß zu beseitigen[696]. Dieser Grundsatz steht nun aber der Rüge der Nichtbeachtung unprotokollierter Absprachen entgegen. Will der Angeklagte die Bindung des Tatgerichts an die Zusage einer Strafobergrenze oder, was diesem gleichsteht, den fehlenden richterlichen Hinweis auf deren Wegfall oder die Nichtbeachtung eines aus dem *fair trial*-Prinzip erwachsenden Beweisverwertungsverbotes rügen, so kann er dies im Revisionsverfahren nur dann tun, wenn er durch Anrufung des Gerichts gem. § 238 II StPO dessen Entscheidung und deren Protokollierung herbeigeführt hat[697]. Diese Beschränkung der Revisibilität schlägt aber über den Grundsatz der Subsidiarität auch auf die Verfassungsbeschwerde durch. Das Versäumnis des Angeklagten, auf eine Protokollierung der Absprache hinzuwirken, präkludiert ihn von der Rüge der daraus folgenden Nichtbindung des Tatgerichts[698].

Das LG Koblenz hat versucht, die Folgen einer fehlgeschlagenen Absprache im Rahmen der Strafvollstreckung durch Strafaussetzung zur Bewährung nach Verbüßung der Hälfte der Freiheitsstrafe nach § 57 II Nr. 2 StGB zu mildern[699]. In dem Ausgangsverfahren hatte der Angeklagte auf das Versprechen einer Gesamtstrafenbildung hin seine Revision zurückgenommen. Diese Gesamtstrafenbildung ließ sich später aus Rechtsgründen nicht realisieren. Die Absprache selbst war aus verschiedenen Gründen unzulässig. Das Gericht hatte zum einen eine nicht in seiner Kompetenz liegende Leistung versprochen, zum anderen war die Rechtsmittelrücknahme unzulässig mit dieser Leistung verknüpft worden. Nach richtiger Ansicht war sie damit unwirksam, und der Angeklagte hätte Wiedereinsetzung in den vorigen Stand beantragen können[700]. Eine Korrektur mittels nachsichtiger Strafvollstreckung ist in solchen Fällen jedoch nicht

---

[696]Vgl. etwa BVerfGE 81, 97, 102.

[697]Hierzu siehe oben 7. Teil, A, II, 2, b, (a).

[698]BVerfG, StV 2000, 3.

[699]LG Koblenz, NStZ 1988, 311 m. abl. Anm. *Schmidt-Hieber*, NStZ 1988, 304; die Entscheidung ist darauffolgend vom OLG Koblenz, wistra 1988, 238 aufgehoben worden.

[700]Vgl. oben 7. Teil, A, II, 1.

möglich[701]. § 57 II Nr. 2 StGB verlangt für die Reststrafenaussetzung tat- oder täterbezogene Umstände. Einen solchen stellt die fehlgeschlagene Absprache aber sicher nicht dar. Würde man dem LG Koblenz folgen, könnte jede für unrichtig angesehene, aber rechtskräftige Strafe im Zuge der Strafvollstreckung korrigiert werden, was zu einer unhaltbaren Aufweichung des Prinzips der materiellen Rechtskraft führen würde.

Denkbar bleibt natürlich immer die Korrektur einer Entscheidung auf dem Gnadenweg[702]. Ein Gnadengesuch bietet die wirklich letzte Möglichkeit einer erneuten Überprüfung der Entscheidung[703]. Einen festen Platz im System der strafprozessualen Kontrolle verfahrensbeendigender Absprachen nimmt die Gnadenentscheidung jedoch nicht ein.

5. Zwischenergebnis

Wo kein Beschwerdeführer ist, da existiert auch keine Verfahrenskontrolle[704]. Zu einer Mißbrauchskontrolle kommt es immer nur dann, wenn einer der Beteiligten unzufrieden ist. Wie aufgezeigt worden ist, bestehen gerade hinsichtlich der Anforderungen an die Öffentlichkeit des Verfahrens und bzgl. der Beweiswürdigung große Mißbrauchsgefahren, die, wenn auch dieser Mißbrauch konsensual geschieht, letztlich nicht kontrollierbar sind. *De lege lata* gibt es kein von der Initiative von StA oder Angeklagtem unabhängiges Verfahren zur Überprüfung von Absprachen. Insofern laufen Mißbrauchskontrolle und die Behandlung fehlgeschlagener Absprachen in der Rechtsmittelinstanz parallel.

Ist einer der Beteiligten hingegen bereit, eine unzulässige Absprache in höherer Instanz anzugreifen, dann gibt ihm das geltende deutsche Rechtsmittelrecht auch adäquate Rügemöglichkeiten an die Hand, die auch durch einen abgesprochenen Rechtsmittelverzicht nicht präkludiert werden. Was das Revisionsgericht insbesondere zu leisten vermag, ist, die für die Akzeptanz konsensualer Verfahrenserledigung so wichtige Offenheit und Transparenz des Abspracheprozesses zu überwachen. Gerade mit der Darstellungsprüfung steht dem Revisionsgericht ein schlagkräftiges Kontrollinstrument zur Verfügung, von dem

---

[701]Ganz h.M., vgl. *Schmidt-Hieber*, NStZ 1988, 304; *Wagner/Rönnau*, RuP 1990, 169, *Rönnau*, Die Absprache im Strafprozeß, 266; *Janke*, Verständigung und Absprachen im Strafverfahren, 245.

[702]Vgl. LR-*Wendisch* (24. Aufl.), § 452.

[703]*Rückel*, NStZ 1987, 302 f.; *Seier*, JZ 1988, 686; *Hamm*, in. *Dencker/Hamm*, Der Vergleich im Strafprozeß, 118; *Janke*, Verständigung und Absprachen im Strafverfahren, 244.

[704]*Cramer*, FS Rebmann, 150; *Fezer*, JZ 1996, 655, 663.

indes bisher in Absprachefällen nicht mit der nötigen Konsequenz Gebrauch gemacht wurde.

B. Das fehlgeschlagene sentence bargain im englischen Recht

Das Problem der Beseitigung der Folgen fehlgeschlagener Absprachen in der Hauptverhandlung stellt sich im englischen Recht nicht in der in Deutschland zu beobachtenden Form. Dies folgt aus der klaren Trennung von Verfahren mit *guilty plea* und streitigen Verfahren. Kommt es zur Ablegung eines Schuldanerkenntnisses, findet eine Hauptverhandlung über die Schuld des Angeklagten nicht mehr statt. Alle die Freiwilligkeit des *plea* und die Sicherheit des Schuldnachweises betreffenden Fragen müssen dann im Grundsatz in einer höheren Instanz, nämlich vor dem *Court of Appeal*, behandelt werden. Kommt es trotz Verhandlungen nicht zu einem *guilty plea* des Angeklagten, so findet eine streitige Hauptverhandlung statt. In dieser sind aber Geschworene zur Schuldfeststellung berufen. Diese sind nie an Absprachen beteiligt und wissen von ihnen auch nichts. Auch steht, anders als im deutschen Recht, kein Geständnis im Raum, dessen nachteilige Folgen für den Angeklagten beschränkt werden müßten. Das Fehlschlagen der Absprache ist mithin nicht präjudiziell für die Schuldfeststellung. Weder Beweisverwertungsverbote noch schuldunabhängige Strafmilderungsgründe sind dann als „Pannenhilfe" erforderlich, da der Angeklagte seine Verteidigungsmöglichkeiten durch die Absprachebeteiligung in keiner Weise eingeschränkt hat.

I. Reaktionsmöglichkeiten in der Hauptverhandlung

1. Richterablehnung

Die Delegation der Schuldfeststellung an ein unabhängiges Gremium im streitigen Verfahren ist auch der Grund dafür, daß es keine Möglichkeit gibt, in der Hauptverhandlung einen Antrag auf Richterablehnung wegen Besorgnis der Befangenheit zu stellen[705]. Es ist nicht möglich, einen Richter des *Crown Courts* abzulehnen, weil man aus der Art seiner Verfahrensleitung Voreingenommenheit herauszuspüren meint[706]. Vermittelt ein Richter daher im Rahmen eines Geprä-

[705]Vgl. *Bing*, CrimLR 1998, 148ff; *Gough* (1993) AC 646; siehe zum Befangenheitsrecht jetzt die grundlegenden Ausführungen des *House of Lords* im Fall *Pinochet*, *R* v. *Bow Street MSM, ex parte Pinochet*, The Journal of Criminal Law 1999, 355.

[706]Auf die Möglichkeit der Ablehnung von Geschworenen wegen der Besorgnis der Befangenheit muß hier nicht eingegangen werden. Sie sind nie an Absprachen beteiligt und wissen von diesen auch nichts, sodaß sich insofern keine Probleme ergeben.

ches über *plea* und Strafmaß den Eindruck, voreingenommen und parteilich in den Prozeß zu gehen, kann der Angeklagte nicht seine „Auswechselung" erreichen. Wird der Angeklagte vom Richter unfair behandelt, muß er vielmehr das Verfahren durchstehen und dann Rechtsmittel einlegen[707]. In der Rechtsmittelinstanz ist dann zu fragen, ob das Verhalten des Richters die Verurteilung *unsafe* gemacht hat. Die Besorgnis der Befangenheit als solche begründet keinen Revisionsgrund.

2. *Rücknahme des guilty plea*

Hat der Angeklagte einmal ein *guilty plea* abgegeben, so ist er daran nicht in jedem Fall gebunden. Es liegt im Ermessen des Richters, ihm zu erlauben, sein *guilty plea* zurückzunehmen und zum streitigen Verfahren zurückzukehren[708]. Die Entscheidung des Richters über die Erlaubnis zur Rücknahme des *guilty plea* ist eine echte Ermessensentscheidung und es gibt daher keinen Anspruch auf Genehmigung der Rücknahme, selbst wenn der Angeklagte bei Abgabe des *plea* nicht anwaltlich vertreten war. Insbesondere wird die Erlaubnis im Regelfall verweigert, wenn der Angeklagte aus offensichtlich taktischen Motiven handelt[709]. Ein solches unbeachtliches taktisches Motiv wird auch und gerade in Fällen bejaht, in denen der Angeklagte im Strafzumessungsverfahren aus Angst vor einer harten Strafe versucht, sein *plea* zurückzunehmen[710]. Dies kann im Fall zulässiger Strafmaßindikationen der Fall sein. Hat sich der Richter an die *Turner*-Grundsätze gehalten und eine bestimmte Strafart unabhängig vom *plea* in Aussicht gestellt, kann der Angeklagte nicht allein deshalb sein Schuldanerkenntnis zurücknehmen, weil er im Zuge des Strafzumessungsverfahrens realisiert, daß die prognostizierte Geldstrafe möglicherweise höher als von ihm ursprünglich erwartet ausfallen wird.

Hingegen wird dem Antrag auf Rücknahme des *guilty plea* gemeinhin stattgegeben, wenn der Angeklagte die rechtliche Tragweite der ihm vorgeworfenen Delikte nicht richtig verstanden hat, oder wenn er durch sein *guilty plea* nicht wirklich die Schuld für diese Delikte anerkennen wollte[711].

---

[707] Vgl. z.B. *Matthews* (1983) 78 CrAppR 23.

[708] *Emmins*, Criminal Procedure, 242; *Blackstone*, Criminal Practice, Rz. D 10.46; *Bailey/Gunn*, Smith and Bailey on the Modern English Legal System, 768.

[709] *McNally* (1954) 1 WLR 933.

[710] *Emmins*, Criminal Procedure, 242; *Beswick* (1996) 1 CrAppR (S) 343.

[711] Dies sind Fälle, bei denen der Angeklagte in der Revisionsinstanz eine Aufhebung des Schuldspruchs im Rahmen der venire de novo Zuständigkeit des Gerichts erreichen könnte, vgl. *Plummer* (1902) 2 KB 339; siehe auch unten 7. Teil, B, II, 1, b.

3. Verfahrenseinstellung wegen abuse of process

Eine weitere denkbare Möglichkeit, schon in der Hauptverhandlung auf fehlgeschlagene oder unzulässige Absprachen zu reagieren, ist, einen Antrag auf Einstellung des Verfahrens wegen *abuse of process* zu stellen. Die *abuse of process*-Rechtsprechung ist ein Instrument, mittels dessen die englischen Gerichte ihre Verfahrensherrschaft sichern[712]. Dem Tatrichter kommt eine ungeschriebene, nach dem Selbstverständnis der englischen Gerichte aus der Natur eines „*superior court of law*" fließende Kompetenz zu, Verfahrensmißbräuchen und Rechtsstaatsverstößen durch die Anklage durch Einstellung des Verfahrens (*stay*) zu begegnen[713]. Die genauen Grenzen dieser Kompetenz sind unscharf, und es lassen sich keine erschöpfenden Fallgruppen bilden. Der Tatrichter muß im Einzelfall entscheiden, ob eine Fortsetzung des Prozesses rechtsmißbräuchlich wäre. In den Worten von *Lord Steyn* in *Latif*[714]:

> *Weighing counterveiling considerations of policy and justice, it is for the judge in the exercise of his discretion to decide whether there has been an abuse of process, which amounts to an affront to the public conscience and requires criminal proceedings to be stayed...proceedings may be stayed not only where a fair trial is impossible but also where it would be contrary to the public interest in the integrity of the criminal justice system that a trial should take place. An infinite variety of cases could arise. General guidance as to how the discretion should be exercised in particular circumstances will not be useful...the judge must weigh in the balance the public interest in ensuring that those who are charged with grave crimes should be tried and the competing public interest in not conveying the impression that the court will adopt the approach that the end justifies the means.*

Der Tatrichter hat mithin eine weitreichende Kompetenz, Verfahrensverstöße durch Einstellung des Verfahrens zu ahnden. Beachtlich ist hier vor allem, daß auch in Fällen, in denen eine faires Verfahren möglich bliebe, aus Gründen der „Hygiene" des Strafprozeßrechts das Verfahren eingestellt werden kann. Dies ist der klassische Fall einer Verwirkung des staatlichen Strafanspruchs wegen eklatant rechtswidrigen Verhaltens der Staatsorgane. Von der *abuse of process*

---

[712]Vgl. grundlegend die leading cases *Connelly* v. *DPP* (1964) AC 1254; *Horseferry Road Magistrates' Court, ex parte Bennett* (1994) 98 CrAppR 114.

[713]*Choo*, Abuse of Process and Judicial Stays of Criminal Proceedings, 2 ff.; vgl. auch *Allan*, ARSP-Beiheft Nr. 63, 27, 32 ff. zum Verhältnis von *fair trial*-Grundsatz und *abuse of process*.

[714]*Latif* (1996) 2 CrAppR 92, 101.

Kompetenz wurde in der Vergangenheit auch in Fällen Gebrauch gemacht, in denen von Seiten der Strafverfolgungsbehörden zunächst ein Vertrauenstatbestand geschaffen worden war, dieses Vertrauen dann aber enttäuscht wurde[715], sowie in Fällen, in denen der Richter vor Prozeßbeginn den Eindruck der Voreingenommenheit erweckt hatte, auch wenn der eigentliche Prozeß dann fehlerfrei ablief[716].

Der Verfahrensverstoß, in dem ein *abuse of process* gesehen werden könnte, liegt im Fall von *sentence bargains* in der Beteiligung des Richters an den Gesprächen und dem von ihm ausgehenden Druck. Weil es nun aber gerade der Richter ist, dessen Verhalten in Frage steht, ist ein Antrag auf Einstellung des Verfahrens, über den dann eben dieser Richter auch selbst entscheidet, kein erfolgversprechendes Mittel. Ob der in einem unzulässigen Gespräch mit dem Richter liegende Rechtsverstoß zu einer Verwirkung des staatlichen Strafanspruchs führt, ist deshalb ein Problem, das ausschließlich in der Rechtsmittelinstanz diskutiert wird. Wie noch gezeigt werden wird, spielt die *abuse of process* Kompetenz des Gerichts dort in den Fällen eine entscheidende Rolle, in denen der Angeklagte nach einem unzulässigen Gespräch des Verteidigers mit dem Richter bei seiner *plea of not guilty* bleibt und dann von den Geschworenen verurteilt wird[717].

4. Newton-Hearing

Gibt der Angeklagte nach einer Strafmaßindikation des Richters ein *guilty plea* ab, so mündet der Prozeß unmittelbar in das Strafzumessungsverfahren. In diesem Verfahren trägt der Anklagevertreter den Sachverhalt vor, der sich nach Ansicht des *CPS* ereignet hat[718]. Da wegen der verfahrenserledigenden Wirkung des Schuldanerkenntnisses keine Beweiserhebung stattgefunden hat, hatte der Angeklagte in diesen Fällen noch keine Möglichkeit, seine Version des Tatherganges zu schildern. Das sog. *Newton-Hearing*[719] eröffnet dem Angeklagten, der ein *guilty plea* abgegeben hat, ein Forum, die Sachverhaltsdarstellung durch die Anklage im Strafzumessungsverfahren anzugreifen. Wenn der Angeklagte der Darstellung der Tatsachen widerspricht, darf der Richter nicht einfach die Ver-

---

[715] *Mahdi* (1993) CrimLR 1993, 793; *Croydon Justices, ex parte Dean* (1994) 98 CrAppR 76; *Bloomfield* (1997) 1 CrAppR 135.

[716] *Llewellyn* (1978) 67 CrAppR 149.

[717] *Llewellyn* (1978) 67 CrAppR 149, hierzu siehe auch unten 7. Teil, B, II, 1, c, (3).

[718] Vgl. zu diesem Verfahrensabschnitt nur *Emmins*, Criminal Procedure, 314 f.

[719] Der Name dieses Rechtsinstituts leitet sich von der Leitentscheidung *Newton* (1982) 77 CrAppR 13 her.

sion der Anklage zur Grundlage seines Urteils machen. Vielmehr muß er entweder - dem Grundsatz *in dubio pro reo* entsprechend - der Darstellung des Angeklagten folgen, oder er muß beiden Parteien die Gelegenheit geben, Beweise für ihre Version des Tatherganges beizubringen. In diesem Fall kommt es zu einer in streitiger Verhandlung durchgeführten Beweiserhebung über den Tathergang. Beide Parteien können in diesem Fall Zeugen benennen und weitere Beweismittel für ihre Schilderung beischaffen. Für dieses *Newton-Hearing* gelten die gleichen Regeln wie für die Beweisaufnahme zur Schuldfeststellung[720]. Am Ende der Beweisaufnahme entscheidet dann der Richter selbst, welche Version des Tatherganges er für bewiesen hält und legt diese seinem Urteil zu Grunde. Auf diese Weise ist der Angeklagte vor „bösen Überraschungen“ im Strafzumessungsverfahren geschützt. Das *guilty plea* hat zwar den Schuldnachweis entbehrlich gemacht, doch liefert sich der Angeklagte durch sein Schuldanerkenntnis hinsichtlich der Tatsachenbasis für die Strafzumessung nicht unwiderruflich den Ermittlungsakten aus.

II. Reaktionsmöglichkeiten in der Rechtsmittelinstanz

Dem verurteilten Angeklagten steht das Rechtsmittel des *Appeal* offen. Dieses eröffnet keine neue Tatsacheninstanz, sondern ermöglicht lediglich eine Überprüfung des erstinstanzlichen Urteils *in iure*[721]. Ähnlich der deutschen Revision kann der Angeklagte gegen den Schuldspruch vorgehen (*appeal against conviction*) oder das Rechtsmittel auf das Strafmaß begrenzen (*appeal against sentence*). Die Anklage hat hingegen keine Möglichkeit, Revision gegen einen Freispruch einzulegen. Auch über eine Befugnis zur Strafmaßrevision verfügt sie nicht. Zu milde Urteile können lediglich mittels einer sog. *Reference* des *Attorney-General* überprüft werden[722]. Über Rechtsmittel gegen Urteile des *Crown Court* entscheidet der *Court of Appeal* (*Criminal Division*).

---

[720] *Blackstone*, Criminal Practice, Rz. D17.7

[721] Eine zweite Tatsacheninstanz wird nur bei einem Appeal gegen Urteile des *magistrates' court* eröffnet. In diesen Fällen wird eine vollständige zweite Hauptverhandlung durchgeführt, vgl. *Zander*, Cases and Materials, 485.

[722] Hierzu näher unten 7. Teil, B, II, 3.

1. Appeal against conviction

a) Die gesetzliche Regelung in S. 2 (1) des Criminal Appeal Act und ihre Entwicklung

Der *Court of Appeal* (*Criminal Division*) ist ein „Geschöpf des (Parlaments)gesetzes", d.h., seine Zuständigkeiten und Kompetenzen sind im *Criminal Appeal Act* festgeschrieben[723]. Das englische Recht kennt keine absoluten Revisionsgründe, sondern hat im *Criminal Appeal Act 1995* nur einen einzigen *ground of appeal* festgeschrieben. Gemäß S. 2 des *Criminal Appeal Act 1995* ist dem Rechtsmittel stattzugeben, wenn das Gericht zu dem Schluß kommt, daß der Schuldspruch „nicht sicher" (*unsafe*) ist. In diesem Fall hebt der *Court of Appeal* das Urteil auf. Wenn er es „im Interesse der Gerechtigkeit" für geboten erachtet, kann er die Sache an den *Crown Court* zur neuen Verhandlung zurückverweisen[724].

In Fällen einer zunächst erfolgreichen Absprache erfolgt die Verurteilung immer aufgrund eines Schuldanerkenntnisses. Hier ist mithin zu fragen, unter welchen Umständen ein solches Schuldanerkenntnis „unsicher" sein kann. Schlagen die „Verhandlungen" bereits in einem frühen Stadium fehl und beharrt der Angeklagte auf einem *plea of not guilty*, wird er dann aber verurteilt, so ist zu untersuchen, ob die der Verurteilung vorausgehenden Verhandlungen die Verurteilung durch die Geschworenen „unsicher" machen.

Die neue Kompetenzformel, nach der eine „nicht sichere" Verurteilung aufzuheben sei, löste 1995 eine detailliertere Umschreibung der Rechtsmittelgründe ab. Nach der alten Fassung des Gesetzes konnte der Schuldspruch aufgehoben werden, wenn der *Court of Appeal* die Verurteilung für „nicht sicher oder unbefriedigend" (*unsafe or unsatisfactory*) hielt oder wenn der Verurteilung eine „entscheidende Unregelmäßigkeit im Verfahren" (*material irregularity in the course of the trial*) vorangegangen war. Die Folgen dieser Änderung des Gesetzestextes sind noch nicht abschließend geklärt. Die Änderung geht auf eine Empfehlung der *Runciman*-Kommission zurück, die die Vereinfachung des Rechtsmittelrechts bezweckte. Nach der Vorstellung der Kommission sollte der *Criminal Appeal Act* nicht inhaltlich geändert werden, sondern lediglich einfacher und verständlicher formuliert werden. Eine Verurteilung solle aufgehoben werden, wenn sie „unsicher" sei (*is unsafe*) oder „möglicherweise unsicher" sei (*may be unsafe*). In den nachfolgenden parlamentarischen Beratungen wurde die zweite Alternative gestrichen, da sie überflüssig sei. Eine „möglicherweise unsichere"

---

[723] *Jefferies* (1969) 52 CrAppR 654.

[724] Diese generelle Kompetenz, ein *„retrial"* anzuordnen, steht dem *Court of Appeal* erst seit 1988 zu.

Verurteilung sei nach dem im Strafprozeß geltenden Beweismaßstab des Schuldnachweises jenseits jedes vernünftigen Zweifels (*beyond all reasonable doubt*) als unsicher anzusehen[725]. Es bestand auch im Parlament Einigkeit darüber, daß die Kompetenzen des *Court of Appeal* nicht beschnitten werden sollten, und der damalige *Lord Chief Justice*, *Lord Taylor*, stellte seinerzeit vor dem Parlament fest, daß der neue *Criminal Appeal Act* keine Verringerung der Kompetenzen des *Court of Appeal* nach sich ziehen würde[726]. *Michael Zander*, ein Mitglied der *Royal Commission on Criminal Justice*, hatte allerdings im Abschlußbericht der *Runciman*-Kommission Bedenken geäußert, daß die neue Formulierung dem *Court of Appeal* die Möglichkeit nehmen würde, dem *Appeal* in Fällen stattzugeben, in denen die Schuld des Angeklagten nicht in Zweifel stünde, der Prozeß aber mit einem anderweitigen, schwerwiegenden Mangel behaftet sei. Seiner Meinung nach muß die Verurteilung auch in solchen Fällen aufgehoben werden können, um die Integrität des Strafprozesses zu schützen[727]. Er konnte sich mit dieser Meinung nicht durchsetzen. Wie im folgenden gezeigt werden wird, hat der *Court of Appeal* die neue Formulierung zunächst sehr eng ausgelegt und damit eine Verkürzung seiner Kompetenzen herbeigeführt[728]. Seit der neueren Entscheidung *Mullen* deutet sich jedoch eine Wende in der Rechtsprechung an, sodaß die Rechtslage derzeit unsicher ist[729]. Dieser neue Ansatz hat auch für den Bereich der fehlgeschlagenen Absprachen beachtliche Folgen.

Zu versuchen, die derzeitige Kontroverse um S. 2(1) des *Criminal Appeal Act* einer vollständigen Lösung zuzuführen, würde den Rahmen dieser Arbeit sprengen und so müssen die Ausführungen hierzu auf das Notwendigste beschränkt werden. Im folgenden soll daher nur die Problematik aufgezeigt und der derzeitige Stand des *case law* dargestellt werden. Bei der Analyse der Reaktion englischer Gerichte auf fehlgeschlagene Absprachen werden dann sowohl die alte Rechtslage als auch mögliche Änderungen durch die neue Rechtsprechung dargestellt.

Der Streit um die Auslegung des Begriffes „*unsafe*" entbrennt an Fällen, in denen die Schuld des Angeklagten nach Ansicht des *Court of Appeal* nicht in Frage steht, das Verfahren aber an gravierenden prozessualen Mängeln leidet. Zwei

---

725 *Smith*, CrimLR 1995, 922, *Zander*, Cases and Materials, 508 ff.

726 Vgl. die Stellungnahme des Innenministers im *House of Commons*, *Hansard*, 6. März 1995, col 24; siehe auch die Ausführungen des zuständigen Staatssekretärs in der Ausschußsitzung vom 21. März 1995, *Standing Committee B*, col 26.

727 *Note of Dissent by Professor Michael Zander*, *Royal Commission on Criminal Justice Report*, 234, para 68.

728 *Chalkley and Jeffries* (1998) 2 AllER 155.

729 *Mullen*, (1999) 2 CrAppR 143; vgl. auch *Schiff/Nobles*, MLR 1996, 573 ff.

Fallgruppen lassen sich hier herausarbeiten: zunächst Verfahren, in denen es der Tatrichter versäumt hat, unzulässige Beweismittel auszuschließen, sodann Verfahren, in denen ein *abuse of process* zu sehen ist[730]. Es ist bereits dargestellt worden, daß die Kompetenz, Verfahren wegen *abuse of process* einzustellen, den Gerichten ein sehr wirksames Instrument zur Verfahrenskontrolle an die Hand gibt. Wenn ein Verfahrensfehler oder das Verhalten der Anklage ein faires Verfahren unmöglich machen oder das Ansehen der Justiz bei Fortsetzung des Prozesses gefährdet würde, hat der Tatrichter die Möglichkeit, das Verfahren einzustellen[731]. Revisionsrechtlich war diese Einstellungskompetenz durch die Möglichkeit abgesichert, einen Schuldspruch aufzuheben, weil er *unsatisfactory* war oder weil eine *material irregularity in the course of the trial* vorlag[732]. Der *Court of Appeal* war mithin unter der alten Rechtslage befugt, der Revision auch dann stattzugeben, wenn an der Schuld des Angeklagten kein Zweifel bestand, der Schuldnachweis aber auf rechtsstaatlich nicht akzeptablem Wege erbracht wurde.

Gleichgelagert war die Situation im Falle der Verletzung von Beweisverboten. Das englische Recht kennt eine Vielzahl von Beweisverboten. Die hier vor allem interessierende Kategorie betrifft Beweismittel, die auf illegitime Weise durch die Anklagebehörden oder das Gericht erlangt worden sind. S. 78 des *Police and Criminal Evidence Act* (PACE) gibt dem Richter eine weitreichende Kompetenz, solche Beweismittel auszuschließen, wenn ihre Verwertung die Fairneß des Verfahrens nachhaltig beeinträchtigen würde (*would have such an adverse effect on the fairness of the proceedings that the court ought not to admit it*). Das *case law* zu S. 78 PACE ist umfangreich und entzieht sich klarer Systematisierung. Mit *Zander* ist davon auszugehen, daß die Gerichte, insbesondere auch der *Court of Appeal*, diese Befugnis bisher gänzlich einzelfallbezogen gehandhabt haben[733]. Allerdings hat sich S. 78 PACE zu einem Instrument entwickelt, mit dem die Gerichte versuchen, ein Minimum an prozeduraler Fairness und moralischer Integrität des Strafprozeßrechtes zu sichern[734]. Unter der alten revisionrechtlichen Regelung konnte der *Court of Appeal* auch in diesen Fällen eine Kontrollfunktion ausüben und Schuldsprüche, die auf rechtsfehlerhaft nicht ausgeschlossenen Beweismitteln beruhten, aufheben.

---

[730]Vgl. *Smith*, CrimLR 1999, 729, 730f; *Clarke*, CrimLR 1999, 108 ff.; *Tunkel*, NLJ 1999, 1089.

[731]Grundlegend: *R.* v. *Horseferry Magistrates' Court, ex parte Benett* (1994) 1 AC 42; *Latif and Shahzad* (1996) 1 WLR 104.

[732]*Clarke*, CrimLR 1999, 108, 110 f.

[733]*Zander*, The Police and Criminal Evidence Act 1984, 237 f.

[734]Vgl. *Dennis*, Current Legal Problems 42, 21.

Inwieweit diese Kompetenzen auch unter dem neuen Rechtsmittelregime bestehen, ist gänzlich ungeklärt. Angesichts der unzweideutigen parlamentarischen Äußerungen im Gesetzgebungsverfahren erscheint es für den deutschen Juristen befremdlich, daß um die Auslegung von S. 2(1) *Criminal Appeal Act* überhaupt gestritten wird. Ein Grund für die Differenzen ist die traditionelle Abneigung englischer Juristen gegen die teleologische Auslegung eines Gesetzes mit Hilfe der Gesetzgebungsmaterialien[735]. Bis zur Entscheidung des *House of Lords* in *Pepper v. Hart* im Jahre 1993[736] war es englischen Gerichten nicht erlaubt, auf Gesetzgebungsmaterialien, insbesondere auf die Protokolle der Plenarverhandlungen (*Hansard*) Rekurs zu nehmen, um den Willen des Gesetzgebers zu erforschen. Die hierfür genannten Gründe waren, daß es eine klare „Arbeitsteilung" zwischen dem gesetzgebenden Parlament und den gesetzesinterpretierenden Gerichten geben solle und daß das Parlament auf diese Weise gezwungen sei, klar und verständlich zu formulieren. Außerdem sei es aufwendig und teuer, die Gesetzgebungsmaterialien auszuwerten, und der Erkenntniswert dieser Arbeit sei zudem noch fraglich. Schließlich habe der Bürger ein Recht darauf, daß er seine Rechte und Pflichten aus einem ihm bekannten Dokument, dem Gesetz, ableiten könne, ohne auf weitere Quellen zurückgreifen zu müssen[737]. Im Zuge einer generell stärkeren Hinwendung zur Methode der teleologischen Interpretation erlaubte das *House of Lords* dann aber in *Pepper v. Hart*, daß in eng umgrenzten Fällen die Gerichte auch die *Hansard*-Protokolle als Interpretationshilfen benutzen dürfen. Seither ist die Bezugnahme auf *Hansard* erlaubt, wenn ein Gesetz „*ambiguous or obscure*" ist oder wörtliche Auslegung zu einer „Absurdität" führen würde. Darüberhinaus dürfen nur parlamentarische Äußerungen zur Interpretation des Gesetzes herangezogen werden, die ein Minister der Krone oder ein Parlamentsmitglied auf dessen Initiative das Gesetz zurückgeht, im Plenum gemacht haben. Schließlich müssen die parlamentarischen Äußerungen klar und eindeutig sein[738].

Der *Court of Appeal* hat in der ersten grundlegenden Entscheidung zu S. 2(1) des *Criminal Appeal Act*, *Chalkley and Jeffries*, keinen Bezug auf *Hansard* genommen[739]. Die Bedeutung des Wortes „*unsafe*" sei eindeutig. Unsicher sei eine Verurteilung immer, aber auch nur dann, wenn Zweifel an der Schuld des Angeklagten bestünden. Maßgeblich ist demnach die Überzeugung des Gerichts. Rein

[735]Siehe hierzu *Zander*, The Law-Making Process, 4. Aufl., 147 ff.

[736]*Pepper* v. *Hart* (1993) 1 AllER 42.

[737]Vgl. die Ausführungen von Lord *Browne-Wilkinson* in *Pepper* v. *Hart* (1993) 1 AllER 42, 63.

[738]*Zander*, The Law-Making Process, 4. Aufl., 147 ff.

[739]*Chalkley and Jeffries* (1998) 2 AllER 155.

prozessuale Fehler seien unbeachtlich. In der späteren Entscheidung im Fall *Mullen* bejahte der *Court of Appeal* hingegen die Unklarheit der gesetzlichen Formulierung und zog *Hansard* zur Interpretation der Norm heran[740]. Nach der Lesart von S. 2(1) *Criminal Appeal Act* in *Mullen* muß ein Schuldspruch, um sicher zu sein, auch rechtmäßig sein. Dies sei jedenfalls dann nicht der Fall, wenn der Schuldspruch am Ende einer Verhandlung ergehe, die gar nicht hätte stattfinden dürfen, weil das Verfahren wegen *abuse of process* hätte eingestellt werden müssen[741]. Andere Entscheidungen des *Court of Appeal* folgen zum Teil *Chalkley and Jeffries*, zum Teil *Mullen*. In *Hewitson and Bramich*[742] hatte der Angeklagte *Hewitson* ein *guilty plea* abgegeben, nachdem der Richter es abgelehnt hatte, illegal mitgeschnittene Gespräche als Beweismittel auszuschließen. Das Rechtsmittel wurde mit der Begründung verworfen, daß der Angeklagte mit seinem *guilty plea* seine Schuld wirksam und verbindlich anerkannt habe und die Verurteilung daher nicht unsicher sei. Es hätte ihm freigestanden, trotz der Tonbandprotokolle auf nicht schuldig zu plädieren und die Entscheidung über seine Schuld den Geschworenen zu überlassen. Im ähnlichen Fall *Callaghan*[743], der nach *Mullen* entschieden wurde, entschied der *Court of Appeal* ebenso. Im Fall *Rajcoomar*[744] hatte die Verteidigung einen Antrag auf Einstellung des Verfahrens wegen *abuse of process* gestellt. Dieser war vom Tatrichter abgelehnt worden. Daraufhin gab der Angeklagte ein *guilty plea* ab. Auch hier stellte der *Court of Appeal* fest, daß das *plea* ein „*clear acknowledgment of the truth of the offence charged*" sei und verwarf die Revision. Auch diese Entscheidung erging nach *Mullen*.

Obwohl im einzelnen noch vieles ungeklärt ist, scheint die unterschiedliche Behandlung der Revision im Fall *Mullen* darauf zu beruhen, daß dieser Angeklagte bis zuletzt seine Schuld bestritten hatte und die Schuldfeststellung mithin nicht durch eigenes *plea*, sondern durch die Geschworenen erfolgte. Dies ist die vorherrschende Interpretation der Entscheidungen in der Literatur[745]. Noch gibt es keine Entscheidung des *Court of Appeal* für den Fall eines Schuldspruches durch die Geschworenen, nachdem bestimmte Beweismittel rechtsfehlerhaft nicht ausgeschlossen worden waren. Wie ein solcher Fall entschieden werden würde, kann nur gemutmaßt werden. Wenn der ausschlaggebende Unterschied zwischen *Chalkley* und *Mullen* allein das *guilty plea* ist, so müßte einer solchen Revision

---

[740] *Mullen* (1999) 2 CrAppR 143, 161.

[741] *Mullen* (1999) 2 CrAppR 143, 161.

[742] *Hewitson and Bramich* (1998) CrimLR 1999, 307.

[743] *Callaghan* (1999) The Journal of Criminal Law 1999, 316.

[744] *Rajcoomar* (1999) CrimLR 1999, 728.

[745] Vgl. *Smith*, CrimLR 1999, 729 ff.

stattgegeben werden. Andererseits könnte man auch auf die Besonderheiten einer Verletzung von Beweisverboten abstellen und fragen, ob die Geschworenen den Angeklagten auch ohne die unzulässigen Beweismittel hätten schuldig sprechen können. Schließlich wäre auch denkbar, daß der *Court of Appeal* schlicht den Gründen in *Chalkey and Jeffries* folgen und die Revision verwerfen würde. Die Situation in *Mullen* wäre dann eine Ausnahme. Diese letzte Lesart der bisherigen Entscheidungen erscheint als eine mögliche Alternative, weil ein Charakteristikum des Falles *Mullen* war, daß das Verfahren hätte eingestellt werden müssen, mithin der Schuldspruch auf eine Hauptverhandlung folgte, die - wie *Rose LJ* es in *Mullen* formulierte[746] - gar nicht hätte stattfinden dürfen. In Fällen der Verletzung von Beweisverwertungsverboten ist dies jedoch nicht der Fall. Nicht die Fortführung des Verfahrens als solche steht dann in Frage, sondern (lediglich) der Umfang der den Geschworenen zur Verfügung stehenden Beweismittel. Dieser Weg würde auch die von einigen Kommentatoren bemerkte Ungereimtheit vermeiden, daß Angeklagte im Fall rechtsirrig zugelassener Beweismittel immer auf einem vollen Verfahren beharren würden, um ihre Revisionsmöglichkeit nicht zu verlieren[747]. Allerdings würde es zu der Situation führen, daß der Verstoß gegen ein Beweisverwertungsverbot nie die Rechtmäßigkeit eines Schuldspruches beeinflussen könnte, was die Schlagkraft des Instruments der Beweisverwertungsverbote entscheidend mindern würde[748].

Nach dem jetzigen Stand der Rechtsprechung zu S. 2(1) *Criminal Appeal Act* ist aber klar, daß ein *guilty plea* des Angeklagten, durch das er seine Schuld anerkennt, Verfahrensfehler revisionsrechtlich unbeachtlich werden läßt. Diese Unterscheidung nach streitigen Verfahren und solchen mit *guilty plea* findet auch in der traditionellen Rechtsprechung eine gewisse Stütze. Der *Criminal Appeal Act* unterscheidet zwar nicht zwischen Verfahren, in denen der Angeklagte in der Tatsacheninstanz ein Schuldanerkenntnis abgegeben hat und solchen, in denen er nach einer vollen Hauptverhandlung von einer *jury* verurteilt worden ist[749], der *Court of Appeal* ist aber traditionell eher zurückhaltend, Rechtsmittel gegen Urteile nach einem Schuldanerkenntnis zuzulassen[750]. Das freiwillige

[746] *Mullen* (1999) 2 CrAppR 143, 161.

[747] *Davies*, The Journal of Criminal Law, 1999, 317 f.; *Smith*, CrimLR 1999, 308.

[748] *Smith*, CrimLR 1999, 729, 731.

[749] Das Gesetz spricht von der Unsicherheit des Schuldnachweises (*conviction*), hierunter fallen auch die Fälle in denen der Angeklagte seine Schuld mittels eines *plea of guilty* anerkannt hat.

[750] Vgl. die Ausführungen von *Avory J* in *Forde* (1923) 2 KB 400, in denen Fallgruppen aufgeführt sind in denen eine Revision nach einem Schuldanerkenntnis zulässig ist. Obwohl diese Entscheidung z.T. noch zitiert wird, ist sie nur noch insofern von Relevanz, als sie Anhaltspunkte gibt, wann ein *guilty plea „unsafe"* i.S.d. *Criminal Appeal Act 1995* ist.

Schuldanerkenntnis macht danach im Regelfall jedes weitere Prozessieren über die Schuld entbehrlich. Mit dem *guilty plea* verzichtet der Angeklagte auch gleichzeitig im Grundsatz auf die Möglichkeit, Rechtsmittel gegen den Schuldspruch einzulegen. Dies ist Ausdruck der Anerkennung der Autonomie des Angeklagten, deren Folgen er allein zu tragen hat. Der *Court of Appeal* hat in *Chalkley and Jeffries*[751], wie im Fall *Rajcoomar*[752] außerdem betont, daß es die Entscheidung des Richters, bestimmte Beweismittel zuzulassen, oder den Prozeß trotz eines Verfahrensfehlers weiterlaufen zu lassen, dem Angeklagten nicht *rechtlich* unmöglich mache, weiterhin seine Unschuld zu behaupten und den Fall nach vollständiger Beweisaufnahme den Geschworenen zur Entscheidung vorzulegen. Ein Bestreiten des Schuldvorwurfes würde lediglich erschwert. Entscheide sich der Angeklagte aber in einer solchen Situation für ein *guilty plea*, müsse dies als Ausdruck seines Willens verstanden werden, seine Schuld anzuerkennen. Der Schuldnachweis sei dann sicher.

Die derzeitige Rechtslage wird von fast allen Beobachtern als unbefriedigend und problematisch empfunden. *Smith* hat angemerkt, daß es für die Unterscheidung nach Verfahren mit *guilty plea* oder Geschworenenschuldspruch keinen vernünftigen Grund gebe[753]. Wenn an der Schuld des Angeklagten kein Zweifel bestehe - und nur um diese Fälle geht es ja - müssten alle Fälle gleichbehandelt werden. Fraglich ist darüberhinaus, ob der in *Mullen* beschrittene Weg der Heranziehung von *Hansard* zulässig war. Nach Ansicht von *Smith* könne man sich nämlich sehr wohl auf den Standpunkt stellen, daß die Regelung in S. 2(1) des *Criminal Appeal Act* gänzlich eindeutig sei: stünde die Schuld des Angeklagten außer Zweifel, sei der Schuldspruch eben nicht unsicher[754]. Diese Bedenken wiegen schwer, und es spricht vieles dafür, mit den Herausgebern der „Praktikerbibel" *Archbold* davon auszugehen, daß der *Court of Appeal* unter dem neugefaßten *Criminal Appeal Act* keine Kompetenz mehr hat, einer Revision allein wegen eines Verfahrensfehlers stattzugeben, wenn die Schuld des Angeklagten feststeht[755]. *Mullen* kann dann nur mit der Überlegung gerechtfertigt werden, daß der Angeklagte am Ende eines Prozesses verurteilt wurde, der gar nicht hätte stattfinden dürfen.

Auch *sub specie* EMRK sind Bedenken gegen die Neufassung des Rechtsmittelrechts geäußert worden. Die Europäische Menschenrechtskonvention hat ein

---

[751] *Chalkley and Jeffries* (1998) 2 AllER 155, 164 ff.; *Graham* (1997) 1 CrAppR 302, 308.

[752] *Rajcoomar* (1999) CrimLR 1999, 728.

[753] *Smith*, CrimLR 1999, 729, 731.

[754] *Smith*, CrimLR 1999, 729, 731; auch schon *ders.*, CrimLR 1995, 920, 923; *Clarke*, CrimLR 1999, 108, 115; *Archbold*, 7-46a.

[755] *Archbold*, Rz. 7-46a.

guilty plea System unter dem Gesichtspunkt der Unschuldsvermutung nur unter der Bedingung ausreichender Mißbrauchskontrollen für konventionskonform gehalten[756]. Die Unschuldsvermutung wird aber in den hier in Frage stehenden Fällen nicht verletzt, da die Schuld des Angeklagten außer Frage steht. Unter dem Gesichtspunkt des *fair trial*-Prinzips erscheint die derzeitige Praxis allerdings fragwürdiger. Nicht nur Absprachen selbst, sondern auch das Rechtsschutzsystem gegen Verfahrensverstöße müssen sich am *fair trial*-Grundsatz messen lassen. Die Frage der Vereinbarkeit des neuen *Criminal Appeal Act* mit der EMRK wurde vom *Court of Appeal* in der Entscheidung *Chalkley and Jefferies* aufgeworfen[757]. *Auld LJ* entschied, daß Verstöße gegen Art. 6 EMRK nicht notwendigerweise durch eine Aufhebung des Schuldspruches geahndet werden müßten. Auch andere Mittel seien geeignet, die Beachtung des *fair trial*-Prinzips durchzusetzen. Diese Einstellung ist erstaunlich. Die EMRK wird demnächst nach langem und zähem Ringen in das englische Recht inkorporiert, um dem einzelnen mehr individuelle Rechte vor englischen Gerichten zu verschaffen[758]. Es war daher zu erwarten, daß der *Court of Appeal* versuchen würde, seine Kompetenzen im Bereich der *abuse of process* Rechtsprechung und des Ausschlusses von Beweismitteln zu erweitern, um die von Art. 6 EMRK gewährten Rechte möglichst effektiv zu schützen. Der *„safety-test“* gibt dem *Court of Appeal* allerdings wenig Spielraum[759]. Es wird abzuwarten sein, wie sich die Rechtsprechung nach Inkrafttreten des *Human Rights Act* entwickelt.

An dieser Stelle kann keine Lösung des Problems entwickelt werden, folgende Eckpunkte sind aber festzuhalten:

- Der *Court of Appeal* kann einer Revision nur stattgeben, wenn der Schuldspruch *unsafe* ist[760].
- Ein *guilty plea*, mit dem der Angeklagte die ihm zur Last gelegten Tatsachen anerkennt, ist auch dann ausreichende Grundlage einer Verurteilung, wenn das Verfahren vor Abgabe des *plea* rechtsfehlerhaft war, der *Court of Appeal* aber von der Schuld des Angeklagten überzeugt ist[761].

---

[756] *EKMR*, Entscheidung v. 23.03.1972 (5076/71), CD 40, 64; *Harris/O'Boyle/Warbrick*, Law of the Euopean Convention on Human Rights, 201.

[757] *Chalkley and Jeffries* (1998) 2 AllER 155.

[758] Vgl. *Ashworth*, CrimLR 1999, 261; *Smith*, CrimLR 1999, 251.

[759] *Clarke*, CrimLR 1999, 108.

[760] Das ergibt sich aus S. 2(1) *Criminal Appeal Act* in Zusammenschau mit der Entscheidung *Jefferies* (1969) 52 CrAppR 654.

[761] *Chalkley and Jeffries* (1998) 2 AllER 155; *Rajcoomar* (1999) CrimLR 1999, 728.

- Bestreitet der Angeklagte hingegen seine Schuld und wird er nach durchgeführter Hauptverhandlung von den Geschworenen für schuldig befunden, hat er jedenfalls dann eine Revisionsmöglichkeit, wenn sein Antrag, den Prozeß wegen *abuse of process* einzustellen, fälschlicherweise abgelehnt worden ist und das Verfahren somit gar nicht hätte stattfinden dürfen[762].

Im folgenden wird daher auch immer zu fragen sein, inwieweit die neue Rechtslage Einfluß auf die Reaktionsmöglichkeiten bei fehlgeschlagenen Absprachen hat.

b) Venire de novo

Der *Court of Appeal* hat allerdings noch eine im *Criminal Appeal Act* nicht ausdrücklich normierte „Feststellungskompetenz", welche die Rigidität der neuen Regelung im *Criminal Appeal Act* jedenfalls für den Bereich der Absprachen mildert[763]. Wenn der Angeklagte darlegen kann, daß sein Schuldanerkenntnis nichtig (*a nullity*) war, wird das darauf folgende Strafzumessungsverfahren ein sogenanntes „*mistrial*". Das Verfahren hätte nicht stattfinden dürfen, da das *guilty plea* als nicht abgegeben zu betrachten ist. In solchen Fällen, in denen das Verfahren „*actually no trial at all*" ist[764], kann der *Court of Appeal* ein *writ of venire de novo* erlassen und damit eine Wiederholung des Verfahrens anordnen oder einfach die Nichtigkeit des Schuldspruches feststellen, ohne ein neues Verfahren anzuordnen[765]. Der *Criminal Appeal Act* erwähnte auch in seiner Urfassung von 1907 diese Kompetenz nicht. In *Crane* v *DPP* stellte das *House of Lords* aber fest, daß durch den *Criminal Appeal Act*, welcher den *Court of Criminal Appeal* einrichtete, die vorher dem - nunmehr aufgelösten - *Court for Crown Cases Reserved* zustehende Kompetenz zum Erlaß von *writs of venire de novo* erhalten und auf den *Court of Criminal Appeal* übertragen solle[766]. Im *Criminal Appeal Act 1966*, durch den der *Court of Criminal Appeal* aufgelöst und die *Criminal Division* des *Court of Appeal* eingerichtet wurde, wird in S. 1 (2) klargestellt, daß alle Kompetenzen des alten Gerichts auf das neue übergehen sollen, mithin auch die *venire de novo*-Zuständigkeit. Den vorläufigen Endpunkt der Entwicklung stellt S. 53 (2) (d) des *Supreme Court Act 1981* dar, der nun-

---

[762]*Mullen* (1999) 2 CrAppR 143, 161.

[763]Zur *venire de novo* Kompetenz vgl. auch *Archbold*, Rz. 7-103, 7-289 ff.

[764]*Crane* v *DPP* (1921) 2 AC 299.

[765]*Booth, Wood and Molland* (1999), CrimLR 1999, 413; *Archbold*, Rz. 7-103, 7-287 ff.; in solchen Fällen wäre es ein *abuse of process*, wenn der *CPS* versuchen würde, erneut anzuklagen, obwohl kein Strafklageverbrauch im eigentlichen Sinne vorliegt.

[766]*Crane* v. *DPP* (1921) 2 AC 299.

mehr ausdrücklich vorsieht, daß der *Court of Appeal Criminal Division writs of venire de novo* erlassen können soll und durch den der *Criminal Appeal Act* von 1966 insoweit aufgehoben wird.

c) Verstöße gegen die Turner-Grundsätze

Die wichtigste Gruppe der vom *Court of Appeal* entschiedenden Fälle zu fehlgeschlagenen Absprachen betrifft Verstöße gegen die *Turner*-Grundsätze[767]. Hierbei sind drei verschiedene Konstellationen zu unterscheiden. In der ersten Fallgruppe spricht der Richter mit dem Verteidiger über *plea* und Straferwartung und der Verteidiger teilt dies seinem Mandanten mit[768]. In anderen Verfahren unterrichtet der Verteidiger den Angeklagten nicht über sein Gespräch mit dem Richter, sondern versucht ihn subtiler, z.B. durch Hinweise auf die ihm bekannte Spruchpraxis des Richters, zur Abgabe eines *guilty plea* zu bewegen[769]. Schließlich gibt es die Prozesse, in denen der Angeklagte nach einem Verstoß gegen die *Turner*-Grundsätze auf einem *plea of not guilty* beharrt, nach vollem Verfahren aber verurteilt wird. Auch hier kann man unterscheiden zwischen Fällen, in denen er von den Gesprächen mit dem Richter wußte und solchen, bei denen sein Anwalt ihn im unklaren über die Absprache gelassen hat[770].

(1) Der Inhalt des Gespräches mit dem Richter wird an den Angeklagten weitergegeben

Die Entscheidung *Turner* selbst gehört zu dieser Gruppe von Fällen[771]. Der Anwalt hatte seinem Mandanten „in deutlichen Worten" nahegelegt, sich schuldig zu bekennen[772]. Er hatte dabei anklingen lassen, daß er mit dem Richter über den Fall gesprochen habe. Konkrete Strafmaßzusagen waren weder gemacht worden, noch hatte der Verteidiger seinem Mandanten eine konkrete Prognose gegeben.

---

[767]Vgl. oben 5. Teil, B, I, 2.

[768]*Turner* (1970) 54 CrAppR 352 = 2 QB 321; *Inns* (1974) 60 CrAppR 231; *Cain* (1976) CrimLR 1976, 464; *Pitman* (1991) 1 AllER 467.

[769]Siehe z.B. *Peace* (1976) CrimLR 1976, 119; *Agar* (1989) CrAppR 318.

[770]*Llewellyn* (1978) 67 CrAppR 149.

[771]*Turner* (1970) 54 CrAppR 352 = 2 QB 321.

[772]Die Entscheidung schweigt leider zu dem Wortlaut der „deutlichen Worte". Die Untersuchung von *McConville/Hodgson/Bridges/Pavlivic*, Standing Accused, über das Verhalten englischer Strafverteidiger ihren Mandanten gegenüber, zeigt indes, daß Angeklagte z.T. von ihren Verteidigern regelrecht eingeschüchtert werden, ein *guilty plea* abzugeben.

Der *Court of Appeal* stellte fest, daß das Vorgehen des Anwalts dazu führen konnte, daß der Angeklagte die Aussagen des Anwalts über die Vorteile eines Schuldanerkenntnisses für die Ansichten des Richters hielt. In einer solchen Situation sei der Angeklagte nicht in der Lage, frei und unbeeinflußt über sein *plea* zu entscheiden. Selbst wenn nur der Eindruck entstünde, daß der Richter eine Meinung zum Ausgang des Verfahrens geäußert habe, würde unzulässiger Druck auf den Angeklagten ausgeübt, sich schuldig zu bekennen. Ein solches, unfreiwillig zustande gekommenes *guilty plea* sei nichtig (*a nullity*). *Inns*, *Cain* und *Pitman* sind ähnliche Fälle, in denen das Urteil aufgehoben wurde, weil unzulässiger Druck auf den Angeklagten durch Prognosen des Richters ausgeübt wurde[773]. Durch das *guilty plea* disponiert der Angeklagte über das weitere Verfahren. Seinem Wort wird soviel Bedeutung beigemessen, daß im Falle eines Schuldanerkenntnisses kein weiterer Beweis erhoben wird. In *Inns* hat der *Court of Appeal* daher ebenfalls festgestellt, daß ein unter unzulässigem Druck oder Drohungen abgegebenes *guilty plea* nichtig sei. Das darauf folgende Strafzumessungsverfahren sei ebenfalls nichtig[774]. In der jüngeren Entscheidung im Fall *Pitman* subsummierte der *Court of Appeal* stattdessen unter die damaligen Revisionsgründe des *Criminal Appeal Act* und stellte fest, daß unzulässiger Druck das Schuldanerkenntnis „unsicher und unbefriedigend" mache[775]. Diese zwei Ansätze, Nichtigkeit des *plea* und Subsumtion unter den gesetzlichen Tatbestand des *Criminal Appeal Act*, wurden vom *Court of Appeal* in der Vergangenheit ohne erkennbare Unterschiede gebraucht[776]. Dies kann als Beispiel für den schon sprichwörtlichen Pragmatismus englischer Juristen gewertet werden. Beide Kompetenztitel, S. 2(1) des *Criminal Appeal Act* und die in S. 53 (2) (d) des *Supreme Court Act* normierte *venire de novo* Kompetenz, führen zum gleichen Ergebnis, weshalb sich eine genauere dogmatische Einordnung des Vorgehens für das Gericht erübrigt.

Unzulässiger Druck macht demnach ein Schuldanerkenntnis und ein darauf folgendes Urteil unsicher, oder er führt sogar zu einem *mistrial* wegen Nichtigkeit des Schuldanerkenntnisses. Jeder Angeklagte ist aber einer Vielzahl von Einflüssen, Anreizen und (persönlichen) Zwängen ausgesetzt, die seine Entscheidung beeinflussen. Die Kernfrage ist daher, wann die Schwelle vom unvermeidbaren, zulässigen Druck zum unzulässigen Druck überschritten wird. In der Entscheidung *Turner* wird klargestellt, daß der maßgebliche Faktor in der Beteiligung des

---

[773] *Inns* (1974) 60 CrAppR 231; *Cain* (1976) CrimLR 1976, 464; *Pitman* (1991) 1 AllER 467.

[774] *Inns* (1974) 60 CrAppR 231, 233.

[775] *Pitman* (1991) 1 AllER 467.

[776] Nach *Malleson*, Review of the Appeal Process, RCCJ Research Study No. 17, 14 f., wurden auch die alten Revisionsgründe in S. 2(1) *Criminal Appeal Act* nicht trennscharf verwandt.

Richters liegt[777]. Wenn der Richter seine strikt unparteiliche Rolle verläßt, um eine Strafmaßindikation abzugeben, könne bei dem Angeklagten leicht der Eindruck entstehen, daß über seine Verurteilung bereits entschieden sei.

Die einseitige Betonung der neutralen Rolle des Richters vernachlässigt allerdings die Tatsache, daß der Druck schon durch den *sentence discount* an sich erzeugt wird. Fraglich ist, ob eine Beteiligung des Richters den Druck wirklich wesentlich erhöht oder nicht nur für mehr Sicherheit für den Angeklagten sorgt[778]. Der Aspekt der Vorverurteilung ist nämlich im englischen System eigentlich nicht so gravierend, da es nicht der Richter ist, der über die Schuldfrage entscheidet, sondern die Geschworenen, welche in die Absprache nicht einbezogen werden[779]. Letzlich kann man die ablehnende Haltung gegenüber richterlicher Beteiligung an Absprachen wohl nur aus dem tradierten Bild des Richters als neutralem Beobachter begründen. Die Arbeits- und Verantwortungsteilung zwischen ihm, den Geschworenen und den Parteien wird als konstitutiv für das *adversarial model* angesehen, jede Abweichung von ihr mithin als nicht akzeptabler Angriff auf die Grundstruktur des englischen Strafprozesses. Die Erwartungen des Angeklagten in die Einhaltung dieses Systems werden durch eine Einbindung des Richters in die Absprachepraxis enttäuscht. Hierin muß man wohl das auslösende Moment für die Unzulässigkeit echten *sentence bargainings* sehen. Der Strafnachlaß für ein Schuldanerkenntnis hingegen berührt diese Grundstruktur nicht. Zwar schafft er einen Anreiz, auf die Schuldfeststellung durch Geschworene zu verzichten, doch beeinträchtigt er nicht die Neutralität und Distanziertheit des Richters. Den grundsätzlichen Bedenken gegen den *sentence discount* ist, wie oben dargelegt[780], zwar zuzustimmen, die Normierung durch den Gesetzgeber hat die effizienzbezogene Strafmilderung aber nunmehr offiziell gemacht, unzulässiger Druck wird in ihr *de lege lata* daher nicht gesehen.

(2) Verteidiger übt selbst Druck aus oder verheimlicht sein Gespräch mit dem Richter

Schwieriger sind die Fälle zu beurteilen, in denen nur die Anwälte Druck auf den Angeklagten ausüben. Im Grundsatz gilt auch hier die allgemeine Regel, daß das Schuldanerkenntnis freiwillig und ohne Zwang abgegeben werden muß. Übt der Verteidiger derart Druck auf den Angeklagten aus, daß diesem keine echte

---

[777] *Turner* (1970) 54 CrAppR 352 = 2 QB 321, 327.

[778] *Zander*, Cases and Materials, 257.

[779] Vgl zu diesem Aspekt schon oben 7. Teil, B, I.

[780] Siehe oben 5. Teil, B, III.

Wahl mehr zwischen *guilty plea* und streitigem Verfahren verbleibt, so ist das Schuldanerkenntnis unwirksam[781]. Die Rechtsprechung scheint aber in diesen Fällen sehr zurückhaltend zu sein, unzulässigen Druck durch den Anwalt zu bejahen. So weit ersichtlich gibt es keine Entscheidung, in der eine Verurteilung wegen unzulässigen Drucks allein durch den Anwalt aufgehoben worden ist[782]. In der Entscheidung *Peace* stellt der *Court of Appeal* fest, daß ein durch schlechte Beratung seitens des Verteidigers veranlaßtes plea keine „schwerwiegende Unregelmäßigkeit im Verfahren" i.S.d. damaligen Revisionsgründe sei[783]. Daß der Angeklagte nur „zögerlich" und nach „eindeutigen Hinweisen" durch den Verteidiger ein *guilty plea* abgegeben habe, mache ein Schuldanerkenntnis auch nicht nichtig[784]. Der Anwalt hatte in diesem Fall nicht das Gespräch mit dem Richter gesucht, sondern seinem Mandanten in deutlichen Worten nahegelegt, sich schuldig zu bekennen, weil er nicht an die Möglichkeit eines Freispruches durch die Geschworenen glaubte. Nach Ansicht des Gerichts verliert der Angeklagte auch dann nicht die Entscheidungsfreiheit über sein Vorgehen, wenn der Verteidiger ihn zur Abgabe eines Schuldanerkenntnis drängt. Unzulässiger Druck, der zu einer Unwirksamkeit des *plea* führen würde, ist wohl nur in echten Ausnahmesituaionen anzunehmen, so etwa, wenn der Verteidiger dem Angeklagten raten würde, sich, auch wenn er die Tat nicht begangen hat, schuldig zu bekennen, da das Gericht ohnehin von seiner Schuld überzeugt sei. Man muß hier eigentlich von einer „Freiwilligkeitsfiktion" sprechen. Im Verhältnis zu seinen Anwälten mutet man dem Angeklagten ein sehr hohes Maß an Eigenverantwortlichkeit und Beharrungsvermögen zu. Letztlich scheint dies aber unter praktischen Gesichtspunkten zwingend. Würde man nämlich alle Probleme des Innenverhältnisses zwischen Verteidiger und Angeklagtem externalisieren, käme eine Flut von hierauf gestützten Revisionen auf die Gerichte zu.

Problematischer wird die Situation in den hier eigentlich interessierenden Fällen, nämlich wenn der Verteidiger mit dem Richter über das Strafmaß und das *plea* verhandelt, diese Verhandlungen seinem Mandanten aber nicht offenbart hat. Eine ähnliche Situation liegt der Entscheidung *Agar* zu Grunde[785]. Verteidiger und Ankläger hatten außerhalb der Verhandlung mit dem Richter gesprochen, der Angeklagte war aber über diesen Umstand nicht informiert worden, da der Richter dem Verteidiger untersagt hatte, seinen Mandanten von dem Gespräch in Kenntnis zu setzen. Das Gespräch betraf allerdings nicht *plea* und Strafmaß,

---

[781]*Archbold*, Rz. 7-103.

[782]*Emmins*, Criminal Procedure, 240.

[783]*Peace* (1976) CrimLR 1976, 119.

[784]*Peace* (1976) CrimLR 1976, 119.

[785]*Agar* (1989) 90 CrAppR 318.

sondern die Frage des Identitätsschutzes für einen Informanten. Der *Court of Appeal* gab der Revision aus anderen Gründen statt, merkte aber *obiter* an, daß auch der Umstand der geheimen Verhandlungen mit dem Richter allein zur Aufhebung des Urteils geführt hätte. Die Ausführungen des Gerichts zu „vertraulichen", dem Mandanten gegenüber geheim gehaltenen Gesprächen sind von so allgemeiner Natur, daß sie auch auf *plea bargaining* Situationen übertragen werden können. Das Gericht betont die überragende Bedeutung des Prinzips der „*open justice*", welches mit dem deutschen Öffentlichkeitsgrundsatz korrespondiert. In einer prägnanten englischen Formulierung heißt es: „*It is important for justice not only to be done, but seen to be done*".[786] Die Verletzung dieser Maxime hätte unter der alten Fassung des *Criminal Appeal Act* als „*material irregularity in the course of the trial*" oder als Umstand gerügt werden können, der die Verurteilung „*unsatisfactory*" werden läßt. Auf die Verläßlichkeit des Schuldnachweises kam es nicht an.

Agar hatte kein *guilty plea* abgegeben, sondern war von den Geschworenen nach voller Hauptverhandlung für schuldig befunden worden. Er behauptete in der Revisionsbegründung u.a., daß sein Verteidiger infolge des Gespräches mit dem Richter im Kreuzverhör der Zeugen keine Fragen nach dem Informanten gestellt habe. Seine Verurteilung durch die Geschworenen kann daher auch deshalb als unsicher i.S.d. neuen Revisionsgrundes angesehen werden, weil aufgrund des vertraulichen Gespräches nicht vollständig Beweis erhoben wurde. Hätte der Angeklagte aber ein *guilty plea* abgegeben, wäre dies wirksam und unangreifbar, da unbeeinflußt von Druck. Die Unregelmäßigkeit im Verfahren würde dieses Anerkennen der zu Last gelegten Tatsachen in keiner Weise beeinträchtigen[787]. In einem solchen Fall bliebe die Rechtsverletzung durch den Richter für den Schuldspruch gänzlich unbeachtlich.

Überträgt man diese Beobachtungen auf den Fall von Absprachen zum Verfahrensergebnis, so scheint es, als könne der Verteidiger eine unzulässige Absprache mit dem Richter dadurch unangreifbar machen, daß er sie seinem Mandanten gegenüber verschweigt und seine Ratschläge zur Abgabe eines Schuldanerkenntnisses mit seinen generellen Erfahrungen mit Fällen dieser Art oder mit der Strafzumessungspraxis des jeweiligen Richters begründet. Zwar war auch unter der alten Rechtslage das Verschweigen der Absprache ein *de facto* wirksames Mittel zur Perpetuierung eines rechtswidrigen Deals, allerdings gab das Gesetz dem Angeklagten die Möglichkeit, wenn er von der Absprache erfuhr, den Schuldspruch, auch wenn er auf seinem eigenen *plea* beruhte, anzugreifen[788].

---

[786] *Sussex JJ, ex parte McCarthy* (1923) AllER Rep. 233

[787] *Rajcoomar* (1999) CrimLR 1999, 728.

[788] Vgl. *Sanders/Young*, Criminal Justice, 337.

Bekennt sich der Angeklagte aber nach einem geheimgehaltenen Deal schuldig, so ist seine Entscheidung nicht nur frei von unzulässigen Beeinflussungen durch die Autorität des Richters, sondern sie ist auch „sicher" i.S.d. neuen Formulierung der Revisionsgründe. Dies führt zu einer unverständlichen Situation: *eine* rechtswidrige Handlung, nämlich ein Gespräch mit dem Richter unter Mißachtung der *Turner*-Regeln, macht ein nachfolgend abgegebenes Schuldanerkenntnis angreifbar, weil es unter unzulässigem Druck abgegeben wurde; in Kombination mit einer *weiteren* rechtswidrigen Handlung (oder Unterlassung), d.h. dem Verschweigen dieser Absprache, bleibt der Deal mit dem Gericht ohne Folgen in der Rechtsmittelinstanz.

Auch in der Entscheidung *Harper-Taylor and Bakker* hatte der *Court of Appeal* über die Folgen vertraulicher Gespräche mit dem Richter zu entscheiden[789]. Die Gespräche hatten hier nicht das *plea* des Angeklagten, sondern tatsächliche Eingeständnisse des Angeklagten zum Inhalt:

> Harper-Taylor *und* Bakker *waren wegen versuchten Mordes an* Harper-Taylors *Frau angeklagt. Bei einem Treffen aller Anwälte und der Anklagevertreter trug* Bakkers *Verteidiger vor, daß - entgegen seiner bisherigen Aussage - sein Mandant nun zugebe, die Tatwaffe abgefeuert zu haben, Tötungs- oder Verletzungsvorsatz jedoch weiter bestreite. Der Verteidiger merkte an, daß er von* Bakker *ausdrücklich ermächtigt worden sei, diese Änderung in der Verteidigungslinie den anderen Anwälten und dem Richter anzuzeigen. Der Richter entschied daraufhin, daß das Verfahren gegen* Bakker *von dem Verfahren gegen* Harper-Taylor *abgetrennt werde, daß* Bakkers *Verteidiger von seinem Mandat entbunden und die bisherigen Geschworenen entpflichtet würden. Als aber ein Polizeibeamter zu* Bakker *geschickt wurde, um seine neue Aussage zu protokollieren, weigerte sich dieser, die vom Anwalt vorgetragenen Tatsachen einzugestehen und blieb bei seiner ursprünglichen Aussage. In der folgenden Hauptverhandlung versuchte die Anklage,* Bakkers *ursprünglichen Anwalt als Zeugen zu vernehmen, um zu beweisen, daß* Bakker *seine Tatbeteiligung zugegeben habe. Der Richter in der Tatsacheninstanz ließ die Ladung des Verteidigers zu. Um eine Vernehmung des Verteidigers zu verhindern, erarbeiteten beide Angeklagte mit ihren Verteidigern und dem Anklagevertreter eine Liste von tatsächlichen Zugeständnissen, woraufhin der Kronanwalt davon absah,* Bakkers *Verteidiger als Zeugen zu vernehmen. Beide Angeklagte wurden nachfolgend von*

[789] *Harper-Taylor and Bakker* (1988), NLJR 1988, 80.

den Geschworenen für schuldig befunden und verurteilt. Sie legten gegen die Verurteilung Rechtsmittel ein.

Der *Court of Appeal* hatte unter anderem die Frage zu beurteilen, ob die Anwältin des Mitangeklagten *Harper-Taylor* und die Kronanwältin ihren jeweiligen Mandanten, im Falle der Anklage also dem *CPS*, den Gesprächsinhalt offenbaren durften oder gar mußten. Das von *Mustill LJ* verfaßte Urteil des *Court of Appeal* stellt klar, daß alle Anwälte ihren jeweiligen Mandanten gegenüber verpflichtet sind, Gespräche mit dem Richter offenzulegen. Das Urteil spricht aber auch von der „*obligation to maintain the confidentiality of the private room*"[790]. Diese Formulierung hat zu Mißverständnissen geführt. Vertraulich sind die Gespräche nur insoweit, als die Beteiligten davon ausgehen, daß die Informationen nicht in die allgemeine Öffentlichkeit getragen werden. Die Offenbarungspflichten im Verhältnis des Anwalts zu seinem Mandanten vermag eine Verlagerung der Gespräche aus der Hauptverhandlung in das Richterzimmer jedoch nicht zu beeinflussen[791].

Das eigentliche Problem in *Harper-Taylor and Bakker* ist denn auch ein anderes: können Tatsachen, die in der informellen Atmosphäre des Richterzimmers offenbart werden, in der Hauptverhandlung verwertet werden? Insofern stellt sich die Frage, wann der Verteidiger durch Offenlegen tatsächlicher Zugeständnisse den „*point of no return*" für eine auf Freispruch zielende Verteidigung überschreitet. Der *Court of Appeal* stellte fest, daß der Richter die Vernehmung des Anwalts nicht hätte gestatten sollen. Er hätte von seiner Kompetenz, Beweismittel als unzulässig auszuschließen, Gebrauch machen sollen[792]. Der *Court of Appeal* hob die Verurteilung auf, denn die Geschehnisse waren seiner Ansicht nach „*entirely at odds with any ordinary conception of the relationship between client and adviser, and of the status of discussions in the private room*"[793]. Die belastenden Tatsachen seien unter dem Druck der drohenden Vernehmung des Verteidigers und somit unfreiwillig eingestanden worden. Auf die Frage, ob solcher Druck die Verurteilung „unsicher" macht, mußte der *Court of Appeal* in der Entscheidung unter dem alten *Criminal Appeal Act* nicht eingehen, da die Geschehnisse zweifellos eine „*material irregularity in the course of the trial*" darstellten. Unter der neuen Regelung der Revisionsgründe wäre dieser Weg verschlossen gewesen. Wieder wäre es hier ausschließlich darauf angekommen, ob der Schuldspruch sicher ist. Wie der *Court of Appeal* aber diesen Fall heute entscheiden würde, ist nicht klar. An Fällen wie diesem läßt sich die unbefriedi-

---

[790] *Harper-Taylor and Bakker* (1988), NLJR 1988, 80, 81.

[791] Siehe hierzu schon oben 5. Teil, B, I, 2.

[792] Diese folgt aus S. 78 *Police and Criminal Evidence Act.*

[793] *Harper-Taylor and Bakker* (1988), NLJR 1988, 80.

gende Lage des Revisionsrechts daher gut illustrieren. Es ist schlechterdings nicht prognostizierbar, wie heute im Fall *Harper-Taylor* entschieden werden würde. Rechtsstaatlich wünschenswert wäre sicherlich, die Schuldsprüche aufzuheben und die Sache an ein anderes Gericht zurückzuverweisen, doch ist es durchaus denkbar, daß der *Court of Appeal* der Argumentation in *Chalkley and Jeffries* folgen und die Revision abweisen würde.

Klar ist aber eines: hätten die Angeklagten nach der rechtsfehlerhaften Zulassung der Vernehmung des Verteidigers ein Schuldanerkenntnis abgegeben, so hätten sie ihre Revisionsmöglichkeit sicher verwirkt. Dies folgt zwingend aus der Grundsatzentscheidung *Chalkley and Jeffries*[794]. Das Eingeständnis der Schuld hätte dann den Verfahrensfehler unbeachtlich gemacht.

Verfahrensverstöße dieser Art müssen daher unter dem neuen Rechtsmittelregime bereits in der Tatsacheninstanz gerügt werden. Nur der Richter in der ersten Instanz kann den Verfahrensfehler korrigieren, wenn die Sicherheit des Schuldnachweises durch den Verfahrensverstoß nicht gefährdet ist. Wenn Verständigungsversuche zwischen den Verfahrensbeteiligten fehlschlagen, muß der Verteidiger sofort versuchen, die daraus für seinen Mandanten resultierenden Nachteile zu beseitigen, indem er beantragt, bestimmte Beweise nicht zuzulassen oder sogar den Prozeß wegen „*abuse of process*“ einzustellen[795]. Weigert sich der Richter, die Beweise auszuschließen oder das Verfahren einzustellen, so muß der Verteidiger dem Angeklagten raten, bei einem *plea of not guilty* zu bleiben und nach einem Schuldspruch durch die Geschworenen Rechtsmittel einzulegen. Selbst dann ist aber noch zweifelhaft, ob der *Court of Appeal* die Verurteilung aufheben können würde. Jedenfalls kann der Angeklagte nicht ein *guilty plea* abgeben und sich dann auf eine nachfolgende Revision verlassen, da dieses Eingeständnis seiner Schuld nach Ansicht der neueren Rechtsprechung den Verfahrensfehler revisionsrechtlich unbeachtlich werden läßt.

Liegt der Verfahrensverstoß in einer unzulässigen Kollusion der professionellen Verfahrensbeteiligten hinter dem Rücken des Angeklagten, ist eine Rüge in der Tatsacheninstanz jedoch *in praxi* unmöglich. Der Angeklagte kann den Verfahrensverstoß nicht rügen, da er von ihm nicht erfährt. Legt er in einer solchen Situation ein *guilty plea* ab, so wird ihm auch die Möglichkeit genommen, eine Aufhebung des Schuldspruchs vor dem *Court of Appeal* zu erreichen.

---

[794] *Chalkley and Jeffries* (1998) 2 AllER 155; *Graham* (1997) 1 CrAppR 302; *Blackledge* (1996) 1 CrAppR 326.

[795] *Clarke*, CrimLR 1999, 108.

(3) VERURTEILUNG DURCH GESCHWORENE NACH GESCHEITERTERTEM ABSPRACHEVERSUCH

Auch die dritte Gruppe von gescheiterten Absprachen, in denen der Angeklagte bei seinem *plea of not guilty* bleibt und darauffolgend von den Geschworenen verurteilt wird, muß im Lichte der Neufassung des *Criminal Appeal Act* gesehen werden.

> *Im Fall* Llewellyn *hatte der Richter zu Prozeßbeginn* Llewellyns *Verteidiger und den seines Mitangeklagten zu sich gerufen, um zu erfahren, wie beide Angeklagte plädieren würden*[796]*. Im Rahmen dieses Treffens deutete der Richter an, daß er* Llewellyn *für den Haupttäter halte und daß ein plea of guilty bei der Strafzumessung positiv bewertet werden würde.* Llewellyns *Anwalt empfahl daraufhin seinem Mandanten, sich schuldig zu bekennen. Er machte ihm dabei auch klar, daß der Richter ihn für schuldig halte. Darauffolgend entließ* Llewellyn *alle seine Anwälte und weigerte sich weiterhin aktiv am Prozeß teilzunehmen, da er annahm, wegen der vorangegangenen Gespräche kein faires Verfahren zu bekommen. Er wurde von den Geschworenen verurteilt und legte Revision ein.*

Der *Court of Appeal* stellte fest, daß der Richter keine vertraulichen Gespräche mit den Anwälten hätte führen sollen. Eine Diskussion über die angeklagten Delikte und angestrebte *pleas* solle in einem formellen *pre-trial review* oder in der Hauptverhandlung erfolgen. Außerdem seien solche Gespräche zu protokollieren. Obwohl das nachfolgende Verfahren rechtsfehlerfrei gewesen sei, müsse der Schuldspruch als „*unsatisfactory*" aufgehoben werden. Es sei der Grundsatz der „*open justice*" verletzt worden. In den Worten *Roskills LJ*: „*Justice had not been seen to be done*"[797]. *Roskill LJ* betont, daß die „*appearance of justice*" gewährleistet werden müsse. Damit ist ein rechtsförmiges und auch formal einwandfreies Verfahren gemeint. So heißt es in dem Urteil: „*...there was here (even in the case of a man who may have been guilty and whose guilt may have been proved to the hilt) a burning sense of grievance in the appellant that he has not had a fair trial at the hands of those responsible for the administration of justice*"[798]. In einem solchen Fall sei der Schuldspruch aufzuheben, da er „*unsatisfactory*" sei. Unter der neuen Fassung der Revisionsgründe hätte *Llewellyns* Verurteilung möglicherweise Bestand gehabt. Seine Schuld war in einem ansonsten

[796] *Llewellyn* (1978) 67 CrAppR 149.

[797] Vgl. die Formulierung in der Entscheidung *Agar* (1989) 90 CrAppR 318, wo sie zur Umschreibung des Öffentlichkeitsprinzips benutzt wird.

[798] *Llewellyn* (1978) 67 CrAppR 149, 156.

rechtsfehlerfreien Verfahren nachgewiesen worden und der Schuldspruch damit nicht „*unsafe*". Dies stellt *Roskill LJ* in *Llewellyn* auch ausdrücklich klar[799]. Folgt man den Überlegungen in *Chalkley and Jeffries*, so hätte *Llewellyns* Revision abgewiesen werden müssen[800]. Möglicherweise würde ein Fall dieser Art aber auch von der Entscheidung *Mullen* gedeckt. Doch kann man wirklich sagen, daß das auf den rechtswidrigen Hinweis des Richters folgende Verfahren gar nicht hätte stattfinden dürfen? Der Situation in *Llewellyn* wäre am effizientesten durch einen Austausch des Richters zu begegnen gewesen. Da das englische Recht aber kein Instrument hierfür bereithält, ergibt sich die mißliche Lage in der Rechtsmittelinstanz. Auch hier gilt: rechtsstaatlich wünschenswert ist das Ergebnis, welches der *Court of Appeal* in *Llewellyn* gefunden hat. Wird dem Angeklagten das Gefühl vermittelt, daß er mit keinem fairen Prozeß mehr rechnen kann, darf das revisionsrechtlich nicht unbeachtlich bleiben. Es ist daher zu hoffen, daß der *Court of Appeal* seine Kompetenzen nicht weiterhin zu eng auslegt.

2. Appeal against sentence

Fraglich ist, was der Angeklagte tun kann, wenn seine in das *guilty plea* gesetzten Erwartungen nicht erfüllt werden, ohne daß die vorangegangene Absprache das Schuldanerkenntnis selbst „unsicher" oder nichtig und damit angreifbar gemacht hat, oder er aus anderen Gründen das Rechtsmittel auf eine Überprüfung der Strafzumessung beschränken will. In diesen Fällen kann der Verurteilte versuchen, die Gegenleistung des Staates, nämlich die geringere Strafe, über das Rechtsmittel des *appeal against sentence*, also über eine Strafmaßrevision, einzuklagen.

Wenn der Richter eine Strafmaßprognose innerhalb der von *Turner* gezogenen Grenzen abgibt, ist er an sie gebunden, auch wenn er später lieber eine härtere Strafe verhängen würde[801]. Diese Bindung bleibt auch bestehen, wenn das Strafmaß von einem anderen als dem prognostizierenden Richter festgesetzt wird[802]. Dieser Grundsatz ist ständige Rechtsprechung des *Court of Appeal*. Eine entscheidende Einschränkung für Urteilprognosen durch die *Turner*-Grundsätze ist, daß sie nur die Art der Strafe, nicht jedoch deren Höhe zum Inhalt haben darf. Außerdem darf sie nicht von dem *plea* des Angeklagten abhängig gemacht wer-

---

[799] *Llewellyn* (1978) 67 CrAppR 149, 157.

[800] So auch *Clarke*, CrimLR 1999, 108, 111.

[801] *Bird* (1978) 67 CrAppR 203; *Atkinson* (1978) 67 CrAppR 200; vgl. auch *Thomas*, CrimLR 1970, 559, 565.

[802] *Howell* (1978) CrimLR 1978, 239.

den[803]. Der *Court of Appeal* bewehrt diese Prinzipien, indem er Urteilsprognosen im Lichte dieser Einschränkungen auslegt. Wird die Prognose demnach nur für den Fall eines *guilty plea* abgegeben, schweigt der Richter aber zur Frage der im Falle einer Verurteilung durch die Geschworenen zu erwartenden Strafe, und wird damit eigentlich impliziert, daß der Angeklagte bei Beharren auf seiner Unschuld mit einer härteren Strafe zu rechnen habe, so behandelt der *Court of Appeal* die Prognose als auch für den Fall eines *plea of not guilty* geltend[804]. Der Richter kann sich also nicht dadurch den durch *Turner* gesetzten Regeln entziehen, daß er lediglich über die zu erwartende Strafe im Falle eines *guilty plea* spricht.

Unklar ist jedoch die Begründung für diese Bindungswirkung. Weder die Rechtsprechung noch die Literatur setzen sich mit dieser Frage auseinander. Denkbar wäre es, die Bindungswirkung auf Vertrauensschutzüberlegungen zu stützen. Der auf die Prognose des Richters vertrauende Angeklagte, der die Vorleistung in Form des Schuldanerkenntnisses erbringt, soll die Gegenleistung einklagen können. Eine solche Begründung rückt den Deal stark in die Nähe eines Rechtsgeschäftes. Die vom *Court of Appeal* entschiedenen Fälle betonen aber stärker den allgemeineren Grundsatz der prozessualen Fairneß. Dies ist am deutlichsten in Fällen zu sehen, in denen der Angeklagte nach einer Urteilsprognose bei seinem *plea of not guilty* bleibt. In der Entscheidung *Howell* stellte der *Court of Appeal* fest: „*the passing of the immediate prison sentence after he [der Richer] had spoken to counsel of a suspended sentence could even more readily be interpreted as unfair*". Das Gericht ordnete die sofortige Freilassung des Verurteilten aus der Haft an[805]. In diesem Fall hatte jedoch der Verteidiger seinem Mandanten die Prognose mitgeteilt. Es war daher insofern ein Vertrauenstatbestand gesetzt worden, als der Angeklagte unter den *Turner*-Regeln damit rechnen durfte, daß die Zusage, keine Haftstrafe zu verhängen, unabhängig von seinem *plea* erfolgte. In der Entscheidung *Bird*[806] hatte der Verteidiger die Urteilsprognose des Richters seinem Mandanten gegenüber verschwiegen. *Bird* blieb bei seiner *plea of not guilty* und wurde zu einer Gefängnisstrafe verurteilt, obwohl der Richter bei seinem Gespräch mit dem Verteidiger für den Fall eines Schuldanerkenntnisses eine Bewährungsstrafe in Aussicht gestellt hatte. Der *Court of Appeal* hob den Strafausspruch auf und verhängte eine Bewährungsstrafe. Dies sei notwendig „um das Ansehen der Justiz zu wahren" (*to preserve the good face of justice*)[807]. Die Bindungswirkung der richterlichen Prognose beruht mithin auf

[803]Hierzu siehe oben unter 5. Teil, B, I, 2.

[804]*Atkinson* (1978) 67 CrAppR 200; *Bird* (1978) 67 CrAppR 203.

[805]*Howell* (1978) CrimLR 1978, 239; vgl. auch *Keily* (1990) CrimLR 1990, 205.

[806]*Bird* (1977) CrimLR 1978, 237.

[807]*Bird* (1977) CrimLR 1978, 237, 238.

allgemeinen Fairneßüberlegungen. *Bird* wußte nicht um die richterliche Prognose, ein Vertrauenstatbestand war daher nicht gesetzt worden. Es ist vielmehr die Sorge um das Ansehen der Justiz, um den Anschein fairen Prozessierens, der den *Court of Appeal* in diesem Fall veranlaßt hat, den Tatrichter an seiner Prognose festzuhalten. Im Bereich der Strafmaßrevision sind die Kompetenzen des *Court of Appeal* auch nicht durch den neuen *Criminal Appeal Act* beschnitten worden. Dem Gericht ist es möglich, über eine Reduktion des Strafmaßes Rechtsverstöße in der Tatsacheninstanz zumindest zu mildern.

Der Angeklagte kann daher mittels der Strafmaßrevision im Ergebnis auf Erfüllung der Absprache klagen. Dies eröffnet ihm auch die Möglichkeit, das System zu seinen Gunsten auszunutzen. Wenn der Angeklagte im Vorfeld des Prozesses mit der Anklage eine Absprache über Art und Umfang der angeklagten Delikte erreicht und anschließend einen kooperativen Richter zu einer Strafmaßprognose bewegen kann, kann er sein Risiko bei Abgabe eines *guilty plea* effektiv minimieren. Wie noch zu zeigen sein wird, hat die Krone in solchen Fällen nur eine begrenzte Möglichkeit, ihrerseits in höherer Instanz eine härtere Strafe herbeizuführen.

Ein weiteres Problem ist der Einfluß von neuen belastenden Tatsachen auf die Bindungswirkung. Fraglich ist, ob das Gericht von der Bindung an die Urteilprognose frei wird, wenn nach der Prognose im Rahmen des Strafzumessungsverfahrens neue Tatsachen bekannt werden, die die Tat in anderem Licht erscheinen lassen. Zu dieser Fallgruppe gibt es keine veröffentlichten Entscheidungen. Denkbar sind drei grundsätzliche Antworten. Die Bindungswirkung kann in vollem Umgang bestehen bleiben, sie kann entfallen, dem Angeklagten wird aber ermöglicht, sein *plea of guilty* zurückzunehmen, oder das Fortbestehen der Bindungswirkung wird von der Art und Bedeutung der neuen Tatsachen abhängig gemacht. Das Fortbestehen der Bindungswirkung in vollem Umfang, unabhängig von der Art und Schwere der neuen Tatsachen, kann weder als von Vertrauensschutz- noch als von allgemeinen Fairneßüberlegungen geboten angesehen werden. Der Angeklagte, der um die bisher verborgen gebliebenen Tatsachen weiß, darf nicht darauf vertrauen, auf Grundlage einer falschen Tatsachenbasis verurteilt zu werden. Auch kann es nicht als „unfair“ bezeichnet werden, wenn in solchen Fällen die Bindungswirkung entfällt. Die Prognose bezieht sich auf eine bestimmte, dem Gericht zum Zeitpunkt der Prognose bekannte Tatsachenlage. Nur innerhalb dieses Nexus gebietet es die Fairneß, nicht von der Prognose abzuweichen. Das Risiko des Angeklagten wird immerhin durch die für das Delikt, dessen er sich schuldig bekennt, bestehende Höchststrafe begrenzt. Letztlich muß hier, wie im deutschen Recht, gelten: nur der Angeklagte kennt den wahren Sachverhalt zum Zeitpunkt der Absprache. Wenn er sich auf eine Absprache mit abweichender Tatsachengrundlage einläßt, muß er allein das Risiko tragen[808].

Die Möglichkeiten des Angeklagten, allgemein gegen einen seiner Meinung nach zu geringen Strafnachlaß für sein Schuldanerkenntnis vorzugehen, sind allerdings recht begrenzt[809]. Der *Court of Appeal* ist sehr zurückhaltend in der Korrektur von Strafmaßentscheidungen durch den Richter in der Tatsacheninstanz. In den Worten des *Lord Chief Justice Lord Taylor* in der Entscheidung *Buffrey*: „*It would be quite wrong for us to suggest that there was any absolute rule as to what the discount should be. Each case must be assessed on its own facts and there will be considerable variance as between one case and another*"[810]. In einigen Fällen hat der *Court of Appeal* allerdings Revisionen mit der Begründung stattgegeben, daß kein ausreichender Strafnachlaß für ein Schuldanerkenntnis gewährt worden sei[811]. Die Maßstäbe für die Überwachung des Strafzumessungsermessens des Richters sind jedoch gänzlich unklar. Der *Court of Appeal* betont auch in diesen Fällen, daß es auf die Situation im Einzelfall ankomme. Es muß daher angenommen werden, daß das Gericht nur in Ausnahmefällen, in denen die Strafen offensichtlich zu hart ausfallen, eingreifen wird.

3. Reference des Attorney-General

Eine indirekte Möglichkeit der richterlichen Überwachung von *sentence bargains* ist die sogenannte *Reference* des *Attorney-General*[812]. Der *Attorney-General* kann nach rechtskräftigem Abschluß des Verfahrens ein auf das Strafmaß begrenztes Wiederaufnahmeverfahren anstrengen. Der *Court of Appeal* befaßt sich in diesen Fällen nicht mit der Rechtmäßigkeit der Absprache selbst, sondern hat nur darüber zu entscheiden, ob die verhängte Strafe „*unduly lenient*", also unverhältnismäßig milde ist. Das Strafmaß darf nur nach oben korrigiert werden, wenn die Entscheidung des Tatrichters schlechterdings unvertretbar milde war. Daß die Revisionsrichter an Stelle des Tatrichters eine härtere Strafe verhängt hätten, ist nicht ausreichend[813]. Ein auf einer Absprache basierendes

---

[808]Vgl. hierzu für die vergleichbare Situation eines fehlgeschlagenen *fact bargains Beswick* (1996) 1 CrAppR (S) 343 und unten 7. Teil, E, II, 1, b.

[809]Den Richtern in der Tatsacheninstanz wird ein weiter Spielraum in der Strafzumessung zugestanden, vgl. *Ashworth*, ZStW 1994, 605ff.

[810]*Buffrey* (1992) 14 CrAppR (S) 511.

[811]*Skilton and Blackham* (1983) 4 CrAppR (S) 339; *Boyd* (1980) 2 CrAppR (S) 234.

[812]S. 36 (1) *Criminal Justice Act 1988*; vgl auch *Emmins*, Sentencing, 373 ff.

[813]Vgl. z.B. *A-G's Reference No. 5 of 1989*, 90 CrAppR 358.

Urteil kann die vom *Court of Appeal* für angemessen erachtete Untergrenze für Delikte dieser Art unterschreiten und kann verschärft werden. Die Bindungswirkung einer Strafmaßindikation[814] erstreckt sich nicht auf das durch den *Attorney-General* angestrengte Referenzverfahren[815]. Das Vorliegen einer Urteilsprognose kann allerdings Einfluß auf die Strafmaßenscheidung des *Court of Appeal* haben. Wenn das Gericht auch nicht rechtlich gebunden ist, so wird es doch das im Angeklagten hervorgerufene Vertrauen und die belastende Tatsache des Referenzverfahrens an sich bei der Strafzumessung berücksichtigen[816]. Die vom *Court of Appeal* verhängte härtere Strafe muß sich in den Strafrahmen der angeklagten Delikte halten. Das Referenzverfahren kann daher nicht die Folgen von *charge bargains* beseitigen. Ist der Angeklagte aufgrund minder schwerer Delikte angeklagt und verurteilt worden, so kann der *Court of Appeal* diese Entscheidung nicht wieder rückgängig machen. Das Referenzverfahren durch den *Attorney-General* ist die einzige Möglichkeit der Anklage, eine Absprache nach Abschluß der Verhandlung anzugreifen.

---

[814] *Bird* (1978) 67 CrAppR 203; *Atkinson* (1978) 67 CrAppR 200; *Howell* (1978) CrimLR 1978, 239.

[815] *A-G's Reference No. 40 of 1996 (R. v. Robinson)*, CrimLR 1997, 69, 70; *A-G's Reference No. 17 of 1998 (R. v. Stokes)*, CrimLR 1999, 92.

[816] *A-G's Reference No. 40 of 1996 (R. v. Robinson)*, CrimLR 1997, 69, 70.

C. Zwischenergebnis

Die grundlegenden Unterschiede zwischen Geständnis und *guilty plea* und der andere Legalbereich von Urteilsabsprachen und *sentence bargains* führen auch zu unterschiedlichen Problemen und Rechtsfolgen bei Fehlschlagen der Absprache. Während in England die grundsätzliche Unzulässigkeit von Absprachen mit dem Gericht, der Verfügungscharakter des *guilty plea*, die Trennung von Schuldfeststellung durch die Geschworenen und Strafzumessung durch den Richter, sowie die fehlende Rechtsmittelbefugnis der Anklagebehörde für relativ „klare Verhältnisse" sorgen und die revisionsrechtlichen Probleme erst jüngst durch unausgereifte Gesetzgebung geschaffen wurden[817], stellt sich die Situation im deutschen Recht komplizierter dar. Die Anerkennung von Absprachen über Geständnis und Straferwartung unter Fortgeltung von Amtsermittlungsgrundsatz und Aufklärungspflicht, die Rechtsnatur des Geständnisses als Beweismittel, das Institut des Rechtsmittelverzichts, sowie die dominierende Rolle des Gerichts als Absprachebeteiligter, Ermittlungsinstanz und Entscheidungsgremium machen ein differenzierteres prozessuales Leistungsstörungsrecht als in England erforderlich. Außerdem kann auch die StA die Absprache in einer höheren Instanz überprüfen lassen und sie damit zum Scheitern bringen.

Die Unterschiede zeigen sich schon bei der Frage, inwieweit bereits in der Hauptverhandlung auf fehlgeschlagene Absprachen reagiert werden kann und muß. So kommt eine Einstellung des Verfahrens wegen des durch eine unzulässige Absprache begangenen Verfahrensverstoßes in Deutschland schon grundsätzlich nicht in Betracht, weil Verstöße gegen das Fairneßprinzip *im* Verfahren und nicht durch dessen Abbruch geheilt werden müssen. Das englische Recht hingegen kennt den vollständigen Verfahrensabbruch als Antwort auf Rechtsstaatsverstöße, da aber dieser Verstoß im Falle von *sentence bargains* im Verhalten des Tatrichters begründet ist, wird über die Folgen immer erst in der Rechtsmittelinstanz entschieden.

Die Frage nach einem Beweisverwertungsverbot nach Scheitern der Absprache stellt sich nur in Deutschland. Gibt der Angeklagte in England ein Schuldanerkenntnis ab, dann kommt es gar nicht mehr zu einer Beweiserhebung. Der Schuldspruch steht fest. Denkbar ist nur, daß der Angeklagte versucht, sein *guilty plea* zurückzunehmen, was aber lediglich in den dargestellten Ausnahmefällen erfolgversprechend ist.

Auch die Ablehnung von Richtern wegen Besorgnis der Befangenheit ist nur in Deutschland möglich. Durch den absprachespezifischen Gebrauch des Ablehnungsrechts kann im deutschen Strafprozeß eine gewisse Abschottung der Absprache vom streitigen Verfahren erreicht werden. In England wird diese Ab-

[817] Namentlich durch die Neufassung der Revisionsgründe im *Criminal Appeal Act 1995*.

schottung der Verfahrenssphären hingegen schon durch die Arbeitsteilung zwischen Gericht und Geschworenen geschaffen, da der Spruchkörper, der über die Schuldfrage entscheidet, an Verständigungsgesprächen nicht beteiligt ist und von ihnen auch nachträglich nicht erfährt[818]. Eine parteiliche Verhandlungsleitung durch den Richter kann aber auf der Revisionsebene gerügt werden, wenn sie Auswirkungen auf den Schuldspruch hatte.

Vergleichbare Auswirkungen hat das Scheitern einer Urteilsabsprache in Deutschland und England auf der Ebene der Strafzumessung. Eine besondere Strafmilderung gerade wegen des Fehlschlagens gibt es in beiden Ländern nicht. Absprachen, durch die unzulässiger Druck auf den Angeklagten ausgeübt wurde, machen das Geständnis unverwertbar und das *guilty plea* nichtig, wodurch ein vollständiger Ausgleich der negativen Folgen der gescheiterten Absprache erreicht wird. Schlägt die Absprache hingegen fehl, weil neue, dem Gericht zum Prognosezeitpunkt unbekannte Tatsachen bekannt werden, so fällt dies in den Risikobereich des Angeklagten. Auch dann ist eine besondere Strafmilderung nicht geboten. Scheitert aber eine grundsätzlich zulässige Absprache dadurch, daß sich das Gericht ohne hinreichenden Grund schlicht nicht mehr an sie halten will, so kann der Angeklagte die Bindung des Gerichts an die Absprache geltend machen. Einer weitergehenden Strafmilderung bedarf es auch dann nicht. In beiden Systemen tritt diese Bindung an die richterliche Prognose ein, wenn sich der Richter in den zulässigen Grenzen für derartige Strafprognosen bewegt hat. In England wird der Legalbereich noch dadurch zusätzlich ausgeweitet, daß, wenn der Richter nur über die Strafart bei *guilty plea* gesprochen hat, die Prognose so behandelt wird, als gelte sie auch für den Fall eines *plea of not guilty*.

Differenziert muß auch der Vergleich der Kontrolle von Urteilsabsprachen und *sentence bargains* in der Rechtsmittelinstanz ausfallen. Die Mißbrauchsanfälligkeit konsensualer Verfahrenserledigung erfordert grundsätzlich, daß die Einhaltung des Legalbereichs durch die Obergerichte effizient und vollständig kontrolliert werden kann. In beiden Ländern wird dieser Grundsatz allerdings bereits durch die Rügeabhängigkeit der revisionsgerichtlichen Kontrolle begrenzt. Einvernehmlicher Verfahrensmißbrauch, der den Prozeß zur Zufriedenheit aller Beteiligten beendet, bleibt daher unentdeckt. In England wird diese Gefahr darüberhinaus noch dadurch erhöht, daß der Anklagebehörde die Revisionsbefugnis gänzlich fehlt. Rechtswidrige *sentence bargains*, welche den Angeklagten nicht benachteiligen, sondern ihn zufriedenstellen, lassen sich daher auch bei „Rügewilligkeit“ des *CPS* nicht mehr überprüfen. Das Referenzverfahren auf Betreiben des *Attorney-General* kann dieses Defizit nur unzureichend

[818] Vgl. *Schünemann*, Gutachten, B 116; *Dencker*, in: *Dencker/Hamm*, Der Vergleich im Strafprozeß, 95.

ausgleichen, da es nicht zu einer Überprüfung des fehlerhaften Verfahrens als solchem, sondern nur zu einer Prüfung der Vertretbarkeit der Strafhöhe führt.

Die Bindungswirkung zulässiger Absprachen kann in beiden Ländern vor dem Rechtsmittelgericht eingeklagt werden. In Deutschland ist die Nichteinhaltung der Absprache als Verstoß gegen das *fair trial*-Prinzip mit der Verfahrensrüge geltend zu machen, während in England der *appeal against sentence* begründet ist, wenn das Gericht eine andere als die in Aussicht gestellte Strafart verhängt hat.

Sowohl der BGH, als auch der *Court of Appeal* sind aber vor allem auch Garanten der Freiwilligkeit der Kooperation des Angeklagten, denn die Absprachepraxis wird von der Maxime *volenti non fit iniuria* getragen. Der *nemo tenetur*-Grundsatz ist nur dann nicht verletzt, wenn die Mitwirkung des Beschuldigten an seiner Überführung auch wirklich freiwillig und *volens* erfolgt. Alle Verfahrensbeteiligten, d.h. sowohl das Gericht und die Anklagebehörde als auch der Verteidiger, nehmen Einfluß auf die Willensbildung des Angeklagten. Die Zulässigkeit der Einflußnahme auf den Entscheidungsprozeß des Angeklagten wird aber in Deutschland und England für die einzelnen Prozeßakteure sehr unterschiedlich bewertet[819]. Das englische Recht sieht die Willensfreiheit des Angeklagten einerseits immer schon dann als unzulässig beeinträchtigt an, wenn das Gericht eine Strafmaßprognose abgibt, die vom *plea* des Angeklagten abhängig ist. Andererseits nimmt es den vom *CPS* durch *charge bargains* ausgehenden Druck letztlich ohne richterliche Kontrollmöglichkeit hin. In Deutschland geht der Schutz der Willensfreiheit durch § 136 a StPO zwar nicht so weit, daß Strafobergrenzenprognosen, die vom Aussageverhalten des Angeklagten abhängig gemacht werden automatisch unzulässig sind, dafür ist aber auch die StA an die Einschränkungen durch diese Norm gebunden. Ein in beiden Ländern *in praxi* noch ungelöstes Problem stellt der vom Verteidiger ausgehende Druck dar. Nach englischem Recht kann auch dieser Einfluß das *plea* nichtig werden lassen, doch gibt es soweit ersichtlich keine einzige Entscheidung des *Court of Appeal*, in der dies bejaht worden wäre, obwohl die empirische Forschung nachgewiesen hat, daß in einer Unzahl von Fällen von Verteidigern unzumutbarer Druck auf den Beschuldigten ausgeübt wird, sich schuldig zu bekennen. Im deutschen Recht hingegen richtet sich § 136 a StPO allein an die Strafverfolgungsbehörden und das Problem des Drucks durch den Verteidiger wurde bisher wenig thematisiert. Einen spezifischen Schutz der Willensfreiheit

[819]Vgl. *Jung*, European Journal of Crime, Criminal Law and Criminal Justice 1997, 112, 120, der schreibt: „*The requirement of informed choice implies above all that the defendant should not be subjected to a conspiracy on the part of the professionals who do indeed have one common interest: a speedy trial... prominence should be given to the problem of pressure on the defendants to plead guilty, both from the amount of discount available and from the advice of counsel*"; siehe auch *Ashworth*, The Criminal Process, 286 ; *Weigend*, Absprachen in ausländischen Strafverfahren, 501.

des Beschuldigten vor Beeinflussungen durch seinen Verteidiger gibt es im deutschen Recht nicht. Allerdings mildert die weiterbestehende Aufklärungspflicht des Gerichts die Folgen eines durch Druck des Verteidigers hervorgebrachten Geständnisses jedenfalls für den unschuldigen Angeklagten. Während nämlich in England das *guilty plea* des Unschuldigen wegen des automatischen Verzichts auf weitere Beweiserhebung unentdeckt bleibt, besteht in Deutschland zumindest die Möglichkeit, daß das Gericht im Zuge weiterer Beweiserhebung das Falschgeständnis als solches erkennt.

Außerhalb des Bereichs der Sicherung der Willensfreiheit ist die Reichweite revisionsgerichtlicher Kontrolle der Absprachepraxis in Deutschland und England sehr unterschiedlich. Der Gleichlauf von Legalbereich und Kontrollmöglichkeit durch die Obergerichte ist in England durch die Neuformulierung der Revisionsgründe gefährdet. Die traditionell weitreichenden und flexiblen Kompetenzen des *Court of Appeal*, das Urteil wegen Verfahrensfehlern in der Tatsacheninstanz aufzuheben, sind durch die Neufassung von S. 2 (1) *Criminal Appeal Act* nach wohl h.M. drastisch beschnitten worden. Ein *guilty plea* läßt alle vorhergehenden Verfahrensfehler unbeachtlich werden, wenn es nur „freiwillig" und frei von Willensfehlern abgegeben wurde. Gibt der Angeklagte ein *guilty plea* ab, ist damit - wegen der fehlenden Rechtsmittelbefugnis des *CPS* - jede Überprüfung des Urteils in höherer Instanz präkludiert. Besonders deutlich zeigt sich dies bei der Möglichkeit der revisionsrechtlichen Überprüfung von Öffentlichkeitsverstößen. Geheimgehaltene Gespräche zwischen Verteidigung und Gericht sind zwar verboten und verletzen den Angeklagten in seinen Beteiligungsrechten. Legt er aber ohne Wissen von solchen Gesprächen ein *guilty plea* ab, dann hat seine „selbst herbeigeführte" Verurteilung Bestand. Absolute Revisionsgründe gibt es im englischen Recht also nicht.

In Deutschland ist die Frage nach dem Gleichlauf von Legalbereich der Urteilsabsprachen und dessen revisionsgerichtlicher Kontrolle noch nicht abschließend geklärt. Es besteht aber große Einigkeit über die Notwendigkeit dichter Kontrolle der mißbrauchsgeneigten Praxis durch die Obergerichte. Wie die Untersuchung gezeigt hat, besteht i.R.d. geltenden Rechts auch durchaus die Möglichkeit, die Rechtmäßigkeit von Abspracheverfahren und -inhalt mit der Revision zu überprüfen. Die Rechtsprechung des vierten Strafsenats des BGH zur Unwirksamkeit eines im Zuge einer Absprache erklärten Rechtsmittelverzicht deutet darauf hin, daß sich auch die Rechtsprechung um eine schärfere Überwachung der Absprachepraxis bemühen will und eine Überprüfung der Absprache jedenfalls nicht im Vorhinein durch die Absprachebeteiligten selbst verhindert werden können soll. Ist die Revision erst einmal zulässig, existieren multiple Rügemöglichkeiten hinsichtlich eines unzulässigen Inhalts der Absprache oder bzgl. des Verfahrens bei ihrem Abschluß. So können z.B. die Vorschriften über die Öffentlichkeit von Absprachen über eine weite Auslegung von §§ 338 Nr. 6

StPO, 169 GVG kontrolliert werden, Ermittlungsgrundsatz und § 261 StPO über das Institut der Darstellungsrüge, die Schuldangemessenheit der verhängten Strafe mittels der Sachrüge und die Freiwilligkeit der Kooperation durch die Verfahrensrüge wegen Verletzung des § 136 a StPO.

D. Fehlgeschlagene Absprachen im Bereich der §§ 153 ff., 407 ff. StPO im deutschen Recht

Absprachen sind im Rahmen der § 153 ff. StPO in weitem Umfang zulässig[820]. Schon im Rahmen der Prüfung ihrer Zulässigkeit ist darauf hingewiesen worden, daß zwei Grundtypen der Absprachen in diesem Bereich zu unterscheiden sind. Solche, durch die der Prozeßstoff einer Hauptverhandlung begrenzt werden soll, und solche, die der gänzlichen Vermeidung einer Hauptverhandlung dienen. Auch hinsichtlich der Rechtsfolgen bei Fehlschlagen der Verständigung weisen diese zwei Grundtypen Unterschiede auf.

I. Absprachen zur Vermeidung einer Hauptverhandlung

Absprachen zur gänzlichen Vermeidung einer Hauptverhandlung werden mittels der Einstellungsmöglichkeiten nach § 153 a StPO und m.E. auch nach § 153 StPO realisiert[821]. Hier stellt sich zunächst die Frage, inwieweit es zu einer Kontrolle unzulässiger, d.h. den gesetzlichen Rahmen der §§ 153 ff. StPO verlassender Absprachen kommen kann. Sodann wird zu untersuchen sein, ob eine Bindung an zulässige Absprachen besteht und wie diese gegebenenfalls durchzusetzen ist.

1. Mißbrauchskontrolle

Unzulässige Vereinbarungen im Rahmen der §§ 153 ff. StPO werden regelmäßig nur in der Form eines Verstoßes gegen das Legalitätsprinzips vorkommen. Dem kann zunächst, wegen der Weisungsgebundenheit des Sitzungsvertreters der StA, durch Aktivierung der Dienst- und Fachaufsicht begegnet werden[822]. Bei Einstellungen nach § 170 II StPO kommt außerdem das Klageerzwingungsverfah-

---

[820] Vgl oben 5. Teil, A, II.

[821] Zu Absprachen im Strafbefehlsverfahren s. unten 7. Teil, D, III.

[822] LR-*Rieß*, Einl. Abschn. G, Rz. 85; unklar sind insoweit die Ausführungen von SK-*Schlüchter*, Vor § 213, Rz. 35 zur Revisibilität von Prozeßumfangsabsprachen.

ren in Betracht[823]. § 172 II StPO schließt das Klageerzwingungsverfahren allerdings gerade für die in der Absprachepraxis relevanten Fälle der Einstellung aus Opportunitätserwägungen aus[824]. Außerdem ist die Verletzung des Legalitätsprinzips durch § 258 a StGB strafbewehrt[825]. Soweit im Rahmen der §§ 153 ff. StPO die Beteiligung des Richters erforderlich ist, kann dieser schließlich die Zulässigkeit der Absprache kontrollieren. Diese gerichtlichen Kontrollmöglichkeiten sind aber durch die Ausweitung der Einstellungsmöglichkeiten ohne Beteiligung des Gerichts eingeschränkt worden[826]. Über Klageerzwingungsverfahren, Dienst- und Fachaufsicht, sowie gegebenenfalls durch die Initiierung eines Ermittlungsverfahrens wegen Strafvereitelung im Amt, hat v.a. das Tatopfer die Möglichkeit, mißbräuchliche und rechtswidrige Absprachen i.R.d. §§ 153 ff. StPO kontrollieren zu lassen, wodurch eine gewisse externe Überprüfung gewährleistet ist. Die Ausweitung des Anwendungsbereichs des § 153 a StPO hat aber dazu geführt, daß die StA in einer Vielzahl von Fällen rechtsfehlerfrei von dieser Einstellungsmöglichkeit Gebrauch machen kann und eine *in praxi* effiziente Mißbrauchskontrolle wohl nur noch für den Fall der Einstellung eines Verbrechens nach §§ 153, 153 a StPO in Betracht kommt.

2. Bindungswirkung

Fraglich ist zunächst, ob es überhaupt eine rechtliche Bindung an Zusagen i.R.d. §§ 153 ff. StPO gibt. Denn aus der oben dargestellten Zulässigkeit solcher Absprachen ergibt sich noch nicht zwingend deren rechtliche Verbindlichkeit. Die Zulässigkeit von Absprachen i.R.d. §§ 153 ff. StPO folgt aus der Dispositionsbefugnis im Rahmen der Opportunitätsvorschriften. Wegen dieser Dispositionsbefugnis ist daher eine rechtlich bindende Absprache zumindest denkbar. Der im Rahmen des Legalitäts- und Instruktionsprinzips geltende Grundsatz der Bindungsfreiheit bis zum Moment der Entscheidungsfindung, § 261 StPO, gilt hier nicht[827]. Es kommt somit, da eine Bindung grundsätzlich möglich ist, zunächst auf den Willen der Absprachebeteiligten, insbesondere der Strafverfolgungsbehörden, an[828]. Gibt die StA lediglich eine erkennbar unverbindliche Erklärung oder eine bloße Belehrung über die Möglichkeit eines

---

[823]LR-*Rieß*, § 152, Rz. 37.

[824]Vgl. *Kleinknecht/Meyer-Goßner*, § 154, Rz. 6

[825]Hierzu unten 7. Teil, G, I, 1, a.

[826]Vgl. §§ 153 I 2, 153 a I 6, 154, 154 a StPO.

[827]*Schünemann*, Gutachten, B 122.

[828]Vgl. nur FA-StrafR-*Satzger*, Teil H, Kapitel 3, Rz. 37 m.w.N.

Vorgehens nach §§ 153 ff. StPO ab, kommt eine Bindung nicht in Betracht. Einigen sich Angeklagter und Strafverfolgungsbehörden aber auf ein solches Vorgehen und wird ihr Bindungswille dabei erkennbar, so ist die Absprache auch rechtlich verbindlich. Eine Bindungswirkung kann indes auch nur eintreten, wenn das Versprochene in der Kompetenz des Versprechenden liegt. Ist daher die Zustimmung des Gerichts notwendig, so kann die StA daher letztlich nur zusagen, sich um diese Zustimmung zur Einstellung zu bemühen. Ist die Verfahrensherrschaft sogar schon auf das Gericht übergegangen und muß dieses somit die Einstellung verfügen, kann die StA sogar nur ihre eigene Zustimmung zur Einstellung durch das Gericht versprechen. Nur in den Fällen, in denen im Ermittlungsverfahren ohne Zustimmung des Gerichts nach §§ 153 ff StPO verfahren werden darf, vermag daher eine Absprache allein zwischen StA und Beschuldigtem volle rechtliche Bindung zu erlangen, ansonsten bedarf es einer dreiseitigen Vereinbarung.

Die derart verstandene Bindung an die Absprache ist aber nicht absolut und endgültig. Die Reichweite der Bindungswirkung des Versprechens einer Einstellung, muß sich vielmehr an der Bestandskraft vollzogener Einstellungsentscheidungen orientieren, denn das Vertrauen in das bloße Versprechen einer Einstellung kann jedenfalls nicht stärker geschützt werden als das Vertrauen in die Einstellungsentscheidung selbst[829]. Wenn also nach Versprechen der Einstellung, aber vor deren Vollzug, Tatsachen bekannt werden, die eine Wiederaufnahme des Verfahrens auch nach erfolgter Einstellung ermöglichen würden, ist die StA an eine Einstellungszusage sicher nicht gebunden. Die Frage der Rechtskraft von Einstellungsbeschlüssen ist aber sehr umstritten[830].

Lange Zeit galt das „Dogma" als unangefochten, daß staatsanwaltschaftliche Einstellungsentscheidungen der materiellen Rechtskraft unfähig seien[831]. Durch solche Entscheidung beendete Strafverfahren konnten jederzeit und aus jedem Grund wiederaufgenommen werden. Eingeschränkte Rechtskraft wurde nur richterlichen Einstellungsbeschlüssen zuerkannt. Seit Einführung von § 153 a I 4 StPO existiert jedoch zumindest eine Ausnahme von diesem Grundsatz. Bei einer Einstellung nach § 153 a StPO entsteht durch die vollständige Erfüllung der Auflagen und Weisungen ein Prozeßhindernis, § 153 a I 4 StPO. Nur die Verfolgung der Tat als Verbrechen wird hierdurch nicht ausgeschlossen. Über den Wortlaut des § 153 a I 4 StPO hinaus tritt diese Sperrwirkung, bedingt durch die spätere Erfüllung der Auflagen und Weisungen, nach h.M. sogar schon ein, sobald die

---

[829] Ähnlich *Scheffler*, wistra 1990, 319, 320; a.A. offenbar *Kühne*, Strafprozeßrecht, Rz. 605.

[830] Vgl. *Beulke*, Strafprozeßrecht, Rz. 336 ff.

[831] Vgl. *Roxin*, Strafverfahrensrecht, § 38, Rz. 3.

StA oder das Gericht dem Beschuldigten konkrete Auflagen oder Weisungen erteilt und der Beschuldigte diesen zugestimmt hat[832].

Durch eine Einstellung nach § 153 I StPO tritt hingegen kein Strafklageverbrauch ein[833]. Allerdings wird z.T. einschränkend verlangt, daß die StA zur Wiederaufnahme eines derart eingestellten Verfahrens eines „sachlich einleuchtenden Grundes“ bedarf[834]. Dieser Einschränkung ist zuzustimmen. Willkürliche Abweichungen von einmal zugunsten des Beschuldigten getroffenen Entscheidungen dürfen nicht zugelassen werden. Zwar bedarf es keiner neuen Tatsachen oder Beweismittel, allerdings muß die StA objektiv ihr Vorgehen rechtfertigen können[835]. Der Einstellung nach § 153 II StPO durch das Gericht kommt hingegen nach inzwischen wohl h.M. beschränkte Rechtskraftwirkung zu[836]. Wie weit diese reicht, ist jedoch umstritten[837]. Man könnte ein neues Verfahren zulassen, wenn irgendwelche neuen Tatsachen oder Beweismittel bekannt werden, § 211 StPO analog, oder wenn solche Tatsachen bekannt werden, die für mehr als nur geringe Schuld oder ein öffentliches Interesse an der Strafverfolgung sprechen oder solche, die unter einem anderen rechtlichen Gesichtspunkt eine erhöhte Strafbarkeit begründen oder schließlich solche, die den Verdacht eines Verbrechens entstehen lassen, § 153 a I 4 StPO analog. Dieser Streit braucht hier letztlich nicht entschieden zu werden. Gesichert ist aber, daß auch die Einstellungsentscheidung des Gerichts eine Wiederaufnahme nicht gänzlich unmöglich macht.

Eine rechtliche Bindung an eine Einstellungszusage i.R.d. § 153 ff. StPO ist wegen der Dispositionsbefugnis der Strafverfolgungsorgane also jedenfalls möglich. Gleichzeitig schützt aber die Einstellung nach §§ 153, 153 a StPO nur in recht engen Grenzen vor einer Wiederaufnahme des Verfahrens. Vor diesem Hintergrund ist daher fraglich, ob - und wenn ja, wie - die Bindung an die Zusage

---

[832]Siehe nur LR-*Rieß*, § 153 a, Rz. 62.

[833]RGSt 67, 315; *Kleinknecht/Meyer-Goßner*, Einl., Rz. 182; § 153, Rz. 37; LR-*Rieß*, § 153, Rz. 54, 85; AK-*Schöch*, § 153, Rz. 40; KK-*Schoreit*, § 153, Rz. 44.

[834]*Rieß*, NStZ 1981, 2, 9; *Schroeder*, NStZ 1996, 319, 320; KK-*Schoreit*, § 153, Rz. 44; vgl. auch HK-*Krehl*, § 153, Rz. 13; a.A. die wohl noch h.M., vgl. *Beulke*, Strafprozeßrecht, Rz. 334.

[835]Nach Ansicht von *Radtke*, NStZ 1999, 481, 483 kann sogar § 153 a I 4 StPO auch auf Einstellungsverfügungen nach § 153 I StPO analog angewendet werden. Diese Analogie ist aber schon für die richterliche Einstellung nach § 153 II StPO zu weitgehend und eine Gleichbehandlung ist nicht geboten, da der Beschuldigte bei § 153 a StPO immerhin eine Leistung erbringt; vgl. zu dieser Problematik auch *Radtke*, Die Systematik des Strafklageverbrauchs bei verfahrenerledigenden Entscheidungen im Strafprozeß, 383 ff.

[836]KK-*Schoreit*, § 154, Rz. 62; *Pfeiffer*, § 154, Rz. 9.

[837]Nachweis des Streitstandes bei AK-*Schöch*, § 154, Rz. 54; KK-*Schoreit*, § 154, Rz. 62 ff.

vom Beschuldigten geltend gemacht werden kann. Werden nach dem Versprechen der Einstellung, aber vor deren Durchführung, Tatsachen bekannt, die eine Wiederaufnahme des Verfahrens rechtfertigen würden, entfällt die Bindungswirkung ohne weiteres. Wie aber ist zu verfahren, wenn sich die Strafverfolgungsbehörden ohne zureichende Gründe von ihrem Versprechen lösen wollen? Die naheliegendste Lösung wäre die Annahme eines Verfahrenshindernisses.

Denkbar wäre, ein Verfahrenshindernis wegen Verstoßes gegen den *fair trial*-Grundsatz anzunehmen. Es ist aber bereits bei der Prüfung der Rechtsfolgen fehlgeschlagener Urteilsabsprachen darauf hingewiesen worden, daß ein Prozeßhindernis schon keine mögliche Rechtsfolge eines Verstoßes gegen das Fairneßprinzip ist[838]. Dieses schützt *in*, nicht aber *vor* einem Verfahren. Ein Verfahrenshindernis kann daher nur aus einem anderen Rechtsgrund folgen. Überlegenswert ist, ob ein Verfahrenshindernis nicht schon durch die rechtmäßige Disposition der StA und/oder des Gerichts über die Strafverfolgungsbefugnis entsteht. Dies scheint *Schünemann* anzunehmen, wenn er der Zusage der StA über die Verfahrenseinstellung aus Opportunitätsgründen „primäre rechtliche Bindung" mit der Folge eines Verfahrenshindernisses zuspricht[839]. Doch vermag auch diese Lösung nicht zu überzeugen. Der Dispositionsakt, mit dem auf die Verfolgung der Tat in einer Hauptverhandlung verzichtet wird, ist die Einstellungsverfügung der StA oder der Einstellungsbeschluß des Gerichts. Hiermit nicht verwechselt werden darf das bloße Versprechen, diesen Dispositionsakt vorzunehmen[840]. Ein Verfahrenshindernis tritt erst ein, wenn der zuständige Amtsträger in dem dafür vorgesehenen Verfahren über die Einstellung entschieden hat. Ein „Erfüllungsanspruch" des Beschuldigten käme daher nur in Betracht, wenn es ihm möglich wäre, die Einstellungsentscheidung selbst einzuklagen. Nach vereinzelt vertretener Ansicht ist dies über § 23 II EGGVG möglich[841]. Bei der Unterlassung der Einstellung könnte es sich insofern um einen Justizverwaltungsakt handeln, als dadurch die Pflicht konkretisiert wird, im Einzelfall eine Rechtsbeschränkung - namentlich die Durchführung des Strafverfahrens - zu erdulden. Das zulässige Versprechen, das Verfahren einzustellen, könnte dann

---

[838] *Steiner*, Das Fairneßprinzip im Strafprozeß, 199; *Weigend*, JR 1991, 258; FA-StrafR-*Satzger*, Teil H, Kapitel 3, Rz. 40.

[839] *Schünemann*, Gutachten, B 122.

[840] Das meint wohl auch *Kühne*, Strafprozeßrecht, Rz. 603, FN 44, wenn er die Durchsetzung des Versprechens über § 23 EGGVG als „dogmatisch sauberer" bezeichnet; bei der Urteilsabsprache stellt sich dieses Problem nicht, weil es dort nicht um das „Ob" des Urteils, sondern um dessen Inhalt geht.

[841] So *Kühne*, Strafprozeßrecht, Rz. 603, jedenfalls für §§ 153 e, 154 c StPO; vgl. auch *Schünemann*, Gutachten, B 122 f; *Terbach*, NStZ 1998, 172, 174.

ein subjektiv-öffentliches Recht auf Einstellung begründen. Dessen Verletzung durch die Nichteinstellung soll dann die Klagemöglichkeit nach § 23 EGGVG eröffnen. Auch dieser Ansatz muß aber mit der ganz h.M. abgelehnt werden.

Die Rechtsprechung sieht in den Einstellungsverfügungen nach § 153 ff. StPO z.T. schon keine Verwaltungsakte, sondern Prozeßhandlungen, die wegen ihrer funktionalen Bedeutung für das Strafverfahren materiell dem nicht unter § 23 EGGVG fallenden Bereich der Rechtsprechungstätigkeit zuzurechnen seien[842]. Die h.Lit. hingegen bejaht zwar die Verwaltungsakteigenschaft staatsanwaltschaftlicher Entscheidungen im Ermittlungsverfahren, hält aber eine Klage nach § 23 II EGGVG wegen § 23 III EGGVG für unzulässig[843]. § 23 III EGGVG postuliert die Subsidiarität der Klage nach § 23 EGGVG. Wenn und soweit die ordentlichen Gerichte bereits aufgrund anderer Vorschriften, d.h. hier solchen der StPO, angerufen werden können, behält es dabei „sein Bewenden". Nach h.M. enthalten die §§ 172 ff. StPO aber eine abschließende Regelung für die Überprüfung von Entscheidungen über die Einstellung des Verfahrens. Nach diesen Normen kann nur der Verletzte, und selbst dieser nur außerhalb der Geltung der Opportunitätsvorschriften, gegen eine Einstellungsverfügung vorgehen. Dem Beschuldigten gibt die StPO in den §§ 172 ff. StPO hingegen gerade kein Mittel an die Hand, gegen Entscheidungen der StA vorzugehen. Diese Wertung darf nicht durch die Eröffnung einer Klagemöglichkeit nach § 23 II EGGVG unterlaufen werden[844].

Das heißt, daß es weder direkt noch indirekt einen Erfüllungsanspruch auf Einhaltung einer Zusage nach §§ 153 ff. StPO gibt. Dies mag auf den ersten Blick überraschen, da wegen der Dispositionsbefugnis der Strafverfolgungsbehörden eingangs die Möglichkeit rechtlich bindender Zusagen bejaht wurde. Das gefundene Ergebnis ist aber rechtlich zwingend und dem Beschuldigten entsteht durch die Nichteinhaltung der Zusage bei §§ 153, 153 a StPO auch kein gravierender Nachteil. Denn zum einen hat in den hier diskutierten Fällen der §§ 153, 153 a StPO der Beschuldigte noch keine eigene Vorleistung erbracht, zum anderen gibt es - wenn keine Absprache getroffen wurde - auch keinen Anspruch auf Vorgehen nach §§ 153 ff. StPO. Der Beschuldigte steht also letztlich vielmehr so, wie er ohne Absprache gestanden hätte. Wird die Vereinbarung nicht eingehalten, tritt an Stelle der Erledigung nur der Normalfall der Schuldfeststellung im Rechtsstaat,

---

[842] OLG Koblenz, GA 1975, 340; OLG Karlsruhe, NJW 1976, 1417, 1418.

[843] *Gerlach*, Absprachen im Strafverfahren, 136 f.; LR-*Schäfer* (23. Aufl.), § 23 EGGVG, Rz. 51; LR-*Böttcher*, § 23 EGGVG, Rz. 121; KK-*Kissel*, § 23 EGGVG, Rz. 32; *Kleinknecht/Meyer-Goßner*, § 23 EGGVG, Rz. 12; vgl. auch OLG Stuttgart, NJW 1972, 2146, 2147; OLG Hamm, GA 1975, 150, 152 f.; OLG Lüneburg, NJW 1972, 74.

[844] So auch *Gerlach*, Absprachen im Strafprozeß, 127; FA-StrafR-*Satzger*, Teil H, Kapitel 3, Rz. 40, FN. 111.

nämlich die öffentliche Hauptverhandlung. Im praktisch wichtigsten Fall der Einstellung nach § 153 a StPO ist darüberhinaus zudem noch zu beachten, daß das vorläufige Prozeßhindernis ja bereits mit Erteilung der Auflagen und Weisungen durch das Gericht oder die StA und Annahme durch den Beschuldigten eintritt. Vor diesem Zeitpunkt wird man aber ohnehin nur schwerlich von einer bindenden Vereinbarung sprechen können, da ja die „Vertragsbedingungen" dann meist noch gar nicht restlos geklärt sein werden.

Diskutiert wird auch, die Nichteinhaltung der Zusage als Verstoß gegen das Fairneßprinzip strafmildernd zu berücksichtigen. Ein solches „Schmerzensgeld" in Form einer Strafmilderung kommt indes nur in Betracht, wenn es zum Ausgleich des Rechtsverstoßes auch wirklich notwendig ist[845]. Schuldunabhängige Strafmilderung ist nur probat, wenn die Rechtsbeeinträchtigung dazu führt, daß der Beschuldigte zum Objekt des Verfahrens gemacht wurde[846], und ein anderweitiger vollständiger Ausgleich der Beeinträchtigung nicht möglich ist[847]. Die Strafmilderung kann nicht als bloßes Disziplinierungsmittel für staatliches Fehlverhalten benutzt werden. Beim Bruch von Zusagen über eine Einstellung nach §§ 153, 153 a StPO sind diese Voraussetzungen aber regelmäßig nicht erfüllt. Der Schaden des Beschuldigten liegt hier nicht in einer Schwächung seiner Verteidigungsmöglichkeiten in anderen Verfahren durch dort erbrachte Leistungen, sondern allein in der Eröffnung der Hauptverhandlung und deren Durchführung. Die öffentliche Hauptverhandlung ist aber dasjenige Forum der Klärung der Schuldfrage, welches das geltende Strafrecht im Grundsatz vorsieht. Absprachen zur vollständigen Vermeidung einer solchen Hauptverhandlung sind daher zwar zulässig, ihrer Nichteinhaltung aber immer eine schuldunabhängige Strafmilderung folgen zu lassen, hieße, das Verhältnis von Legalitäts*prinzip*, d.h. der Durchsetzung der Normen des materiellen Strafrechts in einer Hauptverhandlung, und der bloßen *Möglichkeit* der Einstellung aus Opportunitätserwägungen zu verkennen. Dies wird verdeutlicht durch die nur sehr eingeschränkte Rechtskraftwirkung der Einstellungsentscheidungen nach §§ 153 ff. StPO. Nur wenn dem Beschuldigten ein über das Stattfinden der Hauptverhandlung hinausgehender Schaden entstanden ist, und dieser nicht anderweitig behoben werden kann, kann ihm eine schuldunabhängige Strafmilderung in dem absprachewidrig angeklagten Verfahren zuteil werden. Denkbar ist dies v.a. bei Beschränkungen des Umfangs einer Hauptverhandlung oder eines Strafbefehlsverfahrens nach §§ 154, 154 a StPO, da der Angeklagte dann oftmals in dem durchgeführten Verfahren Leistungen im Hinblick auf die erwartete Teileinstellung erbracht hat[848].

---

[845]Vgl. oben 7. Teil, A, I, 4, b.

[846]*Schlothauer*, StraFo 1998, 402, 408.

[847]*Beulke/Satzger*, JuS 1997, 1072, 1080.

[848]Hierzu nachfolgend 7. Teil, D, II.

II. Begrenzung des Umfangs der Hauptverhandlung

Besondere Beachtung verdient die Kombination von Urteils- und Prozeßumfangsabsprache. Die Vereinbarung der Ablegung eines Geständnisses gegen Teileinstellung und Strafmilderung ist eine wiederkehrende Konstellation der Absprachepraxis. Wegen der Verknüpfung von Vorleistung des Beschuldigten in der Hauptverhandlung oder im Strafbefehlsverfahren mit dem Vorgehen nach §§ 154, 154 a StPO ist das Problem des enttäuschten Vertrauens des Beschuldigten hier ungleich gravierender als bei Absprachen über §§ 153, 153 a StPO. Man muß hier sehr genau unterscheiden, in welchem Verfahren die Störung geheilt werden soll und was der Grund des Fehlschlagens ist.

1. Fehlschlagen wegen Dissenses

Bei einem Dissens über die Reichweite der Absprache - dies dürfte quantitativ die Hauptfallgruppe sein - ist es gerade nicht zu einer wirksamen Vereinbarung gekommen. Einen irgendwie gearteten Erfüllungsanspruch kann es dann nicht geben. Hier muß vielmehr mit einem Beweisverwertungsverbot im Hauptverfahren geholfen werden. Fraglich ist, ob es dann noch darüberhinaus einer Strafmilderung bedarf. Für das Ausgangsverfahren ist dies - wie bereits erörtert[849] - abzulehnen, da dort durch das Eingreifen eines Beweisverwertungsverbotes und die Möglichkeit der Richterablehnung wegen Besorgnis der Befangenheit der Verfahrensverstoß vollständig ausgeglichen werden kann. Ist der Verfahrensverstoß aber derart kompensiert, dann bedarf es auch bzgl. der anderen angeklagten Delikte keines Schadensersatzes durch schuldunabhängige Strafmilderung. Im Gegenteil muß in diesen Verfahren dann den Normen des materiellen Strafrechts i.R.d. Legalitätsprinzips volle Geltung verschafft werden.

Anders ist dies nur dann zu beurteilen, wenn die Störung erst nach Rechtskraft des Urteils in der Hauptsache offenbar wird und keine Möglichkeit mehr besteht, in diesem Verfahren „Pannenhilfe“ zu leisten. Die Folgen des von den staatlichen Stellen zu vertretenden Fehlschlagens der Absprache können dann nur noch in den doch zur Anklage gebrachten weiteren Verfahren gemildert werden. Da ein Verfahrenshindernis auch insofern nicht in Betracht kommt und ein Beweisverwertungsverbot mangels auszuschließender Beweismittel ausscheidet, kann dies nur noch auf der Ebene der Strafzumessung geschehen[850]. In diesen Fällen ist daher die Strafe wesentlich zu mildern, da die Verhängung der eigentlich schuldangemessenen Strafe gegen den Fairneßgrundsatz verstieße.

---

[849] Oben 7. Teil, A, I, 4, b.

[850] *Scheffler*, wistra 1990, 319, 320.

2. Bruch einer zunächst zustandegekommenen Vereinbarung

Ist eine rechtmäßige Vereinbarung hingegen zunächst zustande gekommen und wird erst dann gegen sie verstoßen, so muß der Ausgleich grundsätzlich im Zweitverfahren vorgenommen werden, da der angreifbare Rechtsverstoß dann - und nur dann - in dem Bruch der Zusage liegt. War allerdings schon die Vereinbarung unzulässig, so müssen *deren* Folgen beseitigt werden. Diese Konstellation lag der Entscheidung BGHSt 37, 10 zugrunde.

> *Im Rahmen eines Ermittlungsverfahrens wegen Vorenthaltung von Sozialversicherungsbeiträgen und Hinterziehung von Lohnsteuern war vom sachbearbeitenden StA die „Einstellung" bzgl. der Lohnsteuerhinterziehung -bei zutreffender rechtlicher Würdigung gemäß §154 I StPO- verfügt und ein Strafbefehl wegen Vorenthaltung von Sozialversicherungsbeiträgen in den Jahren 1978 bis 1983 beantragt worden. Das AG erließ den beantragten Strafbefehl. Der Angeklagte legte Einspruch ein und wollte durch seinen Verteidiger erreichen, daß er, falls er den Strafbefehl wegen Beitragsvorenthaltung rechtskräftig werden ließe, nicht mehr wegen der Lohnsteuerhinterziehung bestraft werden könne. Nachdem der sachbearbeitende StA die Zusage abgegeben hatte, daß die StA die Steuerhinterziehung nicht weiterverfolgen werde, nahm der Angeklagte den Einspruch zurück, so daß der Strafbefehl rechtskräftig wurde. Im Vertrauen darauf, daß er entsprechend der Zusage der StA nicht mehr wegen Lohnsteuerhinterziehung verfolgt werden könne, bezahlte der Angeklagte die festgesetzte Geldstrafe. Der damalige Sachbearbeiter der StA hielt sich an die Zusage, sein Nachfolger nicht. Der Angeklagte hätte nach eigenen Angaben den Einspruch niemals zurückgenommen, wenn ihm nicht die Zusage gegeben worden wäre, daß dann die Lohnsteuerhinterziehung nicht weiter verfolgt würde.*

Der Senat stellt zunächst fest, daß weder Strafklageverbrauch durch die Zusage eingetreten sei noch ein sonstiges Prozeßhindernis der Anklage der Lohnsteuerhinterziehung entgegenstehe. Insbesondere ziehe ein Verstoß gegen den *fair trial*-Grundsatz kein Prozeßhindernis nach sich. Dem muß, wie bereits mehrfach dargestellt, zugestimmt werden. Andererseits sei aber das durch die Zusage eines zuständigen StA hervorgerufene Vertrauen des Beschuldigten durchaus zu beachten. Eine von einem Tatrichter festgestellte Nichteinhaltung einer solchen im Ermittlungsverfahren getroffenen „Vereinbarung" sei daher ganz maßgeblich bei der Strafzumessung zu berücksichtigen. Der Beschuldigte dürfe nicht Objekt des Verfahrens sein; er müsse zur Wahrung seiner Rechte auf den Gang des Verfahrens Einfluß nehmen können. Die Freiheit seiner Willensentschließung sei vor beachtenswerter Beeinträchtigung zu schützen. Dies ist zwar im Grundsatz zutreffend, in der Auflösung dieses Problems geht der BGH indes *in casu* fehl. Der BGH verkennt, daß bei dem BGHSt 37, 10 zugrunde liegenden Fall schon die Absprache als solche unzulässig war. Die Koppelung von Teileinstellung und Einspruchsrücknahme ist nämlich aus dem gleichen Grund der Inkonnexität rechtswidrig wie die Koppelung von Rechtsmittelverzicht und Strafmilderung[851]. Eine „Orientierung am Erfüllungsschaden“[852] durch die indirekte Durchsetzung der Absprache über eine wesentliche Strafmilderung kann aber nur dann möglich sein, wenn die Vereinbarung rechtmäßig war. Anderenfalls hat man die Lösung am „Vertrauensschaden“ auszurichten. Der Vertrauensschaden ist aber durch den Verzicht auf prozessuale Rechte *in der Hauptsache* hervorgerufen. Je nach Art der Leistung des Angeklagten ist daher diese zu revozieren[853]. Im gerade geschilderten Fall BGHSt 37, 10 wäre daher die Unwirksamkeit der Einspruchsrücknahme analog den bei der Urteilsabsprache entwickelten Grundsätze zum Rechtsmittelverzicht anzunehmen und dem Beschuldigten wäre Wiedereinsetzung in den vorigen Stand zur Einspruchseinlegung zu gewähren gewesen.

Der Weg der Strafmilderung ist aber dann richtig und allein erfolgversprechend, wenn die Absprache zulässig war. Der Beschuldigte, der sich aufgrund einer zulässigen Absprache prozessualer Rechte in dem Hauptverfahren begeben hat, darf in den absprachewidrig angeklagten Fällen nicht schutzlos gestellt werden. Da sich die absprachewidrigen Folgeverfahren aber *de lege lata* nicht *in toto* verhindern lassen, bleibt nur der Weg über die wesentliche Strafmilderung. In dem Zweitverfahren steht einer über den Weg der Strafmilderung durchzusetzenden Bindungswirkung der Absprache auch nicht deren evtl. fehlende Protokollierung entgegen. Das Protokoll der Ausgangsverhandlung ist nur für das Revisionsgericht in dem Ausgangsverfahren beweiskräftig[854]. Auf nachfolgende Verfahren erstreckt sich die Beweiskraft des Protokolls indes nicht.

III. Absprachen im Strafbefehlsverfahren

Auf fehlgeschlagene Absprachen im Strafbefehlsverfahren sind die Grundsätze über die „Pannenhilfe“ bei Urteilsabsprachen übertragbar[855]. Der klassische Fall

---

[851] So auch *Weigend*, JR 1991, 257, 259.

[852] *Scheffler*, wistra 1990, 319, 321; ihm folgend *Gerlach*, Absprachen im Strafprozeß, 192 f.

[853] Vgl. auch *Schünemann*, JZ 1989, 984, 988.

[854] Vgl. *Kleinknecht/Meyer-Goßner*, § 274, Rz. 7.

[855] HK-*Kurth*, § 407, Rz. 4; KMR-*Fezer*, Vor § 407, Rz. 30 ff.; so auch schon *Schmidt-Hieber*, Verständigung im Strafverfahren, Rz. 74 ff..

des Fehlschlagens ist hier die absprachewidrige Durchführung einer Hauptverhandlung, nachdem der Beschuldigte in der Erwartung einer Erledigung mittels Strafbefehl ein Geständnis abgelegt hat, oder die Nichteinhaltung einer zugesagten Strafmaßobergrenze im Strafbefehl.

Ergeben sich durch das Geständnis keine neuen Umstände, die eine Hauptverhandlung erfordern, ist das Gericht an die Absprache gebunden[856]. Werden hingegen durch das Geständnis Tatsachen bekannt, die eine Erledigung im Strafbefehlswege unmöglich machen, muß das Gericht dessen Erlaß ablehnen und nach § 408 III StPO verfahren. Einen Vertrauensschutz gibt es dann - wie im Fall der Urteilsabsprachen - nicht.

Die Geltendmachung der Bindungswirkung ist allerdings problematischer als bei Urteilsabsprachen, ist es doch regelmäßig vor allem auch die Erledigung der Sache gerade durch Strafbefehl, an der der Beschuldigte interessiert ist, nicht nur die Einhaltung der in Aussicht gestellten Strafmaßobergrenze. Die Durchführung des Strafbefehlsverfahrens kann der Beschuldigte aber nicht erzwingen. Er muß die Bindung an die Absprache in der eigentlich nicht gewollten Hauptverhandlung geltend machen. Letztlich kann er daher nur die Bindung an den zugesagten *Inhalt* des Strafbefehls - in den für Urteilsabsprachen geltenden Grenzen - einklagen. Wurde bei der Absprache über den Strafbefehl gegen § 136 a StPO verstoßen oder folgt ein Beweisverwertungsverbot aus dem *fair trial*-Grundsatz wegen Dissenses, so muß er auch diese Rechtsfolgen in der Hauptverhandlung geltend machen. Die fehlende Protokollierung der Absprache steht auch hier der Rüge der Nichteinhaltung nicht entgegen, da sie nur Wirksamkeitsvoraussetzung von Urteilsabsprachen in der Hauptverhandlung ist und nur im Revisionsverfahren Bedeutung erlangt.

E. Fehlgeschlagene charge und fact bargains

I. Fehlgeschlagene charge bargains

Charge bargains bilden den häufigsten und am weitestgehend akzeptierten Absprachetypus des englischen Rechts. Bei ihnen stellt sich - wie bei Absprachen i.R.d. §§ 153 ff. StPO in Deutschland - sowohl die Frage, inwieweit sie gerichtlich kontrolliert werden können, als auch die nach ihrer Bindungswirkung. Die Möglichkeiten des Tatopfers *charge bargains* überwachen zu lassen, sollen hierbei getrennt geprüft werden, da das Opfer, anders als im deutschen Recht, nicht als Prozeßbeteiligter, sondern nur als Außenstehender Kontrolle auszuüben vermag.

[856] HK-*Kurth*, § 407, Rz. 4.

1. Reaktionsmöglichkeiten in der Hauptverhandlung

a) Mißbrauchskontrolle

Nach Ansicht der neueren Rechtsprechung verbietet das Anklageermessen des *CPS* und die neutrale Rolle des Richters diesem, Einfluß auf die Auswahl der angeklagten Delikte zu nehmen. Selbst nach Beginn der Hauptverhandlung kann der Richter nicht verhindern, daß die Anklage sich mit *pleas to a lesser charge* zufrieden gibt. Die diesbezügliche Rechtslage hat der *Court of Appeal* in der Entscheidung *Grafton*[857] klar herausgearbeitet. *Charge bargains* können nicht am fehlenden Einverständnis des Richters scheitern. Einigen sich Anklage und Verteidigung auf *guilty pleas* zu bestimmten Anklagepunkten und sind auch der *Director of Public Prosecutions* und der *Attorney-General* mit dem *charge bargain* einverstanden, muß der Richter dies akzeptieren und kann das Strafmaß nur nach Maßgabe der eingestandenen Delikte festsetzen. Dies ist die Konsequenz aus der Geltung der Dispositionsmaxime und des Opportunitätsprinzips.

b) Bindungswirkung

Gerade im Bereich der *charge bargains* ist die Kompetenz zur Einstellung eines Verfahrens wegen *abuse of process* von Bedeutung[858]. Hat die Anklage die Einstellung eines Verfahrens in Aussicht gestellt, so kann eine Fortführung des Verfahrens rechtsmißbräuchlich sein. Der *Court of Appeal* hat in *Townsend, Dearlsley and Bretscher* allerdings festgestellt, daß der Bruch eines Versprechen der Anklagebehörde, eine bestimmte Tat nicht zu verfolgen, nicht immer und *ipso facto* einen *abuse of process* darstellt[859]. Maßgeblich ist, wie immer in *abuse of process* Situationen, der Einzelfall. Der Tatrichter muß abwägen zwischen dem „*affront to the public conscience*", den das prozessuale Fehlverhalten darstellt, und der Tatsache, daß ein allzu voreiliger Einstellungsbeschluß die Verfolgung und Aufklärung einer strafbaren Handlung verhindern kann. Die Leitentscheidung *Latif*[860] gibt keine Hinweise, wie genau diese widerstreitenden Faktoren in Ausgleich zu bringen sind. Sicher ist nur, daß jedenfalls dann, wenn durch das Verhalten der Anklage die Verteidigungsmöglichkeiten des Angeklagten eingeschränkt werden, gewichtige Gründe für eine Verfahrenseinstellung sprechen. Dies ist z.B. der Fall, wenn dem Angeklagten die Einstellung des Verfahrens für

---

[857] *Grafton* (1993) QB 101; vgl. oben unter 5. Teil, B, II.

[858] *Townsend, Dearsley and Bretscher* (1998), CrimLR 1998, 126; *Bloomfield* (1997) 1 CrAppR 135.

[859] *Townsend, Dearsley and Bretscher* (1998), CrimLR 1998, 126.

[860] *Latif* (1996) 2 CrAppR 92.

den Fall versprochen wird, daß er einen anderen Angeklagten inkriminiert und er sich im Zuge dieser Aussage auch selbst belastet. Doch auch wenn der Bruch des Versprechens auf die Verteidigungsmöglichkeiten des Angeklagten keine Auswirkungen hat, kann eine Einstellung zur Wahrung des Ansehens der Justiz geboten sein. Dies gilt insbesondere dann, wenn die Einstellungszusage *coram judice* gegeben wurde. Im Fall *Bloomfield*[861] hatte die Anklagevertreterin in Gegenwart des Richters und des Verteidigers erklärt, daß sie den Fall nicht weiter verfolgen wolle. In diesem Fall ist es dem *CPS* untersagt, den Fall dann doch zur Anklage zu bringen. Nach Ansicht des *Court of Appeal* würde das Ansehen der Justiz beschädigt, wenn der Eindruck entstehe, daß der *CPS* nach Belieben über das gerichtliche Verfahren bestimmen könne (*treat the court as if it were at its beck and call*)[862]. Darauf, ob der für die Krone auftretende *Barrister* im Innenverhältnis zum *CPS* befugt war, eine Einstellungszusage abzugeben, kam es nach Ansicht des *Court of Appeal* nicht an. Der Angeklagte müsse davon ausgehen können, daß das, was vom Anklagevertreter in Gegenwart des Richters angekündigt wurde, auch eingehalten werde.

Das Problem eines Dissenses zwischen *CPS* und Verteidigung über die Reichweite zugesagter (Teil-)Einstellungen hat bisher weder die englische Rechtsprechung noch die Literatur beschäftigt. Ansatzpunkt für die Behandlung solcher Fälle muß aber wohl ebenfalls die *abuse of process* Kompetenz sein. Hat der *CPS* in zurechenbarer Weise in dem Angeklagten die Erwartung geweckt, er könne mittels eines *guilty plea* hinsichtlich bestimmter Anklagepunkte die Weiterverfolgung anderer Tatbestände verhindern, so kann in der Anklage dieser anderen Delikte ein *abuse of process* liegen. Fälle dieser Art sind aber bisher weder diskutiert noch gar entschieden worden. So, wie bei vielen Fragen der *abuse of process* Rechtsprechung, wird es auch hier sehr auf den Einzelfall ankommen. Wenn der *CPS* schuldhaft das Vertrauen des Angeklagten hervorgerufen hat, ist eine Einstellung wegen *abuse of process* aber jedenfalls denkbar.

2. Reaktionsmöglichkeiten in der Rechtsmittelinstanz

In Fällen echter Urteilsabsprachen kann der Angeklagte, wie oben dargestellt, z.T. erfolgreich Rechtmittel einlegen. Anders liegen die Dinge bei *charge bargains*. Auslöser für die Angreifbarkeit echter *sentence bargains* ist der auf den Angeklagten ausgeübte unzulässige Druck, ein Schuldanerkenntnis abzugeben. Es ist insbesondere die Beteiligung des Richters an den Absprachen, die den

---

[861]*Bloomfield* (1997) 1 CrAppR 135.

[862]*Bloomfield* (1997) 1 CrAppR 135, 143.

Druck unzulässig macht. Auch bei *charge bargains* wird Druck auf den Angeklagten ausgeübt. Die Möglichkeit des *CPS*, die angeklagten Delikte zu bestimmen und *pleas* zu minder schweren Straftatbeständen zu akzeptieren, ist ein starker Anreiz für den Angeklagten, sein Risiko zu minimieren und ein Schuldanerkenntnis zu einem minder schweren Delikt abzugeben. „*Overcharging*" erhöht dieses Risiko noch. Zwar ist diese Taktik von den einschlägigen *Codes of Conduct* ausdrücklich verboten, jedoch gibt es keine Statistiken über ihr tatsächliches Auftreten[863]. Das Opportunitätsprinzip und das weite Ermessen des *CPS* sind eine ständige Gefährdung der freien Wahl des Angeklagten über sein *plea*[864]. Jedoch werden diese Einflüsse nicht als unzulässig angesehen. Die von Seiten der Anklage ausgeübten Zwänge sind fester Bestandteil des englischen Strafprozeßrechtssystems[865]. In der Entscheidung *Herbert* stellt *Taylor* LJ denn auch fest, daß Angebote seitens des Anklagevertreters, ein *guilty plea to a lesser charge* zu akzeptieren, zwar Druck auf den Angeklagten ausübten, dieser Druck aber nicht unzulässig sei[866]. Verhalte sich der Ankläger „gewissenhaft", sei gegen solche Angebote nichts einzuwenden. Diese Formulierungen kaschieren die zugrundeliegenden Probleme. Euphemismen und ein starkes Vertrauen in die Professionalität der beteiligten Anwälte ersetzen eine Auseinandersetzung mit der tatsächlichen Lage des Angeklagten und mit der wirklichen Praxis der Strafverfolgungsorgane[867]. Allerdings haben Gerichte das geltende Recht anzuwenden und sind daher auch nicht die geeigneten Fora, die grundsätzlichen Bedenken gegen *charge bargains* aufzuwerfen. Anreize und Druckmittel, die sich aus dem *adversarial model* und aus dem Grundsatz des Anklageermessens ergeben, müssen wohl einfach als systemimmanent hingenommen werden. Nur besonders unethisches Verhalten der beteiligten Anwälte kann einen Schuldspruch wegen unzulässigen Drucks angreifbar machen. Im Regelfall bleibt der Angeklagte an sein einmal abgegebenes *guilty plea* gebunden.

---

[863] Art. 7.2 des *Code for Crown Prosecutors* verbietet *overcharging* in deutlichen Worten: „*Crown Prosecutors should never go ahead with more charges than are necessary just to encourage a defendant to plead guilty to a few. In the same way, they should never go ahead with a more serious charge just to encourage a defendant to plead guilty to a less serious one*".

[864] *Ashworth*, The Criminal Process, 274 f.; *Sanders/Young*, Criminal Justice, 269 f.

[865] Vgl. *Blake/Ashworth*, CrimLR 1998, 16, 26, die darauf hinweisen, daß man „*the panoply of pressures flowing from the criminal justice system as it now is, notably from the sentence discount for a guilty plea*" akzeptieren müsse.

[866] *Herbert* (1991) 94 CrAppR 230.

[867] *Sanders/Young*, Criminal Justice, 271 f.

3. Opferschutz und Absprache

Wie in vielen anderen Rechtsordnungen ist auch in England das Opfer der Straftat als Beteiligter des Strafverfahrens „wiederentdeckt“ worden. Insbesondere die Möglichkeit, Absprachen über die Art der angeklagten Delikte zu treffen, berührt die Interessen des Opfers. Fraglich ist daher, inwieweit das Verbrechensopfer die Auswahl der anzuklagenden Delikte beeinflussen oder ihre richterliche Überprüfung erzwingen kann. Im Jahre 1990 erließ die Regierung die „*Victim's Charter*“[868], ein Dokument, das den Opferschutz im englischen Strafverfahren verbessern helfen soll. Die *Charter* versieht das Opfer jedoch nicht mit einklagbaren Rechten, sondern stellt lediglich Richtlinien auf, die die Sensibilität der Strafverfolgungsorgane und Gerichte für die Position des Opfers schärfen sollen. Auch die Vorschläge der *Runciman*-Kommission zum Opferschutz hatten keine subjektiven Rechte für das Opfer zum Inhalt, sondern waren ebenfalls sehr allgemeiner Natur.

a) Anklageerhebung und Einstellungsentscheidungen

In der Entscheidung über die Anklageerhebung seitens des *CPS* soll ebenfalls die Position des Tatopfers berücksichtigt werden, dies stellen ein Rundschreiben des Innenministeriums an die Polizeibehörden und der *Code for Crown Prosecutors* klar[869]. Auch diese Regelwerke verleihen dem Opfer aber keinerlei subjektive Rechte. Bezüglich der Auswahl der angeklagten Delikte und der Einstellung einzelner Anklagepunkte im Rahmen eines *charge bargains* muß das Opfer weder gehört werden, noch wird es über die Entscheidung der Behörden informiert.

b) Privatklage

Zwar gibt es auch im englischen Recht die Möglichkeit der Privatklage, sie ist aber aus zwei Gründen von nur eingeschränktem Nutzen. Zum einen kann sie nur angestrengt werden, wenn der *CPS* eine bestimmte strafbare Handlung überhaupt

---

[868] *Home Office*, Victim's Charter, 1996 erschien eine überarbeitete Neufassung der *Victim's Charter*.

[869] Home Office Circular 18/1994; Art. 6.7 des *Code for Crown Prosecutors* schreibt vor: „*The Crown Prosecution Service acts in the public interest, not just in the interest of any one individual. But Crown Prosecutors must always think very carefully about the interests of the victim, which are an important factor, when deciding where the public interest lies*“.

nicht zur Anklage bringt[870], was in Fällen von *charge bargains* in den meisten Fällen ja gerade nicht der Fall ist, zum anderen erhält das Opfer keinerlei Hilfe durch *CPS* und Polizei bei der Klageerhebung[871]. Außerdem kann der *DPP* eine Privatklage jederzeit an sich ziehen und sie anschließend einstellen[872].

c) Judicial Review

Die Entscheidung über die Anklageerhebung kann allerdings über das Rechtsmittel des *judicial review* überwacht werden[873]. *Judicial review* dient der Überprüfung von Verwaltungsentscheidungen und als solche ist auch die „*charging decision*“ richterlicher Kontrolle unterworfen. Das Opfer hat daher jedenfalls theoretisch die Möglichkeit, die Ausübung des Anklageermessens durch den *CPS* überprüfen zu lassen. Der *Court of Appeal* wird die Entscheidung der Anklagebehörde aber nur in Ausnahmefällen für unzulässig und rechtswidrig halten. Drei Fallgruppen sind von der Rechtsprechung entwickelt worden. Der *Court of Appeal* kann einschreiten, wenn die Anklageentscheidung aufgrund einer rechtswidrigen „*policy*“ getroffen wurde[874], d.h. die Grundsätze, die der *CPS* für Fälle gleicher Art zu Grunde legt, rechtswidrig sind, oder wenn die Entscheidung den im *Code for Crown Prosecutors* niedergelegten Grundsätzen widerspricht[875], oder wenn die Entscheidung so willkürlich (*perverse*) ist, daß sie von keinem vernünftig handelnden Amtsträger getroffen werden konnte[876]. Das normale *charge bargain* fällt unter keine dieser Fallgruppen. Das Anklageermessen ist ein traditioneller Bestandteil des englischen Strafverfahrens und die Gerichte sind dementsprechend zurückhaltend, sich in diese Entscheidungen einzumischen. Die nachträgliche gerichtliche Kontrolle von Entscheidungen des *CPS* ist mithin nicht sehr effizient[877].

---

[870] *R. v. Tower Bridge Metropolitan Stipendiary Magistrate, ex parte Chaudhry* (1994) 1 AllER 44; *Zander*, Cases and Materials, 207.

[871] *Wasik/Gibbons/Redmayne*, Criminal Justice, 339 ff.

[872] Vgl. S. 6 und S. 23 des *Prosecution of Offences Act 1985*; *Raymond v. A-G* (1982) QB 839.

[873] *Hilson*, CrimLR 1993, 739 ff.; *Wasik/Gibbons/Redmayne*, Criminal Justice, 325 ff.; *Ashworth*, The Criminal Process, 201 ff.

[874] *R. v. Metropolitan Police Commissioner, ex parte Blackburn* (1968) 2 QB 118.

[875] *The Chief Constable of Kent, ex parte L and R v. DPP, ex parte B* (1993) 1 AllER 756.

[876] *R. v. General Council of the Bar, ex parte Percival* (1990) 3 AllER 137; *Associated Provincial Pictures Houses v Wednesbury Corporation* (1948) 1 KB 223.

[877] So auch: *Eser*, ZStW 104 (1992), 361, 387; *Huber*, in: *Jescheck/Driedl*, Funktion und Tätigkeit der Anklagebehörde im ausländischen Recht, 545, 570.

II. Fehlgeschlagene fact bargains

Die Unzulässigkeit von *fact bargains* macht die Frage nach einer möglichen Bindungswirkung solcher Absprachen obsolet. Zu prüfen ist daher nur, welche Möglichkeiten der Kontrolle und Verhinderung solcher Absprachen den Verfahrensbeteiligten zur Verfügung stehen.

1. Reaktionsmöglichkeiten in der Hauptverhandlung

a) Newton-Hearing

Schlägt ein *fact bargain* dadurch fehl, daß die Anklage sich nicht an die Abmachung hält und im Strafzumessungsverfahren nicht die abgesprochene Version des Tatherganges schildert, so kann der Angeklagte im Grundsatz ein *Newton-Hearing* erzwingen und seine Darstellung des Tatverlaufs vorbringen. *In praxi* wird dieses Vorgehen aber meist nicht von Nutzen sein. Mittels des *Newton-Hearings* kann der Angeklagte schließlich nur eine Beweiserhebung über den Tathergang, nicht aber die Zugrundelegung des milderen Sachverhaltes erzwingen. Schildert der Anklagevertreter daher wahrheitsgemäß das Ergebnis des Ermittlungsverfahrens und kann er seine Darstellung beweisen, wird der Angeklagte auf Grundlage dieser Tatsachen verurteilt werden.

b) R. v. Beswick

Relevanter ist hingegen die Frage, wie zu verfahren ist, wenn der Ankläger zwar wie abgesprochen eine entschärfte Version des Tatherganges schildert, der Richter sich aber weigert, den Angeklagten auf dieser Grundlage zu verurteilen. Mit ihr hatte sich der *Court of Appeal* im Fall *Beswick* zu befassen[878]. Verteidiger und Anklagevertreter hatten sich über die dem *guilty plea* zugrundezulegenden Tatsachen verständigt, der Richter weigerte sich aber, auf dieser Grundlage das Strafmaß festzusetzen. Der *Court of Appeal* legte fünf Grundsätze fest, nach denen in solchen Fällen vorzugehen sei.

- Das Gericht solle immer auf Grundlage wahrer Tatsachen verurteilen. Daher dürfe die Anklage auch keine Abreden über unzutreffende Sachverhaltsdarstellungen mit der Verteidigung treffen.
- Wo dies doch geschehen sei, könne der Richter ein *Newton-Hearing* anordnen, um den wahren Sachverhalt zu ermitteln.

[878] *Beswick* (1996) 1 CrAppR (S) 343; vgl. auch *Myers* (1995) CrimLR 1996, 62.

- Ein solches *Hearing* sei kein Grund, der es dem Angeklagten ermögliche, sein *guilty plea* zurückzunehmen, solange er seine Schuld hinsichtlich des angeklagten Delikts als solchem nicht in Frage stelle.
- Der Kronanwalt sei verpflichtet, im Rahmen des *Newton-Hearings* Beweise zu präsentieren und zu Beweismitteln der Verteidigung Stellung zu nehmen. An die mit der Verteidigung getroffene Absprache sei die Anklage nicht gebunden, da sie als unter der Bedingung richterlicher Genehmigung eingegangen anzusehen sei.
- Schließlich sei dem Richter aber erlaubt, die Absprache teilweise zu genehmigen. An solche genehmigte Teile des Deals sei die Anklage dann gebunden. Allerdings darf der Richter nur solche Teile der Absprache genehmigen, von deren Richtigkeit er überzeugt ist. Diese Genehmigung dient daher vor allem der Begrenzung des noch zu ermittelnden Stoffes.

Der *Court of Appeal* stellte zudem klar, daß der Angeklagte mit einem geringeren Strafnachlaß für sein *guilty plea* rechnen muß, wenn durch ein *fact bargain* ein *Newton-Hearing* notwendig wird. Dies folgt aus der Koppelung des Strafnachlasses an die effizienzsteigernde Wirkung des Schuldanerkenntnisses[879].

2. Reaktionsmöglichkeiten in der Rechtsmittelinstanz

Hinsichtlich des Fehlschlagens unzulässiger *fact bargains* stellt sich im Grundsatz auch die Frage, ob sie auf der Rechtsmittelebene angegriffen werden können. Sie ist aber eher theoretischer Natur und muß mit Blick auf den *Criminal Appeal Act* beantwortet werden. Eine auf falschen Tatsachen fußende Verurteilung ist sicherlich *unsafe*. Allerdings wird ein *fact bargain* immer eine dem Angeklagten *günstigere* Schilderung des Sachverhalts zum Inhalt haben. Da aber nur dem Angeklagten das Rechtsmittel des *Appeal* offensteht, wird er nach einer Verurteilung auf dieser Grundlage den Deal nicht angreifen. Der Staat hat hingegen keine Möglichkeit, in einem neuen Verfahren die ungeschönten Tatsachen zu präsentieren, um eine Verurteilung wegen eines schwereren Delikts herbeizuführen. Denkbar ist nur eine Kontrolle des Strafmaßes mittels einer *Reference* des *Attorney-General*.

F. Zwischenergebnis

Auch bei Absprachen zum Prozeßumfang oder bei solchen über die Erledigung des Verfahrens ohne Hauptverhandlung ist die Frage, inwieweit sie in Deutschland und England gerichtlich überprüft werden können, differenziert zu

---

[879] *Beswick* (1996) 1 CrAppR (S) 343, 347.

beantworten. Unterschiede bestehen hier sowohl hinsichtlich der richterlichen Überwachung des Legalbereichs, als auch bzgl. der Einklagbarkeit zulässiger Absprachen.

Beim Vergleich der Kontrolle unzulässiger Absprachen fällt zunächst wieder die unterschiedliche Bewertung der Stellung des Richters auf. Während in Deutschland das Gericht im Regelfall auch in Absprachen über den Prozeßumfang eingebunden ist, nimmt der englische Richter an *charge bargains* nicht teil. Diese Absprachen werden ausschließlich zwischen *CPS* und Verteidigung getroffen. Weil der Richter in England an *charge bargains* in keiner Weise beteiligt wird, ist er *prima vista* in einer guten Position, diese als neutraler Dritter zu überwachen. Doch hat sich die Judikative mehr und mehr der Möglichkeit solcher Kontrolle selbst begeben. Seit der Entscheidung *Grafton*[880] steht die Frage, welche Delikte angeklagt und welche *pleas* akzeptiert werden, letztlich allein im Ermessen der Anklagebehörde. Der Richter kann nur noch eine behördeninterne Kontrolle der Entscheidung des Anklagevertreters erzwingen, die Möglichkeit, auf der Weiterverfolgung der ursprünglich angeklagten Delikte zu bestehen, hat er nicht mehr.

In Deutschland hingegen ist das Gericht in zweierlei Hinsicht stärker in Absprachen i.R.d. §§ 153 ff. StPO oder über eine Erledigung durch Strafbefehl involviert. Zum einen kann es selbst Absprachen über Einstellungen nach §§ 153 ff. StPO initiieren, wenn die Verfahrenshoheit auf das Gericht übergegangen ist, zum anderen ist es im Regelfall auch bei Absprachen zwischen StA und Verteidigung notwendiger Beteiligter, weil es der Einstellung zustimmen, respektive den Strafbefehl erlassen muß. Der Richter sollte sich durch sein Engagement bei der Anbahnung solcher Absprachen nicht die Möglichkeit verbauen, als unabhängiges Organ primär eine Kontrollfunktion wahrzunehmen[881].Gerade im Bereich der §§ 153 ff. StPO sollte der Richter, wenn seine Zustimmung nötig ist, nicht automatisch jeder Erledigung durch die StA sein *placet* erteilen, sondern vielmehr genau prüfen, ob nicht doch ein öffentlicher Prozeß notwendig ist.

Das Tatopfer hat im englischen Recht keine wirklich effektiven Möglichkeiten, *charge bargains* kontrollieren zu lassen oder sie gar zu verhindern, und auch in Deutschland ist es in einer weitgehend ungeschützten Position. Als unmittelbaren Angriff gegen die Absprache kommt nur die Anregung einer behördeninternen Überprüfung der Entscheidung des Sitzungsvertreters der StA auf dem Weg der Dienst- und Fachaufsicht in Frage, da das näherliegende Klageerzwingungsverfahren immer dann unzulässig ist, wenn das fragliche Verfahren aus Opportunitätsgründen und nicht mangels Tatverdacht eingestellt wurde. Die Initi-

---

[880] *Grafton* (1993) QB 101.

[881] *Jung*, European Journal of Crime, Criminal Law and Criminal Justice 1997, 112, 121.

ierung eines Ermittlungsverfahrens wegen Strafvereitelung im Amt, erfaßt hingegen nur die wirklich extremen Fälle staatsanwaltlichen Ermessensmißbrauchs und führt auch nur zu einer mittelbaren Überprüfung der beanstandeten Absprache.

Deutliche Unterschiede zwischen deutschem und englischem Verständnis zeigen sich auch in der Frage der Bindungswirkung und Durchsetzbarkeit von *charge bargains* und Absprachen i.R.d. §§ 153 ff., 407 ff. StPO. Obwohl bindende Absprachen über eine (Teil-) Einstellung des Verfahrens im deutschen Recht möglich sind, läßt sich die Einstellung als solche nicht einklagen. Auch der wirkungsgleiche Weg über die Annahme eines Prozeßhindernisses ist nicht möglich. Die Nichteinhaltung einer bindenden Absprache kann aber z.T. auf sekundärer Ebene, nämlich als wesentlicher Strafmilderungsgrund, berücksichtigt werden, wenn der Beschuldigte durch Vorleistungen seine prozessuale Position geschwächt hat. Dieses Problem tritt insbesondere bei der Kombination einer Urteilsabsprache mit dem Versprechen von Teileinstellungen nach §§ 154, 154 a StPO auf. War die Absprache zulässig, so ist ihre Bindungswirkung in diesen Fällen mittelbar durch die Anerkennung einer wesentlichen Strafmilderung bzgl. der absprachewidrig angeklagten Delikte durchzusetzen. Unzulässige Absprachen entfalten hingegen keine Bindungswirkung. Hat der Beschuldigte im Zuge einer rechtswidrigen Absprache Vorleistungen in einem anderen Verfahren erbracht, so ist ein Ausgleich in diesem Verfahren zu schaffen. Auch bei einem Dissens über die Reichweite der versprochenen Einstellungen liegt die Lösung nicht in einer Strafmilderung in den nachfolgenden Verfahren, sondern es ist ein Ausgleich der Benachteiligung in dem Verfahren zu schaffen, in dem der Angeklagte seine Vorleistungen erbracht hat. Nur wenn wegen Rechtskraft des Urteils kein Ausgleich in der Hauptsache mehr möglich ist, kann auch in solchen Fällen durch eine Strafmilderung in den Folgeverfahren geholfen werden.

In England hingegen kann das Gericht den *CPS* z.T. über die Einstellung des Verfahrens wegen *abuse of process* zur Einhaltung der Absprache zwingen. Diese Möglichkeit des Schutzes des Angeklagten wird vor allem bei *charge bargains* relevant, bei denen dem Beschuldigten die Teileinstellung des Verfahrens gegen ein *guilty plea* in der Hauptsache versprochen wird. Allerdings ist es noch nicht gelungen, klare Fallgruppen herauszuarbeiten, in denen der Bruch einer Einstellungszusage einen *abuse of process* begründet. Der tragende Grund für eine Einstellung wegen *abuse of process* ist aber jedenfalls nicht primär die Erwägung, daß das enttäuschte Vertrauen des Beschuldigten kompensiert werden muß oder gar die Annahme einer vertraglichen Bindung des *CPS* an eine Einstellungszusage, sondern die „gerichtsbezogene" und allgemeinere Überlegung, daß die Anklagebehörde nicht durch willkürliche Entscheidungen das gerichtliche Verfahren mißbrauchen darf. Eine Einstellung wegen *abuse of process* kommt daher vor allem dann in Betracht, wenn die Einstellungszusage auch gegenüber dem Gericht abgegeben wurde. Betrifft das *charge bargain* ein *guilty plea to a lesser charge*, ist der Angeklagte gegen die erneute Anklage der schwereren Delikte durch den mit der Verurteilung wegen des minder schweren Tatbestands eintretenden Strafklageverbrauch geschützt.

Auch *fact bargains* können in der Tatsacheninstanz überprüft werden. Wenn der Richter Verdacht schöpft, daß die Parteien den Tatsachenvortrag im Strafzumessungsverfahren abgesprochen und manipuliert haben, kann er ein *Newton Hearing* anordnen. Aber auch dann bleibt die Sachverhaltsermittlung Sache der Parteien, sodaß der Richter sich letztlich doch darauf verlassen muß, daß der Anklagevertreter von sich aus den wahren Sachverhalt darstellt.

G. Die Relevanz von Absprachen für Verfahren gegen Dritte

I. Deutschland

1. Strafbarkeit wegen Beteiligung an unzulässigen Absprachen

In der Diskussion um die Zulässigkeit von Absprachen ist auch immer wieder auf die Frage möglicher strafrechtlicher Konsequenzen der Beteiligung an Absprachen eingegangen worden[882]. Durch die grundsätzliche richterrechtliche Anerkennung von Absprachen auch über das Verfahrensergebnis ist die Gefahr der Annahme einer Strafbarkeit aber weitgehend gebannt[883]. Die materiell-strafrechtlichen Absicherungen gegen unzulässige Absprachen dürften daher - zu Recht - weitgehend nur theoretische Bedeutung haben[884] und sollen hier denn auch nur noch kurz untersucht werden. Bezeichnenderweise findet sich auch in den Entscheidungssammlungen - trotz der inzwischen sicher in die Tausende gehenden Verfahren mit Absprache - noch kein Fall, in dem ein Absprachebeteiligter strafrechtliche Konsequenzen zu tragen gehabt hätte. So verfolgt die z.T. ausgiebige Prüfung der potentiellen Strafbarkeit wegen der Beteiligung an Ab-

---

[882] Ausgelöst nicht zuletzt durch den Hinweis in BVerfG, NStZ 1987, 419, daß sich Schranken des zulässigen Verteidigerhandelns bei Absprachen schon aus dem materiellen Strafrecht ergäben; grundlegend zur Strafbarkeit des Verteidigers *Beulke*, Die Strafbarkeit des Verteidigers, Rz. 116 ff.; vgl. auch *Schünemann*, Gutachten, B 131 ff.; *Rönnau*, Die Absprache im Strafprozeß, 227 ff.; *Gerlach*, Absprachen im Strafverfahren, 121 ff.; *Siolek*, Verständigung in der Hauptverhandlung, 208 ff.; *Tscherwinka*, Absprachen im Strafprozeß, 178 ff.; zuletzt FA-StrafR-*Satzger*, Teil H, Kapitel 3, Rz. 65 ff.

[883] *Eschelbach*, JA 1999, 694.

[884] *LR-Rieß*, Einl. Abschn. G, Rz. 84.

sprachen im wissenschaftlichen Schrifttum wohl auch oft den Zweck, konsensuale Verfahrenserledigungen als im Grundsatz „anrüchig" darzustellen[885].

Die Strafbarkeit der Absprachebeteiligten ist aber jedenfalls für die Möglichkeit einer Wiederaufnahme des Verfahrens wichtig und muß daher auch insoweit im Rahmen der Rechtsfolgen fehlgeschlagener Absprachen untersucht werden. Möglicherweise kann über die strafrechtliche Verfolgung eines Richters oder Schöffen ein Wiederaufnahmeverfahren erzwungen werden, wo ein solches *propter nova* nicht aussichtsreich wäre.

a) Strafbarkeit der Amtsträger

§ 339 StGB (Rechtsbeugung): Nach § 339 StGB macht sich ein Richter oder anderer Amtsträger strafbar, der bei der Leitung oder Entscheidung einer Rechtssache zugunsten oder zum Nachteil einer Partei das Recht beugt. Der Rechtsbeugung kann sich neben Richtern und Schöffen auch der StA schuldig machen, wenn er eigenverantworliche Entscheidungen im Ermittlungsverfahren trifft[886]. Umstritten ist der zentrale Begriff des § 339 StGB, nämlich der der Rechtsbeugung. Nach der wohl h.M. ist Rechtsbeugung erst bei einem schwerwiegenden, nicht mehr im Rahmen des Vertretbaren liegenden Verstoß gegen die Rechtspflege anzunehmen[887]. Nach a.A. beugt der Amtsträger bereits das Recht, wenn die Entscheidung selbst zwar noch vertretbar ist, sie aber unter Verletzung der richterlichen Pflichten aus sachfremden Erwägungen heraus getroffen wurde[888]. Im Absprachebereich wird regelmäßig schon der objektive Tatbestand nicht verwirklicht sein. Die große Mehrzahl auch der unzulässigen Absprachen erreicht den nach h.M. für § 339 StGB nötigen Grad der rechtlichen Anstößigkeit nicht. Aber selbst die Ahndung solcher Absprachen, die den Tatbestand der Rechtsbeugung - jedenfalls nach der auf die Pflichtverletzung abstellenden Mindermeinung - erfüllen, wird oft an Beweisschwierigkeiten scheitern[889]. Im übrigen kann, wegen der nach wie vor unklaren Rechtslage und der weitverbreitet positi-

---

[885] Besonders eingehende Ausführungen finden sich denn auch bei den absprachekritischen Autoren, vgl. *Schünemann*, Gutachten, B 131 ff.; *Rönnau*, Die Absprache im Strafprozeß, 227 ff.; *Siolek*, Verständigung in der Hauptverhandlung, 208 ff.

[886] *Schünemann*, Gutachten, B 131; *Tröndle/Fischer*, § 339, Rz. 4 f.; LK-*Spendel*, § 336, Rz. 19.

[887] LK-*Spendel*, § 336, Rz. 43; vgl. zum Streitstand auch *Wessels/Hettinger*, Strafrecht-BT/1, Rz. 1133.

[888] *Janke*, Verständigung und Absprachen im Strafverfahren, 250; *Schünemann*, Gutachten, B 133 m.w.N.

[889] So auch FA-StrafR-*Satzger*, Teil H, Kapitel 3, Rz. 65.

ven Einstellung der an einer Absprache beteiligten Amtsträger, auch bei Verwirklichung des objektiven Tatbestands die Strafbarkeit häufig an einem Tatbestands- oder unvermeidbaren Verbotsirrtum scheitern[890].

§ 258 a StGB (Strafvereitelung im Amt): Der Tatbestand der Strafvereitelung bewehrt das Legalitätsprinzip. Einstellungsentscheidungen, die den von §§ 153 ff. StPO gezogenen Rahmen überschreiten und dadurch das Legalitätsprinzip verletzen, sind grundsätzlich geeignet, die Strafbarkeit wegen Strafvereitelung im Amt zu begründen. Allerdings gilt auch hier, daß das den Amtsträgern durch die § 153 ff. StPO eingeräumte Ermessen strafrechtlich nur sehr schwer zu überprüfen ist und ähnliche Subsumtionsprobleme wie bei § 339 StGB auftreten werden. Nur ganz eindeutige Übertretungen des Legalbereichs, die *in praxi* aber wohl so gut wie nie vorkommen, werden daher eine Verurteilung wegen Strafvereitelung im Amt nachsichziehen können[891].

§ 344 StGB (Verfolgung Unschuldiger): Es ist davon auszugehen, daß die an einer Absprache beteiligten Amtsträger im Regelfall von der Schuld des Beschuldigten überzeugt sind. Auch wenn infolge einer Absprache daher ein Verfahren gegen einen Unschuldigen gerichtet ist, wird deshalb eine Strafbarkeit nach § 344 StGB am subjektiven Tatbestand scheitern.

§ 343 StGB (Aussageerpressung): Noch fernliegender ist die z.T. ebenfalls angeführte mögliche Strafbarkeit nach § 343 StGB. Die dort allein mit Strafe bedrohten Nötigungsmittel: körperliche Mißhandlung, sonstige Gewalt, Drohung mit Gewalt oder Zufügen seelischer Qual finden in der Absprachepraxis schlicht keine Anwendung.

§ 240 StGB (Nötigung): Die Nötigung durch „Gewalt" muß in Bezug auf Absprachen gar nicht erst thematisiert werden. Sie kommt in der Praxis nicht vor. Nähere Betrachtung verdient allein die Tatbestandsalternative der „Drohung mit einem empfindlichen Übel". Denkbar ist, bereits im Inaussichtstellen einer geringeren Strafe für ein Geständnis eine konkludente Drohung mit einer erhöhten Strafe für den Fall des Bestreitens des Anklagevorwurfs zu sehen. Diese Ansicht, die die ganze Absprachepraxis unzulässig machen würde, ist aber schon bei der Prüfung des § 136 a StPO abgelehnt worden[892]. Die Grenze zur Drohung i.S.d. § 240 StGB kann aber überschritten sein, wenn die Amtsträger unter Ausnutzung ihrer Machtstellung dem Beschuldigten Übel androhen, die weder prozessual noch materiellrechtlich begründbar sind, sondern allein den Zweck verfolgen, den

---

[890] Vgl. FA-StrafR-*Satzger*, Teil H, Kapitel 3, Rz. 65; jedenfalls i.E. ebenso *Rönnau*, Die Absprache im Strafprozeß, 231; *Siolek*, Verständigung in der Hauptverhandlung, 211 ff.

[891] So auch FA-StrafR-*Satzger*, Teil H, Kapitel 3, Rz. 71; *Schünemann*, Gutachten, B 135 f. *Siolek*, Verständigung in der Hauptverhandlung,, 236.

[892] Vgl oben 5. Teil, A, I, 2, c, (b).

Angeklagten für eine Verständigung gefügig zu machen, ihn „weichzukochen"[893]. Denkbare Situationen wären etwa das massive Bedrängen des nachdrücklich leugnenden Angeklagten, ein Geständnis abzulegen, oder die Verlängerung der Untersuchungshaft ohne zureichenden Haftgrund allein zu dem Zweck, den „Leidensdruck" zur Kooperation mit den Strafverfolgungsbehörden zu erhöhen.

§§ 331 ff. StGB (Bestechungsdelikte): Nach ganz h.M. scheidet auch eine Strafbarkeit nach §§ 331 ff. StGB wegen Beteiligung an Absprachen aus[894]. Verfahrensverkürzende Zugeständnisse des Beschuldigten und die durch sie möglicherweise ausgelöste Arbeitsersparnis für den Amtsträger stellen schon keinen „Vorteil" i.S.d. § 331 ff. StGB dar. Die im Rahmen von Absprachen gemachten Konzessionen führen nicht zu der erforderlichen objektiv meßbaren Besserstellung des Amtsträgers[895].

b) Strafbarkeit des Verteidigers

Zu einer Strafbarkeit von Amtsträgern wird es also nur in ganz extremen Ausnahmefällen kommen. Deshalb spielt auch die Strafbarkeit des Verteidigers wegen Beteiligung an solchen Taten keine entscheidende Rolle[896]. Sie wird regelmäßig jedenfalls an der mangelnden Beweisbarkeit scheitern. Zu prüfen bleibt daher nur, ob der Verteidiger sich als Alleintäter durch die Beteiligung an Absprachen strafbar machen kann.

§ 258 I StGB (Strafvereitelung): Strafbarkeit nach § 258 I StGB kommt in Betracht, wenn der Verteidiger durch manipulative Verhandlungsführung, insbesondere durch bewußte Lügen, versucht, ein für seinen Mandanten günstiges Abspracheergebnis zu erreichen[897]. Es gelten hier aber letztlich die gleichen Grenzen, die für den Verteidiger auch im streitigen Ermittlungsverfahren und in der Hauptverhandlung zu beachten sind. Diese - im einzelnen umstrittenen - Anforderungen an die Rechtmäßigkeit der Verteidigung darzustellen, kann diese Arbeit nicht leisten. Jedenfalls kommt eine Verwirklichung des § 258 I StGB

---

[893] Vgl. *Braun*, Die Absprache im deutschen Strafverfahren, 89, *Rönnau*, Die Absprache im Strafprozeß, 238.

[894] Siehe nur jeweils m.w.N. *Rönnau*, Die Absprache im Strafprozeß, 235; *Braun*, Die Absprache im deutschen Strafverfahren, 92.

[895] Vgl. BGHSt 31, 278; Sch/Sch-*Cramer*, § 331, Rz. 19.

[896] So auch FA-StrafR-*Satzger*, Teil H, Kapitel 3, Rz. 71.

[897] FA-StrafR-*Satzger*, Teil H, Kapitel 3, Rz. 72.

immer dann in Frage, wenn die Rechtspflege durch den Verteidiger prozeßordnungswidrig behindert wird[898].

§ 356 StGB (Parteiverrat): Nach *Dahs* kann die aktive Mitwirkung des Verteidigers an der Verurteilung des sich selbst als unschuldig bezeichnenden Klienten den Charakter eines strafverfahrensrechtlichen „Parteiverrats“ annehmen[899]. Es ist allerdings zweifelhaft, ob § 356 StGB überhaupt eingreifen kann. „Parteien“ i.S.d. Norm sind nur Rechtssubjekte mit einander widerstreitenden Interessen. Das kann aber im Verhältnis zum Beschuldigten weder vom Gericht - dieses ist neutral - noch - wegen § 160 II StPO - von der StA gesagt werden[900]. § 356 StPO ist daher im Strafprozeß schon gar nicht anwendbar.

§ 203 I Nr. 3 StGB (Verletzung der Verschwiegenheitspflicht): § 203 I Nr. 3 StGB kommt als materiellrechtliche Ergänzung der prozessualen Anforderungen an eine zulässige Absprache, wie sie in BGHSt 43, 195 aufgestellt wurden, in Betracht. Dieser Straftatbestand garantiert mittelbar, daß Absprachen nicht über den Kopf des Beschuldigten hinweg geschlossen werden. Wird der Angeklagte von den Verständigungsgesprächen ausgeschlossen, liegt nämlich die Gefahr nahe, daß sein Verteidiger auch kritische Einschätzungen über seinen Mandanten äußert, nicht zuletzt, um den vereinbarungsfördernden „Schulterschluß“ mit den anderen juristischen Akteuren zu bekräftigen. Stammen die an die Strafverfolgungsbehörden weitergegebenen Informationen und Einschätzungen aber vom Beschuldigten, was regelmäßig der Fall sein wird, dann stellen sie „sonst bekannt gewordene Tatsachen“ i.S.d. § 203 I Nr. 3 StGB dar und unterliegen der Verschwiegenheitspflicht[901]. Den insofern drastischsten Fall stellt sicher die Ankündigung eines Geständnisses dar, das der Beschuldigte dem Verteidiger gegenüber abgelegt, dessen Weitergabe an die staatlichen Stellen er aber (noch) nicht autorisiert hat[902]. Der Verteidiger sollte daher Vereinbarungsgespräche immer nur nach vorheriger Rücksprache mit dem Beschuldigten führen und un-

---

[898]Vgl. hierzu *Beulke*, Die Strafbarkeit des Verteidigers, Rz. 1 ff.; *ders.*, Strafprozeßrecht, Rz. 174; zu den Grundlagen *ders.*, Der Verteidiger im Strafverfahren, Funktion und Rechtsstellung.

[899]*Dahs*, Absprachen im Strafprozeß, NStZ 1988, 153, 156; vgl. auch *ders.*, NStZ 1991, 561, 562ff.

[900] *Braun*, Die Absprache im deutschen Strafverfahren, 97; *Siolek*, Verständigung in der Hauptverhandlung, 221 f. *Tscherwinka*, Absprachen im Strafprozeß, 178; *Janke*, Verständigung und Absprachen im Strafverfahren, 264; FA-StrafR-*Satzger*, Teil H, Kapitel 3, Rz. 73.

[901]*Schünemann*, Gutachten, B 139 f.; *Braun*, Die Absprache im deutschen Strafverfahren, 98; *Siolek*, Verständigung in der Hauptverhandlung, 222.

[902]*Siolek*, Verständigung in der Hauptverhandlung, 223 m.w.N.

mißverständlich abklären, welche Informationen er an Gericht und/oder StA weitergeben darf[903].

2. Zivilrechtliche Haftung des Verteidigers

Die Anerkennung weitreichender Absprachemöglichkeiten über das Verfahrensergebnis hat auch Auswirkungen auf die vertraglichen Sorgfaltspflichten des Verteidigers seinem Mandanten gegenüber. Die nicht *de lege artis* durchgeführte Verständigung kann daher Schadensersatzpflichten wegen pFV nach sich ziehen. In einem vom OLG Nürnberg entschiedenen Fall hatte der Verteidiger versäumt, das Gericht im Rahmen einer strafprozessualen Absprache darauf hinzuweisen, daß die abgesprochene zweijährige Freiheitsstrafe mit Bewährung dazu führen würde, daß der Angeklagte, ein Beamter im Ruhestand, seiner Ruhestandsbezüge verlustig gehen würde[904]. Da der Wegfall solcher Bezüge nach der Rechtsprechung des BGH i.R.d. § 46 I 2 StGB strafmildernd berücksichtigt werden darf, war nicht auszuschließen, daß bei einem Hinweis durch den Verteidiger eine niedrigere Strafe ausgehandelt hätte werden können. Hinsichtlich der Kausalität der anwaltlichen Pflichtverletzung für den Vermögensschaden des Angeklagten befürwortete das OLG zudem eine Umkehr der Beweislast. Der Verteidiger hätte demnach dartun und beweisen müssen, daß auch bei pflichtgemäßem Verhalten auf eine Strafe entschieden worden wäre, die zum Wegfall der Pension geführt hätte. Ersichtlich keine leichte Aufgabe. Auf die zivil- und standesrechtlichen Implikationen dieser Entscheidung kann hier nicht näher eingegangen werden. Das Urteil des OLG Nürnberg zeigt aber, daß Absprachen zum Prozeßergebnis auch außerstrafrechtliche Folgen zeitigen können und der vermeintlich leichte und kurze Prozeß mittels Verständigung nicht von den allgemein geltenden Sorgfaltsanforderungen entbindet.

3. Auftretende Probleme bei mehreren Angeklagten

Wird in einem Verfahren gegen mehrere Angeklagte eine Absprache nur mit einem (oder einigen) von ihnen getroffen, kann dies - insbesondere, wenn in deren Rahmen Geständnisse abgelegt werden - die Verteidigungsmöglichkeiten der nicht in die Absprache einbezogenen Mitangeklagten erheblich einschränken und den Ausgang des Verfahrens präjudizieren. Es stellt sich daher die Frage, welche Rechtsschutzmöglichkeiten Mitangeklagten in diesen Fällen offen stehen.

---

[903] FA-StrafR-*Satzger*, Teil H, Kapitel 3, Rz. 74; *Dahs*, NStZ 1988, 154; vgl. auch schon *Deal*, StV 1982, 551.

[904] OLG Nürnberg, StV 1997, 481; zu dieser Entscheidung auch FA-StrafR-*Satzger*, Teil H, Kapitel 3, Rz. 75.

Mitangeklagte sind keine notwendigen Beteiligten einer Urteilsabsprache, d.h. die Justiz steht beim Abschluß von Absprachen nicht vor der Alternative „alle oder keiner"[905]. Andernfalls könnte die zu respektierende Weigerung eines Mitangeklagten den Absprachewilligen daran hindern, die ihm zustehenden Möglichkeiten, durch Kooperation ein günstigeres Verfahrensergebnis zu erzielen, zu nutzen[906]. Dies ermöglicht der Praxis neue Möglichkeiten, „Kronzeugen" auch außerhalb der gesetzlich normierten Kronzeugenregelung zu gewinnen[907]. Das Gericht muß aber i.R.d. Absprache inhaltlich und verfahrensmäßig auf die Belange des/der Mitangeklagten Rücksicht nehmen[908]. Die Pflicht, Absprachen in der Hauptverhandlung zu treffen oder sie jedenfalls dort offenzulegen, erlaubt es Mitangeklagten, auf die neue Situation zu reagieren. Auf eine rechtsfehlerhafte Bevorzugung eines Mitangeklagten im Rahmen einer Absprache, die nur diesen Mitangeklagten betraf, kann sich ein Angeklagter nach der Rechtsprechung aber nicht mit Erfolg berufen[909]. Es gibt keinen Anspruch auf Verständigung und erst recht keinen auf „Gleichbehandlung im Unrecht".

Fraglich ist, ob und unter welchen Voraussetzungen ein Angeklagter Richter wegen Besorgnis der Befangenheit ablehnen kann, wenn es zu einer Absprache mit Mitangeklagten gekommen ist. BGHSt 37, 99 hat klargestellt, daß eine vor dem Angeklagten verheimlichte Absprache die Besorgnis der Befangenheit zu begründen vermag[910]. Die bloße Tatsache der Absprache mit einem Mitangeklagten als solche begründet hingegen die Besorgnis der Befangenheit nicht, wenn es zu einer zuverlässigen und ordnungsgemäßen Unterrichtung des Angeklagten gekommen ist[911]. Problematisch ist aber eine Fallkonstellation, auf die *Herzog* aufmerksam gemacht hat[912]:

> *A und B begehen zusammen Betrügereien. Als ihre kriminellen Machenschaften bekannt werden, gelingt A die Flucht, während B ergriffen wird. Es ist unter anderem dieser Umstand, der die Behörden vermuten läßt, daß A der clevere Kopf, B hingegen nur der „treue Gefolgsmann" war. Das Verfahren gegen B wird abgetrennt, da A zunächst weiter flüchtig ist. Die Verteidigung nutzt die*

---

[905] BGHSt 37, 99, 103.

[906] LR-*Rieß*, Einl. Abschn. G, Rz. 80.

[907] *Eschelbach*, JA 1999, 694, 701.

[908] BGHSt 37, 99, 103 f.

[909] BGH Beschluß v. 13.08.1997 - 3 StR 304/97.

[910] BGHSt 37, 99, 104; vgl. auch schon oben 7. Teil, A, I, 3.

[911] Vgl. auch insoweit BGHSt 37, 99, 104.

[912] *Herzog*, StV 1999, 455.

Einschätzung der Behörden über die Gewichtung der Tatbeiträge zu einer Absprache, in der auch über die Tatbeiträge von A und B Einigkeit erzielt wird. Nach der derart vorgenommenen Quotierung der Tatgewichte muß A im Falle seiner Ergreifung und Verurteilung mit einer deutlich höheren Strafe rechnen. A wird gefaßt und nach dem Geschäftsverteilungsplan kommt es zu einer Verhandlung vor einer Kammer unter dem Vorsitz des ehemaligen Berichterstatters in dem Verfahren gegen B. A lehnt daraufhin den Vorsitzenden wegen Besorgnis der Befangenheit ab.

Die so aufeinanderfolgende Verhandlung gegen Beteiligte einer Tat unterscheidet sich wesentlich von der gleichzeitigen Verhandlung gegen Tatbeteiligte. A konnte nämlich auf die Absprache mit B keinen kontrollierenden Einfluß ausüben, wie es ihm bei gemeinsamem Prozeß und Unterrichtung über die Absprache möglich gewesen wäre[913]. Andererseits ist die Absprache aber nicht „hinter seinem Rücken“ geführt worden. Anders als in dem BGHSt 37, 99 zugrundeliegenden Fall, hat das Gericht den Angeklagten nicht von der Absprache ausgeschlossen und diese vor ihm verheimlicht. Das Verfahren, in dem die Absprache getroffen wurde, richtete sich nach seiner Abtrennung nicht einmal mehr gegen A. Das die Besorgnis der Befangenheit auslösende Moment ist daher allein die Vorbefassung mit der Sache. § 23 StPO regelt die Voraussetzungen, nach denen ein Richter *kraft Gesetzes* wegen Mitwirkung an einer Vorentscheidung ausgeschlossen ist. Dies betrifft aber im wesentlichen nur den engen Bereich, in denen er in niedriger Instanz bereits mit der Sache befaßt war. Fraglich ist daher, ob für die nicht in § 23 StPO aufgeführten Fälle auf das Recht der Ablehnung wegen Besorgnis der Befangenheit i.S.v. § 24 II StPO zurückgegriffen werden kann. Die Rechtsprechung lehnt dies ab[914]. Ein vernünftig abwägender Angeklagter habe keinen Grund zur Besorgnis, da auch der vorbefaßte Richter verpflichtet sei, sich nicht von der früheren Entscheidung beeinflussen zu lassen, sondern ausschließlich aufgrund des in dem neuen Verfahren vorliegenden Beweisstoffes zu entscheiden habe[915]. Dies gelte auch dann, wenn es sich bei der früheren Entscheidung um die Verurteilung eines Mittäters wegen derselben Tat gehandelt hat[916].

---

[913] *Herzog*, StV 1999, 455, 457; BGHSt 37, 99, 105 spricht ausdrücklich von der Möglichkeit, daß die an der Absprache nicht beteiligten Angeklagten die Vereinbarung durch ihre Verteidiger „begleitend kontrollieren“ können.

[914] BGHSt 21, 142, 145.

[915] Diese Rechtsprechungslinie reicht bis zum RG zurück, vgl. RGSt 59, 409.

[916] BGH, wistra 1995, 222; BGH, Urt. v. 15.5.1997 - 1 StR 233/96 = BGHSt 43, 96, allerdings ist das Urteil dort nur auszugsweise abgedruckt, die entscheidenden Passagen zu § 24 II StPO fehlen.

Diese Ansicht der Rechtsprechung ist abzulehnen. Soweit behauptet wird, § 23 StPO regele die Fälle der Befangenheit wegen Vorbefassung abschließend, beruht dies auf einer verfehlten Gleichsetzung von Ausschließungs- und Ablehnungsgründen. Die gesetzlichen Ausschließungsgründe nach §§ 22, 23 StPO sind nur gesteigerte Ablehnungsgründe, so daß die Verneinung einer Ausschließung noch keine abschließende Aussage über die Ablehnbarkeit zuläßt[917]. Im Gegenteil wird man sagen müssen, daß die Ähnlichkeit der Situation der Vorbefassung mit den Ausschließungsgründen kraft Gesetzes es nahelegt, daß die Vortätigkeit die Besorgnis der Befangenheit begründen kann[918]. Auch der lapidare Hinweis der Rechtsprechung, ein vernünftig abwägender Angeklagter könne davon ausgehen, daß der Richter sich durch die Vorbefassung nicht für künftige Entscheidungen festgelegt habe, vermag nicht zu überzeugen. Wie schon dargelegt, ist zur Prüfung der Besorgnis der Befangenheit auf die Einschätzung eines „verständigen Angeklagten" abzustellen[919]. Diese Objektivierung des Prüfungsmaßstabs darf aber nicht dazu führen, daß man nach der „objektiven Befangenheit" des Richters fragt. Vielmehr reicht die gerechtfertigte Besorgnis *beim Angeklagten* zur Begründung der Ablehnung aus. Diese berechtigte Sorge des Angeklagten um die Unvoreingenommenheit des vorbefaßten Richters läßt sich aber durch empirisch-psychologische Argumente über das Entscheidungsverhalten nach Vorbefassung durchaus begründen[920]. Mit dem Begriff *primacy-effect* wird das Phänomen beschrieben, daß Richter die erste von zwei widersprüchlichen Informationen besser lernen und behalten und ihr bei der Überzeugungsbildung am Ende größeres Gewicht geben[921]. Die Tatschilderung durch den Mitangeklagten in dem abgetrennten Verfahren wird daher im Zweifel eher der Entscheidung zugrunde gelegt werden als die abweichende Darstellung des Angeklagten in dem nachfolgenden Verfahren. Verstärkt wird dieser Effekt durch die Entscheidungsstrategie der Perseveranz. Richter tendieren dazu, an einmal gefundenen „Lösungen" eines Falls festzuhalten und zeigen geringe Neigung, einmal gefaßte Urteile über das Tatgeschehen zu revidieren[922]. Die richterliche Vorbefassung mit dem gleichen Sachverhalt in einem anderen Verfahren vermag daher auch in einem „vernünftigen" Angeklagten die Besorgnis zu begründen, daß der Richter ihm nicht mehr mit der gebotenen Unvoreingenommenheit begegnen werde.

---

[917] *Beulke*, Strafprozeßrecht, Rz. 74; *Herzog*, StV 1999, 455, 456; SK-*Rudolphi*, § 23, Rz. 1.

[918] So auch SK-*Rudolphi*, § 23, Rz. 1; vgl. auch *Arzt*, Der befangene Strafrichter, 17 f..

[919] Hierzu schon oben 7. Teil, A, I, 3.

[920] Hierzu *Herzog*, StV 1999, 455, 457.

[921] Vgl. *Maisch*, NJW 1975, 566, 569 f.

[922] Vgl. AK-*Wassermann*, § 24, Rz. 34; *Herzog*, StV 1999, 455, 457; *Schünemann*, StV 2000, 159, 163 ff.

Wird der Angeklagte nicht von einer Absprache mit einem Mitangeklagtem in Kenntnis gesetzt und lehnt er deshalb die betroffenen Richter zu Recht wegen der Besorgnis der Befangenheit ab, hat dies selbstverständlich den absoluten Revisionsgrund nach § 338 Nr. 3 StPO zur Folge, wenn sein Antrag abgelehnt wird. Gleiches gilt nach der hier vertretenen Ansicht dann natürlich auch bei Ablehnung eines Ablehnungsantrags wegen Vorbefassung.

Der Angeklagte kann mit der Revision auch rügen, daß ein Geständnis des Mitangeklagten, das ihn selbst belastet , nach § 136 a StPO nicht hätte verwertet werden dürfen[923]. Da er insoweit durch den Verfahrensverstoß beschwert ist, kann er die Unverwertbarkeit geltend machen, obwohl nicht er, sondern nur der geständige Mitangeklagte in seiner Willensentschließungs- und Willensbetätigungsfreiheit verletzt wurde. Das gleiche gilt für das aus dem *fair trial*-Grundsatz abgeleitete Beweisverwertungsverbot bei Dissens über die Reichweite der Absprache.

Stellt die belastende Aussage eines Mittäters das einzige Beweismittel zur Überführung des die Tat bestreitenden Angeklagten dar, so müssen die Urteilsgründe nach Ansicht des fünften Strafsenats des BGH erkennen lassen, daß der Tatrichter alle Umstände, die seine Entscheidung, den Angaben des Mittäters Glauben zu schenken, zu beeinflussen geeignet sind, erkannt und in seine Überlegungen einbezogen hat[924]. Setzt er sich nicht unter allen für die Entscheidung wesentlichen Gesichtspunkten mit den festgestellten Tatsachen auseinander, begründet dies die Sachrüge (Darstellungsrüge). Die für den Absprachеprozeß selbst zu fordernde gesteigerte Begründungspflicht setzt sich also auch in solche Verfahren fort, in denen das durch die Absprache gewonnene Geständnis das entscheidende Beweismittel ist. Das Tatgericht wird auch in dem Verfahren gegen den nicht geständigen Angeklagten die Tatsache, daß das Geständnis des Mitangeklagten im Rahmen einer Absprache abgelegt wurde, berücksichtigen und eben auch erörtern müssen.

II. England

1. Strafbarkeit wegen Beteiligung an unzulässigen Absprachen

Die Frage nach strafrechtlichen Folgen der Beteiligung an unzulässigen Absprachen ist in England bisher nicht aufgeworfen worden. Weder gibt es einen Präzedenzfall zu diesem Thema, noch wird darüber in der Literatur diskutiert.

---

[923] BGH, MDR 1971, 18; LR-*Hanack*, § 337, Rz. 93; *Kleinknecht/Meyer-Goßner*, § 337, Rz. 18.

[924] BGH, NStZ-RR 1998, 15.

Doch gibt es einen Straftatbestand, *Contempt of Court*, der im Grundsatz geeignet sein könnte, in Fällen fehlgeschlagener Absprachen angewandt zu werden. Dies ist ein traditionelles *common law* Delikt und daher nicht gesetzlich normiert. *Contempt of Court* ist ein sehr weitgefaßter Tatbestand, der - ähnlich wie die *abuse of process* Kompetenz - vor allem ein Instrument der Sicherung der Verfahrensherrschaft des Gerichts ist[925]. Die Gerichte haben *Contempt of Court* definiert als „*behaviour involving interference with the due administration of justice, either in a particular case or more generally as a continuing process*"[926]. Dieser sehr weit gefaßte Straftatbestand kann auch durch rechtswidriges Verhalten von Anwälten vor Gericht verwirklicht werden[927]. Ein klarer und willentlicher Verstoß gegen die *Turner*-Regeln könnte nun durchaus als „*interference with the due administration of justice*" angesehen werden. Versucht der *Barrister* nämlich, eine unzulässige Strafmaßindikation vom Richter zu erlangen, so mißachtet er die strikt neutrale Rolle des Richters und damit auch seine Autorität und seinen Status. *In praxi* wird es allerdings kaum zu einer Verurteilung wegen *Contempt of Court* in diesen Situationen kommen. Dies folgt aus der Natur des Straftatbestandes als Disziplinierungsmittel des Gerichts gegenüber den anderen Prozeßbeteiligten. Es ist das Gericht, demgegenüber der *Contempt of Court* begangen wird, das die Strafe verhängt. Wenn sich der Richter nicht an dem Verhalten des Anwalts stößt, kommt eine Verurteilung wegen *Contempt* daher nicht in Frage. Ist der Richter bereit, mit den Anwälten über *plea* und Strafmaß zu sprechen, machen sich die Beteiligten nicht strafbar. Nur ein Verteidiger, der versucht, den Richter zur Abgabe einer unzulässigen Strafmaßprognose zu drängen, läuft Gefahr in *Contempt of Court* zu sein. Solches Verhalten scheint aber nicht vorzukommen, denn der Aspekt der Strafbarkeit der Beteiligten spielt in der Diskussion um Absprachen in England noch nicht einmal eine theoretische Rolle.

2. Zivilrechtliche Haftung des Verteidigers

Auch zivilrechtliche Folgen müssen absprachebeteiligte Anwälte in England nicht fürchten, denn *Barrister* und *Solicitor* haften nach englischem Recht nur für Sorgfaltspflichtverletzungen im außergerichtlichen Bereich. Werden sie z.B. vertragsgestaltend oder steuerberatend tätig, so haften sie ihren Mandanten vertraglich und deliktisch für dabei schuldhaft verursachte Schäden[928]. Fehler

[925] *Choo*, Abuse of Process and Judicial Stays of Criminal Proceedings, 2 ff.

[926] *A-G v. Leveller Magazine Ltd.* (1979) AC 440, 449.

[927] *Weston v. Central Criminal Court Courts Administrator* (1977) QB 32; vgl. auch *Miller*, Contempt of Court, 217 f.

[928] *Rogers*, Winfield & Jolowicz on Tort, 103.

i.R.d. Vertretung des Mandanten vor Gericht, lösen indes keine zivilrechtliche Haftung aus, insoweit gilt die „Immunität der Advokatur“ (*immunity of advocates*)[929]. Zu ihrer Begründung wird vor allem vorgetragen, daß der Anwalt seinen Mandanten rückhaltos und ohne Angst vor Schadensersatzklagen vertreten können müsse. Außerdem soll dem Mandanten die Möglichkeit genommen werden, ein einmal rechtskräftig gewordenes Urteil indirekt über eine Klage gegen seinen Anwalt anfechten zu können[930]. Diese Privilegierung der forensischen Tätigkeit ist vom *House of Lords* auch auf die Phase der Vorbereitung des eigentlichen Prozesses ausgedehnt worden, wenn die behauptete Sorgfaltspflichtverletzung eine Handlung betrifft, die eng mit der eigentlichen Prozeßführung verbunden ist[931]. Die genauen Grenzen der Haftungsfreistellung im Vorverfahren sind noch nicht abschließend geklärt, doch hat der *Court of Appeal* entschieden, daß jedenfalls der anwaltliche Rat, ein *guilty plea* abzugeben, in den Bereich der *immunity of advocates* fällt[932]. Überzeugt daher der Verteidiger seinen Mandanten, ein Absprachеangebot des *CPS* anzunehmen und im Rahmen eines *charge bargain* ein Schuldanerkenntnis abzugeben, so können ihm daraus keine Haftungsrisiken erwachsen.

3. Auftretende Probleme bei mehreren Angeklagten

Auch im englischen Recht sind Mitangeklagte keine notwendigen Beteiligten einer Absprache. Der *CPS* kann daher in einem Verfahren gegen mehrere Angeklagte ein *charge bargain* auch nur mit einem oder einigen von ihnen treffen. Ein solches selektives Vorgehen der Anklagebehörde kann von dem ausgeschlossenen Angeklagten nicht gerügt werden, insbesondere besteht keine Möglichkeit, Richter oder Anklagevertreter wegen einer solchen Absprache als befangen abzulehnen. Anders als im deutschen Recht bringt das *charge bargain* nicht unmittelbar ein Beweismittel hervor, welches die Verteidigungsmöglichkeiten des ausgeschlossenen Angeklagten präjudizieren würde, denn das *plea* des Mitangeklagten ist gerade kein Geständnis, sondern ein formales, prozessuales Schuldanerkenntnis. Bleibt der Angeklagte bei einem *plea of not guilty*, so hat das Schuldanerkenntnis des Mitangeklagten keine Auswirkungen auf die Schuldfeststellung durch die Geschworenen.

---

[929] *Rondel* v. *Worsley* (1969) 1 AC 191; *Bailey/Gunn*, Smith and Bailey on the Modern English Legal System, 164 f.; *Jones*, Textbook on Tort, 49; *Zander*, Cases and Materials, 572; vgl. auch S. 62 *Courts and Legal Services Act 1990*.

[930] Vgl. *Bailey/Gunn*, Smith and Bailey on the Modern English Legal System, 164 f. m.w.N.; *Zander*, MLR 1979, 319.

[931] *Saif Ali* v. *Sidney Mitchell & Co.* (1980) AC 198, m. krit. Anm. *Zander*, MLR 1979, 319.

[932] *Somasundaram* v. *M. Julius Melchior & Co.* (1989) 1 AllER 129.

Eine Absprache unter Ausschluß eines Angeklagten kann allerdings mittelbar revisionsrechtliche Folgen haben. Der *appeal against sentence* kann nämlich begründet sein, wenn die Strafmaßdifferenz zwischen dem Mitangeklagten, der ein *guilty plea* abgegeben hat und demjenigen, der nach einem vollen Verfahren von Geschworenen verurteilt wurde, zu groß ist. Wenn der dem kooperativen Mitangeklagten gewährte Strafnachlaß so hoch ist, daß der Angeklagte seine eigene höhere Strafe als spezielle Sanktion für die Wahrnehmung seiner prozessualen Recht empfinden muß, dann kann er vor dem *Court of Appeal* eine Herabsetzung der Strafhöhe erreichen. Die Frage, wann die Privilegierung des kooperativen Angeklagten ein unerträgliches Maß erreicht, wird von der englischen Rechtsprechung allerdings nicht generell, sondern völlig einzelfallabhängig beantwortet. In der Entscheidung *Hollyman* hielt es der *Court of Appeal* z.B. für rechtmäßig, daß gegen den Angeklagten, der nach vollem Verfahren verurteilt worden war, eine dreimonatige Freiheitsstrafe ohne Bewährung verhängt wurde, wohingegen seine kooperativen Mitangeklagten zweimonatige, auf zwei Jahre zur Bewährung ausgesetzte Freiheitsstrafen erhielten[933]. In der nur drei Wochen danach ergangenen Entscheidung *Tonks* hingegen hatten die Angeklagten, die ein *guilty plea* abgelegt hatten sechsmonatige Feiheitsstrafen zur Bewährung, der Angeklagte, der auf seiner Unschuld bestanden hatte, sechs Monate ohne Bewährung bekommen[934]. Dies hielt das Gericht für unzulässig. Diese Brüche in der Rechtsprechung sind wiederholt aufgezeigt und kritisiert worden[935], eine klarere Bestimmung der noch zulässigen Strafmaßdifferenz hat der *Court of Appeal* indes bis heute noch immer nicht vorgenommen[936]. Festzuhalten bleibt als gesicherte Erkenntnis daher nur, daß ein verurteilter Angeklagter in manchen Fällen geltend machen kann, er sei im Vergleich zu seinen kooperativen Mitangeklagten zu hart bestraft worden.

H. Zwischenergebnis

Die Strafbarkeit wegen Beteiligung an einer unzulässigen Absprache spielt weder in Deutschland noch in England in der Rechtspraxis eine Rolle. Während in England diese Frage noch nicht einmal im akademischen Schrifttum diskutiert

---

933 *Hollyman* (1979) 1 CrAppR (S) 289.

934 *Tonks* (1979), CrimLR 1980, 59.

935 Vgl. nur *Thomas*, CrimLR 1980, 60 f.; *Sanders/Young*, Criminal Justice, 324 f; *Stockdale/Casale*; Criminal Justice under Stress, 86.

936 Unter Geltung von S. 48 CJPO hat der *Court of Appeal* allerdings klargestellt, daß ein *guilty plea* nicht der einzige Grund sein kann, eine Freiheitsstrafe zur Bewährung auszusetzen, vgl. *Okinikan* (1993) 1 WLR 173; insofern müßte *Hollyman* heute anders entschieden werden; siehe auch oben 5. Teil, B, I, 1.

wird, ist sie in Deutschland bereits Gegenstand zahlreicher Untersuchungen gewesen. Manche in der Absprachepraxis vorkommenden Extremfälle sind denn auch geeignet, die Strafbarkeit der an ihnen beteiligten Amtsträger und Verteidiger nach verschiedenen Tatbeständen des StGB zu begründen. Für die absolute Mehrzahl auch der unzulässigen Absprachen gilt jedoch, daß die Strafbarkeit der an ihnen Beteiligten jedenfalls regelmäßig an Beweisproblemen scheitern wird.

Eine zivilrechtliche Haftung des Verteidigers für Kunstfehler i.R.d. verfahrensbeendigenden Absprache kommt in England wegen der „Immunität der Advokatur" nicht in Frage. In Deutschland hingegen gelten für den Verteidiger bei der Durchführung von Absprachen weitreichende Sorgfaltspflichten, deren Verletzung Schadensersatzansprüche des Mandanten begründen kann. Doch läßt sich nicht feststellen, ob dieses unterschiedliche Haftungsrisiko Auswirkungen auf die Absprachewilligkeit von Anwälten und auf die Durchführung und inhaltliche Ausgestaltung von verfahrensbeendenden Absprachen hat.

Die Reaktionsmöglichkeiten von Angeklagten auf Absprachen mit Mitangeklagten sind ebenfalls systembedingt unterschiedlich. In England kann der Angeklagte letztlich nur überprüfen lassen, ob er gegenüber dem Mitangeklagten zu hart bestraft wurde. In Deutschland hingegen kann er auch die Unverwertbarkeit des Geständnisses des Mitangeklagten geltend machen sowie vorbefaßte Richter wegen der Besorgnis der Befangenheit ablehnen.

8. Teil: Zusammenfassung der wesentlichen Ergebnisse und rechtsvergleichender Ausblick

Die Praxis hat die verfahrensbeendigende Absprache im Strafprozeß in Deutschland wie in England zu einem eigenen Rechtsinstitut ausgebaut, von dem sie - trotz vieler immer wieder vorgebrachter Bedenken - regen Gebrauch macht. Die rechtspolitische Entscheidung für Absprachen auch über das Verfahrensergebnis ist gefallen: durch Wegsehen des Gesetzgebers. Es ist daher an der Zeit, diese im Grundsatz wohl irreversible Praxis durch eine jedenfalls nicht verständigungsfeindliche Auslegung des geltenden Rechts dogmatisch zu stützen, anstatt weiterhin Fundamentalkritik zu üben. Nur so kann der klar unzulässige Bereich deutlich markiert und überwacht werden. Die Rechtsprechung hat hierzu in Deutschland und England bereits die wesentlichen Eckpfeiler eingeschlagen. Die Gerichte haben in beiden Ländern kleine „systemimmanente" Lösungen der Abspracheproblematik entwickelt, ohne daß der Gesetzgeber maßgeblich eingegriffen hat. In England ging dabei die Stärkung der unabhängigen Position des Richters mit der Anerkennung letztlich nicht gerichtlich kontrollierbaren Ermessens der Anklagebehörden einher, so daß Urteilsabsprachen mit dem Gericht grundsätzlich unzulässig, Absprachen mit dem *CPS* indes in weitem Umfang möglich sind. In Deutschland haben Legalitätsprinzip und Untersuchungsgrundsatz einen anderen Weg vorgegeben. Absprachen außerhalb der §§ 153 ff., 407 ff. StPO bedürfen hier notwendigerweise der Beteiligung des Gerichts und sie müssen in das „Gerüst" der Hauptverhandlung eingepaßt werden. Entscheidend für die weitere Entwicklung der Absprachepraxis wird aber sein, wie mit *fehlgeschlagenen* Absprachen umgegangen wird und ob die Obergerichte eine straffe Mißbrauchskontrolle einzurichten vermögen.

A. Wesentliche Ergebnisse der Untersuchung des deutschen Rechts

Echte Urteilsabsprachen werden in Deutschland zwischen den Verfahrensbeteiligten in der Hauptverhandlung ausgehandelt und haben typischerweise den Austausch eines Geständnisses gegen eine mildere Bestrafung zum Inhalt. Die § 153 ff. StPO und das Strafbefehlsverfahren ermöglichen ebenfalls verfahrensbeendigende Absprachen, durch die der Prozeßstoff einer Hauptverhandlung beschränkt oder eine Hauptverhandlung sogar zur Gänze vermieden werden kann.

Der vierte Strafsenat des BGH hält Absprachen, die ein Geständnis des Angeklagten und die zu verhängende Strafe zum Inhalt haben, zu Recht für „nicht generell unzulässig"[937], denn es ist möglich, Urteilsabsprachen mit dem geltenden

[937] BGHSt 43, 195.

Verfahrensrecht zu harmonisieren. Der BGH benennt klar die Verbotszonen, in denen die Prozeßgrundsätze des deutschen Strafverfahrens Absprachen entgegenstehen: Es kann keine Absprache über den Schuldspruch geben; die Willensentschließungsfreiheit des Angeklagten ist zu wahren; die Zusage einer milderen Strafe darf nicht mit dem Versprechen eines Rechtsmittelverzichts gekoppelt werden; Absprachen müssen in der Hauptverhandlung getroffen oder jedenfalls dort offengelegt werden; die richterliche Entscheidungsfindung am Ende der Hauptverhandlung darf nicht durch feste, d.h. unabänderliche Strafmaßzusagen vorweggenommen werden; die allgemeinen Grundsätze der Strafzumessung sind zu beachten und Vertrauen, welches das Gericht zurechenbar in dem Angeklagten hervorgerufen hat, darf nicht ohne Grund enttäuscht werden. Innerhalb dieser „sieben Säulen der Weisheit" verbleibt aber ein großer Spielraum für zulässige Urteilsabsprachen.

Positiv spricht sich der BGH für die grundsätzliche Beachtlichkeit auch eines ausgehandelten Geständnisses i.R.d. Strafzumessung, sowie für eine eingeschränkte Verbindlichkeit zulässiger Absprachen aus. Auch hierin ist ihm zu folgen. Eine Bindung des Gerichts läßt sich mit § 261 StPO vereinbaren, denn diese Norm soll gewährleisten, daß das Gericht der gesamten Beweisaufnahme unvoreingenommen folgt und alles, aber auch nur dasjenige, was Gegenstand der Hauptverhandlung war, für die Urteilsfindung verwertet. Strafmaßprognosen müssen daher immer vorläufig sein. Diese Vorläufigkeit steht aber einer Bindung des Gerichts bei unveränderter Tatsachengrundlage am Ende der Hauptverhandlung nicht entgegen. Jede Veränderung im festgestellten Tatsachenmaterial gegenüber der Prognosebasis, die Auswirkungen auf die Schuld des Angeklagten hat, läßt indes wegen § 261 StPO diese Bindungswirkung entfallen. Die strafmildernde Wirkung auch des i.R. einer Absprache abgelegten Geständnisses läßt sich mit dem BGH mittels der „doppelspurigen Indizkonstruktion" begründen. *De lege ferenda* ist jedoch die Schaffung eines motivationsunabhängigen Strafmilderungsgrundes für Kooperation wünschenswert, da die Begründung *de lege lata* zwar tragfähig, aber unbefriedigend ist.

Zwar lebt die Absprachepraxis von der Selbstbezichtigung des Angeklagten, doch verstößt sie deswegen nicht zwangsläufig gegen den *nemo tenetur*-Grundsatz oder § 136 a StPO. Allerdings ist auch *sub specie* § 136 a StPO erforderlich, daß das Gericht die Vorläufigkeit seiner Strafmaßprognose unmißverständlich klarstellt.

Die Beweiskraft des Geständnisses und seine Geeignetheit, alleinige Grundlage der Schuldfeststellung zu sein, wird durch eine Absprache nicht *a priori* „ruiniert". Es kommt vielmehr auf den Einzelfall an. Sechs Faktoren beeinflussen die Pflicht des Gerichts, auch bei Vorliegen eines Geständnisses noch weiter zu ermitteln: der Inhalt des Geständnisses, die Beschaffenheit des Anklagevorwurfs, die Art und Weise, wie das Geständnis zustande gekommen ist, das Verfahrensstadium, die Beweislage sowie alle sonstigen, für seine Beurteilung möglicherweise bedeutsamen Umstände.

Auch die Unschuldsvermutung wird durch Urteilsabsprachen nicht zwangsläufig verletzt. Sie ist Beweislastregel und Konkretisierung des verfassungsrechtlichen Übermaßverbotes. Ihr Beweislastaspekt wird von Urteilsabsprachen nicht tangiert, weil die Aufklärungspflicht des Gerichts auch nach Ablegung eines Geständnisses fortbesteht, und auch die andere Funktion der Unschuldsvermutung wird dann nicht verletzt, wenn das Gericht die Vorläufigkeit aller Bewertungen klarstellt und keinen Druck auf den Angeklagten ausübt, ein Geständnis abzulegen.

Schwieriger zu beantworten ist die Frage nach den Rechtsfolgen fehlgeschlagener Urteilsabsprachen und nach der Mißbrauchskontrolle durch die Obergerichte. Schon die Vielfalt der möglichen Rechtsfolgen bei Scheitern der Absprache bereits in der Hauptverhandlung verhindert einfache Lösungen. Daß durch die Mißbrauchssicherungen der Strafprozeß weiter kompliziert und aufgebläht wird, ist aber „der minimale Preis, den die Anhänger eines Absprachensystems für dessen rechtsstaatliche Absicherung zu zahlen haben“[938].

Rechtswidrige Absprachen haben aber jedenfalls nie ein Prozeßhindernis zur Folge, denn ein solches käme nur als Rechtsfolge eines Verstoßes gegen den Fairneßgrundsatz in Betracht. Doch schützt das *fair trial*-Prinzip nicht vor, sondern in einem Strafverfahren. Daher ist der vollständige Verfahrensabbruch keine mögliche Sanktion für einen Verfahrensfehler.

Allerdings greift in vielen Fällen fehlgeschlagener Absprachen ein Beweisverwertungsverbot bzgl. des absprachegemäß abgelegten Geständnisses. § 136 a III StPO ist z.B. einschlägig, wenn dem Angeklagten für sein Geständnis eine Strafmilderung in Aussicht gestellt worden ist, die staatlichen Organe aber von Anfang an diese nicht wirklich gewähren wollten. § 136 a III StPO greift auch, wenn das Gericht dem Angeklagten eine „punktgenaue“ Strafe prognostiziert hat, weil es ihm dann einen gesetzlich nicht vorgesehenen Vorteil verspricht. Kein Beweisverwertungsverbot greift indes, wenn Angeklagter und Gericht eine Urteilsabsprache eingehen, die nicht den prozessual und materiell rechtlich zwingend vorgegebenen Rahmen einhält, ohne daß die Voraussetzungen des § 136 a StPO erfüllt sind und das Urteil auf Betreiben des beschwerten Prozeßbeteiligten in der Revisionsinstanz aufgehoben wird. Auch in Fällen des Wegfalls der Geschäftsgrundlage tritt kein Beweisverwertungsverbot ein. Problematisch sind die Fälle des Dissenses. Dort materialisiert sich nicht das „Restrisiko“ des Bekanntwerdens der Wahrheit, sondern ein Risiko, welches auf der schlechten Vorbereitung und Durchführung der Absprache fußt. Der *fair trial*-Grundsatz

---

[938] *Weigend*, JR 1991, 257, 260.

erfordert in diesen Fällen die Annahme eines Beweisverwertungsverbots. Es ist entscheidend, daß das Prozeßrecht den Verfahrensbeteiligten in dieser Verfahrenssituationen gleichwertige Reaktionsmöglichkeiten an die Hand gibt. Da der in Vorleistung gegangene Angeklagte nicht mehr - wie das Gericht - schlicht durch Nichterbringung seiner Leistung reagieren kann, ist seine Leistung mittels eines Beweisverwertungsverbotes zu revozieren. Kein Beweisverwertungsverbot tritt indes ein, wenn sich das erkennende Gericht von einer zulässigen Strafmaßprognose ohne zureichenden Grund lösen will. Ein Beweisverwertungverbot griffe in diesen Fällen einerseits zu kurz, weil es das Vertrauen des Angeklagten in die rechtmäßige Zusage nicht positiv durchsetzen könnte, andererseits ginge es zu weit, weil es dem Verfahren ein rechtmäßig gewonnenes Beweismittel entzöge. Folge einer zulässigen Strafmaßprognose, deren tatsächliche Basis zum Urteilszeitpunkt noch Bestand hat, ist daher vielmehr eine Bindung des Gerichts aus dem Grundsatz des Vertrauensschutzes.

Auch dem Befangenheitsrecht kommt eine wichtige Funktion bei der Bewältigung fehlgeschlagener Absprachen zu. Wegen der grundsätzlichen Anerkennung von Urteilsabsprachen ist es allerdings primär das „Wie" von Verständigungsgesprächen, nicht die bloße Tatsache ihres Stattfindens, die ablehnungsbegründend wirken kann. Der Ausschluß von Verfahrensbeteiligten von Gesprächen über die Straferwartung begründet immer die Besorgnis der Befangenheit beim Ausgeschlossenen. Ebenso begründet es die Besorgnis der Befangenheit, wenn sich das Gericht mit einer Strafmaßprognose entgegen § 261 StPO endgültig festlegen will. Auch ein aktives Hinwirken auf Kooperation wirkt ablehnungsbegründend. Sind die Gespräche als solche unter dem Gesichtspunkt der Befangenheit unverdächtig, ändert auch ein Scheitern der Verständigung daran nichts. Wenn allerdings bereits Leistungen der Beteiligten auf die Absprache hin erbracht worden sind, ist die Rechtslage anders. Beim verdeckten Dissens wird nicht nur das Geständnis des Angeklagten unverwertbar, sondern dieser kann auch die beteiligten Richter wegen der Besorgnis der Befangenheit ablehnen. Der Angeklagte muß nämlich nur die Risiken tragen, die aus dem von ihm zu verantwortenden Öffnen der Verteidigungslinie auch bei sachgemäßer Durchführung der Absprache entstehen, das Gericht hingegen muß für alle Fehler in der Durchführung der Absprache geradestehen, die es bei Anwendung der erforderlichen Sorgfalt hätte vermeiden können.

Die strafmildernde Wirkung des Geständnisses bleibt natürlich auch erhalten, wenn das Gericht von seiner eigentlichen Prognose abweichen will oder muß. Auch das widerrufene oder unverwertbare Geständnis darf nicht völlig bei der Strafzumessung ausgeblendet werden. Es muß i.R.d. Strafzumessungserwägungen zumindest erörtert werden. Eine Strafmilderung wird aber i.E. in diesen Fällen meist mangels vernünftiger Zweifel an der Motivation des Angeklagten ausscheiden. Raum für einen selbständigen Strafmilderungsgrund wegen Fehlschlagens der Absprache bleibt bei Urteilsabsprachen nicht, denn die Beeinträchtigung des Angeklagten kann vorrangig schon durch andere Mechanismen ausgeglichen werden.

Das Rechtsmittelrecht ermöglicht keine rügeunabhängige Kontrolle der Absprachepraxis, wodurch die allgemeine Mißbrauchskontrolle stark eingeschränkt ist. Ist aber bei Fehlschlagen der Absprache einer der Beteiligten bereit, das Urteil in höherer Instanz anzugreifen, dann gibt ihm das geltende Recht auch adäquate Rügemöglichkeiten an die Hand. Diese können auch durch einen absprachegemäß erklärten Rechtsmittelverzicht nicht ausgeschlossen werden. Eine auf eine Absprache hin abgegebene Rechtsmittelverzichtserklärung ist unabhängig vom Vorliegen weiterer Verfahrensverstöße unwirksam. Nur eine „qualifizierte" Rechtsmittelbelehrung vermag den Verfahrensverstoß zu heilen. Darüberhinaus wäre es wünschenswert, wenn in allen Fällen, in denen es zu Absprachen kommt, das Gericht eine „qualifizierte" Rechtsmittelbelehrung erteilen würde. Ist absprachegemäß Rechtsmittelverzicht erklärt worden, so kann der Angeklagte nach Ablauf der Rechtsmittelfrist Wiedereinsetzung in den vorigen Stand verlangen. Die Notwendigkeit dichter revisionsrechtlicher Kontrolle erfordert insoweit eine „nachsichtige" Auslegung des § 45 I StPO.

Die Revision ist nach § 338 Nr. 3 i.V.m. § 28 StPO begründet, wenn sich das Tatgericht der Besorgnis der Befangenheit ausgesetzt hat und der Revisionsführer dies in der ersten Instanz auch gerügt hat. § 338 Nr. 6 StPO ist in allen Fällen verdeckter Urteilsabsprachen einschlägig. § 169 GVG schützt insofern nicht nur die Öffentlichkeit der stattfindenden Hauptverhandlung, sondern er verbietet auch, daß Prozeßstoff, der in die öffentliche Hauptverhandlung gehört hätte, außerhalb einer solchen verhandelt wird.

Verstöße gegen das *fair trial*-Prinzip, § 136 a StPO, § 244 II StPO und § 261 StPO können mit der Verfahrensrüge geltend gemacht werden. Die Revisibilität von Verstößen gegen das *fair trial*-Prinzip unterliegt allerdings einer wesentlichen Einschränkung. Da das Ergebnis einer Absprache als wesentlicher Verfahrensvorgang in das Hauptverhandlungsprotokoll aufzunehmen ist und das Protokoll insofern ausschließliche Beweisgrundlage ist, kann der Angeklagte alle mit dem Inhalt der Absprache zusammenhängenden Rügen nur noch erfolgreich vorbringen, wenn die Absprache protokolliert wurde. Nicht protokollierte Absprachen sind mit der Revision aber insoweit anfechtbar, als sich der Revisionsführer hierfür nicht gerade auf das Bestehen der Absprache berufen muß, wie im Falle der Rüge eines Verstoßes gegen §§ 136 a, 244 II, 261 StPO oder der Verletzung der Unschuldsvermutung.

Wichtigstes Mittel, um das Tatgericht zu zwingen, Rechenschaft darüber abzulegen, warum es ein absprachegemäß abgelegtes Geständnis für glaubwürdig hält, ist das Instrument der Darstellungsrüge. Die Revision hat mit dieser Sachrüge immer schon dann Erfolg, wenn das Gericht, das sich auf ein solches Geständnis stützen will, nicht deutliche Ausführungen zur Glaubwürdigkeitsprüfung macht. Hierbei hat es sich an den vom BGH erarbeiteten sechs Prüfungspunkten zu orientieren.

Auch im Wiederaufnahmeverfahren *propter nova* und nach § 359 Nr. 3 StPO können fehlgeschlagene Absprachen korrigiert werden. In Ausnahmefällen kann es auch zu einer Korrektur rechtswidriger Absprachen zuungunsten des Angeklagten nach § 362 Nr. 3 StPO kommen.

Absprachen i.R.d. § 153 ff. StPO sind gesetzlich vorgezeichnet und in weitem Umfang zulässig. Die Praxis macht von den ihr eingeräumten Absprachemöglichkeiten insbesondere bei § 153 a StPO regen Gebrauch. Hält sich die StA an die Tatbestandsvoraussetzungen des § 154, so sind auch Absprachen, die eine Teileinstellung als Gegenleistung für ein Geständnis zum Inhalt haben zulässig. Mit der Möglichkeit der „Einstellung nach Einstellung" wird der StA ein Mittel an die Hand gegeben, potentiell aufwendige und langwierige Verfahren resourcenschonend und ohne Verzicht auf Sanktionierung zu erledigen. Auch die §§ 407 ff. StPO ermöglichen Absprachen, sowohl über das „Ob" als auch über den Inhalt des Strafbefehls.

Bei der Behandlung fehlgeschlagener Absprachen und bzgl. der Möglichkeit der Mißbrauchskontrolle ist zwischen Absprachen zur Vermeidung und solchen zur Begrenzung einer Hauptverhandlung zu unterscheiden. Unzulässigen Einstellungen i.R.d. §§ 153 ff. StPO kann durch Aktivierung der Dienst- und Fachaufsicht begegnet werden. Durch § 172 II StPO ist allerdings das Klageerzwingungsverfahren bei Einstellungen aus Opportunitätsgründen ausgeschlossen. Eine gewisse Kontrolle der Praxis ermöglicht auch die z.T. notwendige Beteiligung des Gerichts bei der Einstellungsentscheidung, sowie die Strafbewehrung von Verstößen gegen das Legalitätsprinzips durch § 258 a StGB. Die Ausweitung des Anwendungsbereichs der §§ 153 ff. StPO in den Bereich der mittleren Kriminalität - und das damit einhergehende Ermessen der Anklagebehörde - hat allerdings dazu geführt, daß eine wirklich effiziente Mißbrauchskontrolle wohl nur noch in Betracht kommt, wenn die StA aus Opportunitätsgründen von der Verfolgung eines Verbrechens abgesehen hat.

Wegen der aus den §§ 153 ff. StPO fließenden Dispositionsbefugnis der StA sind Einstellungszusagen grundsätzlich bindend. Allerdings muß sich die Reichweite der Bindungswirkung an der Bestandskraft vollzogener Einstellungsentscheidungen orientieren, denn es besteht kein Anlaß, das Vertrauen in das bloße Versprechen einer Einstellung stärker zu schützen als das Vertrauen in die Einstellungsentscheidung selbst. Einstellungsentscheidungen der StA bieten aber außerhalb des § 153 a StPO nur einen sehr limitierten Schutz gegen eine Wiederaufnahme des eingestellten Verfahrens. Selbst dort, wo eine vollzogene Einstellungsentscheidung einer Weiterverfolgung der Straftat entgegenstünde, kann der Angeklagte nicht das Vorgehen nach §§ 153 ff. StPO erzwingen. Weder begründet die Einstellungszusage ein Verfahrenshindernis, noch kann die Entscheidung über § 23 EGGVG eingeklagt werden. Geht es um die vollständige Einstellung eines Verfahrens, ohne daß der Angeklagte in anderen Verfahren (Vor-)Leistungen erbracht hat, entsteht ihm durch dieses Fehlen eines „Erfüllungsanspruchs“ auch kein Nachteil. Er steht vielmehr so, wie er ohne die Absprache gestanden hätte. An die Stelle der (ausnahmsweisen) Einstellung aus Opportunitätsgünden tritt der Normalfall der Schuldfeststellung im Rechtsstaat, nämlich die öffentliche Hauptverhandlung. Anders zu entscheiden hieße, das Verhältnis von Legalitäts*prinzip* und der bloßen *Möglichkeit* einer Opportunitätsentscheidung zu verkennen. Auch eine schuldunabhängige Strafmilderung ist in diesen Fällen nicht erforderlich. Da dem Angeklagten kein Schaden entstanden ist, wäre eine solche ein bloßes Disziplinierungsmittel für staatsanwaltliches Fehlverhalten. Hierfür ist im Strafzumessungsrecht indes kein Raum, vielmehr ist der Beschuldigte auf die Möglichkeit der Anstrengung eines disziplinarrechtlichen Verfahrens zu verweisen.

Werden die §§ 153 ff. StPO allerdings zur Beschränkung des Umfangs einer Hauptverhandlung genutzt und wird das Vorgehen nach §§ 154, 154 a StPO mit einer Leistung des Beschuldigten in der Hauptverhandlung oder im Strafbefehlsverfahren verknüpft, kann dem Angeklagten ein Schaden entstehen, der ausgeglichen werden muß. Doch gibt es auch hier keine Möglichkeit, die Einstellungsentscheidung selbst zu erzwingen. Vielmehr ist entweder im Hauptverfahren „Pannenhilfe“ durch Beweisverwertungsverbote und die Möglichkeit der Richterablehnung wegen Besorgnis der Befangenheit zu leisten - so bei unzulässigen Absprachen oder im Falle eines Dissenses über die Reichweite der Absprache - oder es ist - wenn die Absprache zulässig war - die Strafe hinsichtlich der absprachewidrig angeklagten Delikte deutlich zu mildern.

Auf fehlgeschlagene Absprachen im Strafbefehlsverfahren sind die Grundsätze über die „Pannenhilfe“ bei Urteilsabsprachen übertragbar. Allerdings muß der Angeklagte seine Rügen letztlich in der eigentlich nicht gewollten Hauptverhandlung vorbringen. Die Erledigung des Verfahrens mittels Strafbefehls als solche kann er nicht verlangen.

Die Strafbarkeit wegen Beteiligung an einer unzulässigen Absprache spielt in Deuschland jedenfalls *in praxi* keine Rolle. Die Gefahr einer *zivilrechtlichen* Haftung aus pFV besteht indes durchaus dann, wenn der Verteidiger bei der vermeintlich einfachen „Abwicklung“ des Verfahrens im Wege der Absprache Sorgfaltspflichten verletzt und dem Angeklagten dadurch ein materieller Schaden entsteht. Schließlich können Angeklagte in Deutschland sowohl die Unverwertbarkeit des Geständnisses eines Mitangeklagten geltend machen als auch Richter wegen der Besorgnis der Befangenheit ablehnen. Als Ablehnungsgründe kommen dabei der Ausschluß von Gesprächen mit den Mitangeklagten, aber auch die richterliche Vorbefassung in Betracht.

B. Wesentliche Ergebnisse der Untersuchung des englischen Rechts

Demgegenüber kennt das englische Recht drei Absprachegrundtypen: Abreden über Art und Anzahl der angeklagten Delikte (*charge bargains*), solche über die Darstellung der strafmaßrelevanten Tatsachen durch den Anklagevertreter (*fact bargains*) und Absprachen über die Höhe der zu verhängenden Strafe (*sentence bargains*). Während *charge bargains* in weitem Umfang zulässig sind, stehen die englischen Gerichte *fact* und *sentence bargains* sehr kritisch gegenüber. Absprachen sind im englischen Recht das Produkt der Anwaltskultur und werden daher auch vornehmlich zwischen diesen in Form des *charge bargaining* abgeschlossen.

Die Begründung der strafmildernden Wirkung der Kooperation des Angeklagten ergibt sich im englischen Recht direkt aus dem Gesetz, S. 48 (1) CJPO. Ein *guilty plea* wird dort motivationsunabhängig wegen seiner verfahrensfördernden Wirkung strafmildernd berücksichtigt.

Echten Urteilsabsprachen steht der *Court of Appeal* ablehnend gegenüber. Eine Verständigung mit dem Gericht über *plea* und Strafmaß ist nur in den von der Entscheidung *Turner* gezogenen engen Grenzen zulässig. Danach darf der Verteidiger dem Angeklagten auch in „deutlichen Worten" zu einem *guilty plea* raten. Aus diesen vom *Court of Appeal* erlaubten klaren Worten des Verteidigers werden in der Praxis allerdings nicht selten Manipulationsversuche oder gar Drohungen. Doch muß der Angeklagte immer in der Wahl seines *plea* frei bleiben. Da diese Willensfreiheit durch Gespräche mit dem Richter gefährdet werde, sollten solche nur stattfinden, wenn sie wirklich notwendig sind. Eine konkrete Urteilsprognose soll der Richter nie abgeben. Er darf lediglich zusagen, daß er unabhängig vom *plea* auf eine bestimmte Strafart erkennen werde. Schließlich müssen solche Gespräche dem Angeklagten gegenüber offengelegt werden. Das grundsätzliche Verbot von Absprachen mit dem Gericht ist wegen der anderen Struktur des englischen Strafprozesses auch geboten. Der Richter hat hier eine sehr zurückgenommene Rolle. Diese unparteiische Passivität wird aber durch Absprachen mit dem Gericht verletzt. Wichtig ist auch die Verfügungswirkung des *guilty plea*. Die Unschuldsvermutung wird verletzt, weil nach einem *guilty plea* keine weitere Sachaufklärung betrieben wird. In einem System mit *guilty plea* führt jede Strafmaßprognose des Gerichts zu einem echten „Handel mit Gerechtigkeit".

Das Problem der Beseitung der Folgen fehlgeschlagener Absprachen stellt sich in England in anderer Form als im deutschen Recht. Dies folgt aus der klaren Trennung von Verfahren mit *guilty plea* und streitigen Verfahren, sowie aus der Tatsache, daß der Anklagebehörde die Rechtsmittelbefugnis fehlt. Kommt es zur Ablegung eines Schuldanerkenntnisses, findet eine Hauptverhandlung über die Schuldfrage nicht mehr statt. Alle die Freiwilligkeit des *plea* und die Sicherheit des Schuldnachweises betreffenden Fragen müssen dann im Grundsatz in einer höheren Instanz, d.h. vor dem *Court of Appeal*, behandelt werden, es sei denn, dem Angeklagten wird vor Festsetzung des Strafmaßes ausnahmsweise erlaubt, sein *guilty plea* zurückzunehmen und zum streitigen Verfahren zurückzukehren. Will der Angeklagte nur die Sachverhaltsdarstellung durch den Anklagevertreter angreifen, so kann er dies im Strafzumessungsverfahren mittels eines sog. *Newton-Hearings* tun, sodaß er sich mit dem *guilty plea* nicht gänzlich dem Inhalt der Ermittlungsakten ausliefert. Dem englischen Recht ist die Richterablehnung wegen der Besorgnis der Befangenheit wegen voreingenommer Verhandlungsleitung fremd. Hat ein Richter Anlaß zu der Sorge gegeben, er werde nicht unvoreingenommen entscheiden, so hat das *Revisionsgericht* zu prüfen, ob das Verhalten des Richters den Schuldspruch „unsicher" i.S.v. S. 2 (1) *Criminal Appeal Act* gemacht hat.

Durch die Änderungen des *Criminal Appeal Act* ist zweifelhaft geworden, inwieweit das Rechtsmittelgericht fehlgeschlagene und rechtswidrige Absprachen überprüfen kann. Unstreitig besitzt der *Court of Appeal* die Möglichkeit, die Ungültigkeit eines *guilty plea* festzustellen, das Verfahren zu einem *mistrial* zu erklären und ein *venire de novo* anzuordnen. Dadurch sind alle Fälle, in denen unzulässiger Druck auf den Angeklagten ausgeübt wurde, mit dem *appeal* kontrollierbar. Auch eine Überprüfung des Strafmaßes kann der *Court of Appeal* vornehmen. Hat der Tatrichter eine Strafartprognose innerhalb der von *Turner* gezogenen Grenzen abgegeben, kann der Angeklagte die daraus resultierende Bindung mit dem *appeal* einklagen. Diese Bindungswirkung entfällt nur dann rückwirkend, wenn die Anklagebehörde mittels einer *Reference* des *Attorney-General* rügt, daß die verhängte Strafe *„unduly lenient"*, d.h. unverhältnismäßig milde sei. Zweifelhaft ist die Rechtslage indes bei reinen Fehlern im Verfahren, die auf die Sicherheit des Schuldnachweises keinen Einfluß haben. Aus dem *Criminal Appeal Act* und der bisherigen Rechtsprechung des *Court of Appeal* ergeben sich aber einige Eckpunkte der revisionsrechtlichen Kompetenzen: Der *Court of Appeal* kann einer Revision nur stattgeben, wenn der Schuldspruch *unsafe* i.S.v. S. 2 (1) *Criminal Appeal Act* ist. Ein *guilty plea*, mit dem der Angeklagte die ihm zur Last gelegten Tatsachen anerkennt, ist auch dann ausreichende Grundlage einer Verurteilung, wenn das Verfahren vor Abgabe des *plea* rechtsfehlerhaft war, der *Court of Appeal* aber von der Schuld des Angeklagten überzeugt ist. Bestreitet der Angeklagte hingegen auch in der ersten Instanz seine Schuld und wird er nach durchgeführter Hauptverhandlung von den Geschworenen für schuldig befunden, hat er wohl jedenfalls dann eine Revisionsmöglichkeit, wenn sein Antrag, den Prozeß wegen *abuse of process* einzustellen, fälschlicherweise abgelehnt worden ist und das Verfahren somit gar nicht hätte stattfinden dürfen. Diese neue Rechtslage ist insbesondere dann problematisch, wenn der Verteidiger seinen Mandanten nicht über ein Gespräch mit dem Richter informiert. Kommt es zu einer verdeckten Absprache zwischen

Verteidigung und Gericht über Straferwartung und *plea* und bekennt sich der Angeklagte - ohne Kenntnis von diesem unzulässigen Gespräch zu haben - schuldig, so kann er das Urteil nicht mit dem *appeal* anfechten. Das derart freiwillig abgelegte *guilty plea* überdeckt dann den Verfahrensfehler. Diese Fälle zeigen deutlich um wieviel größer die Bedeutung des *guilty plea* gegenüber dem Geständnis des deutschen Rechts ist.

Die Manipulation der dem Gericht präsentierten Fakten durch ein *fact bargain* ist unzulässig. Dies ergibt sich aus den einschlägigen Codes of Conduct. *Charge bargains* hingegen sind nicht nur zulässig, sondern werden sogar als integraler Bestandteil des Systems verstanden.

Charge bargains können auch nicht am fehlenden Einverständnis des Richters scheitern. Einigen sich Anklage und Verteidigung auf *guilty pleas* zu bestimmten Anklagepunkten und sind auch der *Director of Public Prosecutions* und der *Attorney-General* mit dem *charge bargain* einverstanden, muß der Richter dies akzeptieren und kann das Strafmaß nur nach Maßgabe der eingestandenen Delikte festsetzen. Auch das Opfer hat mit der Privatklage und dem Rechtsbehelf des *judicial review* der *charging decision* jedenfalls keine effizienten Möglichkeiten, *charge bargains* zu verhindern. Bricht der *CPS* eine Einstellungszusage und klagt er absprachewidrig an, so kann das Gericht das Verfahren als *abuse of process* einstellen. Dies gilt insbesondere dann, wenn die Zusage *coram judice* abgegeben wurde, denn nach Ansicht des *Court of Appeal* würde das Ansehen der Justiz beschädigt, wenn der Eindruck entstünde, daß der *CPS* nach Belieben über das gerichtliche Verfahren verfügen könne. Die Möglichkeiten der Mißbrauchskontrolle sind daher bzgl. *charge bargains* stark eingeschränkt. Der Angeklagte kann sich auch nicht darauf berufen, daß sein *guilty plea* durch unzulässigen Druck verursacht worden sei, wenn ihm der *CPS* ein *charge bargain* angeboten hat. Das Opportunitätsprinzip und das weite Ermessen des *CPS* sind zwar *de facto* eine ständige Gefährdung der freien Wahl des Angeklagten über sein *plea*, jedoch werden diese Einflüsse *de iure* nicht als unzulässig, sondern vielmehr als fester Bestandteil des englischen Strafprozeßrechtssystems angesehen. Ausnahmen werden insoweit nur für den Fall ganz besonders unethischen Verhaltens der beteiligten Anwälte diskutiert.

Hat der Richter hingegen den Verdacht, daß die Sachverhaltsschilderung zwischen Anklage und Verteidigung mittels eines *fact bargain* abgesprochen wurde, so kann er dagegen vorgehen. Er kann dann ein *Newton-Hearing* anordnen, ohne daß dem Angeklagten dadurch erlaubt würde, sein *guilty plea* zurückzuziehen. In diesem *Newton-Hearing* ist der Anklagevertreter gezwungen, die wahre Sachlage vorzubringen. An eine Absprache mit der Verteidigung ist er nicht gebunden.

Die Strafbarkeit wegen Beteiligung an einer unzulässigen Absprache spielt in England *in praxi* keine Rolle. Auch eine zivilrechtliche Haftung greift wegen der grundsätzlichen Haftungsfreistellung für Anwälte i.R.d. gerichtlichen Vertretung nicht ein. Kommt es in einem Verfahren mit mehreren Angeklagten zu Absprachen nur mit einigen von diesen, so kann ein Angeklagter in solchen Fällen letztlich nur überprüfen lassen, ob er gegenüber dem Mitangeklagten, mit dem eine Absprache getroffen wurde, zu hart bestraft wurde.

C. Rechtsvergleichender Ausblick

Die Aussage, daß sich die Entwicklung in Deutschland vor dem Hintergrund des anglo-amerikanischen Prozeßmodells vollziehe, ist somit - jedenfalls im Vergleich zum englischen Recht - *cum grano salis* zu genießen. Dogmatisch trennt die englische und deutsche Absprachepraxis mehr als sie verbindet. Funktional läßt sich allerdings insbesondere zwischen *charge bargains* und den §§ 153 ff. StPO eine Konvergenz feststellen. Doch erlaubt gerade § 153 a StPO der StA weiterreichende Absprachen als sie dem *CPS* möglich sind, so daß es sich jedenfalls nicht pauschal sagen läßt, daß das englische Recht weiterreichende Absprachemöglichkeiten eröffne. In diesem Bereich ist aber trotzdem eine echte funktionale und z.T. wohl auch eine dogmatische Konvergenz erkennbar. Die §§ 153 ff. StPO eröffnen nämlich durch die Ausweitung ihres Anwendungsbereichs in den Bereich der mittleren Kriminalität in immer mehr Fällen die Möglichkeit zu Ermessensentscheidungen über die Strafverfolgung, wobei die Unterschiede zur *charging decision* des englischen Rechts immer weiter verwischen. Will man diesen Unterschied zwischen dem *Grundsatz* der Anklagepflicht im deutschen und dem des Anklageermessens im englischen Recht indes nicht gänzlich einebnen, so muß es mit der letzten Ausweitung der §§ 153 ff. StPO nunmehr wohl sein Bewenden haben. Die äußere Grenze des noch mit der grundsätzlichen Geltung des Legalitätsprinzips zu Vereinbarenden ist erreicht.

Gemeinsam ist beiden Systemen die Ablehnung von Manipulationen an der Tatsachenbasis des Urteils. Insofern ist die Dispositionsbefugnis der „Parteien" des englischen Strafverfahrens eingeschränkt. Im deutschen Recht ergibt sich die Unzulässigkeit von Absprachen über den Sachverhalt schon aus § 244 II StPO, der dem Gericht die „Erforschung der Wahrheit" aufgibt. Ein Strafverfahren, das den Beteiligten ermöglichen würde, Verurteilungen aufgrund von einverständlich selektierten oder gar frei erfundenen Tatsachen herbeizuführen, würde zum Schmierentheater, die wesentliche Funktion des Strafprozeßes, den Normen des materiellen Strafrechts Geltung zu verschaffen, würde aufgegeben. Allen Formen des *fact bargaining* ist daher mit Entschiedenheit entgegenzutreten.

Die in England gegen Urteilsabsprachen mit dem Gericht angeführten Argumente lassen sich auch für die deutsche Diskussion fruchtbar machen. Allerdings sind die Schlußfolgerungen dem deutschen Prozeßmodell anzupassen. Eine Absprache ohne Gericht ist im Geltungsbereich von Legalitätsprinzip und Ermittlungsgrundsatz nicht praktikabel. Wichtig ist es aber dann, den somit eintretenden Verlust an trennscharfer Rollenverteilung zu kontrollieren und eine „Vermischung der Verfahrenssphären" jedenfalls bei Fehlschlagen der Absprache nachträglich zu beseitigen. Hierfür hält das deutsche Recht die Möglichkeit der Richterablehnung wegen der Besorgnis der Befangenheit bereit. Von diesem Instrument ist bei der Behandlung fehlgeschlagener Absprachen noch konsequenter als bisher Gebrauch zu machen.

Wichtig sind auch Offenheit und Transparenz. Daher sind Gespräche hinter dem Rücken einzelner Verfahrensbeteiligter in beiden Ländern unzulässig. Das deutsche Recht eröffnet dem Ausgeschlossenen indes effizientere und nuanciertere Reaktionsmöglichkeiten, insbesondere auch in der Rechtsmittelinstanz. Den Weg der Sicherung der Öffentlichkeit von Absprachen gilt es voranzugehen. Hierzu gehört auch und vor allem eine weite Auslegung der Vorschriften über die Verhandlungsöffentlichkeit.

BGH und *Court of Appeal* sollten primär auch Garanten der Freiwilligkeit der Kooperation des Angeklagten sein. Die englische Diskussion, die weniger in der Auslegung abstrakter Maximen verfangen ist, bewegt sich vor allem um diesen Aspekt. Gerade im Bereich der Bewertung abgesprochener Rechtsmittelverzichtserklärungen, aber auch bei der Frage nach dem Grad der zulässigen Genauigkeit von Strafmaßprognosen sollte dem Schutz der Willensfreiheit in Deutschland verstärktes Augenmerk gewidmet werden. Noch viel mehr gilt dies für den Problemkreis der Verhinderung von unzulässigem Druck durch den Verteidiger. Englische Untersuchungen haben gezeigt, daß es oft der eigene Verteidiger ist, der den Beschuldigten zu einem „kurzen Prozeß" durch Kooperation drängt. Zwar sind - wegen der fortbestehenden Aufklärungpflicht des Gerichts - die Folgen eines Geständnisses nicht so gravierend wie die des *guilty plea* im englischen Strafprozeß, doch besteht kein Grund zu der Annahme, daß das Arbeitsethos deutscher Strafverteidiger sich fundamental von dem ihrer englischen Kollegen unterscheidet und daher kein Handlungsbedarf bestehe. Je öfter die Praxis zu Absprachen greift und je mehr diese dadurch zur Routine werden, desto dringender wird die Frage nach dem Schutz des Beschuldigten vor seinem „routinemäßig" eine Verständigung anstrebenden Verteidiger. Zwar gibt es in England keine Entscheidungen zu diesem Komplex, doch gilt jedenfalls *de iure* das Verbot „*undue pressure*" auszuüben auch für alle beteiligten Anwälte. Auch für das deutsche Recht gilt es, hier Kontrollmöglichkeiten zu schaffen.

Das Gebot von Rechtssicherheit und -klarheit erfordert es, daß die von der Rechtsprechung geschaffenen „Eckpfeiler" für Absprachen als klarstellende Regelungen in StPO und StGB überführt werden. Hier kann die „Entmystifizierung" der strafmildernden Wirkung kooperativen Verhaltens durch S. 48 (1) CJPO m.E. Vorbildfunktion haben. Wenn man einen motivationsunabhängigen Strafrabatt einführt, könnte man auch die Höhe des Strafnachlasses besser steuern und somit verhindern, daß durch zu starke „Abschläge" der motivatorische Druck unzumutbar erhöht wird. Eine klarere Festsetzung der zulässigen Höhe des „Kooperationsrabatts", wie sie in England durch die Rechtsprechung entwickelt wurde, ist dringend geboten, wenn sie auch in Deutschland wegen der fortbestehenden Aufklärungpflicht schwieriger durchzuführen sein wird. Will man auch in Deutschland die strafmildernde Wirkung des Geständnisses mit seiner Effizienzsteigerung begründen, so wäre es nämlich immer eine Frage des Einzelfalls, wieviel weiterer Ermittlungsaufwand dem Gericht *in casu* erspart bliebe. Der bloße Zeitpunkt des Geständnisses allein sagt jedenfalls nichts über seine ressourcensparende Wirkung aus, weil das Maß der noch nötigen weiteren Aufklärung noch von anderen Faktoren beeinflußt wird. Dennoch wäre jedenfalls die Normierung einer Obergrenze für eine solche Strafmilderung wünschenswert, und ein Urteil sollte immer erkennen lassen, um welches Maß die Strafe durch die Kooperation des Angeklagten gemildert wurde.

Wichtig ist zuletzt, klar zu unterscheiden zwischen der Frage nach der Strafzumessungsrelevanz kooperativen Verhaltens und der Entscheidung für oder gegen Amtsermittlungsgrundsatz und Aufklärungsmaxime. Das deutsche Modell der Absprachen mit dem Gericht ist gerade *wegen* der Fortgeltung dieser Prinzipien zulässig. Der Satz, daß, wer *plea bargaining* wolle, auch ein *guilty plea* genügen lassen sollte, ist daher zwar „griffig", er verkennt aber die tragenden Gründe für die Zulässigkeit der spezifisch deutschen Form der Absprache im Strafprozeß.

Anhang: gesetzliche Bestimmungen

CRIMINAL APPEAL ACT 1968

s.1

(1) Subject to subsection (3) below a person convicted of an offence on indictment may appeal to the Court of Appeal against his convicton.

(2) An appeal under this section lies only-

(a) with the leave of the Court of Appeal; or

(b) if the judge of the court of trial grants a certificate that the case is fit for appeal.

[(3) and (4) No appeal to lie against a conviction on indictment for an offence of criminal damage on the ground that the court which committed or transferred the accused for trial was mistaken as to the value involved in the offence and ought to have proceeded as if the offence were triable only summarily.]

s.2

(1) Subject to the provisions of this Act, the Court of Appeal-

(a) shall allow an appeal against conviction if they think that the conviction is unsafe;

and

(b) shall dismiss such an appeal in any other case.

(2) In the case of an appeal against conviction the court shall, if they allow the appeal, quash the conviction.

(3) An order of the Court of Appeal quashing a conviction shall, except when under section 7 below the appellant is ordered to be retried, operate as a direction to the court of trial to enter, instead of the record of conviction, a judgement and verdict of aquittal.

s.3

(1) This section applies only on an appeal against conviction, where the appellant has been convicted of an offence and the jury could on the indictment have found him guilty of some other offence, and on the finding of the jury it appears to the Court of Appeal that the jury must have been satisfied of facts which proved him guilty of the other offence.

(2) The Court may, instead of allowing or dismissing the appeal, substitute for the verdict found by the jury a verdict of guilty of the other offence, and pass such sentence in substitution for the sentence passed at the trial as may be authorised by law for the other offence, not being a sentence of greater severity.

s.7

(1) Where the Court of Appeal allow an appeal against conviction and it appears to the court that the interests of justice so require, they may order the appellant to be retried.

s.9

(1) A person who has been convicted of an offence on indictment may appeal to the Court of Appeal against any sentence (not being a sentence fixed by law) passed on him for the offence, whether pased on his conviction or in subsequent proceedings.

(2) A person who on conviction on indictment has also been convicted of a summary offence under section 41 of the Criminal Justice Act 1988 (power of the Crown Court to deal with summary offences where person committed for either-way offences) may appeal to the Court of Appeal against any sentence passed on him for the summary offence (whether on his conviction or in subsequent proceedings) under subsection (7) of that section.

CRIMINAL JUSTICE AND PUBLIC ORDER ACT 1994

s. 48

(1) In determining what sentence to pass on an offender who has pleaded guilty to an offence before that or another court a court shall take into accout:

(a) the stage in the proceedings for the offence at which the offender indicated his intention to plead guilty; and

(b) the circumstances in which this indication was given.

(2) If as a result of taking into account any matter referred to in subsection (1) above the court imposes a punishment on the offender which is less severe than it would otherwise have done, it shall state in open court that it has done so.

CRIMINAL JUSTICE ACT 1967

s.17

Where a defendant arraigned on an indictment or inquisition pleads not guilty and the prosecutor proposes not to offer evidence against him, the court before which the defendant is arraigned may, if it thinks fit, order that a verdict of not guilty shall be recorded without the defendant being given in charge of a jury, and the verdict shall have the same effect as if the defendant had been tried and aquitted in the verdict of a jury.

CRIMINAL JUSTICE ACT 1988

s.36

(1) If it appears to the Attorney-General-

(a) that the sentencing of a person in a proceeding in the Crown Court has been unduly lenient; and

(b) that the case is one to which this part of this Act applies, he may, with the leave of the Court of Appeal, refer the case to them for them to review the sentencing of that person; and on such a reference the Court of Appeal may-

(i) quash any sentence passed on him in the proceeding; and

(ii) in place of it pass such sentence as they think appropriate for the case and as the court below had power to pass when dealing with him.

n.b.: s.35

(3) This section applies to any case-

(a) of a description specified in an order under this section; or

(b) in which sentence was passed on a person-

(i) for an offence triable only on indictment; or

(ii) for an offence of a description specified in an order under this section.

In exercise of his powers under this section the Secretary of State has made two orders. They provide that Part IV of the Act shall apply to the follwing offences:

s.14 or 15 of the Sexual Offences Act 1956

s.16 of the Offences against the Person Act 1861

s.1 of the Children and Young Person Act 1933

attempting to commit, or inciting the commission of, any of those offences.

CODE OF CONDUCT OF THE BAR FOR ENGLAND AND WALES

11 Responsibilities of Prosecuting Counsel

11.1 Prosecuting counsel should not attempt to obtain a conviction by all means at hies command. He should not regard himself as appearing for a party. He should lay before the Court fairly and impartially the whole of the facts which comprise the case for the prosecution and should assist the Court on all matters of law applicable to the case.

11.2 Prosecuting counsel should bear in mind at all thimges whilst he is instructed that he is responsible for the presentation and general conduct of the case and that it is his duty to ensure that all relevant evidence is either presented by the prosecution or made available to the defence.

...

11.6 Prosecuting counsel should at all times have regard to the report of Mr Justice Farquharson's Committee on the role of Prosecuting Counsel which is set out in full in volume 1 of Archbold. In particular, he should have regard to the following recommendations of the Farquharson's Committee: (a) Where counsel has taken a decision on a matter of policy with which hos professional client has not agreed, it would be appropriate for him to submit to the Attorney-General a written report of all the circumstances, including his reasons for disagreeing with those who instructed him; (b) When counsel has had an opportunity to prepare his brief and to confer with those instructing him, but at the last moment before trial unexpectedly advises that the case should not proceed or that pleas to lesser offences should be accepted, and his professional client does not accept such advice, counsel should appley for an adjournment of instructed to do so; (c) Subject to the above, it is for prosecuting counsel to decide whether to offer no evidence on a particular count or on the indictment as a whole and whether to accept pleas to a lesser count or counts.

12 Responsibilities of Defence Counsel

12.1 When defending a client on a criminal charge, a barrister must endeavour to protect his client from conviction except by a competent tribunal and upon legally admissible evidence sufficient to support a conviction for the offence charged

...

12.3 A barrister acting for a defendant should advise his lay client generally about his plea. In doing so he may, if necessary, express his advice in strong terms. He must, however, make it clear that the client has complete freedom of choice and that the responsibility for the plea is the client's.

...

12.5 Where a defendant tells his counsel that he did not commit the offence with which is [sic] charged but nevertheless insists on pleading guilty to it for reasons of his own, counsel must continue to represent him, but only after he has advised what the consequences will be and that what he can submit in mitigation can only be on the basis that the client is guilty.

THE CODE FOR CROWN PROSECUTORS

...

2 General Principles

2.1 Each case is unique and must be considered on its own, but there are general principles that apply in all cases.

2.2 The duty of the Crown Prosecution Service is to make sure that the right person is prosecuted for the right offence and that all relevant facts are given to the court.

2.3 Crown Prosecutors must be fair, independant and objective. They must not their personal views of the ethnic or national origin, sex, religious belifs, political views or sexual preference of the offender, victim or witness influence their decisions. They must also not be affected by improper or undue pressure from any source.

4 The Code Tests

4.1 There are two stages in the decision to prosecute. The first stage is the evidential test. If the case does not pass the evidential test, it must not go ahead, no matter how important or serious it may be. If the case does pass the evidential test, Crown Prosecutors must decide if a prosecution is needed in the public interest.

4.2 This second stage is the public interest test. The Crown Prosecution Service will only start or continue a prosecution when the case has passed both tests. The evidential test is explained in section 5 and the public interest test in section 6.

...

7 Charges

7.1 Crown Prosecutors should select charges which:

(a) reflect the seriousness of the offending;

(b) give the court adequate sentencing powers; and

(c) enable the case to be presented in a clear and simple way.

This means that Crown Prosecutors may not always continue with the most serious charge where there is a choice. Further, Crown Prosecutors should not continue with more charges than are necessary.

7.2. Crown Prosecutors should never go ahead with more charges than are necessary just to encourage a defendant to plead guilty to a few. In the same way, they should never go ahead with a more serious charge just to encourage a defendant to plead guilty to a less serious one.

7.3 Crown Prosecutors should not change the charge simple because of the decision made by the court or the defendant about where the case will be heard.

...

9 Accepting Guilty Pleas

9.1 Defendants may want to plead guilty to some, but not all, of the charges. Or they may want to plead gulty to a different, possibly less serious, charge because they are admitting only part of the crime. Crown Prosecutors should only accept the defendant's plea of they think the court is able to pass a sentence that matches the seriousness of the offending. Crown Prosecutors must never accept a guilty plea just because it is convenient.

10 Re-starting a Prosecution

10.1 People should be able to rely on decisions taken by the Crown Prosecution Service. Normally, if the Crown Prosecution Service tells a suspect or defendant that there will not be a prosecution, or that the prosecution has been stopped, that is the end of the matter and the case will not start again. But occasionally there are special reasons why the Crwon Prosecution Service will re-start the prosecution, particulary if the case is serious.

Literaturverzeichnis

A

Adams, J.E.	The Second Ethical Problem in R. v. Turner; the Limits of an Advocate's Discretion, in: CrimLR 1971, 252
Allan, Trevor	The Concept of Fair Trial, in: Attwool, Elspeth / Goldberg, David (Hrsg.), Criminal Justice, ARSP Beiheft 63, Stuttgart 1995
Alschuler, Albert W.	An exchange of concessions, in: NLJ 1992, 937
Archbold	Criminal Pleading, Evidence and Practice, London 1999
Arzt, Gunther	Der befangene Strafrichter: zugleich eine Kritik an der Beschränkung der Befangenheit auf die Parteilichkeit, Tübingen 1969
Ashworth, Andrew	Plea, Venue and Discontinuance, in: CrimLR 1993, 830
ders.	Article 6 and the Fairness of Trials, in: CrimLR 1999, 261
ders.	The Criminal Process - An Evaluative Study, 2. Aufl., Oxford 1998
ders.	Reform des englischen Strafzumessungsrechts, in: ZStW 106 (1994), 605

B

Bailey, S.H. / Gunn, M.J.	Smith and Bailey on the modern English legal system, 2. Aufl. London 1991
Baldwin, John / McConville, Michael	Negotiated Justice: pressures to plead guilty, London 1977
dies.	The Influence of the Sentencing Discount in Inducing Guilty Pleas, in: Baldwin, John / Bottomley, Keith (Hrsg.), Criminal Justice, Selected Readings, London 1978
dies.	Plea Bargaining: Legal Carve-Up and Legal Cover-Up, in: British Journal of Law and Society 1978, 228
dies.	Plea Bargaining and the Court of Appeal, in: British Journal of Law and Society 1979, 200
Bandemer, Dagmar	Einstellung hinter Einstellung - Absehen von Strafverfolgung nach § 154 I Nr. 1 StPO bei Einstellung nach § 153 a StPO im Bezugsverfahren, in: NStZ 1988, 297
Bar Council	Code of Conduct, in: Murphy, Peter u.a. (Hrsg.), Blackstone's Criminal Practice, London 1997, Appendix 2
dies.	The Efficient Disposal of Business in the Crown Court, in: COUNSEL, June / July 1992, 22
Baumann, Jürgen	Von der Grauzone zur rechtsstaatlichen Regelung, in: NStZ 1987, 157

Bavidge, Giles / Kerrigan, Kevin	Plea before venue, in: NLJ 1998, 62
dies.	Plea before venue - Part 2, in: NLJ 1998, 134
Beulke, Werner	Strafprozeßrecht, 4. Aufl, Heidelberg 2000
ders.	Die Strafbarkeit des Verteidigers, Heidelberg 1989
ders.	Der Verteidiger im Strafverfahren; Funktion und Rechtsstellung, Frankfurt/M. 1980
Beulke, Werner / Satzger, Helmut	Der fehlgeschlagene Deal und seine prozessualen Folgen, in: JuS 1997, 1072
Bing, Inigo	Curing Bias in Criminal Trials - the Consequences of R. v. Gough, in: CrimLR 1998, 148
Blake, Meredith / Ashworth, Andrew	Some Ethical Issues in Prosecuting and Defending Criminal Cases, in: CrimLR 1998, 16
Blau, Günther	Beweisverwertungsverbote als rechtsstaatliche Begrenzung der Aufklärungspflicht im Strafprozeß, in: Jura 1993, 513
Bockemühl, Jan (Hrsg)	Handbuch des Fachanwalts für Strafrecht, Neuwied u.a. 2000
Bode, Hans Jürgen	Verständigung im Strafprozeß, DRiZ 1988, 281
Bogner, Udo	Absprachen im deutschen und italienischen Strafprozeßrecht - Verfahrensbeschleunigung durch die applicazione della pena su richessa della parti und das giudizio abbreviato, ein Modell für den deutschen Strafprozeß?, Marburg 2000
Bohlander, Michael	Zur Reform des englischen Strafverfahrens - Der Bericht der Royal Commission on Criminal Justice, in: ZStW 106 (1994), 72
ders.	Entlastung der Strafrechtspflege - Ersetzung des § 244 II StPO durch § 288 I ZPO, in: NStZ 1992, 578
Bosch, Nikolaus	Aspekte des nemo-tenetur-Prinzips aus verfassungsrechtlicher und strafprozeesualer Sicht - Ein Beitrag zur funktionsorientierten Auslegung des Grundsatzes „nemo tenetur seipsum accusare", Berlin u.a. 1997
Böttcher, Reinhard / Dahs, Hans / Widmaier, Gunter	Verständigung im Strafverfahren - eine Zwischenbilanz, in: NStZ 1993, 375
Böttcher, Reinhard / Widmaier, Gunter	Absprachen im Strafprozeß? - Eine Besprechung des Urteils des BGH vom 23.1.1991 - 3 StR 365/90, in: JR 1991, 353

Bottomley, Keith	Bail and the Judicial Process, in: Baldwin, John / Bottomley, Keith (Hrsg.), Criminal Justice: Selected Readings, London 1978
Bottoms, A.E. / McClean, J.D.	Bail Bargaining and Plea Bargaining, in: Baldwin, John / Bottomley, Keith (Hrsg.), Criminal Justice: Selected Readings, London 1978
dies.	Defendants in the criminal process, London 1976
Braun, Stefan	Die Absprache im deutschen Strafverfahren, Aachen 1998
ders.	Gründe für das Auftreten von Absprachen im Strafverfahren, in: AnwBl 2000, 222
Bridges, Lee	Guilty Pleas and the politics of research, in: Legal Action April 1993, 9
Bridges, Lee / McConville, Mike	Keeping Faith with their own Convictions: The Royal Commission on Criminal Justice, in: McConville, Mike / Bridges, Lee (Hrsg.) Criminal Justice in Crisis, Aldershot 1994
Bruns, Hans-Jürgen	Das Recht der Strafzumessung, 2. Aufl., Köln u.a. 1985
Bundesministerium der Justiz	Entlastung des Bundesverfassungsgerichts: Bericht der Kommission, Bonn 1998
BRAK	Schriftenreihe, Band 8, Thesen zur Strafverteidigung, München 1992
Bussmann, Kai-D.	Die Entdeckung der Informalität - Über Aushandlungen in Strafverfahren und ihre juristische Konstruktion, Baden-Baden 1991
Bussmann, Kai-D. / Lüdemann, Christian	Klassenjustiz oder Verfahrensökonomie - Aushandlungprozesse in Wirtschafts- und allgemeinen Strafverfahren, Pfaffenweiler 1995

C

Canaris, Claus-Wilhelm	Die Vertrauenshaftung im deutschen Privatrecht, München 1971
Choo, Andrew L-T	Abuse of Process and Judicial Stays of Criminal Proceedings, Oxford 1993
Clarke, Adrian	Safety or Supervision? The Unified Ground of Appeal and ist Consequences in the Law of Abuse of Process and Exclusion of Evidence, in CrimLR 1999, 108
Cramer, Peter	Absprachen im Strafprozeß, in: Eynich, Heinz / Odersky, Walter / Säcker, Franz Jürgen, Festschrift für Kurt Rebmann zum 65. Geburtstag, München 1989
Cramer, Steffen	Einstellung nach Einstellung, in: wistra 1999, 290

Crown Prosecution Service — The Code for Crown Prosecutors, in: Murphy, Peter u.a. (Hrsg.), Blackstone's Criminal Practice, London 1997, Appendix 5

Curran, Patrick — Discussions in the Judge's Private Room, in: CrimLR 1991, 79

D

Dahs, Hans — Absprachen im Strafprozeß - Chancen und Risiken, in: NStZ 1988, 153
ders. — Handbuch des Strafverteidigers, 6. Aufl., München 1999
ders. — Die Ausweitung des Widerspruchserfordernisses, in: StraFo 1998, 253
ders. — Der Parteiverrat im Strafprozeß, in: NStZ 1991, 561

Damaska, Mirjan — Der Austausch von Vorteilen im Strafverfahren: Plea Bargaining und Absprachen, in: StV 1988, 398
dies. — The Faces of Justice and State Authority: A Comparative Approach to the Legal Process, New Haven 1986
dies. — Evidential Barriers to Conviction and Two Models of Criminal Procedure: A Comparative Study, University of Pennsylvania Law Review 121 (1973), 506

Darbyshire, Penny — An Essay on the Importance and the Neglect of the Magistracy, in: CrimLR 1997, 627

Davies, Anthony — Sentence for Sale: A New Look at Plea Bargaining in England and America, in: CrimLR 1971, 150
ders. — The Innocent who Plead Guilty, in: Law Guardian, März 1970, 9

Davies, Bethan / Dingwall, Gavin — Defendant's guilty pleas and section 48, in: Legal Action February 1996, 8

Davies, Malcolm / Croall, Hazell / Tyrer, Jane — Criminal Justice: an introduction to the criminal justice system in England and Wales, 2. Aufl., London u.a. 1998

Deal, Detlef — Der strafprozessuale Vergleich, in: StV 1982, 545

Dell, Susanne — Inconsistent Pleaders, in: Baldwin, John / Bottomley, Keith (Hrsg.), Criminal Justice, Selected Readings, London 1978

Dencker, Friedrich — Willensfehler bei Rechtsmittelverzicht und Rechtsmittelzurücknahme im Strafprozeß, Bonn 1972
ders. — Zum Geständnis im Straf- und Strafprozeßrecht, in: ZStW 102 (1990), 51
ders. — Die Bagatelldelikte in Entwürfen eines EGStGB, in: JZ 1973, 144

Dencker, Friedrich / Hamm, Rainer — Der Vergleich im Strafprozeß, Frankfurt/M. 1988

Dennis, Ian H.	Rectitude Rights and Legitimacy: Reassessing and Reforming the Privilege against Self-Incrimination in English Law, in: IsLR 1997, 24
ders.	Reconstructing the Law of Criminal Evidence, Current Legal Problems 42, 21
Dielmann, Heinz J.	„Guilty Plea“ und „Plea Bargaining“ im amerikanischen Strafverfahren - Möglichkeiten für den deutschen Strafprozeß?, in: GA 1981, 558
Döhring, Silke	Ist das deutsche Strafverfahren vom Legalitätsprinzip beherrscht?, Frankfurt/M. 1999
Dornach, Markus	Ist der Strafverteidiger aufgrund seiner Stellung als „Organ der Rechtspflege“ Mitgarant eines justizförmigen Strafverfahrens?, in: NStZ 1995, 57

E

Eisenberg, Ulrich	Beweisrecht der StPO - Spezialkommentar, 3. Aufl., München 1999
Erb, Volker	Legalität und Oppotunität - Gegensätzliche Prinzipien der Anwendung von Strafrechtsnormen im Spiegel rechtstheoretischer, rechtsstaatlicher und rechtspolitischer Überlegungen, Berlin 1999
Eschelbach, Ralf	Absprachen in der strafrechtlichen Hauptverhandlung, in: JA 1999, 694
Eser, Albin	Enwicklung des Strafverfahrensrechts in Europa - Orientierung an polizeilicher Effektivität oder an rechtsstaatlichen Grundsätzen, in: ZStW 108 (1996), 87
ders.	Funktionswandel strafrechtlicher Prozeßmaximen: Auf dem Weg zur „Reprivatisierung“ des Strafverfahrens?, in: ZStW 104 (1992), 361
Eser, Albin / Huber, Barbara (Hrsg.)	Strafrechtsenwicklung in Europa, 4.1; Landesberichte 1989/1992 über Gesetzgebung, Rechtsprechung und Literatur, Freiburg i.B. 1993
dies.	Strafrechtsenwicklung in Europa, 4.2; Landesberichte 1989/1992 über Gesetzgebung, Rechtsprechung und Literatur, Freiburg i.B. 1994

F

Fahl, Christian	Anmerkung zu BGH, Urt. v. 20.02.1996 - 5 StR 679/95 (LG Hannover), in: JA 1997, 272
Farquharson Committee	The Role of Prosecuting Counsel, in: COUNSEL, 1986 (Trininty Edition), 28
Feeley, Malcolm M.	Legal Complexity and the Transformation of the Criminal Process: The Origins of Plea Bargaining, in: IsLR 1997, 183
Fezer, Gerhard	Strafprozeßrecht, 2. Aufl., München 1995

ders.	Reduktion von Beweiserfordernissen - systemverändernde Tendenzen in der tatrichterlichen Praxis und der Gesetzgebung, in: StV 1995, 263
ders.	Rechtsprechung des Bundesgerichtshofs zum Strafverfahrensrecht - Teil 2, in: JZ 1996, 655
ders.	Vereinfachte Verfahren im Strafprozeß, in: ZStW 106 (1994); 1
ders.	Pragmatismus und Formalismus in der revisionsgerichtlichen Rechtsprechung, in: Ebert, Udo (Hrsg.), Festschrift für Ernst-Walter Hanack zum 70. Geburtstag, Berlin u.a. 1999
Friehe, Sabine	Der Verzicht auf Entschädigung für Strafverfolgungsmaßnahmen - Zugleich ein Beitrag zur Problematik strafprozessualer Absprachen, Berlin 1997
Füllkrug, Michael	Unzulässige Vorteilssicherung als verbotene Vernehmungsmethode - zugleich ein Beitrag zur Fernwirkung von Beweisverwertungsverboten, in: MDR 1989, 119

G

Gallandi, Volker	Vertrauen im Strafprozeß, in: MDR 1987, 801
ders.	Strafprozeßrecht im Umbruch, in: wistra 1991, 47
Gerlach, Götz	Absprachen im Strafverfahren - Ein Beitrag zu den Rechtsfolgen fehlgeschlagener Absprachen im Strafverfahren, Frankfurt/M. 1992
Gerlach, Jürgen v.	Die Vernehmung des Beschuldigten und der Schutz vor Selbstbeschuldigung im deutschen und anglo-amerikanischen Strafverfahren - Eine entwicklungsgeschichtliche Bilanz, in: Ebert, Udo (Hrsg.), Festschrift für Ernst-Walter Hanack zum 70. Geburtstag, Berlin u.a. 1999
Goldstein, Abraham S.	Converging Criminal Justice Systems: Guilty Pleas and the Public Interest, in: IsLR 1997, 159
Gössel, Karl Heinz	Die Beweisverbote im Strafverfahrensrecht der Bundesrepublik Deutschland, in: GA 1991, 483
Grünwald, Gerald	Zur Ankündigung von Strafmilderung für den Fall eines Geständnisses, in: NJW 1960, 1941
ders.	Menschenrechte im Strafprozeß, in: StV 1987, 406
Günter, Hans-Helmut	Verständigung im Strafprozeß - nicht grenzenlos, in: DRiZ 1987, 406
ders.	Der Gesetzgeber muß notfalls Konsequenzen ziehen, in: DRiZ 1989, 151
Gutterer, Bernhard	Zur verbindlichen Zusage des Gerichts in der Hauptverhandlung, eine bestimmte Verurteilung nach Geständnis des Angeklagten auszusprechen, Tübingen 1991

H

Haas, Günter — Vereinbarungen im Strafverfahren - Ein Beitrag zur Lehre von den Prozeßhandlungen, in: NJW 1988, 1345

Hamm, Rainer — Die Entdeckung des „fair trial" im deutschen Strafprozeß - ein Fortschritt mit ambivalenten Folgen, in: Eser, Albin / Kullmann, Hans Josef / Meyer-Goßner, Lutz / Odersky, Walter / Voss, Rainer (Hrsg.), Festschrift für Hanskarl Salger zum Abschied aus dem Amt als Vizepräsident des Bundesgerichtshofes, Köln u.a. 1995

ders. — Absprachen im Strafverfahren? Grundlagen, Gegenstände und Grenzen, in: ZRP 1990, 337

Hanack, Ernst-Walter — Vereinbarungen im Strafprozeß, ein besseres Mittel zur Bewältigung von Großverfahren?. in: StV 1987, 500

Harris, David / O'Boyle, Michael / Warbrick, Chris — Law of the European Convention on Human Rights, London u.a. 1995

Hassemer, Raimund / Hippler, Susanne — Informelle Absprachen in der Praxis des deutschen Strafverfahrens, in: StV 1986, 360

Hassemer, Winfried — Pacta sunt servanda - auch im Strafprozeß? - BGH, NJW 1989, 2270, in: JuS 1989, 890

Heberling, J.L. — Plea Negotiation in England, in: Baldwin, John / Bottomley, Keith (Hrsg.), Criminal Justice, Selected Readings, London 1978

Hedderman, Carol / Moxon, David — Magistrates' Court or Crown Court? Mode of trial decisions and sentencing, London (HMSO) 1992

Heintschel-Heinegg, Bernd / Stöckel, Heinz (Hrsg.) — KMR Kommentar zur Strafprozeßordnung - Loseblattkommentar, Neuwied u.a.

Henham, Ralph — Bargain Justice or Justice Denied? Sentence Discounts and the Criminal Process, in: MLR 1999, 515

Herdegen, Gerhard — Die strafprozessualen Beweiswürdigungstheorien des Bundesgerichtshofs, in: Ebert, Udo (Hrsg.), Festschrift für Ernst-Walter Hanack zum 70. Geburtstag, Berlin u.a. 1999

Herrmann, Joachim — Rechtliche Strukturen für Absprachen in der Hauptverhandlung: Die Richtlininenentscheidung des Bundesgerichtshofs - BGHSt 43, 195, in: JuS 1999, 1162

ders.	Bargaining justice - a bargain for German criminal procedure, in: University of Pittsburgh Law Review 1992, 755
Herzog, Felix	„Deals" zu Lasten Dritter in vorgängigen abgetrennten Verfahren und die Besorgnis der Befangenheit, in: StV 1999, 455
Hillenkamp, Thomas	Verfahrenshindernisse von Verfassungs wegen, in: NJW 1989, 2841
Hilson, Christopher	Discretion to Prosecute and Judicial Review, in: CrimLR 1993, 739

J

Jackson, John	The Value of Jury Trial, in: Attwool, Elspeth / Goldberg, David (Hrsg.), Criminal Justice, ARSP Beiheft 63, Stuttgart 1995
Jähnke, Burkhard	Über die Befugnis des Revisionsgerichts zur Nachprüfung der tatrichterlichen Beweiswürdigung, in: Ebert, Udo (Hrsg.), Festschrift für Ernst-Walter Hanack zum 70. Geburtstag, Berlin u.a. 1999
Janke, Alexander	Verständigung und Absprachen im Strafverfahren, Aachen 1997
Jescheck, Hans Heinrich / Driedl, Johannes (Hrsg.)	Funktion und Tätigkeit der Anklagebehörde im ausländischen Recht, Baden-Baden 1979
Jones, Michael A.	Textbook on Torts, 3. Aufl., London 1991
Jung, Heike	Der Grundsatz des „fair trial" in rechtsvergleichender Sicht, in: Prütting, Hanns / Rüssmann, Helmut (Hrsg.), Verfahrensrecht am Ausgang des 20. Jahrhunderts - Festschrift für Gerhard Lüke zum 70. Geburtstag, München 1997
ders.	Plea Bargaining and its Repercussions on the Theory of Criminal Procedure, in: European Journal of Crime, Criminal Law and Criminal Justice 1997, 112
ders. (Hrsg.)	Der Strafprozeß im Spiegel ausländischer Verfahrensordnungen, Berlin u.a. 1990
JUSTICE	Negotiated Justice - A closer look at the implications of plea bargaining, London 1993

K

Kaetzler, Joachim	Absprachen im Strafverfahren und Bewährungsauflagen - Eine Anmerkung zu OLG Köln wistra 1998, 272, in: wistra 1999, 253
Kausch, Erhard	Der Staatsanwalt als Richter vor dem Richter?, Berlin 1980

Kintzi, Heinrich	Verständigung im Strafrecht, in: JR 1990, 309
ders.	Verständigung im Strafverfahren - Eine unendliche und spannende Geschichte, in: DRiZ 1992, 245
ders.	Verständigung im Strafverfahren - steht die Diskussion vor dem Abschluß?, in: Ebert, Udo (Hrsg.), Festschrift für Ernst-Walter Hanack zum 70. Geburtstag, Berlin u.a. 1999
Klug, Oliver K.-F.	Zum Strafverfahren als Parteiprozeß, in: ZRP 1999, 288
Koch, Karl-Heinz	Absprachen im Strafprozeß, in: ZRP 1990, 149
Krauß, Detlef	Der Grundsatz der Unschuldsvermutung im Strafverfahren, in: Müller-Dietz, Heinz (Hrsg.), Strafrechtsdogmatik und Kriminalpolitik, Köln 1971
Kremer, Stefan Hubertus	Absprachen zwischen Gericht und Verfahrensbeteiligten im Strafprozeß, Bonn 1994
Krüger, Hans-Joachim	Verantwortung und Selbstbewußtsein bei der Verständigung im Strafverfahren, in: DRiZ 1989, 150
Kühl, Kristian	Unschuldsvermutung, Freispruch und Einstellung, Köln u.a. 1983
Kunen, James S.	„How can you defend those people?“ - The making of a criminal lawyer, New York 1983
Küpper, Georg	Tagebücher, Tonbänder, Telefonate, in: JZ 1990, 416
Küpper, Georg / Bode, Karl-Christoph	Absprachen im Strafverfahren (1. Teil) - Bilanz einer zehnjährigen Diskussion, in: Jura 1999, 351
dies.	Absprachen im Strafverfahren (2. Teil) - Bilanz einer zehnjährigen Diskussion, in: Jura 1999, 393

L

Lacey, Nicola	Missing the Wood...Pragmatism versus Theory in the Royal Commission, in: McConville, Mike / Bridges, Lee (Hrsg.), Criminal Justice in Crisis, Aldershot 1994
Landau, Herbert	Verfahrensabsprachen im Ermittlungsverfahren, in: DRiZ 1995, 132
Landau, Herbert / Eschelbach, Ralf	Absprachen zur strafrechtlichen Hauptverhandlung, in: NJW 1999, 321
Langbein, John	Land without plea bargaining - how the Germans do it, in: Michigan Law Review 78 (1979), 204

ders.	The German Advantage in Criminal Procedure, in: University of Chicago Law Review 52 (1985), 230
Lemke, Michael / Julius, Karl-Peter u.a. (Hrsg.)	Heidelberger Kommentar zur Strafprozeßordnung, 2. Aufl., Heidelberg 1999
Lenckner, Theodor u.a. (Hrsg.)	Schönke/Schröder, Strafgesetzbuch, 25. Aufl., München 1997
Löwe, Ewald	Die Strafprozeßordnung für das Deutsche Reich nebst Gerichtsverfassungsgesetz und den das Strafverfahren betreffenden Bestimmungen der übrigen Reichsgesetze, 7. Aufl., Berlin 1892
Lüdemann, Christian / Bussmann, Kai-D.	Diversionschancen der Mächtigen, in: KrimJ 1989, 54
Lüderssen, Klaus	Die Verständigung im Strafprozeß, in: StV 1989, 54
M	
Mähler, Hans Georg / Mähler, Gisela	Mediation, in: Büchting, Hans-Ulrich / Heussen, Benno (Hrsg.), Beck'sches Rechtsanwaltshandbuch 1999/2000, 6. Aufl., München 1999
Malleson, Kate	The Criminal Cases Review Commission: How will it work?, in CrimLR 1995, 929
dies.	Review of the Appeal Process, Research Study No. 17 for the Royal Commission on Criminal Justice, London (HMSO) 1993
Maul, Heinrich / Eschelbach, Ralf	Zur „Widerspruchslösung" von Beweisverbotsproblemen in der Rechtsprechung, in: StraFo 1996, 66
McCabe, Sarah / Purves, Robert	By-passung the jury: a study of changes of plea and directed aquittals in higher courts, Oxford 1972
McConville, Michael / Mirsky, Chester	The skeleton of plea bargaining, in: NLJ 1992, 1373
dies.	To Plea or not to Plea, in: Legal Action February 1993, 6
McConville, Mike	An Error of Judgment, in: McConville, Mike / Bridges, Lee (Hrsg.), Criminal Justice in Crisis, Aldershot 1994
ders.	Plea Bargaining: Ethics and Politics, in: Journal of Law and Society 1998, 562

McConville, Mike / Hodgson, Jaqueline / Bridges, Lee / Pavlovic, Anita — Standing Accused: the organisation and practices of criminal defence lawyers in Britain, Oxford 1994

Meyer, Karlheinz — Grenzen der Unschuldsvermutung, in: Jescheck, Hans-Heinrich / Vogler, Theo (Hrsg.), Festschrift für Herbert Tröndle zum 70. Geburtstag, Berlin u.a. 1989

Meyer-Goßner, Lutz — Entlastung der Strafrechtspflege - ein ungewöhnlicher Vorschlag, in: NStZ 1992, 167

ders. — Erwiderung zu den Ausführungen von Michael Bohlander, in: NStZ 1992, 579

ders. — Strafprozeßordnung, Gerichtsverfassungsgesetz, Nebengesetze und ergänzende Bestimmungen, 44. Aufl., München 1999

ders. — Änderungen der Strafprozeßordnung durch das Rechtspflegeentlastungsgesetz, in: NJW 1993, 498

Meyer-Goßner, Lutz / Appl, Ekkehard — Die Ausweitung des Widerspruchserfordernisses, in: StraFo 1998, 258

Miller, Christopher J. — Contempt of Court, 2. Aufl., Oxford u.a. 1989

Ministerium für Justiz, Bundes- und Europaangelegenheiten Baden-Württemberg — Absprachen im Strafprozeß - Ein Handel mit Gerechtigkeit?, Stuttgart 1986

Moos, Ruth — Das Geständnis im Strafverfahren und in der Strafzumessung: eine rechtssystematische Untersuchung unter besonderer Berücksichtigung des Alternativ-Entwurfs, Novelle zur StPO, Strafverfahren mit nichtöffentlicher Hauptverhandlung, Göttingen Univ. Diss. 1983

Morison, John / Leith, Philip — The Barrister's World and the Nature of Law, Buckingham 1992

Morton, James — Plea Bargaining, in: NLJ 1985, 565

Mulcahy, A. — The Justification of „Justice": Legal Practitioners' Accounts of Negotiated Case Settlements in Magistrates' Courts, in: BJCrim 1994, 451

Müller, Egon | Kommentar zum Beitrag von Ott / Schäfer, in: Schenk, Karl-Ernst / Schmidtchen, Dieter / Streit, Manfred E. (Hrsg.), Jahrbuch für Neue Politische Ökonomie, 15. Band, Vom Hoheitsstaat zum Konsensualstaat: Neue Formen der Kooperation zwischen Staat und Privaten, Tübingen 1996

Murphy, Peter (Hrsg.) | Blackstone's Criminal Practice, London 1997

N

Nelle-Rublack, Ursula | Der modernisierte Strafprozeß: zur Soziologie konsensorientierter Wirtschaftsstrafverfahren, Münster 1999

Nestler-Tremel, Cornelius | Der „deal" aus der Perspektive des Beschuldigten, in: KJ 1989, 448

ders. | Der Handel um die Funktionstüchtigkeit der Strafrechtspflege, in: DRiZ 1988, 288

Neumann, Ulfried | Zur Bedeutung von Modellen in der Dogmatik des Strafzumessungsrechts („Punktstrafe", „ Spielraumtheorie", „Normalfall"), in: Seebode, Manfred (Hrsg.), Festschrift für Günter Spendel zum 70. Geburtstag, Berlin u.a. 1992

Niemöller, Martin | Absprachen im Strafprozeß, in: StV 1990, 34

ders. | Die strafrechtliche Beweiswürdigung in der neueren Rechtsprechung des Bundesgerichtshofs, in: StV 1984, 431

Nobles, Richard / Schiff, David | Optimism Writ Large: A Critique of the Runciman Commission on Criminal Justice, in: McConville, Mike / Bridges, Lee (Hrsg.), Criminal Justice in Crisis, Aldershot 1994

O

Osborne, David | A Matter of Sentence Construction, in: COUNSEL December 1998, 26

Ott, Claus / Schäfer, Hans-Bernd | „Plea-bargaining" - der „Deal" im Strafprozeß, in: Schenk, Karl-Ernst / Schmidtchen, Dieter / Streit, Manfred E. (Hrsg.), Jahrbuch für Neue Politische Ökonomie, 15. Band, Vom Hoheitsstaat zum Konsensualstaat: Neue Formen der Kooperation zwischen Staat und Privaten, Tübingen 1996

P

Palmer, Michael / Roberts, Simon | Dispute Processes - ADR and the Primary Forms of Decision Making, London u.a. 1998

Peglau, Jens — Wirksamkeit eines Rechtsmittelverzichts in Strafsachen - Zwei neuere BGH-Entscheidungen, in: JA 2000, 405

Peters, Karl — Strafprozeß, 4. Aufl., Heidelberg 1985

Pfeiffer, Gerd — Strafprozeßordnung und Gerichtsverfassungsgesetz, 2. Aufl., München 1999

ders. (Hrsg.) — Karlsruher Kommentar zur Strafprozeßordnung, 4. Aufl., München 1999

Pieroth, Bodo / Schlink, Bernhard — Staatsrecht II: Grundrechte, 15. Aufl., Heidelberg 1999

Purves, R.F. — That Plea-Bargaining Business: Some Conclusions from Research, in: CrimLR 1971, 470

R

Radtke, Henning — Bestandskraft staatsanwaltlicher Einstellungsverfügungen und die Identität des wiederaufgenommenen Verfahrens, in: NStZ 1999, 481

ders. — Die Systematik des Strafklageverbrauchs bei verfahrenserledigenden Entscheidungen im Strafprozeß, Frankfurt/M. 1994

Rex, Erhard — Verständigung im Strafverfahren - Gutachten der Großen Strafrechtskommission des DRB, in: DRiZ 1991, 31

Rieß, Peter — Die Zukunft des Legalitätsprinzips, in: NStZ 1981, 2

ders. — Löwe / Rosenberg, Die Strafprozeßordnung und das Gerichtsverfassungsgesetz mit Nebengesetzen, 24. Aufl., Berlin u.a. 1984 ff., 25. Aufl., Berlin u.a. 1997 ff.

Rogall, Klaus — Der Beschuldigte als Beweismittel gegen sich selbst - ein Beitrag zur Geltung des Satzes „Nemo tenetur seipsum prodere“ im Strafprozeß, Berlin 1977

ders. — Gegenwärtiger Stand und Entwicklungstendenzen der Lehre von den strafprozessualen Beweisverboten, in: ZStW 91 (1979), 1

Rogers, W.V.H. — Winfield & Jolowicz on Tort, 13. Aufl., London 1989

Rönnau, Thomas — Die Absprache im Strafprozeß, Baden-Baden 1990

ders. — Die neue Verbindlichkeit bei den strafprozessualen Absprachen - Anmerkungen zum Urteil des BGH v. 28.08.1997, in: wistra 1998, 49

Rössner, Dieter / Engelking, Christian — Der „Vergleich“ im Strafverfahren, in: JuS 1991, 664

Roxin, Claus — Strafverfahrensrecht, 25. Aufl., München 1998

Roxin, Imme — Die Rechtsfolgen schwerwiegender Rechtsstaatsverstöße in der Strafrechtspflege, München 1988

Rückel, Christoph — Verteidigertaktik bei Verständigungen und Vereinbarungen im Strafverfahren, in: NStZ 1987, 297

Rudolphi, Hans-Joachim (Hrsg.) — Systematischer Kommentar zur Strafprozeßordnung und zum Gerichtsverfassungsgesetz, Loseblattkommentar, Frankfurt/M.

S

Sanders, Andrew / Young, Richard — Criminal Justice, London u.a. 1994

Sarstedt, Werner / Hamm Rainer — Die Revision in Strafsachen, 6. Aufl., Berlin 1998

Satzger, Helmut — Absprachen im Strafprozeß, in: Bockemühl, Jan (Hrsg.), Handbuch des Fachanwalts für Strafrecht, Neuwied u.a. 2000

ders. — Anmerkung zu BGH, Urt. v. 28.8.1997 - 4 StR 240/97 (LG Dortmund), in: JA 1998, 98

Sax, Walter — Über die Zulässigkeit prozessualer Verwertung privater Tagebuchaufzeichnungen als Beweismittel, in: JZ 1965, 1

Schäfer, Gerhard — Praxis der Strafzumessung, 2. Aufl., München 1995

Schäfer, Herbert — Rechtsgespräch und Verständigung im Strafprozeß, in: DRiZ 1989, 294

Scheffler, Uwe — Anmerkung zu BGHSt 37, 10, in: wistra 1990, 320

Schellenberg, Frank — Verfahrensabsprachen, Öffentlichkeitsgebot und Medieninformationsrechte, in: DRiZ 1996, 280

Schiff, David / Nobles, Richard — Criminal Appeal Act 1995: The Semantics of Jurisdiction, in: MLR 1996, 573

Schlothauer, Reinhold — Ermittlungsrichterliche Entscheidungen und ihre Revisibilität, in: StraFo 1998, 402

ders. — Vorbereitung der Hauptverhandlung mit notwendiger Verteidigung und Pflichtverteidigung, 2. Aufl., Heidelberg 1998

Schlüchter, Ellen — Zur Relativierung der gerichtlichen Aufklärungspflicht durch Verständigung im Strafverfahren, in: Seebode, Manfred (Hrsg.), Festschrift für Günter Spendel zum 70. Geburtstag, Berlin u.a. 1992

dies.	Zum normativen Zusammenhang zwischen Rechtsfehler und Urteil, in: Schlüchter, Ellen / Laubenthal, Klaus (Hrsg.), Feschrift für Friedrich-Wilhelm Krause zum 70. Geburtstag, Köln u.a. 1990
Schmidhäuser, Eberhard	Freikaufverfarhen mit Strafcharakter im Strafprozeß, in: JZ 1973, 529
Schmidt-Hieber, Werner	Absprachen im Strafprozeß - Privileg des Wohlstandskriminellen, in: NJW 1990, 1884
ders.	Verständigung im Strafverfahren - Möglichkeiten und Grenzen für die Beteiligten in den Verfahrensabschnitten, München 1986
ders.	Hinweis auf die strafmildernde Wirkung eines Geständnisses, in: Breda, Christian u.a. (Hrsg.), Festschrift für Rudolf Wassermann zum sechzigsten Geburtstag, Neuwied 1985
ders.	Absprache im Strafprozeß - Rechtsbeugung und Klassenjustiz?, in: DRiZ 1990, 321
ders.	Die gescheiterte Verständigung, in: NStZ 1988, 302
ders.	Vereinbarungen im Strafverfahren, in: NJW 1982, 1017
ders.	Besprechung des Buches von Dencker/Hamm, Der Vergleich im Strafprozeß, in: NJW 1989, 284
ders.	Der strafprozessuale „Vergleich" - eine illegale Kungelei?, in: StV 1986, 355
Schroeder, Friedrich-Christian	Zur Rechtskraft staatsanwaltlicher Einstellungsverfügungen, in: NStZ 1996, 319
Schumann, Karl F.	Der Handel mit Gerechtigkeit - Funktionsprobleme der Strafjustiz und ihre Lösungen - am Beispiel des amerikanischen plea bargaining, Frankfurt/M. 1977
Schünemann, Bernd	Wetterzeichen einer untergehenden Strafprozeßkultur? Wider die falsche Prohetie des Absprachenelysiums, in: StV 1993, 657
ders.	Absprachen im Strafverfahren? Grundlagen, Gegenstände und Grenzen; Gutachten B für den 58. Deutschen Juristentag, in: Ständige Deputation des Deutschen Juristentages (Hrsg.), Verhandlungen des achtundfünfzigsten Deutschen Juristentages, Band I, München 1990
ders.	Die informellen Absprachen als Überlebenskrise des deutschen Strafverfahrens, in: Arzt, Gunther / Fezer, Gerhard / Weber, Ulrich / Schlüchter, Ellen / Rössner, Dieter (Hrsg.), Festschrift für Jürgen Baumann zum 70. Geburtstag, Bielefeld 1992
ders.	Reflexionen über die Zukunft des deutschen Strafverfahrens, in: Frh. v. Gamm, Otto Friedrich / Raisch, Peter / Tiedemann, Klaus (Hrsg.), Strafrecht, Unternehmensrecht, Anwaltsrecht - Festschrift für Gerd Pfeiffer zum Abschied aus dem Amt als Präsident des Bundesgerichtshofes, Köln u.a. 1988
ders.	Die Verständigung im Strafprozeß - Wunderwaffe oder Bankrotterklärung der Verteidigung, in: NJW 1989, 1895

ders.	Informelle Absprachen und Vertrauensschutz im Strafverfahren, in: JZ 1989, 984
ders.	Der Richter im Strafverfahren als manipulierter Dritter? Zur empirischen Bestätigung von Perseveranz- und Schulterschlußeffekt, in: StV 2000, 159
Seier, Jürgen	Der strafprozessuale Vergleich im Lichte des § 136 a StPO, in: JZ 1988, 683
Seifman, Robert D.	The Rise and Fall of Cain, in: CrimLR 1976, 556
Sinner, Stefan	Der Vertragsgedanke im Strafprozeßrecht, Frankfurt/M. 1999
ders.	Die Gebühren des Verteidigers bei Absprachen im Strafverfahren, in: ZRP 2000, 67
Siolek, Wolfgang	Verständigung im Strafverfahren - eine verfassungswidrige Praxis!, in: DRiZ 1989, 321
ders.	Verständigung in der Hauptverhandlung, Baden-Baden 1993
ders.	Neues zum Thema Verständigung im Strafverfahren, in: DRiZ 1993, 422
Smith, A.T.H.	The Human Rights Act and the Criminal Lawyer: The Constitutional Context, in: CrimLR 1999, 251
Smith, John C.	The Criminal Appeal Act 1995: (1) Appeals Against Conviction, in: CrimLR 1995, 920
Spencer, John R.	Improving the Position of the Victim in English Criminal Procedure, in: IsLR 1997, 287
Sprack, John	Emmins on Criminal Procedure, 7. Aufl., London 1997
Stamp, Frauke	Die Wahrheit im Strafverfahren: Eine Untersuchung zur prozessualen Wahrheit unter besonderer Berücksichtigung der Perspektive des erkennenden Gerichts in der Hauptverhandlung, Baden-Baden 1998
Ständige Deputation des Deutschen Juristentages (Hrsg.)	Absprachen im Strafverfahren? Grundlagen, Gegenstände und Grenzen: Sitzungsberichte, in: Verhandlungen des achtundfünfzigsten Deutschen Juristentages, Band II, München 1990
Steiner, Dirk	Das Fairneßprinzip im Strafprozeß, Frankfurt/M. 1995
Steinhögl, Ingrid Juliane	Der strafprozessuale Deal - Perspektiven einer Konsensorientierung im Strafrecht, Augsburg Univ. Diss 1998
Stockdale, Eric / Casale, Silvia	Criminal Justice under Stress, London 1992

StPO-Kommission des Deutschen Richterbundes	Sitzung der StPO-Kommission, in: DRiZ 1987, 244
Stuckenberg, Carl-Friedrich	Untersuchungen zur Unschuldsvermutung, Berlin u.a. 1997

T

Terbach, Matthias	Rechtsschutz gegen die staatsanwaltliche Zustimmungsverweigerung zur Verfahrenseinstellung nach §§ 153 II, 153 a II StPO, in: NStZ 1998, 172
Terhorst, Bruno	Informelle Absprachen im Strafprozeß, in: DRiZ 1988, 296
Thomas, D.A.	Current Sentencing Practice - Loseblattkommentar, London
Thomas, Paul	An Exploration of Plea Bargaining, in: CrimLR 1969, 69
ders.	Plea Bargaining and the Turner Case, in: CrimLR 1970, 559
Torka, Ronald	Das Nemo-tenetur-Prinzip und die Grenzen „zulässiger Verteidigung" bei der Strafzumessung nach § 46 Abs. 2 StGB - Eine Untersuchung über die Strafzumessungsrelevanz selbstbegünstigenden Nachtatverhaltens, Passau Univ. Diss. 1999
Tröndle, Herbert / Fischer, Thomas	Strafgesetzbuch und Nebengesetze, 49. Aufl., München 1999
Tscherwinka, Ralf	Absprachen im Strafprozeß, Frankfurt/M. 1995
Tunkel, Victor	When safe convictions are unsafely quashed, in: NLJ 1999, 1089

U

Uglow, Steve	Criminal Justice, London 1995

V

Verrel, Torsten	Nemo tenetur - Rekonstruktion eines Verfahrensgrundsatzes, in: NStZ 1997, 361
Volk, Klaus	Diverse Wahrheiten, in: Eser, Albin / Kullmann, Hans Josef / Meyer-Goßner, Lutz / Odersky, Walter / Voss, Rainer (Hrsg.), Festschrift für Hanskarl Salger zum Abschied aus dem Amt als Vizepräsident des Bundesgerichtshofes, Köln u.a. 1995
ders.	Strafprozeßrecht, München 1999
ders.	Strafrecht und Wirtschaftskriminalität, in: JZ 1982, 85

W

Wagner, Heinz / Rönnau, Thomas — Die Absprachen im Strafprozeß: Ein Beitrag zur Gesamtreform des Strafverfahrens mit Gesetzesvorschlägen, in: GA 137 (1990), 387

Wasik, Martin — Emmins on Sentencing, 2. Aufl., London 1993

Wasik, Martin / Gibbons, Thomas / Redmayne, Mike — Criminal Justice - Text and Materials, London 1999

Wasik, Martin / Taylor, Richard — Blackstone's Guide to the Criminal Justice & Public Order Act 1994, London 1995

Wasserburg, Klaus — Die Wiederaufnahme des Strafverfahrens, Stuttgart 1983

Wassermann, Rudolf (Hrsg.) — Reihe Alternativkommentar: Kommentar zur Strafprozeßordnung, Neuwied 1992

Weber, Victor — „He takes some of my time - so I take some of his", in: DRiZ 1988, 73

Weider, Hans-Joachim — Anmerkung zum Urteil des BGH v. 23.1.1991, in: StV 1991, 241

Weigend, Thomas — Absprachen in ausländischen Strafverfahren - Eine rechtsvergleichende Untersuchung zu konsensualen Elementen im Strafprozeß, Freiburg i.B. 1990

ders. — Abgesprochene Gerechtigkeit - Effizienz durch Kooperation im Strafverfahren?, in: JZ 1990, 775

ders. — Eine Prozeßordnung für abgesprochene Urteile? Anmerkungen zu den Entscheidungen BGHSt 43, 195 und BGH NStZ 1999, 92, in: NStZ 1999, 57

ders. — Anklagepflicht und Ermessen: die Stellung des Staatsanwalts zwischen Legalitätsprinzip und Opportunitätsprinzip nach deutschem und amerikanischem Recht, Baden-Baden 1978

Wells, Celia — The Royal Commission on Criminal Justice: A Room without a View, in: McConville, Mike / Bridges, Lee (Hrsg.) Criminal Justice in Crisis, Aldershot 1994

Wesemann, Horst / Müller, Anissa — Das gem. § 136 a Abs. 3 StPO unverwertbare Geständnis und seine Bedeutung im Rahmen der Strafzumessung, in: StraFo 1998, 113

Wessels, Johannes / Beulke, Werner — Strafrecht, allgemeiner Teil, 29. Aufl., Heidelberg 1999

Wessels, Johannes / Hettinger, Michael — Strafrecht, besonderer Teil/2, 22. Aufl., Heidelberg 1999

Widmaier, Gunter — Der strafprozessuale Vergleich, in: StV 1986, 357

Wolfslast, Gabriele — Absprachen im Strafprozeß, in: NStZ 1990, 409
dies. — Staatlicher Strafanspruch und Verwirkung, Köln u.a. 1995

Wolter, Jürgen — Beweisverbote und Informationsübermittlung der Polizei bei präventiver Videoüberwachung eines Tatverdächtigen, in: Jura 1992, 520

Wontner, Thomas — Old Bailey Experience, London 1833

Z

Zander, Michael — Cases and Materials on the English Legal System, 7. Aufl., London u.a. 1996
ders. — The „innocent“(?) who plead guilty, in: NLJ 1993, 85
ders. — The Law-Making Process, 4. Aufl., London u.a. 1994
ders. — Plea bargaining goes back a hundred years, in: NLJ 1998, 323
ders. — The Austin Lecture: Reform of the Criminal Justice System: The Report of the Runciman Royal Commission, in: Attwool, Elspeth / Goldberg, David (Hrsg.), Criminal Justice, ARSP Beiheft 63, Stuttgart 1995
ders. — Commentary on Saif Ali v. Sidney Mitchell & Co., in: MLR 1979, 319

Zander, Michael / Henderson, Paul — Crown Court Study, London (HMSO) 1993

Zschockelt, Alfons — Die Urteilsabsprache in der Rechtsprechung des BVerfG und des BGH, in: NStZ 1991, 305
ders. — Der Richter ist kein Handelspartner, in: Eser, Albin / Kullmann, Hans Josef / Meyer-Goßner, Lutz / Odersky, Walter / Voss, Rainer (Hrsg.), Festschrift für Hanskarl Salger zum Abschied aus dem Amt als Vizepräsident des Bundesgerichtshofes, Köln u.a. 1995

Peter Lang · Europäischer Verlag der Wissenschaften

Kurt Seelmann (Hrsg.)

Aktuelle Fragen der Rechtsphilosophie

Frankfurt/M., Berlin, Bern, Bruxelles, New York, Oxford, Wien, 2000. 143 S.
ISBN 3-631-36193-9 · br. DM 48.–*

Viele der heute in der Öffentlichkeit erörterten Fragen haben eine zentrale rechtsphilosophische Komponente. Ob Schwangerschaftsabbruch, Umweltschutz, Strafbarkeit von „Mauerschützen", Nationalismus, mitmenschliche Solidarität, Ordnung des Arbeitslebens, Menschenrechtsschutz und Achtung staatlicher Souveränität sowie Sterbehilfe – überall geht es um die Möglichkeit einer rationalen Begründung nichtpositiver Richtigkeitskriterien und um die Bestimmung einer sinnvollen Begrenzung rechtlicher Regelungen. Didaktisch besonders anregende Beiträge aus den *Rechtsphilosophischen Heften* sind hier zu einem Reader zusammengefaßt.

Aus dem Inhalt: Schutz des Lebens · Grenzen des positiven Rechts · Verteilungsgerechtigkeit · Nationalismus · Solidarität · Philosophie des Arbeitsrechts · Menschenrechtsschutz · Sterbehilfe

Frankfurt/M · Berlin · Bern · Bruxelles · New York · Oxford · Wien
Auslieferung: Verlag Peter Lang AG
Jupiterstr. 15, CH-3000 Bern 15
Telefax (004131) 9402131
*inklusive Mehrwertsteuer
Preisänderungen vorbehalten

Kolibri 360 GmbH
Ferdinand-Jühlke-Straße 7
99095 Erfurt, Deutschland
produktsicherheit@kolibri360.de

Druck:
CPI Druckdienstleistungen GmbH
im Auftrag der
Kolibri 360 GmbH
Ferdinand-Jühlke-Str. 7
99095 Erfurt